沈玉良 彭 羽 陈历幸 高 疆 著

全球数字贸易促进指数报告

— 2020 —

复旦大学出版社

图书在版编目(CIP)数据

全球数字贸易促进指数报告.2020/沈玉良等著.—上海:复旦大学出版社,2021.6
ISBN 978-7-309-15409-2

Ⅰ.①全… Ⅱ.①沈… Ⅲ.①国际贸易-电子商务-研究报告-2020 Ⅳ.①F713.36

中国版本图书馆 CIP 数据核字(2020)第 227719 号

全球数字贸易促进指数报告.2020
QUANQIU SHUZIMAOYI CUJINZHISHU BAOGAO
沈玉良 等 著
责任编辑/谢同君

复旦大学出版社有限公司出版发行
上海市国权路 579 号 邮编:200433
网址:fupnet@fudanpress.com   http://www.fudanpress.com
门市零售:86-21-65102580   团体订购:86-21-65104505
出版部电话:86-21-65642845
常熟市华顺印刷有限公司

开本 787×1092 1/16 印张 17.25 字数 409 千
2021 年 6 月第 1 版第 1 次印刷

ISBN 978-7-309-15409-2/F·2758
定价:88.00 元

如有印装质量问题,请向复旦大学出版社有限公司出版部调换。
版权所有 侵权必究

目 录

第一章 数字贸易与跨境数据流动 ··· 001
    第一节 数字贸易的定义和测度 ··· 001
    第二节 数据需求和类型 ·· 011
    第三节 跨境数据流动及其测量 ··· 017

第二章 全球数字平台与数字贸易促进 ··································· 023
    第一节 全球数字平台和数字贸易 ······································ 023
    第二节 全球主要数字平台形态演进 ··································· 026
    第三节 全球数字平台的发展趋势 ······································ 049

第三章 《全球数字贸易促进指数2020》的指标设计 ·················· 053
    第一节 与现有相关指数报告的差异 ··································· 053
    第二节 全球数字贸易促进指数2020指标框架的调整 ················ 056

第四章 全球数字贸易促进指数排名及分析 ····························· 059
    第一节 全球数字贸易促进总指数排名 ································ 059
    第二节 全球数字贸易促进指数分项子指数排名 ····················· 062
    第三节 基于聚类分析法的经济体分类 ································ 072

第五章 国家安全与全球跨境数据流动政策 ····························· 075
    第一节 研究背景与意义 ·· 075
    第二节 主要经济体与国家安全相关的跨境数据流动规则 ·········· 076
    第三节 未来发展趋势 ··· 091

第六章 数据保护与全球数字贸易促进 ··································· 093
    第一节 研究背景与意义 ·· 093
    第二节 主要经济体的数据保护规则及其对数字贸易的影响 ······· 094
    第三节 未来发展趋势 ··· 113

第七章 全球数字贸易规则发展 ··· 116
    第一节 从电子商务规则向数字贸易规则的过渡 ····················· 116
    第二节 多边电子商务规则进展 ······································· 119

第三节　区域贸易协定中电子商务和数字贸易规则进展 ………………… 129
　　第四节　未来发展方向 ………………………………………………………… 134

第八章　二十国集团数字经济合作和促进 ………………………………………… 138
　　第一节　G20 数字经济合作回顾 …………………………………………… 138
　　第二节　G20 数字经济测度议题 …………………………………………… 139
　　第三节　G20 促进跨境数据流动合作 ……………………………………… 147
　　第四节　未来 G20 在推动数字经济中的作用 ……………………………… 149

附录 1　指标框架、权重设计和数据来源 ………………………………………… 152
附录 2　全球 74 个经济体数字贸易促进指数统计 ……………………………… 164
附录 3　国别指数（74 国）………………………………………………………… 193

参考文献 …………………………………………………………………………… 267
后记 ………………………………………………………………………………… 274

第一章

数字贸易与跨境数据流动

本章介绍了数字贸易的定义和测度方法,分析了数字经济条件下跨境数据需求和供给方式,提出了数据中心在数据价值链和跨境数据流动中的作用以及跨境数据流动测量的难点。

第一节 数字贸易的定义和测度

数字技术的发展,推动了数字贸易商业模式的多样化,关于数字贸易的内涵界定及其测度方法等也在发生改变。经济合作与发展组织(OECD)、国际货币基金组织(IMF)、世界贸易组织(WTO)等国际组织,日益倾向于采用广义和宽口径的数字贸易界定方式,并以此为依据在实践中探索完善数字贸易的测度方法。

一、数字贸易的定义

目前,国际上还没有形成关于"数字贸易"(digital trade)统一的定义,一般根据其涵盖的范围有狭义和广义之分。美国官方层面采用狭义的定义,即仅强调基于互联网的服务提供,而有意识地排除通过互联网达成的实体货物贸易。OECD等国际组织则日益倾向于采用广义的定义,认为数字贸易涵盖了以数字或实物方式交付的货物和服务贸易中的数字化交易(Lopez-Gonzalez 和 Jouanjean,2017),一般包括数字交付的软件、电子书、数据或数据库服务;数字方式达成交易但以实物或实体方式交付的商品和服务,比如通过在线平台购买商品或匹配服务(如预订酒店等)[①]。特别是经过多次讨论和修订,OECD、IMF 和 WTO(2020)在《数字贸易度量手册》中形成了目前为止相对最为全面和完整的关于数字贸易的定义。

(一)美国国际贸易委员会的定义

美国国际贸易委员会(USITC,2013)在《美国与全球经济中的数字贸易(第 1 部分)》中,将数字贸易定义为通过固定电话或无线数字网络提供产品和服务。这一定义既包括美国国内的商业活动,也包括国际贸易活动。它排除了大部分的实体商品贸易,比如在线订购的商品和需要数字副本对应的实体商品,像书、软件、音乐、电影都可以通过 CD 或 DVD 的方式售卖。此定义的关注重点在于通过互联网交易的商品和服务,不包括实物商品贸易,例如在

---

① OECD,Trade in the Digital Era,https://www.oecd.org/going-digital/trade-in-the-digital-era.pdf.

线订购的商品和需要数字副本对应的实体商品。此定义的数字贸易包括数字书籍(电子书)、下载的软件以及下载或流式传输的音乐和电影,但不包括硬拷贝书籍、软件和通过 CD 和 DVD 形式出售的音乐和电影,无论其来源如何[1]。

USITC(2014)在《美国与全球经济中的数字贸易(第 2 部分)》中,吸纳了产业界对前述第一份报告定义的反馈意见,进一步突出互联网对其他行业的工具属性,体现互联网在广阔经济部门中的影响和价值,将"数字贸易"界定为"互联网以及基于互联网的技术在产品和服务的订购、生产或交付中扮演重要角色的国内和国际贸易"[2],其中互联网和互联网技术在组织协调、生产或者传递产品、服务方面扮演着重要的作用。该报告中没有像 USITC(2013)中那样明确排除通过互联网达成交易的实物商品贸易。

不过,USITC(2017)发布的《全球数字贸易 1:市场机会和主要外贸限制》中,再次将网络订购的实体产品排除在数字贸易的范围之外,与 USITC(2013)报告中关于数字贸易范围的界定极为相似。该报告中,"数字贸易"被定义为:任何行业的公司通过互联网进行产品和服务的交付,以及如智能手机和互联网传感器等相关产品的交付,它虽然包括电商平台提供的相关产品和服务,但排除了网络订购的实体产品及其数字附属品(如书籍、电影、音乐和 CD 或 DVD 上销售的软件)[3]。之后,美国国会研究服务部(CRS,2019)在其发布的《数字贸易与美国的贸易政策》中,引用和重申了 USITC(2017)中的数字贸易定义[4]。

(二) WTO、UNCTAD、OECD 等国际组织的定义

在 WTO 正式文件中,没有直接采用"数字贸易"的提法,与之密切相关的是"电子商务"(E-commerce)。WTO 电子商务工作方案于 1998 年启动。根据该方案,"电子商务"一词被理解为"通过电子方式实行货物和服务的生产、销售、买卖和传递"(WTO,1998)。尽管做出了努力,但 WTO 成员国尚未能就数字贸易或电子商务的新多边制度达成一致;WTO 没有报告这一领域的单独贸易统计数据。

联合国贸易和发展会议(UNCTAD,2015)将电子商务定义为通过计算机网络进行的购买和销售行为。对 UNCTAD 而言,电子商务涉及实物商品以及以数字方式提供的无形(数字)产品和服务[5]。

与美国 USITC 等强调数字贸易是基于互联网的服务提供不同的是,OECD 等国际组织日益认识到从广义上界定数字贸易的重要性,这是因为数字贸易不仅涉及数字交付的服务,而且涉及通过增加的数字连接性实现的传统商品贸易(包括供应链)和传统服务贸易。也就

---

[1] USITC, Global Digital Trade 1: Market Opportunities and Key Foreign Trade Restrictions, https://www.usitc.gov/publications/332/pub4415.pdf.
[2] USITC, Digital Trade in the U.S. and Global Economies, Part 2, https://www.usitc.gov/publications/332/pub4485.pdf.
[3] USITC, Global Digital Trade 1: Market Opportunities and Key Foreign Trade Restrictions, https://www.usitc.gov/publications/332/pub4716_0.pdf.
[4] Congressional Research Service(CRS), Digital Trade and U.S. Trade Policy, https://fas.org/sgp/crs/misc/R44565.pdf.
[5] United Nations Conference on Trade and Development. Information Economy Report: Unlocking the Potential of E-commerce for Developing Countries, http://unctad.org/en/PublicationsLibrary/ier2015_en.pdf.

是说,尽管所有形式的数字贸易都通过数字技术实现,但并非所有数字贸易都是以数字方式交付的。例如,数字贸易还涉及数字化订购但以实物交付的商品和服务贸易,例如通过在线平台购买的书籍,或通过匹配的应用程序预订公寓住宿等。

2020年3月,OECD、IMF和WTO三大国际组织联合发布了《数字贸易度量手册》(Handbook on Measuring Digital Trade),该手册将数字贸易定义为以数字方式订购和/或交付的所有贸易。具体包括两部分:(1)数字订购贸易(digitally ordered trade,相当于OECD对电子商务的界定),定义为:通过专门设计的方法接收或下订单,在网络上进行商品或服务的国际销售或购买。(2)数字交付贸易(digitally delivered trade),定义为:使用专门为此目的设计的计算机网络,以电子格式远程交付的国际交易[1]。

该手册同时指出,对于数字订购和数字交付,交易涵盖通过计算机网络(网络/互联网,包括通过移动设备、外联网或电子数据交换)进行的订单/交付,但应排除任何未通过计算机网络提供或订购的服务,包括通过电话、传真或手动键入的电子邮件。正如该手册所说明的,重要的是要认识到"订购"(ordering)和"交付"(delivering)这两个概念不是互相排斥的。许多以数字方式交付的服务也以数字方式订购,但还有很多并非如此,这是在思考各国应该采用哪些方法来估计总体数字贸易时的重要考虑因素。

二、数字贸易的测度

正如对于数字贸易进行标准化定义比较困难一样,对于数字贸易的测度本身也充满了挑战。根据OECD关于数字贸易的界定,数字贸易的测度至少包含三个层面,一是对于数字订购贸易(与"电子商务"类似)的统计;二是关于数字交付贸易的统计;三是关于数字中介平台的统计。特别是,随着越来越多的数字贸易通过大型数字中介平台(如亚马逊、阿里巴巴、eBay、Uber和腾讯等)达成,使后者在数字贸易统计方面的重要性日益凸显。

(一) 数字订购贸易的测度

目前,现有关于数字订购贸易(digitally ordered trade)的测度方法主要包括:企业调查、住户调查、信用卡数据、其他支付公司的数据、基于海关统计数据获取数字订购的商品贸易、微观数据链接和专用数据源等。现有关于数字订购贸易的统计,主要是度量其(经常与"电子商务"混用)在一国或者全球经济中的规模和占比,分产业、产品领域的统计相对比较困难。其中,最大的挑战来自统计对象(不论是企业还是住户)通常难以分辨其业务是国内贸易还是跨境贸易,尤其是在出现第三方数字中介平台的背景下,很难知晓最终用户和原始供应商的信息。鉴于此,OECD、IMF和WTO(2020)提出了11个优化数字订购贸易统计的建议(见表1-1)。

---

[1] OECD, WTO and IMF, Handbook on Measuring Digital Trade, https://millenniumindicators.un.org/unsd/statcom/51st-session/documents/BG-Item3e-Handbook-on-Measuring-Digital-Trade-E.pdf.

表 1-1 《数字贸易度量手册》关于"数字订购贸易"统计的 11 个建议

领域	序号	建议
企业调查	1	电子商务使用调查有两种新方法:(1)按以下四个产品类别细分:数字订购的信息通信技术产品、其他数字订购的产品、数字交付产品中的数字订购服务(也可能在没有数据的情况下)以及其他数字订购服务;(2)通过将数字订购产品的总出口结果与基本的商业统计和贸易登记册联系起来,估算通过数字订购出口的产品所占的份额
企业调查	2	对于数字中介平台,以数字方式订购的营业额(销售额)的估计值应该仅反映与其提供的中介服务相关的收入,而不包括中间产品的价值。在明确收取中介服务费后,应将中介服务记录为居民生产者和消费者中的一方或双方支付,具体取决于谁支付了明确费用。如果没有明确收费,应将中介服务记录成作为中间产品的生产者支付
企业调查	3	为了提供企业进口数字订购服务的信息范围,各国应按伙伴国编制出口数据,以此作为其他国家进口统计的基础
企业调查	4	由于可以使用专门的家庭调查来得出家庭的单独进口估计数的范围,有关数字订购的出口(按进口伙伴国家和地区细分)的问题应区分消费者的类型(家庭和企业/政府)。在短期内,各国应利用整个经济体的可用信息,以此得出家庭和企业之间的出口数据
企业调查	5	基于企业的调查应包括通过数字订购所占份额的问题,并单独估算通过电子数据交换进行的交易。估计数应将这些交易细分为是进口的还是国内生产的产品
企业调查	6	基于企业的调查中,如果问题还区分了非居民和居民数字中介平台(DIPs)的销售,则可以使用这些问题来估算生产商进口的基础中介服务费的价值。平均中介服务费可以用国内经济中的数字中介平台收取的费率来确定,进口中介服务的价值是费率乘以出口产品的价值
企业调查	7	应努力探索将问题纳入标准商业调查的可行性,这些调查要求公司提供以下与数字订购相关的信息:通过自有网站获得的总销售额份额;通过互联网或应用程序(除自有网站外)获得的总销售额份额;通过电子数据交换的总销售额份额;通过自有网站的总出口份额;通过互联网或应用程序(除自有网站外)的总出口份额;通过电子数据交换的总出口份额;通过互联网或应用程序购买的总份额;通过电子数据交换购买的总份额;通过电子数据交换的进口总额份额
住户调查	8	家庭和/或国际旅行调查应包括这些问题:要求受访者确定住宿占居民消费支出的份额,以及其他与数字订购相关的国外旅行服务所占的支出份额。在国际旅行调查中,非居民游客也可能被要求从居民那里购买类似的(数字订购的)物品
信用卡数据	9	信用卡数据提供了巨大的潜力来估计家庭的数字化订购总价值。虽然在确定国际贸易和交易所涵盖的产品类型方面存在许多挑战,但我们鼓励各国发掘其潜力,因为这很可能是一种成本效益高的数据收集方式
使用其他支付公司的数据	10	来自其他专业支付公司的信息为估计家庭数字订购支出的总价值提供了相当大的空间。虽然在确定国际贸易这部分存在一些挑战,但我们鼓励各国发掘其潜力,因为这很可能是一种成本效益高的数据收集方式
小额贸易	11	各国应优先考虑使用各种来源估计小额交易。只要提供者的覆盖面很广并且所有运输方式都具有代表性,邮政和快递机构提供的信息就可以提供有意义的估计。这些努力应与信用卡公司以及提供支付服务的其他参与者提供的有关低于最低限额的交易的信息相结合(如果这些交易是以货币计价的),以获得关于数字订购的最低限度商品交易的见解,但需要谨慎(调整),以避免将通过位于国外的数字中介平台进行的所有交易错误地归类为数字交易

资料来源:OECD、IMF 和 WTO(2020),第 55—74 页。

(二) 数字交付贸易的测度

美国经济分析局(BEA, 2012; 2016; 2018)在全球范围内率先发布了数字贸易的统计方式和统计数据,将数字贸易定位于潜在的基于 ICT 的服务贸易("potentially" ICT-enabled services, PICTE)。OECD(2017, 2018)则基于企业的商业模式将数字贸易划分为 16 种类型,OECD、IMF 和 WTO(2020)进一步提出了基于《国际收支服务扩展分类》(EBOPS2010)的关于数字交付贸易(digitally delivered trade)的统计方法,并将基于企业的商业模式将数字贸易类型从 16 种扩大至 20 种。

1. BEA 关于数字服务出口的测度

美国经济分析局(2012; 2016; 2018)指出,尽管美国的数字贸易在当前国际服务贸易数据中无法提供精确的价值估算,但却可以大致估算潜在的基于 ICT 服务贸易的价值。PICTE 服务是"主要通过 ICT 网络远程交付的服务,其中一部分实际上通过该方式提供"(Alexis N. Grimm, 2016),如提供保险服务,金融服务和工程服务不要求提供商和客户在同一地点,而是可以通过数字网络提供服务。PICTE 服务还包括 ICT 服务,这些服务有助于信息处理和通信传输;与其他 PICTE 服务不同,BEA 可以精确测量 ICT 服务,因为 ICT 服务被定义为一组服务类型,而不是交付方式。基于以上理解,美国的数字贸易可以通过潜在的基于 ICT 的服务贸易来体现,PICTE 具体包括两个部分:一是 ICT 服务,二是其他的潜在的基于 ICT 的服务(见表 1-2)。

表 1-2 美国经济分析局(BEA)关于数字贸易统计分类

全部服务(英文名)	全部服务(中文名)	分类
Potentially ICT-enabled services	潜在的基于 ICT 的服务	数字贸易
ICT services	ICT 服务	ICT 服务
Other potentially ICT-enabled services	其他潜在的基于 ICT 的服务	其他 PICTE 服务
Not potentially ICT-enabled services	非潜在的基于 ICT 的服务	传统服务
Maintenance and repair services n.i.e.	维护和维修服务	传统服务
Transport	运输	传统服务
Travel(for all purposes including education)	旅行(含教育在内的所有目的)	传统服务
Insurance services	保险服务	其他 PICTE 服务
Financial services	金融服务	其他 PICTE 服务
Charges for the use of intellectual property n.i.e.	知识产权使用费用	其他 PICTE 服务
Industrial processes	工业流程	其他 PICTE 服务
Computer software	计算机软件	ICT 服务
Trademarks	商标	其他 PICTE 服务
Franchise fees	特许经营费	其他 PICTE 服务

续表

全部服务（英文名）	全部服务（中文名）	分类
Audio-visual and related products	视听及相关产品	其他 PICTE 服务
Other intellectual property	其他知识产权	其他 PICTE 服务
Telecommunications, computer, and information services	电信、计算机和信息服务	—
Telecommunications services	电信服务	ICT 服务
Computer services	计算机服务	ICT 服务
Information services	信息服务	其他 PICTE 服务
Other business services	其他商业服务	—
Research and development services	研发服务	其他 PICTE 服务
Professional and management consulting services	专业和管理咨询服务	其他 PICTE 服务
Technical, trade-related, and other business services	技术、贸易相关和其他商业服务	—
Architectural and engineering services	建筑和工程服务	其他 PICTE 服务
Construction	施工	传统服务
Industrial engineering	工业设计	其他 PICTE 服务
Mining	矿业	传统服务
Operating leasing services	经营租赁服务	传统服务
Trade-related services	与贸易有关的服务	传统服务
Sports and performing arts	体育和表演艺术	传统服务
Training services	培训服务	其他 PICTE 服务
Other business services n.i.e.	其他商业服务	其他 PICTE 服务
Government goods and services n.i.e.	政府商品和服务	传统服务

资料来源：U.S. Department of Commerce, Economics and Statistics Administration, Office of the Chief Economist, Digital Trade in North America, 2018; Grimm, Alexis., Trends in U.S. Trade in Information and Communications Technology(ICT) Services and in ICT-Enabled Services, 2016; Maria Borga and Jennifer Koncz-Bruner. Trends in Digitally Enabled Trade in Services (1998-2010), 2012.

2. OECD、IMF 和 WTO 关于数字交付贸易的测度

OECD、IMF 和 WTO（2020）在《数字贸易度量手册》中认为，只有服务可以被数字传递。为此，该手册以服务范围为起点，认为数字交付贸易应涵盖与 ICT 密切相关的服务贸易，具体来说共包括 12 个部门：保险和养老金服务，金融服务，知识产权使用费，电信、计算机和信息服务，研发服务，专业和管理咨询服务，建筑、工程、科学和其他技术服务，其他商务服务，视听及相关服务，健康服务，教育服务，遗产和文娱服务。此外，手册还建议，包

括在运输、旅行、贸易和金融服务等基于 EBOPS 的各部门所涵盖的数字中介服务进出口的估计也应包括在内①(见表 1-3)。

表 1-3 《数字贸易度量手册》与美国 BEA 关于数字交付贸易分类的比较

序号	《数字贸易度量手册》关于数字交付贸易的分类	美国 BEA 关于数字服务贸易的分类
1	保险和养老金服务(EBOPS 6)	保险服务
2	金融服务(EBOPS 7)	金融服务
3	知识产权使用费(EBOPS 8)	知识产权使用费
4	电信、计算机和信息服务(EBOPS 9)	电信,计算机和信息服务
5	研发服务(EBOPS 10.1)	研发服务
6	专业和管理咨询服务(EBOPS 10.2)	专业和管理咨询服务
7	建筑、工程、科学和其他技术服务(EBOPS 10.3.1)	建筑,工程,科学和其他技术服务
		工程设计
		培训服务
8	其他商务服务(EBOPS 10.3.5)	—
9	视听及相关服务(EBOPS 11.1)	—
10	健康服务(EBOPS 11.2.1)	—
11	教育服务(EBOPS 11.2.2)	—
12	遗产和文娱服务(EBOPS 11.2.3)	—

资料来源:OECD、IMF 和 WTO(2020);BEA(2012;2016;2018).

以上《数字贸易度量手册》中的数字交付贸易所涉及的服务部门分类口径,与美国 BEA 的数字服务出口涉及部门相比有很大的重叠。但总体上看,前者所涉服务贸易的部门范围比后者更广,如视听及相关服务(audio-visual and related services)、健康服务(health services)、教育服务(education services)、遗产和文娱服务(heritage and recreational services)等 4 个服务部门被纳入《数字贸易度量手册》的数字交付贸易范围中,但没有出现在美国 BEA 的数字服务出口的部门范围中。不过,美国 BEA 的数字服务出口类别中的子类"培训服务"(training services),也未出现在《数字贸易度量手册》的数字交付贸易范围中。

OECD、IMF 和 WTO(2020)关于数字交付贸易的测量方法不仅大致明确了基于 EBOP 分类的服务贸易部门范围,而且为了便于统计工作的开展,将数字贸易方式从 OECD 和 IMF(2017)报告中的 16 种拓展到 20 种(见表 1-4)。从是否采用数字方式订购看,在 20 种类型中,绝大部分类型采用数字方式订购;从是否通过数字贸易平台看,有 12 种是通过数字贸易平台;从产品提供服务看,以货物为载体的有 7 种,其他都以服务为载体;在所涉及主体的商业模式中,B2B 有 8 种商业模式,B2C 有 7 种商业模式,而 C2C 有 5 种商业模式。

---

① OECD,WTO and IMF,Handbook on Measuring Digital Trade, https://millenniumindicators.un.org/unsd/statcom/51st-session/documents/BG-Item3e-Handbook-on-Measuring-Digital-Trade-E.pdf.

表 1-4 OECD、IMF 和 WTO(2020)关于数字贸易的分类举例(20 种模式)

如何			产品	主体	描述
是否数字方式订购	是否使用平台	是否采用数字方式交付			
是	否	否	货物	B2B	位于 A 国的企业直接向位于 B 国的供应商购买货物。例如,一家企业通过"电子数据交换"(EDI)在线购买生产中使用的组件
是	否	否	货物	B2C	位于 A 国的消费者(为了最终消费)直接向位于 B 国的供应商购买货物。例如,消费者通过该供应商的网店在线购买货物(如衣服)
是	是	否	货物	B2B	位于 A 国的企业通过位于 A 国、B 国或其他任何地点的在线平台,向位于 B 国的供应商购买货物。例如,通过 eBay 订购办公室家具
是	是	否	货物	B2B	位于 A 国的企业通过位于 B 国的在线平台,向位于 A 国的供应商购买货物。例如一家企业通过非居民企业平台从另外一家居民企业购买电脑,由于通过数字中介平台(DIP)交易,只有卖方向在线平台支付的中介费被记录*
是	是	否	货物	B2C	位于 A 国的消费者(为了最终消费)通过位于 A 国、B 国或其他任何地点的在线平台,向位于 B 国的供应商购买货物。例如,在亚马逊订购一本书
是	是	否	货物	C2C	位于 A 国的消费者(为了最终消费)通过位于 A 国、B 国或其他任何地点的在线平台,向位于 B 国的另一消费者购买货物。例如,通过 eBay 购买二手货物
是	是	否	货物	C2C	位于 A 国的消费者(为了最终消费)通过位于 B 国在线平台,向位于 A 国的另一消费者购买货物。例如,消费者通过非居民企业平台向另一居民购买二手手机。由于交易通过数字中介平台(DIP)方式,只有卖方向平台支付的中介费用被记录*
是	否	否	服务	B2B	位于 A 国的企业向供应商直接在线购买服务,该服务需要以现实方式交付。例如,通过网站购买运输服务
是	否	否	服务	B2C	位于 A 国的消费者直接向位于 B 国的供应商购买服务,该服务需要以现实方式交付。例如,通过宾馆自身的线上预订系统在线预订宾馆客房
是	是	否	服务	B2B	位于 A 国的企业通过位于 A 国、B 国或其他任何地点的在线平台,向位于 B 国的供应商购买服务,该服务随后以现实方式交付。例如,标准化的维护与修理服务
是	是	否	服务	B2C	位于 A 国的消费者通过位于 A 国、B 国或其他任何地点的在线平台,向位于 B 国的供应商购买服务,该服务随后以现实方式交付。例如,旅游者预订的共享驾驶服务(优步)
是	是	否	服务	C2C	位于 A 国的消费者通过位于 A 国、B 国或其他任何地点的在线平台,向位于 B 国的另一消费者购买服务,该服务随后以现实方式交付。例如,分享住宿(AirBnb)

续表

如何			产品	主体	描述
是否数字方式订购	是否使用平台	是否采用数字方式交付			
是	是	否	服务	C2C	位于A国的消费者通过位于B国的在线平台,向位于A国的另一消费者购买服务。例如,消费者通过优步向居民预订共享驾驶服务。只有中介服务作为国际贸易被记录*
是	否	是	服务	B2B	位于A国的企业直接向位于B国的供应商在线购买服务,该服务随后以数字方式交付。例如,企业购买标准化计算机服务
是	否	是	服务	B2C	位于A国的消费者直接向位于B国的供应商购买服务,该服务随后以数字方式交付。例如,消费者购买一份人寿保险
是	是	是	服务	B2B	位于A国的企业通过位于A国、B国或其他任何地点的在线平台,向位于B国的供应商购买服务,该服务以数字方式交付。例如,一家公司通过图形设计师平台订购关于标志(logo)的设计
是	是	是	服务	B2C	位于A国的消费者通过位于A国、B国或其他任何地点的在线平台,向位于B国的供应商购买服务,该服务以数字方式交付。例如,订购音乐流媒体(music streaming)
是	是	是	服务	C2C	位于A国的消费者通过位于A国、B国或其他任何地点的在线平台,向位于B国的消费者购买服务,该服务以数字方式交付。例如,消费者通过RAvery向另一消费者订购针织图案*
否	否	是	服务	B2B	位于A国的企业向位于B国的供应商进行线下订购,所购买的服务以数字方式交付。例如,企业定制咨询服务、业务流程外包(BPO)服务
否	否	是	服务	B2C	位于A国的消费者向位于B国的供应商线下购买服务,该服务以数字方式交付。例如,外国学生购买在线讲座教育服务

资料来源:OECD,WTO and IMF,Handbook on Measuring Digital Trade, https://millenniumindicators.un.org/unsd/statcom/51st-session/documents/BG-Item3e-Handbook-on-Measuring-Digital-Trade-E.pdf.

注:其中标注"*"表示与OECD、IMF(2017)报告相比增加的4种模式。

(三)数字中介平台贸易的测度

随着数字中介平台(digital intermediation platforms,DIPs)在国际贸易中的作用日益增强,OECD、IMF和WTO(2020)专门讨论了数字中介平台的贸易测度,报告中对"基于收费的数字中介平台及其提供的服务"分别定义如下:(1)在线界面,以收费方式促进方便了多个买方和多个卖方之间的直接互动,而中介平台不获取所售商品的经济所有权或提供所售服务(中介);(2)基于收费的在线中介服务,使多个买家和多个卖家之间可以进行交易,而中介平台不获取所售商品的经济所有权或提供所售服务(中介)①。现实中存在不收取费用的

---

① OECD,WTO and IMF,Handbook on Measuring Digital Trade, https://millenniumindicators.un.org/unsd/statcom/51st-session/documents/BG-Item3e-Handbook-on-Measuring-Digital-Trade-E.pdf.

DIPs（涉及非货币交易），但这超出了当前数字贸易衡量标准的范围，故不在此讨论。

数字中介平台主要提供匹配(match-making services)等中介服务，并收取佣金或服务费，但因为数字中介平台上的交易模式多样化，交易主体可能来自不同国家，所以在对数字中介平台涉及的数字贸易进行统计时，需采用交易净值的方式统计，避免重复（见图1-1）。

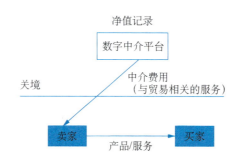

图1-1 与数字中介平台有关的贸易交易的拟议净值记录

注：如果中介费是隐性的，该报告建议将中介服务的流量（买方支付的金额与卖方最终收到的金额之间的差额）仅归属于买方。但是，如果流量是明确的，建议记录的是买卖双方在 DIP 中介服务的明确流量。

例如，居民生产的商品或服务可以通过非居民数字中介平台或国内（居民）数字中介平台进行中介。与此同时，居民从居民卖家那里购买的商品或服务——传统上不被视为国际贸易交易——可能会得到非居民数字中介平台的帮助。《数字贸易度量手册》中列举了"如果卖方支付了中介费或者没有向最终消费者收取明确的中介费""如果买方支付明确的中介费"和"如果买卖双方都支付了明确的中介费"等几种情况下，涉及数字中介平台的交易记录统计（见表1-5）。

表1-5 涉及数字中介平台的交易记录统计

卖家	DIP	买家	交易产品的处理	中介服务的处理
如果卖方支付了中介费或者没有向最终消费者收取明确的中介费				
国家A	国家A	国家B	B国从A国进口	无（国内交易）
国家A	国家B	国家B	B国从A国进口	A国从B国进口
国家A	国家B	国家A	无（国内交易）	A国从B国进口
国家A	国家B	国家C	C国从A国进口	A国从B国进口
如果买方支付明确的中介费				
国家A	国家A	国家B	B国从A国进口	B国从A国进口
国家A	国家B	国家B	B国从A国进口	无（国内交易）
国家A	国家B	国家A	无（国内交易）	A国从B国进口
国家A	国家B	国家C	C国从A国进口	C国从B国进口
如果买卖双方都支付了明确的中介费				
国家A	国家A	国家B	B国从A国进口	B国从A国进口（部分中介服务）（其余中介服务反映国内交易）

续表

卖家	DIP	买家	交易产品的处理	中介服务的处理
国家A	国家B	国家B	B国从A国进口	A国从B国进口(部分中介服务)(其余中介服务反映国内交易)
国家A	国家B	国家A	无(国内交易)	A国从B国进口
国家A	国家B	国家C	C国从A国进口	C国从B国进口(部分中介服务),A国从B国进口(其余中介服务)

资料来源：OECD, WTO and IMF, Handbook on Measuring Digital Trade, 2020.

第二节 数据需求和类型

数字技术的发展孕育着各类市场主体对数据的巨大需求，这反过来产生了多样性的数据供给，形成了数据价值链。

一、数据需求

随着科技的进步和产业的发展，计算机在各个行业中得到了普遍应用，传感器、摄像头等采集实物数据的产品也被广泛用于各类用途，这些设备以文字、图像、视频等形式传输记录的数据，进而产生了极为庞大的数据量。与此同时，数字技术正逐步取代机械和电子技术成为数字经济时代中技术革新的新方向，这一趋势也驱使各领域进一步发掘海量数据背后潜藏的价值，数据的重要性正不断增长。

数据本身作为基础设施资源表现出独特的经济属性，能够促进经济的增长[1]。一方面，不同于石油等资源，数据具有非竞争性的性质，可以同时被各类数据消费者无限次使用而几乎不产生额外成本，从而实现社会福利的最大化。另一方面，数据往往还表现出资本品的性质。未经分析的数据通常无法直接产生价值，投入其他商品的生产过程中也不会被消耗（OECD，2015）。因此，作为资本品，数据可以作为不同用户出于各种目的进行数据分析的必要输入，最终为商品和服务的生产创造更多价值。数据的这两个性质使它满足了Frischmann（2012）对基础设施资源的定义，成为符合非竞争性标准、资本良好标准及通用标准的"多目的共享手段"[2]。作为基础设施资源，数据可以产生正外部性，进而为社会带来收益[3]（Steinmueller，1996，Frischmann，2012）。

数据的重要性不仅通过它自身的属性得到体现，还进一步体现在使用数据进行分析决策的价值创造机制为各行业带来的社会价值。图1-2展现了这种价值创造机制的具体形式，即通过"数据—信息—知识—智慧"(DIKW)层层递进，完成数据收集、存储、分析及最终

---

[1] OECD Data-driven Innovation for Growth and Well-being Interim Synthesis Report, 2015.
[2] Frischmann, B. M. Infrastructure: The Social Value of Shared Resources, Oxford University Press, 2012.
[3] Steinmueller, W.E. The US Software Industry: An Analysis and Interpretative History, The international Software Industry, Oxford University Press, 1996.

决策等工作，为社会创造经济价值。在数字经济时代，"平台化"和"数据货币化"两种力量在这种机制中发挥了核心作用①。一方面，数字平台参与各类经济活动，收集并储存与用户相关的位置、偏好、行动等数据，形成自身的"数据池"，并通过处理和分析发掘出数据池中潜藏的信息。另一方面，数字平台灵活运用从数据池中获得的信息，使集成的大量数据进一步转化为"数字智能"。"数字智能"不但可以帮助企业做出更为合理的决策，而且能够用于改革产品或服务的生产方式，加强产品或服务与智能技术的融合，形成智能管理系统②，为各行业带来颠覆性的变化。

图1-2 数据-信息-知识-智慧层次图

资料来源：Trade and Cross-Border Data Flows, Francesca Casalini, Javier López González, 2019.

在农业领域，农场可以从智能化产品中收集数据并进行分析，形成具有"数字智能"的一体化的农场管理系统，根据分析结果对农业用具、种子、灌溉方式及气候应对措施做出针对性的改进。传统的农业服务就是类似拖拉机耕作的机械化服务，现代农业服务中数据不断赋能，形成智能产品、智能连接产品到产品系统和系统的系统演化，形成了数字农业系统（见图1-3）。

在制造业领域，"数字智能"也对产品供应链中各个环节产生的数据进行分析和系统化的管理，通过推动研究人员的合作和信息共享、指导机器人技术运用于生产、跟踪货物运输状况、向消费者提供信息并获得反馈等方式对"设计""生产""运输"及"使用"环节做出改进，

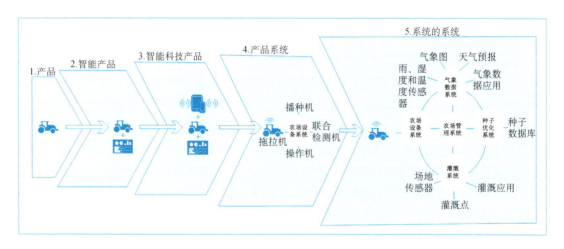

图1-3 从产品到产品系统

资料来源：Michael E. Porter, James E. Heppelmann, How Smart, Connected Products are Transforming Competition, 2014.

---

① UNCTAD, Value Creation And Capture: Implications For Developing Countries Digital Economy Report, https://unctad.org/en/pages/PublicationWebflyer.aspx?publicationid=2466.
② UNECLAC, The new digital revolution, From the consumer Internet to the industrial Internet, http://documents.caribseek.com/sites/default/files/files/2015/pdfs/caribseek-documents/chile/2015-0804-csd-cl-eclac-new-digital-revolution-consumer-internet-industrial-internet.pdf.

提高供应链创造的效益①(见图 1-4)。

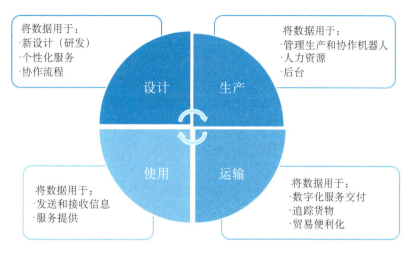

图 1-4　现代制造活动的数据脉络

资料来源：Andrew D. Mitchell, Regulating Cross-Border Data Flows in a Data-Driven World, 2019.

在服务业领域,ICT 技术在其他商业服务、通信、计算机和信息服务及保险和养老金服务等行业中的潜在应用也为这些行业带来了新的变革。这突出表现为有些作为货物的实物(如图书)现在通过网络或者电子阅读器变成了数字内容产品,有些需要介质的服务(如唱片和胶片)现在都不需要电子传输介质了,直接通过互联网传输。特别是原来许多服务业都需要通过实体网络进行销售,而现在都可以通过网络实现,在线服务业正在加速发展。

数据需求的剧增促进了全球数据规模持续扩大。IDC 统计数据显示,2010—2018 年,全球数据圈每年产生的数据量逐年递增至 33 ZB(泽字节)。预计 2020—2025 年,数据规模会延续此前的递增趋势,并在 2025 年达到 175 ZB,约为 2018 年数据量的 5.3 倍②。

二、数据类型及其变化趋势

数据根据不同分类方法可以划分为五种类型,不同数据类型的变迁受到数字技术、用户需求和政府管制等多种因素的影响。

从数据所有者角度,可以将数据分为企业和消费者用户数据。企业生成及拥有的数据份额不断扩大。在数字经济时代,企业获取消费者数据及从企业内部生成数据的能力不断增强,"企业已经成为数据创建和存储的主要来源和管理者"③。因此,企业生成和拥有数据的比重会持续增长。消费者数据圈生成的数据量占总数据量的比重逐步下降,企业数据圈

---

① Andrew D. Mitchell, Regulating Cross-Border Data Flows in a Data-Driven World, Journal of International Economic Law, 2019.
② David Reinsel, John Gantz, John Rydning, 世界的数字化：从边缘到核心, https://www.seagate.com/files/www-content/our-story/trends/files/idc-seagate-dataage-chine-whitepaper.pdf.
③ 同上。

生成的数据份额则从 2010 年的 45% 左右扩大至 2017 年的 53%,预计 2025 年会增长至 64%①。

从数据传送的及时性看,可以将数据分为存量数据和实时数据,实时数据在全球数据圈中的比重稳步增长,存量数据的比重则呈下降态势。随着数字技术和物联网技术的不断成熟及普遍应用,各行业中的企业会越来越多地将设备与网络连接,利用采集到的实时数据指导产品工艺和服务方式的改进,推动行业与时俱进地发展。不仅如此,全球大量的消费者也会通过传统计算平台和嵌入式设备产生实时数据。在这些因素的作用下,实时数据在总数据量中的份额会不断上升。实时数据从 2010 年的不足 10% 上升至 2017 年的 15%,IDC 预计到 2020 年会进一步扩大至近 30%②。

从存储介质看,HDD 和闪存存储的数据所占份额较高,光学存储数据所占份额最小③。数字化浪潮在全球的扩散趋势使海量数据不断诞生,各国政府及各行业中的企业和消费者也由此产生了巨大的数据存储需求。全球数据存储容量出货量已经从 2010 年的 0.5 ZB 左右增长至 2017 年的 1.0 ZB 水平,2025 年预计更将达到 4.5 ZB 水平。其中,HDD 及闪存会成为数据存储量所占份额最大的两类介质,光学存储则由于 DVD 产业的衰退成为数据存储量所占份额最低的介质。

从数据的区域分布看,全球各主要区域数据圈的规模都呈增长态势,其中亚太地区生成的数据占全球数据量的份额稳步上升,EMEA(欧洲、中东和非洲)及美国生成数据的份额则逐年下降。数字技术在全球的推广使各主要区域每年都创建出更多的数据。在这些主要区域中,中国受惠于数字化设备的快速普及云部署的增长,其生成数据所占份额上升最为显著,2010 年所占份额在各主要区域中排名第四,2017 年已跃居第二,预计到 2025 年其份额将与排名第一的 EMEA 基本持平。日本等国对智慧城市的投资举措也产生了一定的效果,APJ(亚太和日本)生成数据的份额平稳增长,预计到 2025 年将超过美国排名第三。美国及 EMEA 数据圈生成数据的增速低于中国及 APJ,其所占份额呈下降趋势。

从数据的行业分布看,2018 年,制造业生成的数据份额最高,其次为零售/批发业、金融服务业及基础设施行业。IDC 估计,未来医疗保健业及制造业生成数据的增速高于其他行业,其份额会进一步上升。

三、数据中心在数据价值链中的作用

在工业经济时代,总体数据量有限,产生价值的空间相对较小。然而,在数字经济条件下,数字技术带来了海量数据,专业数字服务供应商也为数据增值提供了各种增值服务。数字经济下的数据价值链是数据采集、数据存储、数据建模和分析以及数据可视化,其通过数据增值服务实现数据货币化。其核心环节包括获取数据的能力,数据的处理能力并转化为数字智能,数据在生产服务过程中的应用,这种数字资本的经济价值是通过不同形式的数据

---

① David Reinsel, John Gantz, John Rydning, 世界的数字化:从边缘到核心, https://www.seagate.com/files/www-content/our-story/trends/files/idc-seagate-dataage-chine-whitepaper.pdf.
② 同上。
③ 包括 SSD、NVM-HAND 及 NVM 其他。

货币化产生的(见图1-5)。

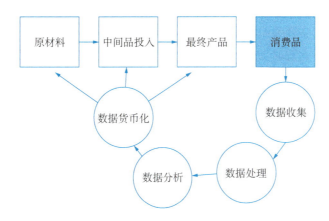

图 1-5　从线性生产到数字经济中的数字循环

资料来源：UNCTAD，Value Creation and Capture：Implications for Developing Countries Digital Economy Report，2019.

海量的数据收集、存储、处理和管理需要有专业的数据服务提供商以及相应的数据中心。自2008年以来，大多数互联网流量均由数据中心生成或最终流向数据中心，全球数据中心的流量迅速增长[①]。2016年全球数据中心的流量已经达到6.8 ZB/年，并将以25%的复合年增长率保持增长，预计2021年可达20.6 ZB/年。数据中心流量正逐步取代直接点对点流量(从设备传输到设备)成为互联网流量布局的主导者。

全球共有4 674个数据中心，分布在125个国家中，大部分分布于美国、英国、德国、加拿大、法国和中国，其中38.2%位于美国境内。

在数字经济条件下，数据中心的组织形式也开始发生变化，仅提供传统数据服务的传统数据中心走向衰弱，云数据中心成为数据中心的主导力量，2016年云数据中心流量为6.0 ZB，占全球数据中心流量比重达88.24%。2016—2021年，云数据中心流量预计将以27%的复合年增长率快速增长，并于2021年占据94.7%的全球数据中心流量。

云数据中心在数字智能和数字货币化方面具有三个方面的优势。一是云数据中心可以保障数据的完整性和可获得性。传统的数据中心将数据储存在个别几个地点，一旦数据中心遭遇设备故障、自然灾难等情况可能无法保障数据供应，甚至使数据面临缺损风险。相反，云数据中心通过在不同城市、国家乃至区域中设立数据存储点实现了全球云存储，并在数据供应出现中断或遭到损毁时提供备份数据，显著提升了数据存储的弹性。二是云数据中心可以提高用户获取数据的便利性。不同于传统数据中心，云数据中心可以通过互联网传输数据，存储在这些中心中的数据与数据消费点之间的距离因而比过去更短，减少了企业员工访问数据或企业传输信息所需的时间。三是云数据中心还可以降低数据安全的维护成本。所有的数据中心都需要安全知识专家来维护设施和数据的安全性。传统数据中心的安全维护需要国家从本地雇佣专家，人才短缺的国家更需要投入资金引进或培养专业人员。

---

① Cisco，Cisco Global Cloud Index：Forecast and Methodology，2016－2021，https://newsroom.cisco.com/press-release-content?type=webcontent&articleId=1908858.

云数据中心可以通过互联网共享人才、知识和技术资源跨国界实施安全维护，从而减少了各国在这方面的经济负担①。云数据中心在数据中心中的主导作用并不意味着传统数据中心彻底退出历史舞台。某些敏感数据需要留存在关境内，以保障数据服务的合规性，传统数据中心提供服务的前提是能够满足所有审核和日志记录要求，而一些云数据中心可能无法达到要求②。

云数据中心根据服务模式又可以进一步划分为公共云、私有云和混合云三类。据估计，公共云数据中心的工作负载和计算实例占所有数据中心的比重将从2016年的58%增长到2021年的73%，成为云数据服务市场的主要供应者③。从平均工作负载和计算实例密度④来看，公共云的数值及增长速度也优于私有云及传统数据中心。与私有云数据中心相比，公共云数据中心在三个方面具有优势，从而实现了快速发展。首先，公共云可以降低数据的使用成本。私有云通常仅为特定企业提供服务，因此企业需要支付高额费用维持私有云基础设施的运营。公共云对全球所有企业和消费者开放服务，通过实现规模经济降低运营成本，减少用户使用服务支付的费用⑤。其次，公共云进一步拓展了服务范围。公共云不但能提供数据存储、云计算等私有云已经具有的核心服务，而且可以提供一些可能带来潜在商机的服务，如为机器学习或物联网计划提供数据支持等。这些服务涉及的领域发展较快，而私有云往往尚未建立起成熟的服务机制，公共云的服务则为企业抢占先机带来了机遇⑥。最后，公共云还可以减轻用户的数据管理负担。企业建立私有云后需要投入大量精力管理和维护设施，公共云则不仅供应计算资源，而且为用户提供硬件服务，减少用户管理设施耗费的时间⑦。相对而言，私有云提供更高级别的安全保障。私有云可以设立数据访问限制，并建立防火墙来防止外部威胁⑧。

由于公共云和私有云数据中心具有各自的优势和劣势，越来越多的企业选择使用混合云战略，灵活搭配两类中心提供的服务完成工作。2019年采用混合云战略的企业占所有企业的比重为58%，较2018年上升了7个百分点⑨，使用这种战略的企业会使用私有云处理

---

① Leviathan Security Group, Analysis of Cloud vs. Local Storage: Capabilities, Opportunities, Challenges, https://static1.squarespace.com/static/556340ece4b0869396f21099/t/559dada7e4b069728afca39b/1436396967533/Value+of+Cloud+Security+-+Scarcity.pdf.
② Leviathan Security Group, Value of Cloud Security: Vulnerability, https://static1.squarespace.com/static/556340ece4b0869396f21099/t/559dadb2e4b069728afca3ca/1436396978909/Value+of+Cloud+Security+-+Vulnerability.pdf.
③ Cisco(2018)指出："'工作负载和计算实例'是用于描述从小型轻量级SaaS应用程序到大型计算私有云数据库应用程序等许多不同应用程序的通用度量"。
④ Cisco(2018)指出："平均工作负载和计算实例密度=(总物理服务器×虚拟化率(虚拟化的物理服务器的百分比)×虚拟机密度(每个虚拟化物理服务器的平均虚拟机数))+非虚拟化物理服务器数/总物理服务器数"。
⑤ USITC, Global Digital Trade 1: Market Opportunities and Key Foreign Trade Restrictions, https://www.usitc.gov/publications/industry_econ_analysis_332/2017/global_digital_trade_1_market_opportunities_and.htm.
⑥ https://searchcloudcomputing.techtarget.com/feature/Public-cloud-vs-private-cloud-Key-benefits-and-differences.
⑦ https://www.cloudflare.com/zh-cn/learning/cloud/what-is-a-public-cloud/.
⑧ https://www.rackspace.com/cloud/cloud-computing.
⑨ https://www.flexera.com/about-us/press-center/rightscale-2019-state-of-the-cloud-report-from-flexera-identifies-cloud-adoption-trends.html.

日常计算需求,在需求激增时使用公共云处理额外的流量需求①。

第三节 跨境数据流动及其测量

不是所有数据都需要跨境流动,并且由于受到各种各样管制,有些数据跨境流动受到严格控制。在数字经济条件下,跨境数据流动是数字贸易的基本条件。

一、跨境数据流动及其类型

跨境数据流动的概念最早正式出现于 1980 年 OECD《关于隐私保护与个人数据跨国流通指南》,其中对个人数据的跨境流动做出了简单的解释:"个人数据的跨境流动是指个人数据跨越国界的运动"②。1982 年联合国跨国公司中心对跨境数据流动做出界定,提出跨境数据流动是"跨越国界对存储在计算机中的机器可读的数据进行处理、存储和检索"③。此外,澳大利亚法律改革委员会(ALRC)对其 1988 年《隐私法》的解释进一步扩展了跨境数据流动的内涵,该解释指出,如果个人数据存储在澳大利亚境内,但境外对象已经访问或查看过该数据,则应认定为发生了数据跨境流动④。

跨境数字流动是随着数字技术和通信技术的变化而变化,在电缆系统出现之前,英国和北美之间的信息传递最多需要 10 天的时间,也就是两个区域间航行所需的时间。19 世纪 50 年代,电报网络在欧洲和美洲迅速传播,开启了数据传输的新时代。20 世纪 90 年代互联网的使用以及海底光缆的发展使数据跨境传输进入一个新的时代,特别是互联网公司大量投资海底光缆和数据中心,使数据传输能力大幅度提升。

目前,跨境数据流动的衡量面临诸多困难,许多公共或私立机构都在为准确统计跨境数据流努力探索。其中,美国互联网流量监测机构 TeleGeography 选取"跨境带宽"为指标,统计各区域网络间的数据流量传输能力,并尝试以此反映全球跨境数据流动情况。如图 1-6 所示,2019 年美国及加拿大地区与欧洲地区间的带宽在全球跨境带宽中排名第一,达 25.8 万 gbps,美国及加拿大地区与亚洲地区间的带宽仅次于前者,为 11.5 万 gbps,两者合计占各区域间跨境带宽总量的 71.5%,凸显出美洲、欧洲及亚洲在全球数字流量分布中的重要地位⑤。

在现代数字技术和通信技术条件下,跨境数据流动主要有三种基本手段,即网络访问、网络下载和通过各种载体进行的传输。网络访问主要是指用户通过浏览网页访问数据,网络下

---

① Cisco, Cisco Global Cloud Index: Forecast and Methodology, 2016 – 2021, https://newsroom.cisco.com/press-release-content?type=webcontent&articleId=1908858.
② OECD, OECD Guidelines on the Protection of Privacy and Transborder Flows of Personal Data, https://www.oecd.org/internet/ieconomy/oecdguidelinesontheprotectionofprivacyandtransborderflowsofpersonaldata.htm.
③ UNCTC, Transnational Corporations and Transborder Data Flows, https://digitallibrary.un.org/record/250595?ln=zh_CN.
④ https://www.alrc.gov.au/publication/for-your-information-australian-privacy-law-and-practice-alrc-report-108/31-cross-border-data-flows/introduction-139/.
⑤ https://www2.telegeography.com/global-bandwidth-research-service.

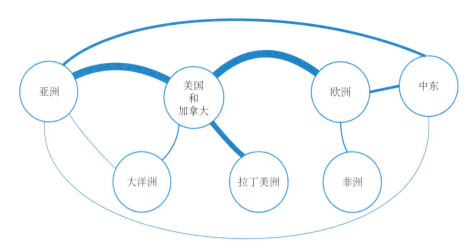

图 1-6　2019 年全球跨境带宽分布

资料来源：TeleGeography.

载或者通过网络下载服务提供商提供的免费产品，如软件和数字内容等，或者是通过应用程序下载，通过苹果应用商店（App Store）和谷歌市场（Google Play）下载应用程序（App），App 下载已经成为跨境数据流动的重要形式之一，2020 年全球年 App 下载量超过 2 000 亿次，较 2016 年增长了 45%，其中中国、印度等新兴市场的增长趋势显著[①]。在全球 COVID-19 蔓延的时期，2020 年上半年应用程序格局发生变化，以视频会议为服务对象的 Zoom 和以视频聊天服务对象的字节跳动（Tik Tok）在 2020 年第二季度首次成为季度下载量最高的应用程序，季度都超过了 3 亿次。谷歌视频会议服务（Google meet）和微软团队商务应用在 2020 年第二季度达到了历史最高下载量，印度的 COVID-19 联系人追踪应用程序 Aarogya-Setu 进入全球前 10 名，排名第 7[②]。通过各种载体进行的传输，则包括如通过传感器、摄像头等设备以及通过电子邮件等网络进行的传输。

美国商务部从商业视角将跨境数据流动分为四种类型："第一种是纯非商业数据传输，包括政府和军事通信等。第二种类型是按照市场价格在买卖双方间发生的交易数据流动，包括双方直接购买交易（如网上银行或广告交易）以及数据平台作为中间商参与的服务交易。第三种类型是以 0 美元的市场价值在各企业或其他相关方之间或其内部交换的商业数据和服务，包括供应链、员工或设计信息。第四种类型以 0 美元的市场价值向最终用户提供或从最终用户获得的数字数据与服务，包括免费邮件、搜索引擎结果、地图和指示以及社交媒体提供的信息。"[③]

二、测量跨境数据流动的重要性

人们能够分析跨境数据流动的类型，但是从商业角度去测量跨境数据流动还存在着很

---

① APP Annie，State of Mobile 2020，https：//www.appannie.com/cn/go/state-of-mobile-2020/.
② SensorTower，2020 Store Intelligence Data Digest，https：//go.sensortower.com/rs/351-RWH-315/images/Sensor-Tower-Q2-2020-Data-Digest.pdf.
③ U.S. Department of Commerce，Measuring the Value of Cross-Border Data Flows，https：//www.commerce.gov/sites/default/files/migrated/reports/measuring-cross-border-data-flows.pdf.

大的难度,而测量跨境数据流动对推进数字经济的发展起到重要的作用。

首先,帮助各国政府及企业分析数据跨境流动的经济影响。数据的跨境流动带来更多的信息共享、技术交流和跨境服务,为跨境交易和业务创造新的价值[1]。如果缺少准确的统计,就难以捕捉跨境数据流动在企业、行业及国家等不同层面的变化趋势,从而无法运用量化工具分析经济活动受到的实际影响,这不利于政府和企业对数据价值进行针对性的挖掘和利用。

其次,为政府制定跨境数字政策提供依据。由于数据的跨境流动具有两面性,各国政府的决策者需要根据自身利益采取不同的应对政策[2]。一方面,处于数字经济发展前沿的经济体需要通过跨境数据流动扩大市场,促进全球数字价值链的形成,因此这些经济体的政府支持实施数据跨境流动自由化政策,并要求形成基于互联网条件下的知识产权保护机制。另一方面,数字经济相对不发达的经济体既要考虑数字经济对经济体经济增长和就业的贡献,又要保障本国企业的发展,提出以个人信息保护和数字产业保护为导向的数字保护政策,有些经济体甚至为以"数字重商主义"等目标制定数字经济政策[3],致力于出台强制本地化或限制数据跨境传输等政策。在这种情况下,对跨境数据流动及其影响的准确衡量使政府可以估计数据政策可能带来的收益和成本,为决策者提供量化决策依据,帮助他们推动"政策辩论和贸易谈判"[4],并结合本国状况制定更为精准有效的跨境数据政策。

再次,帮助发展中国家确认全球数字价值链地位。由于统计数据不足,一些发展中国家对全球数字经济形势缺乏直观认识。对跨境数据流动的准确统计可以为这些国家了解自身与数字经济大国、强国之间存在的"数字鸿沟"提供参考,帮助它们确认自身在全球数字价值链的供求两端所处的地位[5],并由此制定符合本国定位的数字经济战略[6],提高数字产业的开放度与竞争力,避免全球数据流量的分布失衡进一步加剧。

最后,帮助各经济体紧跟新兴数字技术发展动向。数字化程度的提高使人类社会逐步形成一个更为"智能化"的系统[7],3D打印、物联网、云计算、大数据分析及人工智能等"新数字经济"(NDE)[8]的快速发展为这个系统不断带来新的可能性。跨境数据流动的精准估计可以帮助各国实时监控"新数字经济"产品在全球的电子传输贸易领域发生的最新变化,根

---

[1] U.S. Congress, Data Flows, Online Privacy, and Trade Policy, https://fas.org/sgp/crs/row/R45584.pdf.
[2] UNCTAD, Measuring the Economic Value of Cross-Border Data Flows, https://unctad.org/meetings/en/Presentation/dtl_eweek2016_JNicholson_en.pdf.
[3] ITIF, Cross-Border Data Flows: Where Are the Barriers, and What Do They Cost?, https://itif.org/publications/2017/05/01/cross-border-data-flows-where-are-barriers-and-what-do-they-cost.
[4] IFIF, Surveying the Damage: Why We Must Accurately Measure Cross-Border Data Flows and Digital Trade Barriers, https://itif.org/publications/2020/01/27/surveying-damage-why-we-must-accurately-measure-cross-border-data-flows-and.
[5] UNCTAD, Growing Trade in Electronic Transmissions: Implications for the South, https://unctad.org/en/pages/PublicationWebflyer.aspx?publicationid=2356.
[6] UNCTAD, Rising Product Digitalization And Losing Trade Competitiveness, https://unctad.org/en/pages/PublicationWebflyer.aspx?publicationid=1926.
[7] World Economic Forum, Data Free Flow with Trust(DFFT): Paths towards Free and Trusted Data Flows, https://www.weforum.org/whitepapers/data-free-flow-with-dfft-paths-towards-free-and-trusted-data-flows.
[8] UNCTAD, The New Digital Economy and Development, https://unctad.org/en/PublicationsLibrary/tn_unctad_ict4d08_en.pdf.

据对数字贸易流量的观测结果分析新数字技术的发展趋势,为政府在这些新兴领域的政策调整留出空间。

虽然对跨境数据流动进行准确衡量有着十分重要的意义,但准确测量跨境数据流动特别是具有商业价值的跨境数据流动还存在着许多方面的难点。具体表现为以下五个方面。

第一,跨境数据流动的性质不明确。各行业中的企业都高度依赖数据的使用。然而,包括跨境数据流在内的所有数据为企业创造的价值却难以明确衡量。首先,不同于货物和服务,跨境数据流的价值与其数量大小没有绝对关系,少量的数据可能因内容的重要性而带来极高的收入。其次,数据流的价格也无法反映出其价值,许多跨境数据交易并没有涉及货币交换,但却可以为交易方创造高额的间接收益。因此,跨境数据流的性质为统计带来困难。第二,缺乏跨境数据流动的标准术语。在研究数字经济和跨境数据流动的影响时,经济合作与发展组织(OECD)、联合国贸易与发展会议(UNCTAD)和美国经济分析局(BEA)等都对"数字经济"和"跨境数据流"做出了自己的定义和分类并据此进行统计和分析,但至今没有形成国际上一致的统计方法,术语不同使这些机构对"跨境数据流"的统计结果缺乏标准化的参照系,不利于数据用户进行横向比较,也不利于其他研究机构根据过往的测量结果进一步推进数据跨境流动的研究。第三,缺乏专业化的数据来源。许多研究报告在测量跨境数据流动时都选择政府机构的统计数据作为数据来源。然而,目前的数据掌握在全球数据平台,政府数据反而比这些平台的数据少,而且政府数据的统计其估计精度和假设条件无法匹配研究和测量要求,同时,一些跨境数据流也无法通过任何官方统计获取。虽然美国国际贸易委员会(USITC)已开始逐步收集跨境数据流信息,但仍未形成可用于统计的数据库,也没有解决数字经济下不同数据类型对经济增长的贡献。第四,数据范围有限。对跨境数据流的衡量通常主要针对数据密集型部门进行统计,这种统计方式忽视了跨境数据流对传统行业的重要作用,从而无法捕捉数字化为所有行业创造的经济价值。此外,对跨境数据流的统计往往仅能收集大型企业的数据,对数据政策制定更有参考价值的中小企业数据却难以通过官方统计渠道获取。跨境数据流动统计的范围限制阻碍了数字经济关键问题的研究。第五,缺乏规律性和透明度。对跨境数据流动的影响分析需要获取具有一定时间连续性的统计数据,而目前几乎没有官方统计渠道可以定期更新跨境数据流的统计数据,研究人员因此难以分析跨境数据流在长期产生的影响。此外,目前针对跨境数据流的估计方法并不会完全公开,不利于统计方法论的推广和标准化。规律性和透明度不足由此成为跨境数据统计的障碍之一[①]。

三、跨境数据流动限制

出于国家安全考虑,没有一个经济体的跨境数据流动是完全自由化的,只是不同经济体跨境数据流动限制的领域和手段不同而已。

Francesca Casalini 和 Javier López González(2019)从跨境数据监管的角度出发,对跨境数据流动做出四类不同强度的限制规定。

---

① U.S. Department of Commerce, Measuring the Value of Cross-Border Data Flows, https://www.commerce.gov/sites/default/files/migrated/reports/measuring-cross-border-data-flows.pdf.

第一类规定要求对跨境数据流动完全不做任何限制[①]。该规定为数据的跨境流动提供最高的自由度。如前所述，没有任何一个经济体采取完全自由的跨境数据流动（见图1-7）。第二类规定要求不限制数据的跨境流动，但一旦数据在国外使用不当，母国就会向数据输出者追究责任（见图1-8）。与第一类规定相比，该规定针对数据输出者做出了更为严格的约束，数据的跨境流动受到了间接限制。第三类规定只允许数据流向其数据保护标准满足母国要求的国家。该规定对数据的跨境流动做出了直接限制，也对数据传输的主体双方提出更为严格的要求。该规定按照要求不同可进一步分成三个子类。第一子类规定，如果私营机构认定数据接收国的数据保护标准符合母国要求，或者数据的传输存在"遵循合同安排""获得数据主体同意"等例外情况，则数据可以跨境进行流动。第二子类规定，如果公共机构认定数据接收国的数据保护标准达到要求，或者数据传输满足了有约束力的公司规则（BCR）等要求，则数据可以实现跨境流动。第三子类则在第二子类规定的基础上进一步对数据接收国提出要求，确保数据接收国传输回母国的数据处理方式与其在国内所做的实际处理保持一致。第四类规定要求数据流向其他国家需要得到公共机构的特别授权。数据跨境流动在该规定下受到最为严格的限制。该规定可分为两个子类。第一子类规定，如果公共机构认定数据接收国的数据保护标准符合母国要求，或者公共机构提供了特别授权，则数据可以跨境进行流动。第二子类规定，数据不能在没有公共机构批准的情况下跨境流动。

另外一种分类方法是以本地存储要求角度出发，将对跨境数据流动的限制分为四类[②]。第一类规定要求不对数据的本地存储做出任何强制要求。由于数据的本地存储需求有限，因此该规定的实施较为普遍。第二类规定仅要求在母国留存数据备份，不限制数据的跨境传输或处理。该规定"通常针对电信元数据和企业财务数据"。第三类规定允许数据转移至其他国家进行处理，但处理完成的数据不得存储于其他国家，必须再传输回本国存储。该规定从流动目的的角度对数据的跨境流动做出直接限制。第四类规定要求数据必须在母国存储，并在满足特定条件时才可以实行数据的跨境传输及处理。特定条件可能与有利于"发展国内数据存储及其他数据服务行业"的产业政策有一定联系。该规定根据流动对母国的影响对数据的跨境转移进行限制。

对跨境数据流动限制的研究还是初步的，由于跨境数据流动对一国经济体的影响目前很难测量，因而有些看似与产业和经济无关的跨境数据流动恰恰对产业产生了重大影响。因此还是应该从跨境数据传输的三种方式去测量跨境数据流动的限制类型、限制程度以及对产业和经济的影响。

[①] Francesca Casalini, Javier López González, Trade And Cross-Border Data Flows, https://www.oecd-ilibrary.org/trade/trade-and-cross-border-data-flows_b2023a47-en.

[②] Francesca Casalini, Javier López González, Trade and Cross-Border Data Flows, https://www.oecd-ilibrary.org/trade/trade-and-cross-border-data-flows_b2023a47-en.

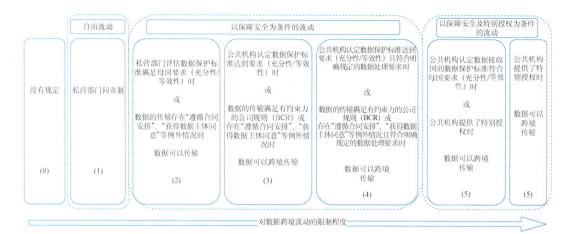

图 1-7　第一类跨境数据流动限制

资料来源：Francesca Casalini，Javier López González. Trade and Cross-Border Data Flows，2019.

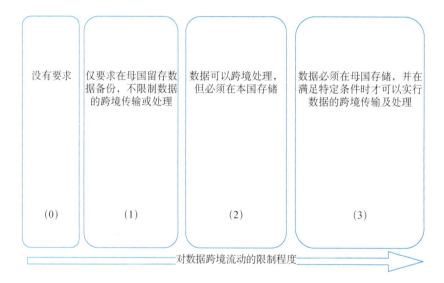

图 1-8　第二类跨境数据流动限制

资料来源：Francesca Casalini，Javier López González. Trade and Cross-Border Data Flows，2019.

第二章

全球数字平台与数字贸易促进

在数字经济条件下,数字贸易是通过数字平台这种新型企业组织形态实现的,云计算、区块链和人工智能等技术的应用以及各经济体的开放政策使数字贸易加快发展。本章在分析数字平台和数字贸易关系的基础上,重点分析主要类型全球数字平台在促进数字贸易领域的作用和发展趋势。

第一节 全球数字平台和数字贸易

数字技术的发展促进了一种新的企业组织形式即数字平台的出现。数字平台就是提供硬件和软件,记录和提取用户之间在线交互所有相关数据的平台,数字平台为一群参与者集聚在一起实现在线互动的机制。数字平台根据用户的需求可以有不同的类型,因而具有多样性[①]。不过归纳起来,数字平台可以分为两类,即交易平台和创新平台。交易平台是通过在线基础设施,支持多方之间进行交易的平台,如订货平台、分时租赁平台和社交平台等。创新平台是以操作系统或技术标准的形式为开发者开发应用程序和软件创造环境。谷歌和苹果应用商店就是通过操作系统和软件开发套件为开发者提供服务的[②]。在现实社会中,电子商务平台是主要的数字平台,具体分为多种类型。从大的方面看,数字平台分为营利导向的数字平台和非营利导向的数字平台,营利性平台中有电子支付平台、众筹平台、社交媒体和电子商务平台,在电子商务平台中,有货物电子商务平台和服务电子商务平台,服务电子商务平台的种类多种多样(见图2-1)。在无数数字平台中,绝大多数是地区性本土平台,如订货平台,在一个一定规模的经济体中,存在着大量各种类型的订货平台,相对而言,区域性特别是全球性数字平台数量很少。全球数字平台不仅需要不断的数字基础设施和软件投入,而且要承担克服数据跨境流动带来的合规性成本。在两种成本压力下,除非一国经济体的市场容量足够大,否则数字平台唯一可以采取的手段是通过不断增加客户数量,提高客户活跃度,这样必然带来平台不断向外扩张。

从地区性数字平台向全球性数字平台的扩张,除了拥有自身数字基础设施和软件等核心竞争力外,一个重要手段就是不断收购兼并与数字平台相关的业务,这一方面是为了不断巩固平台的核心竞争力,扩张平台的服务能力,由于平台的网络效应,这些地区性数字平台往往也会失去客户;另一方面是为了减少新开发市场的竞争对手,形成全球统一数字平台下的当地化。2010年以来,全球主要数字平台收购兼并的情况见表2-1。

---

① 国际贸易投资新规则与自贸试验区建设团队,全球数字贸易促进指数报告(2019),立信会计出版社,2019.
② 沈玉良等,全球数字贸易规则研究,复旦大学出版社,2018.

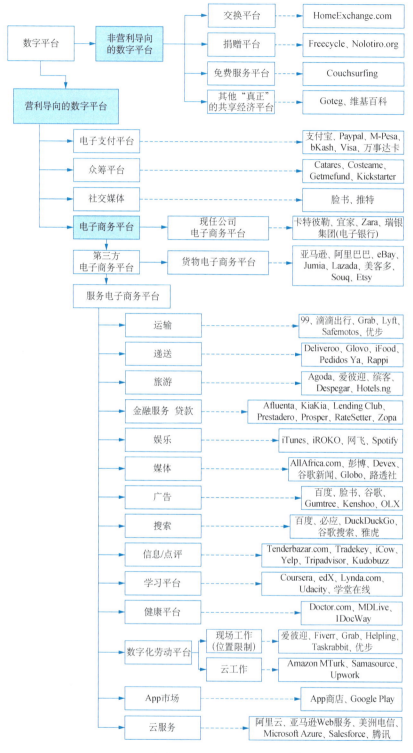

图 2-1　数字平台环境下的电子商务①

---

①　UNCTAD,Digital Economy Report 2019,Value Creation and Capture: Implications for Developing Countries, https://unctad.org/en/PublicationsLibrary/der2019_en.pdf.

表 2-1 六大主要数字平台的收购兼并情况

年份	目标企业	行业	目标经济体	收购方(最终收购方)	交易金额(百万美元)
2010	第八大道 111 号	非住宅房地产	美国	Alphabet 有限公司	1 900
2011	Skype 全球有限公司	软件	卢森堡	微软公司	8 505
2012	摩托罗拉移动公司	电信设备	美国	Alphabet 有限公司	12 450
2012	Yammer 有限公司	软件	美国	微软公司	1 200
2012	Instagram 有限公司	互联网软件和服务	美国	脸书有限公司	1 000
2014	WhatsApp 有限公司	互联网软件和服务	美国	脸书有限公司	19 468
2014	Nokia Oyj 设备和服务业务	电信设备	芬兰	微软公司	4 991
2014	Nest Labs 有限公司	电子	美国	Alphabet 有限公司	3 200
2014	Beats Electronics 有限公司	电子	美国	苹果有限公司	3 000
2014	Mojang AB	软件	瑞典	微软公司	2 500
2014	Oculus VR 有限公司	软件	美国	脸书有限公司	2 181
2014	高德软件控股有限公司	IT 咨询和服务	中国	阿里巴巴集团控股有限公司	1 081
2016	领英公司	电子商务/B2B	美国	微软公司	26 639
2016	苏宁云商集团有限公司	计算机和电子零售	中国	阿里巴巴集团控股有限公司	4 547
2016	优酷土豆股份有限公司	电子商务/B2B	中国	阿里巴巴集团控股有限公司	4 392
2016	来赞达东南亚有限公司	互联网与商品目录零售	新加坡	阿里巴巴集团控股有限公司	1 000
2017	全食超市有限公司	餐饮零售	美国	亚马逊网有限公司	13 561
2017	PT Tokopedia	互联网与商品目录零售	印尼	阿里巴巴集团控股有限公司	1 096
2017	Lyft 有限公司	软件	美国	Alphabet 有限公司	1 000
2017	Souq.com	互联网与商品目录零售	阿拉伯	亚马逊网有限公司	580
2018	GitHub 有限公司	计算机及其外部设备	美国	微软公司	7 500
2018	Jamestown LP-纽约切尔西市场	非住宅房地产	美国	Alphabet 有限公司	2 400
2018	高鑫零售有限公司	餐饮零售	中国香港	阿里巴巴集团控股有限公司	2 065
2018	分众传媒信息技术有限公司	广告与营销	中国	阿里巴巴集团控股有限公司	1 146

资料来源：UNCTAD, Digital Economy Report 2019, Value Creation and Capture: Implications for Developing Countries, https://unctad.org/en/PublicationsLibrary/der2019_en.pdf.

正是通过全球数字平台的不断扩张,全球形成了七个超级数字平台,截至2020年8月28日,苹果市值2.13万亿美元,微软1.73万亿美元,亚马逊1.70万亿美元,谷歌1.12万亿美元,脸书8 366亿美元,美国五大全球数字平台占据了总市值的三分之二。中国的全球数字平台主要是阿里巴巴和腾讯,市值分别是7 819亿美元和6 623亿美元。

尽管中美两国拥有全球主要的数字平台,但是美国数字平台才是真正意义上的全球数字平台,而尽管中国数字平台的市值相对比较高,但其主要是以中国国内市场为重点业务,国际业务占业务中的比重不超过20%,因而全球数字平台基本上以美国企业为主。

在数字经济条件下,全球数字平台主导了数字贸易,数字贸易的规模和结构取决于平台的市场边界和市场密度。市场边界就是平台跨关境国家(地区)数量,数量越大,市场边界越宽。市场密度是平台上供需双方的匹配服务规模,市场密度越高,数字服务额越大。

第二节 全球主要数字平台形态演进

由于不同全球数字平台面临着不同的竞争环境以及错综复杂的政府监管,全球数字平台形态处于不断演化过程中,而这种演化对数字贸易产生了不同的影响,本节主要分析跨境电子商务平台、云计算平台和物联网等三种类型的数字平台。

一、跨境电子商务平台

跨境电子商务是指分属不同关境的交易主体通过电子商务平台达成交易、进行支付结算,并通过跨境物流送达商品、完成交易的一种国际商业活动。跨境电子商务有三个基本特征:一是交易主体分属不同关境,二是通过跨境电子商务平台撮合及结算,三是物流业跨境配送有形货物。跨境电子商务平台需要有五个基本条件:一是能够为消费者提供商品信息的网络,二是需要有商品搜索引擎服务提供给买卖双方,三是能够可靠地访问客户和市场的企业,四是用于验证和执行交易的金融支付服务,五是能够将货物从供应商转移到客户的快递和物流服务提供商[①]。

跨境电子商务主要有B2B、B2C和C2C三种形式,B2B通常情况下是行业内部的上下游商业关系,或者通过工业互联网形成企业间的有机商业联系。B2C和C2C的业务模式有自营、平台、混合(自营和平台)三种,但大部分情况下跨境电子商务平台采用混合模式。

跨境电子商务平台货物交易的各个环节见图2-2。这些环节中包括买卖双方的交易环节,以海关为主的货物监管环节以及为货物交易提供服务的各种辅助环节。

从跨境电子商务平台交易的基本流程图中可以看出,要完成跨境电子商务的业务流程,存在着货物流和数据流的两种流动方式。从货物流看,跨境电子商务平台为买卖双方提供货物运输等服务,这种服务与传统货物贸易的服务类似,不存在实质性的差异,服务可以通过平台的自制服务,也可以选择外包服务。从数据流看,跨境电子商务平台提供商品搜索引擎等为买

---

① USITC,Global Digital Trade 1: Market Opportunities and Key Foreign Trade Restrictions,https://www.usitc.gov/publications/332/pub4716_0.pdf.

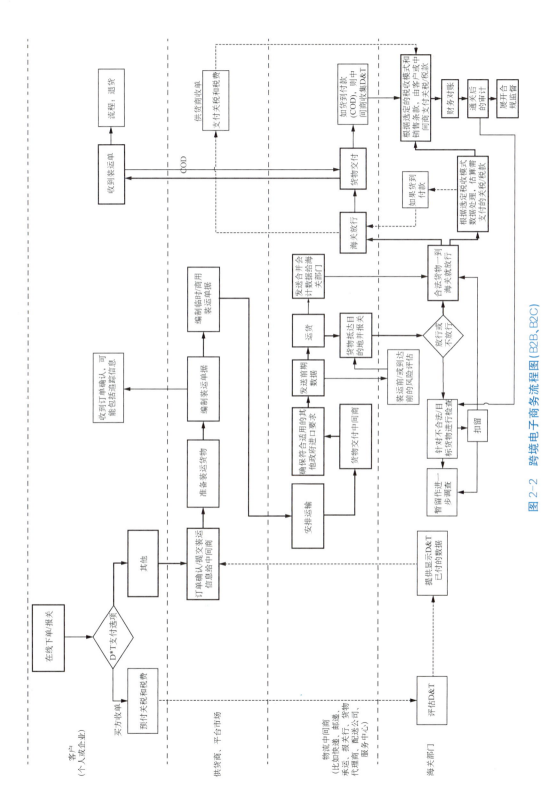

图 2-2　跨境电子商务流程图（B2B、B2C）

资料来源：WCO（2019），http://www.wcoomd.org/-/media/wco/public/global/pdf/topics/facilitation/activities-and-programmes/ecommerce/4_e_commerce_flow-charts_en.pdf.

卖双方提供信息匹配服务以及其他可以通过电子交付的服务,如支付服务、保险服务。与传统货物贸易最大的区别是,跨境电子商务平台提供商品搜索服务和撮合服务(见图 2-3)。

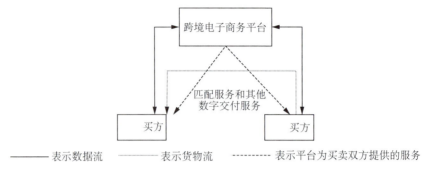

图 2-3 跨境电子商务与货物流和数据流

根据数字贸易的定义,进行跨境电子商务平台的货物跨境交付主体是货物贸易,而不是数字贸易,但是平台为买卖双方提供了商品搜索引擎服务、数字广告服务、电子支付和在线保险等服务,如果一个经济体对相关服务不设限制并且数据可以跨境流动,那么这些服务可以通过电子手段进行跨境数据传输,因而是数字贸易(见图 2-4)。

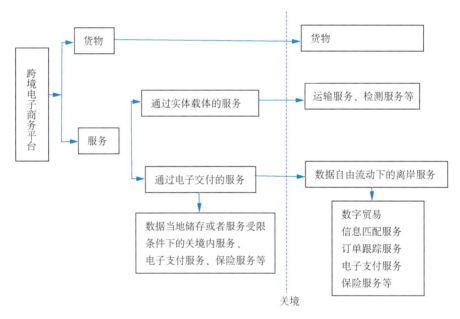

图 2-4 跨境电子商务中的货物贸易、服务贸易和数字贸易

目前国际组织没有对跨境电子商务有统一的统计口径。联合国贸易和发展会议估计,2018 年全球电子商务销售额(B2B 和 B2C)近 26 万亿美元,占国内生产总值的 30%,比 2017 年增长了 8%,全球 B2B 电子商务的价值为 21 万亿美元,占所有电子商务的 83%,B2C 电子商务价值为 4.4 万亿美元,比 2017 年增长 16%[①]。

---

① UNCTAD, UNCTAD Estimates of Global E-Commerce 2018,https://unctad.org/en/PublicationsLibrary/tn_unctad_ict4d15_en.pdf.

然而,从全球分布看,电子商务交易在各经济体之间存在着不平衡,排名前10位的国家电子商务交易占全球的74.51%,并且即使是前10位的国家电子商务交易规模大,但是占国内生产总值的比重差异很大,如韩国占84%,而中国仅占17%,低于全球平均30%的比重。同时,许多国家B2B占电子商务的比重很高,大多超过80%(见表2-2)。

表2-2 2018年排名前10位国家的电子商务销售规模

排名	国家	电子商务总销售规模(亿美元)	占GDP的比重(%)	B2B销售规模(亿美元)	B2B占电子商务的比重(%)	B2C规模(亿美元)
1	美国	86 400	42	75 420	87	10 980
2	日本	32 800	66	31 170	95	1 630
3	中国	23 040	17	9 430	41	13 610
4	韩国	13 640	84	12 630	93	1 020
5	英国	9 180	32	6 520	71	2 660
6	法国	8 070	29	6 870	85	1 210
7	德国	7 220	18	6 200	86	1 010
8	意大利	3 940	19	3 620	92	320
9	澳大利亚	3 480	24	3 260	94	210
10	西班牙	3 330	23	2 610	78	720
	前10位合计	191 100	35	157 720	83	33 380
	全球	256 480	30	212 580		43 900

资料来源:UNCTAD,UNCTAD Estimates of Global E-commerce 2018,https://unctad.org/en/PublicationsLibrary/tn_unctad_ict4d15_en.pdf.

2018年跨境B2C电子商务销售额达到4 040亿美元,比2017年增长7%。据估计,跨境销售约占B2C电子商务总销售额的10%。全球跨境电子商务销售不平衡的现象相对B2B中比较严重,前10位的国家(地区)跨境电子商务交易占全球的78.47%,但总体而言,通过跨境电子商务进行交易的货物贸易占货物出口的比重目前还是相对较低,大多在5%以下,全球平均为2.1%(见表2-3)。

表2-3 排名前10位的国家(地区)跨境B2C贸易额

排名	国家或地区	跨境电子商务销售额(亿美元)	跨境电子商务贸易(B2C)占货物出口比重(%)	跨境电子商务贸易(B2C)占所有B2C销售额的比重(%)
1	中国内地	1 000	4.0	7.3
2	美国	850	5.1	7.8
3	英国	400	8.2	15.0
4	中国香港	350	6.2	94.3

续表

排名	国家或地区	跨境电子商务销售额（亿美元）	跨境电子商务贸易(B2C)占货物出口比重(%)	跨境电子商务贸易(B2C)占所有 B2C 销售额的比重(%)
5	日本	210	2.9	13.1
6	德国	150	1.0	14.9
7	法国	120	2.0	10.6
8	意大利	40	0.8	3.2
9	韩国	30	0.5	4.4
10	荷兰	10	0.2	9.6
	前 10 位合计	3 170	3.2	—
	全球	4 040	2.1	

资料来源：UNCTAD，UNCTAD Estimates of Global E-commerce 2018，https://unctad.org/en/PublicationsLibrary/tn_unctad_ict4d15_en.pdf.

根据联合国贸易和发展会议估计，2018 年有 14.5 亿人（占世界 15 岁及以上人口的四分之一）在网上购物，这比 2017 年高出 9%。其中，中国网购人数最多，达到 6.1 亿人。尽管大部分在线购物者主要从国内供应商那里购买，但 2018 年，约有 3.3 亿网购者进行了跨境购物，略高于所有网购者的五分之一，跨境在线购物者占所有在线购物者的比例从 2016 年的 17% 上升到 2018 年的 23%。而新冠肺炎（COVID-19）疫情加速了跨境电子商务的发展，全球在线购物者的数量急剧增加，标志着消费者行为正加速向"在线优先"模式转变。即使在全球范围内政府强制关闭的政策被解除，实体店开始重新开张，许多购物者仍选择继续在网上购物，这表明实体零售业的复苏将放缓，可能永远不会回到疫情之前的水平[①]。

亚马逊公司根据电子市场（eMarketer）、全球电子商务基金会（Global E-commerce Foundations）和埃森哲（Accenture）等预测数据整理了全球零售额、全球电商零售额和全球电商零售占全球零售额的比重数据，预测结果是，2020 年全球零售较 2019 年下降 1.42 万亿美元，但电子商务零售反而上升 0.55 万亿美元，估计全球电子商务零售占全球零售的比重将从 2017 年的 10.2% 上升到 2023 年的 20.6%，预计跨境电子商务占全球电商的比重达到 20%[②]（见图 2-5）。

跨境电子商务平台从数字技术、平台购物手段和生态组织等三个方面正在发生变化。

从跨境电子商务平台技术变化趋势看，尽管 B2B 和 B2C 的客户群体不同，但技术应用在跨境电子商务领域基本是一致的。从 B2B 平台技术发展趋势看，首先，云技术在 B2B 中得到广泛应用。云平台允许公司跨渠道同步订单，并且实现及时和自动的补货，整合来自多

---

① Amir Schlachet，COVID-19：The Impact on Cross-Border Ecommerce，https://www.global-e.com/en/resource/covid-19-cross-border-ecommerce.
② 亚马逊、财新智库，从新业态到新常态 2020，中国出口跨境电商趋势报告，https://m.media-amazon.com/images/G/28/AS/AGS/pdf/home/China-export-cross-border-e-commerce-trend-report._CB1198675319_.pdf?ld=AZCNAGSTopnav_ASCNAGSHPTB.

图 2-5 全球零售电商及占比

资料来源:亚马逊、财新智库,从新业态到新常态 2020,中国出口跨境电商趋势报告,https://m.media-amazon.com/images/G/28/AS/AGS/pdf/home/China-export-cross-border-e-commerce-trend-report._CBl198675319_.pdf? ld = AZCNAGSTopnav_ASCNAGSHPTB.

个仓库的物流业务。企业也越来越多地使用基于云的数字技术来集成后端系统,如订单管理、企业资源规划和客户关系管理,这样更容易实现"多层分发网络",将分销商、经销商和服务提供商连接到同一系统。例如,B2B 公司将软件即服务(SaaS)用于文件和文档共享、数据分析,并为网站、订单和电子邮件提供安全保障等。平台即服务(PaaS)允许应用程序编程接口(API),可以为特定公司或客户定制应用程序。基于 PaaS 的系统也可以更好地使用移动设备,并通过更快的部署和更新来提高数据安全性。其次,在报价软件技术方面,配置报价软件 CPQ(Configure Price Quote)与价格优化算法一起使用,允许公司构建包含可变价格,数量和销售时间框架的复杂交易。在人工智能和大数据应用方面,人工智能被用于创建更有效的,针对客户的营销活动,并预测未来的需求。在大数据分析方面,公司使用这些技术来优化分销和供应链管理,并制定更有效的营销策略[1]。跨境 B2C 平台使用的数字技术与 B2B 公司使用的技术相似,这些技术是通过各种信息和交付渠道(在线和店内)锁定和优化零售客户关系管理服务,当然,与 B2B 平台不同,零售电子商务软件和数字技术对后端和物流运营也至关重要,形成不同的数字应用程序。

从跨境电子商务平台的购物手段看,尽管语音购物仍然处于起步阶段,但客户群已经在不断增长,据统计,36%的美国用户和 16%的英国用户已经不止一次地通过语音购物。亚马逊是目前语音购物的主导力量,约占所有消费的 90%,2017 年美国通过语音购物的销售额为 20 亿美元,到 2022 年预计达到 400 亿美元[2]。

语音购物是通过智能音响实现购买的行为,目前智能音响有 15 亿台,预计到 2023 年将增长到近 80 亿台[3],智能音响品牌定位如表 2-4 所示。

---

[1] USITC,Global Digital Trade 1:Market Opportunities and Key Foreign Trade Restrictions,https://www.usitc.gov/publications/332/pub4716_0.pdf.

[2] OC&C,The talking shop — the rise of voice commerce,https://www.occstrategy.com/media/1285/the-talking-shop_uk.pdf.

[3] New Juniper,New Juniper Research Report Forecasts Smart Audio Hardware Revenues to Grow by Over 300% in the Next 5 Years,https://audioxpress.com/news/new-juniper-research-report-forecasts-smart-audio-hardware-revenues-to-grow-by-over-300-in-the-next-5-years.

表2-4 智能音响与产品定位

市场细分	市场主体		
	干扰者和模仿者	主要挑战者	成熟的领导者
较大的宽度、深度或广度	搜诺思	谷歌	亚马逊
专注于中间市场或细分市场	奥体美	哈曼卡顿 安桥	
商机	博士 Eufy 灵隆科技	阿里巴巴 苹果 联想 索尼	
定位	有志向的	发展中的	扩张的

资料来源：https://audioxpress.com/news/new-juniper-research-report-forecasts-smart-audio-hardware-revenues-to-grow-by-over-300-in-the-next-5-years.

从跨境电子商务平台的生态系统看，形成了亚马逊、阿里巴巴为主的全球性公司，竞争性的区域跨境电子商务平台和搜索引擎、社交网络参与跨境电子商务的跨境电子商务平台生态系统，或者说是全球跨境电子市场是寡头垄断的市场结构。亚马逊通过技术、规则和先期进入的先发优势，目前拥有全球4亿多的用户量，300多万的卖家，在全球线上跨境零售活动中占近40%的市场份额，亚马逊在许多经济体中的线上零售业务进入所在国前三。首先，其优势表现为云计算、大数据等技术优势支撑跨境电子商务客户服务平台，实现端到端的贸易模式。其次，亚马逊聚焦在市场密度最高的区域，从买家来看，中国无疑是跨境电子商务供给市场密度最高的区域，亚马逊在中国对接海外14大亚马逊站点（美国、日本、澳大利亚、英国、加拿大、墨西哥、印度、法国、德国、意大利、西班牙、阿联酋、荷兰和新加坡），而对接的目标市场也是跨境电子商务需求市场密度最高的区域。最后，通过内部规则规范交易双方的行为，同时在各环节提供优质服务提升供应链体系效率。在全球开店方面，制定全球开店规则和产品合规政策，在主要市场有专门的指导手册。在物流领域，FBM（卖家负责物流）和FBA（亚马逊仓储派送）是亚马逊的两种订单派送模式，FBA建成了全球全套跨境物流仓储服务，提供7×24小时专业跨境电商客服支持，遍布全球的超过175个电商运营中心，商品可配送至全球185个国家和地区，在10个国家有377个FBA（见表2-5）。

表2-5 亚马逊公司业务收入来源及分布（2017—2019）

业务	2017年		2018年		2019年	
	销售收入（亿美元）	所占比重	销售收入（亿美元）	所占比重	销售收入（亿美元）	所占比重
北美	1 061.1	59.66%	1 413.7	60.70%	1 707.7	60.88%
国际	542.9	30.52%	658.7	28.28%	747.2	26.64%
云计算（AWS）	174.6	9.82%	256.6	11.02%	350.3	12.49%
合计	1 778.6	100.00%	2 329	100.00%	2 805.2	100.00%

资料来源：根据亚马逊年报整理。

在跨境电子商务平台的生态体系中，另一个重要的发展趋势是社交网络等平台也进入跨境电子商务领域。据美国商业内幕情报（Business Insider Intelligence）估计，2019 年美国社交商务市场价值达到 220 亿美元，到 2024 年将飙升至 842 亿美元，复合年增长率（CAGR）为 30.8%。其中大部分收入来自 500 强零售商，预计到 2024 年 610 亿美元的收入，使该细分市场的社交商务市场份额分别达到 54% 和 72%①（见图 2-6）。

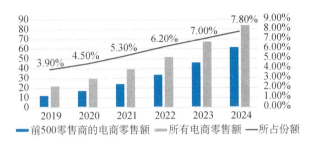

图 2-6　美国社交平台电商零售额及所占比重

社交平台电子商务在 2018 年前出现了停滞，主要原因是消费者不相信社交商务是一个安全的购物渠道，对安全、隐私和社交商务的合法性存在着疑虑。但 2019 年以来主要社交平台提供新的商务工具，寻找增强其电子商务能力的方法。例如，2019 年 3 月，Instagram 推出了一项新的电子商务结账功能，以应对为用户提供端到端的应用内电子商务体验的挑战。Instagram Checkout 允许 Instagram 用户在不必离开应用程序的情况下完成产品购买，并在此过程中保存购买信息以备将来付款②。Instagram 正在实施平台易于购物，结账无障碍，给品牌商和零售商提供工具，使帖子、故事、视频和广告可以直接购买，它还提供了一种可购物的广告格式——集合广告——消费者在观看视频广告的同时，还可以浏览产品目录。全球最大社交平台脸书公司每月有 8 亿消费者使用 Marketplace（截至 2018 年 5 月），脸书公司提供可购物的帖子和广告，通过贴有标签产品的帖子和视频进行销售。不过，从目前脸书的年度财务报表看，脸书公司的业务收入来源还是以数字广告收入为主，2019 年，脸书公司广告业务占整体业务的 98.52%。

另外，短视频应用 Tik Tok 也开始尝试社交商务，Tik Tok 开始允许一些用户在他们的个人资料传记中添加电子商务网站（或任何其他目的地）的链接，并向创作者提供方便地将其观众发送到购物网站的功能。但美国政府 2020 年对字节跳动公司的一系列措施会影响其在海外的社交商务业务。

跨境电子商务是一种新型的国际贸易业态，因而会涉及多边、区域和双边贸易规则。这不仅会涉及传统的贸易规则（货物贸易、服务贸易和知识产权的深化），而且会涉及新的议题，如个人信息保护和数据跨境流动规则等，这里仅讨论与跨境电子商务有关的货物贸易规

---

① Daniel Keyes, The Social Commerce Report, Inside the fast-developing opportunity to reach billions of consumers' wallets using social platforms, https://www.businessinsider.in/the-social-commerce-report-inside-the-fast-developing-opportunity-to-reach-billions-of-consumers-wallets-using-social-platforms/articleshow/70805806.cms.
② Gavin Llewellyn, Social Commerce Trends for 2020 you Need to Look out For, https://www.smartinsights.com/ecommerce/social-commerce/social-commerce-trends-for-2020-you-need-to-look-out-for.

则问题,主要涉及关税税率、货物监管制度和贸易便利化措施等三大领域。

首先,是以物品方式邮寄的国际包裹相关的多边规则,其主要适用于个人跨国邮寄和电子商务外贸卖家的跨国邮寄。随着移民数量不断增加和跨境电子商务的不断发展,国际航空包裹业务量不断增长。根据万国邮政联盟的统计,2013 年全球包裹(发送和接收)达到 7 728 万件,2018 年达到 3.4 亿件(见表 2-6)。

表 2-6 全球国际快递包裹发送和接收(2013—2018 年) 单位:万件

类型	2013 年	2014 年	2015 年	2016 年	2017 年	2018 年
国际快递包裹发送	4 214.2	3 932.8	24 224.6	25 859.8	28 190.1	30 723.2
国际快递包裹接收	3 514.5	2 927.8	5 070.6	3 962.8	3 977.1	3 739.1
国际快递总计	7 728.8	6 860.6	29 295.2	29 822.6	32 167.2	34 462.3

资料来源:万国邮政联盟。

万国邮政联盟(Universal Postal Union,UPU)每年发布邮政发展综合指数(Integrated Index for Postal Development,2IPD),从可靠性、覆盖面、相关性和韧性四个方面衡量各国(地区)邮政绩效,以满分 100 为基准,2019 年主要区域的邮政发展综合指数是,工业国家平均得分为 68.9,比 2018 年高出 1 分,东欧和独联体国家得分 49.8,亚太地区得分 29.5,阿拉伯地区得分 27.29,拉丁美洲得分 22.7,非洲得分 20.6。这说明全球邮政发展差距一直在扩大。同时,2IPD 分数差每降低 1%,双边包裹吨数增加 0.1%[①]。

万国邮政联盟是商定国际邮政事务的政府间国际组织,截至 2020 年 8 月,万国邮政联盟有 192 个成员。万国邮政联盟自 1978 年 7 月 1 日起成为联合国一个关于国际邮政事务的专门机构。万国邮政联盟国际性法规包括《万国邮政联盟组织法》以及《邮政包裹协定》《邮政汇票和邮政旅行支票协定》《邮政支票业务协定》《代收货价邮件协定》《托收票据协定》《国际储蓄业务协定》和《订阅报纸和期刊协定》等七个协定,每项协定均有实施细则。

随着跨境电子商务迅猛发展,国际小包业务量急速增长,处理成本也大幅上升,引发了出超国邮政与入超国邮政之间的利益不平衡。2018 年 10 月 17 日,美国总统特朗普宣布美国将退出万国邮政联盟,理由是万国邮政联盟的终端会费为中国和其他国家的企业向美国运送产品提供了大幅折扣,终端费会产生扭曲效应[②]。同时,美国认为外国邮政运营商缺乏预先提供的电子海关数据,这样包裹运送中货物风险无法识别。

2019 年 9 月 25 日,万国邮政联盟第三次特别大会在若干个方案中挑选了一个最能平衡各方利益的方案。根据该方案,2020 年,各国继续执行多边费率体系,上调并拉平 1~4 组的终端费上限,2021—2025 年,各国执行带有过渡安排的受限制的自定义终端费体系,每件 158 克国际小包(全球均重)上限费率年度涨幅分别为 15%、15%、16%、16% 和 17%;各国自定义终端费不能高于其国内对应产品资费的 70%。此外,2018 年进口函件业务量超过

---

① Universal Postal Union, Postal Development Report 2019 Perspectives on the Performance of Postal Operators, https://www.upu.int/UPU/media/upu/publications/postalDevelopmentReport2019En.pdf.
② 终端费是指原寄国邮政向寄达国邮政支付的为补偿寄达国处理所接收函件的费用,适用于信件和 2 千克以下的小包。

7.5万吨的国家（目前仅有美国符合该条件），2020年7月1日起可提前实行自定义终端费体系，但需在2021—2025年向万国邮政联盟支付4 000万瑞士法郎补偿金①。

跨境电子商务为全球邮政带来了难得的发展机遇，但缩小地区及国家间邮政发展差距是其中的关键。原本2020年8月在科特迪瓦阿比让举行的第27届万国邮政大会由于疫情延期，但这次会议的主要议题是通过新的世界邮政战略，即2021年开始的新工作周期的路线图，决定新的规则和政策。

从未来通过邮政推进跨境电子商务的发展看，除了国际邮件资费标准外，还包括三个主要问题。第一个问题是缩小国家间邮政发展的不平衡，特别是关注发展中国家邮政基础设施的投入，使国家（地区）间2IPD指数缩小；第二个问题是国际包裹信息和数据在国家间的分享，特别是涉及包裹的安全和风险问题，需要与世界海关组织等合作形成国际间安全和风险控制；第三个问题是推进最低限度价值货物免税门槛值下降，与2016年相比，66个国家（地区）中，有8个经济体反而是上升的，12个经济体下降，42个没有变化，4个不确定。

其次，WTO多边贸易体制在跨境电子商务领域货物监管制度和便利化措施方面规则基本处于空白。2017年2月22日生效了《贸易便利化协定》，该协定主要是简化进出口的程序，包括加快货物流动、放行和清关。不过，该协定不是专门针对跨境电子商务相关的协定。因此，从多边规则体系看，至今没有形成跨境电子商务相关的货物监管制度和贸易便利化措施协定。

世界海关组织（WCO）发布跨境电子商务领域内的标准框架，即《WCO跨境电商标准框架》，加快以跨境电子商务为基础的货物监管制度和贸易便利化措施的建立。世界海关组织只是提出了15个监管标准指引，未来还需要与世界贸易组织等国际组织合作形成专门条款，以确保在货物安全、风险控制下适合跨境电子商务的贸易便利化措施实施。

表2-7 《WCO跨境电商标准框架》中提出的15个监管标准指引

监管标准	主题	内容要点
标准1	建立电子数据预处理的法律框架	为电子商务供应链相关各方、海关管理部门和其他相关政府机构之间进行电子数据交换，建立法律框架
标准2	使用国际标准进行电子数据预处理	应采用WCO和其他国际标准
标准3	便利化的风险管理以及控制	采用针对电子商务的风险管理技术，以甄别有风险的货物
标准4	使用非侵入式检测技术和数据分析	海关管理部门应将数据分析和筛选方法与非侵入式检查设备结合使用
标准5	简化的清关手续	海关当局，应当通过对跨境电商货物的提前申报和风险评估，以及和其他政府部门的合作，酌情建立和保持简化的清关程序/手续

---

① UPU, 5 Things to Know about "Option V", https://www.upu.int/UPU/media/upu/publications/Option_V_factsheet.pdf.

续表

监管标准	主题	内容要点
标准 6	扩展 AEO 理念至跨境电商领域	探索在跨境电商领域应用 AEO 认证程序和互认安排协议的可能性
标准 7	税款征收模式	应当酌情考虑应用多样化的税款征收模式(如卖家模式、中介模式或消费者/买家模式等)
标准 8	最低起征点	各国政府应根据具体国情做出充分理性的决定
标准 9	阻止欺诈和非法贸易	海关当局应当和其他政府部门合作建立起分析和调查非法跨境电商贸易活动的程序
标准 10	跨部门间的合作和信息共享	各国政府应当在不同的政府部门间和它们的内部建立合作框架(通过相关的电子数据交换机制包括单一窗口等)
标准 11	公私合作关系	海关应建立并加强与电子商务利益相关者的合作伙伴关系,以优化合规和便利
标准 12	国际合作	海关管理部门应将海关合作和伙伴关系扩展到跨境电子商务环境,以确保合规和便利
标准 13	公众的关注和推广	应使消费者、公众和其他利益相关人知晓与跨境电商有关的监管要求、风险和责任
标准 14	测度机制	海关应与电子商务利益相关方密切合作,与相关政府机构合作,根据国际统计标准和国家政策准确捕捉、测量、分析和发布跨境电子商务统计数据,以便做出明智的决策
标准 15	探索技术发展和创新	海关当局应与其他相关政府机构、私营部门和学术界合作,探索创新技术发展,并考虑这些发展是否有助于更有效地控制和促进跨境电子商务

资料来源:WCO, Cross-border E-commerce Framework of Standards,http://www.wcoomd.org/-/media/wco/public/global/pdf/topics/facilitation/activities-and-programmes/ecommerce/wco-framework-of-standards-on-crossborder-ecommerce_en.pdf?la=en.

为了推广《WCO 跨境电商标准框架》,万国邮政联盟和世界海关组织合作发布了关于指定经营者和海关之间交换电子预告数据(EAD)的指南,以推动各经济体邮政与海关之间的数据交换①。

最后,最新区域贸易协定都有条款涉及跨境电子商务问题,但是美式协定和欧式协定的视角不同,内容也不同。

2018 年 12 月 30 日生效的《全面与进步跨太平洋伙伴关系协定》(CPTPP)第五章"海关管理和贸易便利化"第七条中专门有快运货物方面的条款:(1)每一缔约方应在保持适当海关监管和选择的同时为快递货物采用或维持快速的海关程序。此类程序应:(a)规定在货物抵达前放行一快运货物所需提交和处理的信息;(b)允许一次性提交信息涵盖一批快运货物中的所有货物,如货单,可能的情况下,可通过电子方式提交;(c)在可能情况下,规定对特定

---

① WCO, UPU, WCO — UPU Guidelines on the Exchange of Electronic Advance Data(EAD) between Designated Operators and Customs Administration, http://www.wcoomd.org/-/media/wco/public/global/pdf/topics/facilitation/instruments-and-tools/tools/upu/joint-wco-upu-guidelines.pdf?db=web.

货物提交少量单证;(d)在正常情况下,规定快件在提交必要的海关单证后在 6 小时内放行,条件是货物已抵达;(e)适用于任何重量或价值的货物,同时认识到一缔约方可能根据货物的重要或价值要求正式入境手续作为货物放行的条件,包括申报和证明单证及缴纳关税;(f)规定在正常情况下,对等于或低于根据缔约方法律所设定的一固定数额时不计征关税。每一缔约方应定期审议该数额,同时考虑可认为相关的因素,如通货膨胀率、贸易便利化效果、对风险管理的影响、与所征税款相比较的征税的行政成本、跨境贸易交易成本、对中小企业的影响或与征收关税相关的其他因素。(2)如一缔约方对所有货物均不提供第 1 款(a)项至(f)项的待遇,该缔约方应提供一单独和快速对快运货物规定上述待遇的海关程序。

CPTPP 将快递货物便利化方面的条款主要放在以贸易便利化措施上,以减少货物放行时间,提高通关效率,这些措施包括信息处理方式的优化,尽量使用电子手段,减少单证,规定快件在提交必要的海关单证后在 6 小时内放行。同时,CPTPP 规定在正常情况下,对等于或低于根据缔约方法律所设定的一固定数额时不计征关税。

2019 年 2 月生效的《欧盟与日本经济伙伴关系协定》(EPA)第八章"服务贸易、投资自由化和电子商务"中的第三节"邮递和快递服务"第三款规定:每一当事国应确保在其领土内服从其法律和法规的普遍服务义务的邮政和快递服务供应商不得从事下列行为:(a)通过交叉补贴排除其他企业的业务活动,其收入来自提供普遍服务,提供特快专递服务(EMS)或任何非普遍服务而构成的私人垄断。分别违反日本《关于禁止私人垄断和维持公平贸易的法律(1947 年第 54 号法)》第 3 条,或滥用市场支配地位,违反欧盟的竞争法;(b)顾客之间的不合理区别,例如大宗邮件或集邮者,在收费和提供服务对象的接收、交付、重定向、退货和交付所需天数等条款类似条件的情况下应承担普遍服务义务。从具体条文中可以看出,欧日经济伙伴关系协定主要从反垄断和反不正当竞争法视角对市场行为加以约束。

2020 年 7 月 1 日,美墨加协定(USMCA)正式生效,在"海关管理与贸易便利化"章节快运货物(第 7.8 条)中明确两个方面:一是大幅提升三国之间的免税门槛值(美国 800 美元以下;墨西哥关税 117 美元,税收 50 美元;加拿大关税 150 加元,税收 40 加元);二是对 2 500 美元以下货物适用快速通关程序,这些规则条款对于跨境电子商务和中小企业贸易便利化而言将产生重要的正面影响,同时反映了国际上对于跨境电子商务发展和监管的基本趋势(见表 2-8)。

表 2-8 美墨加协定"海关管理与贸易便利化"章节中相关条款

条款	条款标题	内容
7.8 第 1 条	快运货物	(1) 正常情况下,在进口货正式入境程序中,对于价值等于或低于该缔约方法律规定的固定金额的一方的快递货物,不会评估关税或税款 (2) 免税的最低固定金额为:美国 800 美元以下;墨西哥关税 117 美元,税收 50 美元;加拿大关税 150 加元,税收 40 加元
7.8 第 2 条	快运货物	每一缔约方应采用或维持程序,对价值低于 2 500 美元的货物适用少于正式入境程序所适用的海关手续

资料来源:United States-Mexico-Canada Agreement (USMCA), Chapter 7 Customs Administration and Trade Facilitation.

2020年7月2日,新加坡、智利与新西兰签署生效了全球第一个数字经济方面的协定,即《新加坡、智利与新西兰数码经济伙伴关系协定》,包括初步条款和一般定义、商贸便利化、数字产品及相关问题的处理、数据事宜、更广泛的信任环境、企业与消费者信任、数字身份、新兴趋势和技术、创新与数字经济、中小企业合作、数字普惠和联合委员会和联络点等12个方面的内容。该协定商贸便利化部分第2.6条中关于快递的条款基本是与CPTTP一致;第2.7条电子支付的条款强调了通过促进国际公认标准的采用,通过促进支付基础设施的互操作性和相互联系,通过鼓励支付生态系统中的有益创新和竞争,支持发展高效、安全、有保障的跨境电子支付。

二、云计算平台

云计算是指使用共享的物理和虚拟资源(包括网络、服务器和应用程序)提供标准化、可配置、按需提供的在线计算机服务,包括计算、存储和软件服务和数据管理。云计算服务平台主要为客户提供三种类型的服务,即基础设施即服务(IaaS)、平台即服务(PaaS)和软件即服务(SaaS)。随着SaaS的应用范围越来越广,SaaS进一步拓展为四类专业化的软件即服务,包括业务流程即服务(Business Platform As a Service,BPaaS)、数据即服务(Data as a Service,DaaS)、统一通信即服务(Unfiled communication as a Service,UCaaS)和安全即服务(Security as a Service,SECaaS)[1]。

与软件服务外包不同,云计算平台提供对共享的可配置计算资源集无处不在的按需访问,因而云计算平台是数字经济的发动机,也是数字经济的基本组织形态。

云计算服务不仅仅是为用户降低不断更新的软件和硬件成本,作为一种平台的新型组织,它还包括以下三个方面的特征。第一,增加了业务灵活性。无论员工是在企业还是出差,只要通过任何类型的设备连接互联网,就可以访问数据,并处理业务,云计算允许员工在互联网上同时共享文档和文件。第二,提升了用户的敏捷性。云计算是全天候的,可以根据用户的需求变化建立快速的响应机制。第三,可扩展性。云计算允许用户根据业务需求的变化来调整资源。由于云服务的可扩展性,它有助于解决问题和提高客户满意度,云计算能够使资源快速可用,从而消除了容量规划的需求[2]。

云计算平台的出现改变了产业组织形态。在工业经济下,企业与市场的组织边界是明晰的,企业在产业组织中的关系是垂直一体化和非一体化中选择,受到产品标准化程度、资产专用性程度和市场密度等多种因素影响才能形成企业组织均衡[3]。

在数字经济条件下,企业内部原来有形服务(研发、销售等)变成在线服务,这样企业就不需要依赖实体网络,而是通过选择全球数字平台的方式拓展企业的组织边界,而云计算为其组织边界的拓展提供了服务和云技术支撑,因而在数字经济条件下,全球数字平台的出现使企业的组织边界受制于云计算平台的服务半径和数据中心的密度(见图2-7)。

---

[1] USITC,Global Digital Trade 1:Market Opportunities and Key Foreign Trade Restrictions,https://www.usitc.gov/publications/332/pub4716_0.pdf.
[2] Colin Ting Si Xue,Felicia Tiong Wee Xin,Benefits and Challenges of the Adoption of Cloud Computing in Business,International Journal on Cloud Computing:Services and Architecture(IJCCSA),2016.
[3] POL ANTRAS,Incomplete Contracts and the Product Cycle,American Economic Review,2005.

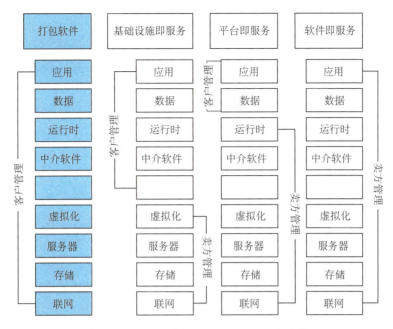

图 2-7　与传统打包软件比较的服务模式①

云计算数据中心是对传统数据中心的替代,当传统数据中心的组织成本大于云计算数据中心时,企业倾向使用公共云,而公共云的成本收益取决于服务规模(见图 2-8)。既然公共云可以替代传统数据中心,那为什么还存在着传统数据中心呢？主要是从数据安全角度考虑,如与国家安全有关的金融信息等,还包括与关键基础设施相关的数字基础设施、平台和软件等业务。

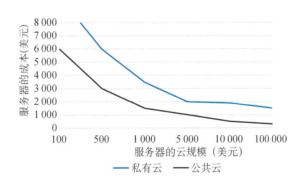

图 2-8　公共云的成本与收益②

云计算平台是随数字平台的出现而发展的,许多云计算有关的数字基础设施、数字平台业务和软件业务主要是为自己的数字平台服务,但随着用户需求,特别是形成平台与用户之间的粘性需求,数字平台企业不断开发业务,形成了多样性的服务业务,而这些服务不仅为

---

① PWC, Making Sense of a Complex World: Cloud Computing — the Impact on Revenue Recognition, https://www.pwc.com/gx/en/communications/publications/assets/pwc-cloud-computing-and-revenue-recognition-whitepaper.pdf.

② Microsoft, The Economics of the Cloud, https://news.microsoft.com/download/archived/presskits/cloud/docs/The-Economics-of-the-Cloud.pdf.

平台本身提供云计算支撑，而且为平台客户提供服务。例如，亚马逊的云计算部门（Amazon Web Services，AWS）2006年推出时只提供了一项服务，而目前，AWS是全球最全面、应用最广泛的云平台，提供超过175项功能齐全的服务。从全球云基础设施看，AWS在全球24个地理区域内运营着77个可用区，并计划在印度尼西亚、日本和西班牙新增三个AWS区域，同时再增加9个可用区。从云服务技术看，包括计算、存储和数据库等基础设施技术，机器学习、人工智能、数据湖和分析技术以及物联网等新兴技术。从内部市场看，AWS拥有最大且最具活力的社区，在全球拥有数百万活跃客户和成千上万个合作伙伴。AWS合作伙伴网络（APN）包括专注于AWS服务的数千个系统集成商和成千上万个将其技术应用到AWS中的独立软件供应商（ISV）。从云计算安全看，AWS拥有230项安全、合规性和监管服务及功能，支持90个安全标准和合规性认证，且存储客户数据的全部117项AWS服务均具有加密此类数据的能力[①]。阿里云CDN（内容分发网络）的全称是Alibaba Cloud Content Delivery Network，是建立并覆盖在承载网之上、由分布在不同区域的边缘节点服务器群组成的分布式网络，替代传统以WEB Server为中心的数据传输模式。其将源内容发布到边缘节点，配合精准的调度系统，将用户的请求分配至最适合他的节点，使用户可以以最快的速度取得他所需的内容，有效解决互联网网络拥塞状况，提高用户访问的响应速度。阿里云在全球70多个国家有2 800多个全球节点，其中中国国内有2 300个，全网带宽输出能力为130 Tbps[②]。

从云计算的产业规模看，2018年，全球云市场规模估值为2 720亿美元，其中38%的工作负载在公共云上运行，41%的工作负载在私有云上运行。预计到2023年全球云市场规模将达到6 233亿美元，以18%的复合年增长率增长，不同类型云服务收入的预测见表2-9。在云计算服务类型中，软件即服务的销售收入是最大的，超过了1 000亿美元，其次是商业流程即服务和基础设施即服务，同时，随着用户对数据安全需求的提升，云管理和安全服务的销售收入也在提升。

表2-9　全球公共云服务收入预测（2019—2022年）　　　　单位：亿美元

云服务类型	2019年	2020年	2021年	2022年
商业流程即服务	452.1	434.4	462.9	495.1
平台即服务	375.1	435.0	573.4	720.2
软件即服务	1 020.6	1 046.7	1 209.9	1 406.3
云管理和安全服务	128.4	146.6	160.9	183.9
基础设施即服务	444.6	503.9	642.9	809.8
数据即服务	6.2	12.0	19.5	25.4
合计	2 427.0	2 578.7	3 069.5	3640.6

资料来源：Gartner，https://www.gartner.com/en/newsroom/press-releases/2020-07-23-gartner-forecasts-worldwide-public-cloud-revenue-to-grow-6point3-percent-in-2020.

注：2020年以后是预测数据。

---

① 亚马逊，AWS云计算，https://aws.amazon.com/cn/what-is-aws/?nc2=h_ql_le_int.
② 阿里云基础设施，https://www.aliyun.com/about/global?spm=5176.12825654.tv5zgqp0v.1.3dbd2c4aEWl1u2.

从云计算市场结构看,全球云计算市场是一个垄断型市场结构。以基础设施即服务为例,2017年世界前五名的云计算基础设施即服务提供商的市场份额占72%,到2019年超过了80%,其中亚马逊占45%(见表2-10)。

表2-10 全球基础实施即服务市场份额(2017—2019年)

公司	2017年		2018年		2019年	
	销售额(亿美元)	市场份额	销售额(亿美元)	市场份额	销售额(亿美元)	市场份额
亚马逊	122.2	49.5%	155.0	47.8%	204.8	46.0%
微软	31.3	12.7%	50.4	15.5%	81.4	18.3%
阿里巴巴	13.0	5.3%	25.0	7.7%	41.4	9.3%
谷歌	8.2	3.3%	13.1	4.0%	24.1	5.4%
IBM	4.6	1.9%	5.8	1.8%	12.7	2.9%
其他	67.7	27.4%	75.2	23.2%	80.5	18.1%
合计	247.0	100.0%	324.5	100.0%	444.9	100.0%

注:(1) 2019年排名在第五位的是腾讯公司。
(2) 2017—2018年的数据来自Edward Jones,Cloud Market Share — a Look at the Cloud Ecosystem in 2020 https://kinsta.com/blog/cloud-market-share/. 2019年度的数据来源于hostingtribuna, 25 Must-Know Cloud Computing Statistics in 2020,https://hostingtribunal.com/blog/cloud-computing-statistics/.

云数据中心为客户提供服务首先要考虑市场需求,如果有市场需要,并且考虑收益率,那么许多云数据中心在数据需要密集的区域设立区域性云数据中心,在为该中心提供数据服务的同时为关境外客户提供服务。同时,由于有些关境区存在着数据留存的需求,因而云计算公司考虑到商业利益,还会在那里单独设立云数据中心。在要求数据留存的条件下,数据的跨境流动无法实现,那么也不会形成数字贸易(见图2-9)。

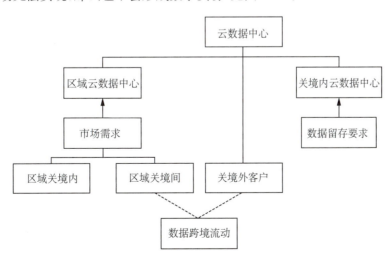

图2-9 云数据中心与数据跨境流动

云计算服务面临的主要壁垒来自日渐增多的各国关于数据的本地化政策,而各经济体最主要的担心是国家安全和个人数据保护,也包括各国产业利益诉求。当前,数据本地化政策涉及的数据类型广泛，并且采取数据本地化政策的国家正在增加。一般数据本地化政策的实行要求云提供商在本地建立数据中心，而对于存在本地处理要求、本地服务器要求以及其他针对性要求的政策，则需要云提供商作出更多的让步，如土耳其禁止公共机构采用云计算、沙特阿拉伯要求云服务提供商安装政府过滤软件、韩国限制金融服务跨境使用云计算等（见表2-11和表2-12）。

表2-11 阻止各类数据的国家数量

数据类型	阻止此类数据的国家数量
会计、税务和财务数据	18
个人数据	13
政府和公共数据	10
新兴数字服务数据	9
其他	5
电信数据	4

资料来源：Nigel Cory, Cross-Border Data Flows, ITIF, Nigel Cory, http://www2.itif.org/2018-gmu-cross-border-data-flows.pdf.

表2-12 全球云计算数字贸易壁垒本地存储要求

德国	电信法案（Telecommunications Act）的修正案要求电信提供商在德国境内储存特定时间段内的元数据
印度	国家数据共享和可访问性政策（National Data Sharing and Accessibility Policy）要求用公共资金收集的数据必须储存在印度境内
	印度《2019年个人数据保护法案》规定敏感个人数据只能在特定条件下才能跨境输出处理，但该数据仍应当储存于印度境内
	印度中央银行印度储备银行（RBI）自2018年10月15日起对所有支付系统提供商及其服务提供商、中介、第三方供应商和支付生态系统中的其他实体强制执行该规则，以确保所有相关数据仅存储在印度的系统中
	《2019年个人数据保护法案》规定对于由印度中央政府界定为关键个人数据的个人数据，原则上仅可在印度境内处理
印度尼西亚	信息和电子传输法第82条法规（Regulation No. 82: Information and Electronic Transaction Law）要求任何直接向用户提供互联网支持服务的公司必须将数据中心设在印度尼西亚
哈萨克斯坦	对特定信息法例的修正案（Amendments to Certain Legislative Acts on Informatization）及个人数据和保护法第94条（Law No. 94-V on Personal Data and Protection）要求在哈境内收集的个人数据必须存储在该国境内
尼日利亚	尼日利亚ITC内容发展指导（Guidelines for Nigerian Content Development in ITC）要求所有公司收集的消费者和订阅用户的数据必须在该国境内托管
俄罗斯	俄罗斯联邦法律（Federal Law 242-FZ）要求所有收集的俄罗斯公民的数据必须存储在俄罗斯境内
	第242-FZ号联邦法，关于对俄罗斯联邦的某些法律进行修正，以澄清信息和电信网络中的个人数据处理程序（Law No. 242-FZ "On Amendments to Certain Laws of The Russian Federation in Order to Clarify the Procedure For Personal Data Processing in Information and Telecommunications Networks"）要求在服务器上所有俄罗斯公民数据保留十二小时

续表

俄罗斯	第 242-FZ 号联邦法规定,任何存储俄罗斯国民信息的组织,无论是客户还是社交媒体用户,都必须将该数据移至俄罗斯服务器
沙特阿拉伯	2018 年沙特阿拉伯发布了云计算监管框架,要求对某些类型的数据进行本地化
土耳其	电子支付法(E-Payment Law)提供电子支付服务的公司必须在土耳其境内进行数据处理
土耳其	土耳其于 2019 年颁布了一项措施,禁止公共机构使用云计算
越南	信息技术服务法令(Decree of Information Technology Services)要求提供一系列不同互联网支持服务的公司在越南境内至少保有一个服务器。在越南获得许可的电子通用信息页面和社交网络的实体必须至少有一个域名使用".vn",并将信息存储在越南的 IP 地址识别的服务器中
越南	越南网络安全法(Vietnam Law on Cybersecurity,2018)要求,从事收集、利用/使用、分析和处理作为个人信息的数据、有关服务用户关系的数据以及越南境内服务用户生成的数据的国内或国外网络空间服务提供商,必须将该等数据存储在越南境内,保存期限由政府规定
以色列	2014 年 9 月 10 日,以色列银行监管部门发布了有关以色列银行公司使用的云计算服务风险管理的准则草案,规定了受监管实体有义务在使用云计算服务之前获得银行监管机构的批准
沙特阿拉伯	2018 年沙特阿拉伯发布了云计算监管框架,要求云和其他 ICT 服务提供商安装政府过滤软件
新西兰	政府机构不允许在公共云中存储"受限"类别以上的个人信息,无论公共云是在岸还是离岸
韩国	韩国限制金融服务跨境使用云计算

三、物联网平台

对于将计算机嵌入日常事务的思路可追溯到 20 世纪 90 年代。当时,Marc Weiser 提出了"普适计算"的构想。这一构想包含的假设是在用户不可见的状态下将现代信息技术和通信技术完全融入日常事。1995 年,微软创办人比尔·盖茨在出版的《未来之路》一书中提及"物联网"。1999 年,麻省理工学院的凯文·阿什顿(Kevin Ashton)提出了"物联网"(Internet of Things,IoT)这一术语,以描述使用电子标签跟踪特定对象并使用因特网传输该信息的技术,从而可以更准确地跟踪商品的分配。同年,在物品编码(RFID)技术上,Auto-ID 公司也提出了"物联网"的概念。2005 年 11 月,世界信息峰会上,国际电信联盟发布了《ITU 互联网报告 2005:物联网》,指出"物联网"时代的来到。

迄今为止,尽管物联网技术不断发展,但是对于"物联网"并没有一个普适和全面的界定。一般地,"物联网"的含义包括了无处不在的网络、物联网技术在不同行业的广泛应用、嵌入物联网技术的智能产品和辅助设备。物联网这一概念拓宽了局限于纯虚拟世界的传统的互联网的覆盖面,使日常事物也得以网络化。这样,诸如地点、状态、历史等物理语境信息得以用作互联网中的信息,使现实世界和物理世界的界限进一步消除,最终将物质世界与其相应的数字化模型融合于计算机中。在物品上配备传感器,这样可以使物品本身和所处环境的相关信息在需要时即时传送到相关信息系统中。将设备的物理状态和信息技术结合在一起即形成信息物理系统。在信息物理系统中,当软件技术组件("嵌入式软件")与机械和电子部件相连接时,系统就可以经基于数据基础设施进行通信。如图 2-10 所示,在物联网系统中,对于物联对象,物联网技术嵌入每个电子设备,电子产品根据连接类型和设备功能形成越来越细分的产业部门,但是非电子设备不包含在物联网系统内,它们采用标签技术(通过 RFID 标签或 QR 码识别等);对于物联结点,物联网主要包含直接连接到互联网的电脑、智能手机、平板电脑等产品;对于物联方式,物联网系统包含的智能设备(如可穿戴设备)可以通过绑定 IP 地址(如先连接到智能手机)再连接到互联网,也可以直接连接到互联网(如 PC、平板电脑、智能手机),而那些没有可寻的 IP 地址的产品不包含于物联网系统。

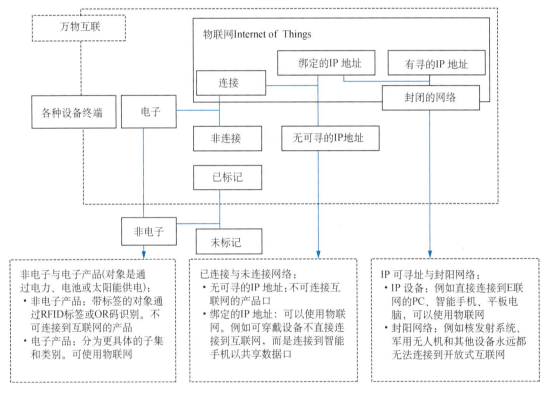

图 2-10　物联网的定义

资料来源:笔者根据文献整理。

物联网平台是基于云的本地软件包和相关服务,以支持复杂的物联网服务(IHS,2019),其中包括云计算、数据管理、应用程序、连接管理、设备管理、安全管理等组成部分。物联网平台与现场网络紧密结合,对接嵌入了传感器(或者传感系统)的物联网设备,通过网关或者直接通过云端与现场网络进行数据传输,为现场网络提供基于云端的智能化设备管理。

"物联网平台"的基本构成包括:(1)云计算平台。随着越来越多的组织依赖托管和数据存储服务,云数据中心现在已成为常规ICT服务交付的主要内容。(2)数据管理中心。数据管理侧重于从地理空间角度管理应用程序之间的数据流。物联网软件使开发人员能够将物联设备与企业特定的客户和ERP数据以及来自第三方来源的数据(如社交和天气数据)结合起来,以创建更有价值的物联网应用程序。(3)嵌入物联网平台的海量应用程序。应用程序可帮助物联网开发人员和实施人员快速、高效地进行设计、构建、集成和管理IoT应用程序的工具。除了作为物联网平台的一部分之外,应用支持平台(AEP)通常是独立提供的。它们本质上提供了大多数物联网应用程序所共有的业务,例如定义规则和警报的能力,使开发人员能够专注于市场独有的应用程序差异化方面。物联网平台的软件和服务集成在更大的物联网生态系统的环境中。尤其值得注意的是,物联网平台能在一定程度上克服物联网市场上尚未标准化所伴随的一系列兼容困难的问题。(4)物联网平台的连接管理系统。连接管理是指物联网平台与物联设备的连接。设备通过各种各样的接口与网关相连或者直接连接到互联网。连接管理在蜂窝环境中的主要作用是为客户管理包括SIM卡的设备,提供自动远程批量配置、远程故障排除、身份验证和安全性、灵活的计费和评级、阈值和警报管理,通过应用程序编程接口(API)和基于Web的用户界面将平台的功能集成到客户的现有企业管理系统中。(5)设备管理。物联网平台使企业能够基于多种技术和协议管理成千上万、数百万甚至数十亿的设备和连接。设备管理、设备云通常由物联网设备供应商(如模块和网关/路由器供应商)独立提供,以促进和鼓励客户将这些供应商的设备用于物联网应用。设备云执行各种功能,这些功能围绕以网络为中心的设备控制、诊断和优化。(6)与物联网平台相连接的现场网络。现场网络中包括物联设备以及网关,也可在这些位置做边缘存储。首先,物联网设备的基本结构由微控制器主板、输入输出设备以及网络连接设备组成。物联网设备跟普通的机械产品一样,都包含用于检测用户操作和设备周边环境变化的输入设备,提示某些信息或者直接作用于环境的输出设备,以及作为设备的大脑来负责控制机器的微控制器等部件。微控制器是物联网设备的核心,是一块控制机器的集成电路(Integrated Circuit,IC)芯片,能够编写程序,并根据描述的处理读取端子状态,或者向连接上的电路输出特定信号。微控制器由内存、CPU以及外围电路构成。在实际使用微控制器时,需要串行端口和USB等各种接口以及电路等。此外,物联网设备中少不了嵌入传感器。它的用途在于检测周边环境的物理变化,将感受到的信息转换成电子信号的形式输出。人类用五种感官来感知环境的变化,设备则用传感器来感知,包括温度、湿度、光学、加速度、力觉、测距、图像传感器等。随着零件的小型化和高性能小型处理器的出现,先进的传感系统发展迅速,这类传感器能轻松地获取那些原来难以当成数据来处理的信息。这样的传感器不仅仅是设备,而是多个因素复杂协作的"系统",如卫星定位系统、准天顶卫星等。其次,网关指的是能连接多台设备,并具备直接连接到互联网的功能的机器和软件。选择网关时有几项重要的标准。一是用于连接网关和设备的接口。网关的接口决定了能连接的设备,因此,重点在于选择适配设备的接口。有线连接方式包括串行通信和USB连接。无线连接中用的接口包括Wi-Fi、蓝牙(Bluetooth)等。二是网络接口。网络接口会影响到网关的设置场所。以太网采用有线连接,通信环境稳定,而5G-LTE设置场所比较自由,但通信质量不够稳定(见图2-11)。

物联网平台对数据跨境流动的内在要求。连接物联网平台的智能终端(智能工厂与智

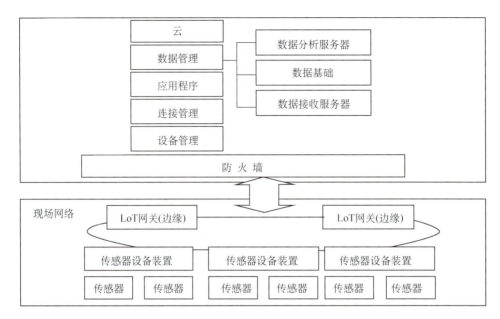

图 2-11 物联网平台的基本构成

资料来源:笔者整理。

能产品)具有一些共同特点。第一,通过传感系统采集产品与设备在使用中产生的数据,并将数据传输到云端,再基于云平台对数据进行处理和分析。第二,智能设备、云平台服务与形形色色的数据增值服务通常是由不同企业提供的,并且有可能分布在不同国家。基于规模经济的考虑,平台企业有对数据进行集中存储、处理与分析的内在要求,在全球范围内配置物联网平台服务的不同工序(识别与通信技术、基础设施、数据采集、数据存储、处理与分析)是最优选择。不过,在跨境数据流动限制,或者具有本地存储要求的情况下,物联网平台企业和第三方服务企业不得不在物联设备所在国家构建云平台基础设施,从而导致规模不经济以及资源错配。第三,智能工厂与智能产品的物联设备嵌入强度越大,则对物联网平台服务价格越敏感,物联网平台由于基础设施重复建设和分散提供所致的成本会在更大程度上转移给这些企业与产品。第四,是否允许跨境数据流动将决定智能工厂能否与其子公司或者关联企业(如上下游企业)实现数据集成和共享。

以上这些特征意味着,物联网平台对数据跨境流动的需求变得越来越迫切,这既与云服务的外包和全球化提供有关,又与跨国公司在子公司或者关联公司之间集成与共享数据的需求有关。(1)云服务外包。大多数公司选择将数据的存储和处理外包给云服务提供商,从而降低了前期成本并获得了几乎无限的数据存储和处理能力。数据分析也越来越多地迁移到云中,因为它通常需要大量的数据,否则将很难存储或处理这些数据:在制造业中约为50%,教育和医疗保健行业为44%和39%。在银行业中,近60%的受访者表示其行业中云计算的普及率很高。云计算正在简化后台功能,并将新的创新金融技术(fintech)服务提供商与更大的金融机构及其客户联系起来。在零售服务中,云计算使公司能够更轻松地吸引客户,并对客户需求的变化做出更快的反应。在教育服务中,云计算可以扩大在线课程的入学率,而在医疗保健领域,则有望通过远程监控诊断和治疗,大大扩大对医疗服务的访问。(2)跨国数据共享与集成(尤其是跨国公司子公司之间,或者上下游企业之间的数据流动)。从各自存储和处理数据转变为跨位置的通信和协作,云计算服务使公司能够合并和处理来自多个位置的数据,尤其是对于跨国、跨地区公司,网络化和可扩展的ICT能力对于诸如人力资源、预算和控制、管理会计或法规遵从性等行政职能非常有利。

物联网平台的数据跨境流动模式多种多样(见图2-12)。物联设备的数据传输通常可以分为四种,他们分别是"设备到设备""设备到网关再到云""设备到云""云到云"。其中,基于物联网平台的数据流动是后三种模式,即"设备到云""设备到网关再到云""云到云"。当设备与云、或者网关与云平台不在同一国境内时候,就会发生数据的跨境流动。第一,设备到设备模式。通常使用无线PAN协议连接的同一网络中的IoT设备(如Bluetooth和Zigbee)是"设备到设备"架构。支持IoT的智能灯泡等家庭自动化产品使用此架构。例如,用户使用智能手机应用程序通过网络打开或关闭智能灯泡。第二,设备到网关再到云模式,是指设备到网关的体系结构通过网关设备将信息从传感器传输到云。网关用于桥接不同的网络和通信技术。例如,物联网设备可以使用短距离通信技术连接到网关,然后网关使用远程通信技术连接到云。网关还可以提供安全性或充当初步的数据集成器,以合并来自多个设备的数据。另外,设备到网关体系结构的关键优势是能够提高互操作性。随着标准的不断发展,网关可以使用各种标准与物联网设备接口。第三,设备到云模式,是指在设备到云的体系结构中,物联网设备通常直接使用远程通信网络(如蜂窝网络)连接到云。例如,支持物联网的车辆监控设备(如由汽车保险公司提供给驾驶员的设备)收集车辆上的数据。然后将这些数据传输到云中,在云中进行分析,并由保险公司用于基于行驶数据创建量身定制的保险费率。第四,云对云模式,是指后端数据共享从而使第三方能够从物联网设备访问上传的数据。例如,从智能恒温器和智能灯泡接收数据的智能建筑可以通过Wi-Fi将数据发送到云中,再将收集的数据汇总到云中,云可以由建筑物管理员拥有。然后,建筑经理可以与能源公司共享数据,后者将其存储在自己的云中。如果能源公司可以访问其他建筑经理的类似数据,则能源公司可以汇总所有这些数据,通过分析根据不同因素(如时间或天气)使用的能量以帮助预测能源需求。

从国际咨询公司Counterpoint Research基于CORE(竞争性排名与评估)框架评估排序的全球领先的20个物联网平台看,得分排名降序排列依次为Microsoft的Azure IoT平台、Amazon的AWS IoT平台、华为的Ocean Connect IoT平台、PTC的thinkworx IoT平台、IBM的Watson IoT平台、中国的阿里云平台、百度物联网平台等。Microsoft的Azure IoT平台在边缘IoT、IoT云和平台表现等各方面都领先于其他企业。Amazon的AWS物流平台在IoT云和应用程序支持功能方面尤其出色,在完整性方面也表现出色。华为物联网平台Ocean Connect的优势在于边缘组件,这些边缘组件提供了边缘芯片组、设备、软件,并补充了其Cloud IoT功能。PTC的ThingWorx在物联网数据获取、可视化(仪表盘和AR)、市场和开发人员支持功能方面处于领先地位。IBM的优势在于云和ML/AI领域。以华为的Ocean Connect IoT平台为例,它提供了一个综合性IoT平台示例。该平台被称为"Ocean Connect IoT Platform",它不仅是一个IoT平台,而且是在一个完整的IoT生态系统中向市

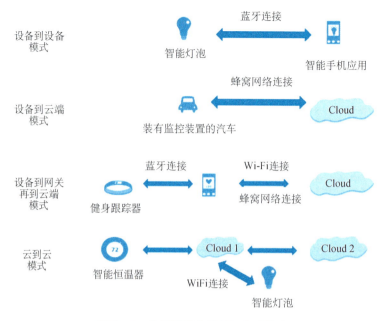

图 2-12　物联网平台的数据流动模式

资料来源：Technology Assessment：Internet of Things，Status and Implications of an Increasingly Connected World，United States Government Accountability Office (GAO)，2017.

场提供服务，该生态系统包括诸如分析、安全和专业服务之类的集成服务。华为还提供包括"Agile Gateway"（IoT 边缘路由器）和"LiteOS"嵌入式 IoT 开源操作系统等服务。Ocean Connect IoT 平台的一项关键功能是建立一个开放的组件和硬件合作伙伴生态系统（Ecosystem Partners），从而帮助简化客户的采购挑战。目前，该平台在从智能电表到联网家用电器的各种应用中得到广泛使用，主要功能包括设备的复杂性的连接管理、不同协议间的互操作性、通信技术的定制化开发等。

　　基于物联网平台形成了如下六类主要的商业模式。第一，基础设施模式。在谈及物联网时人们首先关注的往往是物联设备，但是在物联网中，可以带来巨大收入的并不是物联设备，反而是提供给其他公司和产品开发人员，用于设计、构建和运行它们自己的物联网功能的基础设施和工具。云基础设施就是其中主要的商业模式之一。平台主导者潜在的利益是为平台参与者提供嵌入式的基础设施。基础设施提供者建立一个对其他公司来说有价值的平台，让他们参与和利用其联网设备，从而使该企业从中获利。当这些产品成为一项业务运营的基础设施时，它们将变得难以被取代。收入模式很可能是循环增值的。当你的产品和能力被"编程"到环境中时，比如通过一个应用程序编程接口，替换的成本也会飙升，打破和替换程序化的基础设施不仅很难，而且还昂贵。第二，存储服务模式。简单的存储服务是基于云存储的基础结构的核心，提供许多不同的服务层次。托管通信服务可以对同时发生的实时数据流进行管理。企业可以利用平台商的托管服务来处理来自数千个并发连接设备的数据流，且随着业务的增长轻松地扩展数据管理能力。第三，运营服务化模式。在某种程度上，运营服务化与订阅模式、自我监控式服务模式类似，因为它也是以用户对产品的租用取代过去对产品的拥有和操作。然而，在订阅模式中，或多或少地需要承诺按月付费，而运营式服务的收费是以服务的数量和质量为基础的。传统上，个体公司需要建立和运营数据中心，采购大型计算机服务器和网络设备，然后聘请员工来操作和监控数据中心。很明显，这对小型企业来说是一种不理想的安排。新的模式是：企业开始从供应商那里租用数据中心空间，而不是管理自己的服务器。这被称为"CoLo"，或者叫"主机托管"。第四，广告模式。平台主导者拥有数据资源，但他们通常并不直接买卖数据，而是基于数据挖掘来开发其他商业价值，广告模式是其中最典型的例子。例如，谷歌收集大量用户的搜索习惯和使用情况信息，它并不直接出售这些数据，而是将从这些数据中挖掘的信息，以定向广告和直接广告的方式出售给客户。除此之外，另一些商业模式基于购买应用程序接口（API）的数据即服务。第五，数据代理模式。销售通过物联网获取的数据也将成为一种商业模式。行动记录数据、分析引擎服务、连接API的使用费等都能成为商品。尼尔森（Nielsen）、美国信息资源公司（IRI）、Lispoint、Point2、艾美仕等数据代理公司通过组合、打包和转售数据，建立了蓬勃发展的业务。虽然物联网数据代理的市场潜力充分发挥的时代或者说"数据即服务"的时代尚未完全到来，但是传感器、云计算、第三方数据源和应用程序接口（API）的汇集，使其发展势头正在逐渐显现出来。与物联网市场的其他部分一样，它也将是一个巨大的市场。Gartner预测：10%的公司将拥有一个高利润的业务部门，专门用于生产它的信息资产并商业化。通过物联网，企业可以收集到前所未有的数量和种类的数据，它们将联合起来，创造有价值的新业务和收入来源。当然，基于物联网的数据代理行业最大的风险在于极度缺乏对数据隐私包含、数据所有权和安全性的制度规范，缺乏稳定和充分理解的管理规章。也正是因为这种制度和规则缺位，诸多数字企业并未踏足数据代理行业，而是间接利用数据来开发商业模式。第六，数据工具开发模式。在物联网系统中引入的互联网设备越多，所产生的数据也就越多。一旦开始收集所有的这些数据，不仅需要存储解决方案，而且会需要更先进的系列数据工具。

第三节　全球数字平台的发展趋势

全球数字平台的发展趋势，一是从市场范围看全球性市场垄断势力进一步增强，二是从平台应用看第三方应用程序得以广泛使用，成为全球数字平台延伸的一种重要方式，三是从平台功能看从专业性的单一功能向综合性功能转型。

第一，全球数字平台通过数据资源垄断数字市场的趋势明显。与传统跨国公司扩张相比，全球数字平台扩张主要受到数字基础设施和制度两个方面的约束，总体上这两个方面的约束力都不是很强，数字型跨国公司同时以规模经济和范围经济为基础，活跃用户数是其核心资产，在达到一定规模以后，活跃用户数的边际成本几乎为零。工业经济时代的跨国公司以规模经济为基础，产品和服务是其核心资产，因为存在着沉没成本，所以市场容量和制度质量制约着传统跨国公司扩张的边界。同时，全球数字平台扩张还包括三个方面的影响因素，一是数字平台的网络效应，即平台上的用户越多，对每个人来说就越有价值。二是平台提取、控制和分析数据的能力。和网络效应一样，更多的用户意味着更多的数据，更多的数据意味着有更强的能力来击败潜在的竞争对手并利用先发优势。三是路径依赖的动态性。一旦一个平台开始获得吸引力,用户切换到另一个替代平台的成本就开始增加[①]。同时,全球数字平台收购潜在竞争对手巩固其竞争地位并扩展进入互补产品或服务领域。全球数字平台公司的主要收购包括微软收购领英和脸书收购 WhatsApp,谷歌(Alphabet)和微软分别通过收购摩托罗拉和诺基亚对电信设备进行了投资。

在搜索引擎领域,谷歌的全球市场份额占 91.98%,占绝对垄断地位(见表 2-13)。

表 2-13　全球搜索引擎月活跃度和市场份额(2020 年 4 月)

名称	排名	估计月活跃度(亿人)	全球份额(%)
谷歌	1	15	91.98
必应	2	9.19	2.55
雅虎	3	4.90	1.66
百度	4	4.8	1.44
DUCKDUCKGO	5	5.48	0.29
YANDEX	6	0.75	0.52
ASK	7	0.93	0.72
QUORA	8	4.76	NA
AOL	9	2.31	0.06
ECOSIA	10	1.52	NA

在社交平台领域,全球主要社交平台的月活跃用户量继续增加,油管(YouTube)是一个视频网站,提供视频上传、分发、展示和浏览服务,2006 年被谷歌公司收购,在所有社交平台中,油管是月活跃用户量增加最快的平台,2017 年 4 月—2020 年 7 月,增加了 10 亿月活跃用户(见表 2-14)。

表 2-14　世界主要社交网站企业的月活跃用户量　　　　　　　　　　单位:亿人

社交平台	2017 年 4 月	2020 年 7 月
Facebook	19.68	26.03
WhatsApp	12	20
YouTube	10	20
Facebook Messenger	10	13
WeChat	8.89	12.03
Tik Tok	—	10

---

① UNCTAD,Digital Economy Report 2019,Value Creation and Capture: Implications for Developing Countries,https://unctad.org/en/PublicationsLibrary/der2019_en.pdf.

续表

社交平台	2017 年 4 月	2020 年 7 月
QQ	8.86	6.94
Instagram	6	10.82
QZone	5.95	5.17
Twitter	3.19	3.26
新浪微博	3.13	5.50
Snapchat	3	3.97

因此,在全球"数据价值链"中,全球数字平台的主导地位、对数据的控制以及创造和捕获随之而来的价值的能力,往往会进一步加强集中和整合,而不是减少国家之间和国家内部的不平等,这些国家有可能只能成为这些全球数字平台的原始数据提供者,同时不得不为平台所有者利用这些数据产生的数字智能付费[①]。

第二,全球应用程序经济作为全球数字平台延伸的一种重要手段,进一步扩大数字平台在各行业的应用。2020 年第二季度,全球应用程序下载量达到 378 亿次,同比增长 31.7%,其中苹果应用商店安装量增长 22.6%,达到 91 亿次,谷歌应用商店则增长 34.9%,达到 287 亿次(见图 2-13)。

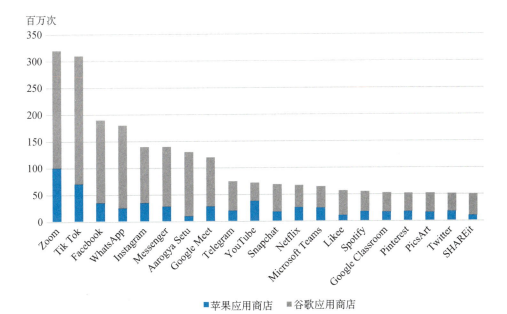

图 2-13 2020 年第二季度应用程序下载量

---

① UNCTAD, Digital Economy Report 2019, Value Creation and Capture: Implications for Developing Countries, https://unctad.org/en/PublicationsLibrary/der2019_en.pdf.

全球应用程序的发展首先是整合 LBS、QR、AR 等新技术,给用户带来前所未有的用户体验。基于位置服务(Location Based Services,LBS)利用各类型的定位技术来定位设备当前的所在位置,通过移动互联网向定位设备提供信息资源和基础服务。快速反应(Quick Response,QR)在物流管理中指对消费者需求作出快速反应的供应链管理方法。移动应用增强现实(Augmented Reality,AR)编辑,是一种广泛运用多媒体、三维建模、实时跟踪及注册、智能交互和传感等多种技术手段,将计算机生成的文字、图像、三维模型、音乐、视频等虚拟信息模拟仿真后,应用到真实世界中,两种信息互为补充,从而实现对真实世界的"增强"。这些技术在 App 游戏和短视频中应用最为广泛,是 App 经济的主要产品。其次,App 应用领域更为广泛,特别是新冠肺炎传播对应用程序产生了巨大的影响,视频会议、健康、健身以及教育应用程序继续蓬勃发展,其中下载量最大的是 Zoom 和 Tik Tok。最后,App 数字营销替代了传统营销,通过新技术以及数据分析,App 可持续与用户保持联系,实现精准定位企业目标用户。

第三,全球数字平台从专业性的单一功能向综合性功能演变加快。由于有些全球数字平台以社交和搜索引擎为主,而这些平台提供的许多服务是免费的,其主要盈利来源于广告收入。随着应用程序的快速发展,数字营销竞争日趋激烈,这样,无论是搜索引擎平台,还是社交平台,利用数据资源已经开展了货物和服务订购服务等业务拓展,同样,跨境电子商务平台向服务业务的延伸趋势也日益明显。

第三章

《全球数字贸易促进指数 2020》的指标设计

与现有相关指数报告相比,本报告在研究视角、研究范围和研究方法上存在明显的差异和创新。同时,为反映全球数字贸易发展领域的最新发展趋势,"全球数字贸易促进指数 2020"在本研究团队 2019 年出版的《全球数字贸易促进指数 2019》指标框架的基础上,进行了部分指标调整,以完善现有的指标评价体系。

第一节 与现有相关指数报告的差异

目前,国内外与本研究相关的指数报告主要是,2018 年 4 月欧洲国际政治经济中心(ECIPE)公开发布的"数字贸易限制指数"[①](Digital Trade Restrictiveness Index,DTRI)和 2019 年 1 月 OECD 公开发布的"数字服务贸易限制指数"(The OECD Digital Services Trade Restrictiveness Index,DSTRI)。由于《全球数字贸易促进指数 2019》已对 ECIPE 发布的数字贸易限制指数报告进行评价和分析,此处主要介绍 OECD 最新发布的数字服务贸易限制指数报告。

一、OECD 关于"数字服务贸易限制指数"的评价框架

OECD 发布的"数字服务贸易限制指数",旨在通过制定一个指标,对影响数字化服务贸易的监管壁垒进行识别、分类和量化,以填补这一空白,该指数为决策者提供了一个以证据为基础(Evidence-Based)的工具,有助于发现监管瓶颈,制定政策,促进数字贸易市场的竞争和多样化,并分析政策改革的影响。由此可发现,该指数具有两个重要特点:一是将研究分析对象聚焦于数字化的服务贸易,而非货物贸易;二是将研究重心定位于监管政策层面,而非数字服务贸易的发展环境。

OECD"数字服务贸易限制指数"框架包括以下五个方面[②](见表 3-1)。

基础设施和连通性(infrastructure and connectivity)领域包括与从事数字贸易所必需的通信基础设施有关的措施。它描绘了网络运营商之间互连的最佳实践规则的应用范围,以确保无缝通信。它还捕获限制或阻止通信服务使用的措施,包括虚拟专用网络或租用线路。

---

① Martina Francesca Ferracane, Hosuk Lee-Makiyama and Erik van der Marel, Digital Trade Restrictiveness Index, European Center for International Political Economy (ECIPE), https://ecipe.org/wp-content/uploads/2018/05/DTRI_FINAL.pdf.

② Ferencz, J., The OECD Digital Services Trade Restrictiveness Index, OECD Trade Policy Papers, OECD Publishing, http://dx.doi.org/10.1787/16ed2d78-en.

最后,这一领域涵盖了影响连通性的政策,如跨境数据流动和数据本地化的措施。

(二) 电子交易

电子交易(electronic transactions)领域涉及的问题包括:为电子商务活动颁发许可证的歧视性条件,对非居民企业进行在线税务注册和申报的可能性,对国际电子合同规则的背离,禁止使用电子身份验证的措施(如电子签名),以及缺乏有效的争议解决机制。

(三) 支付系统

支付系统(payment systems)领域包含通过电子方式影响支付的措施。它包括与获得某些支付方法有关的措施,并评估支付交易的国内安全标准是否符合国际标准。它还涵盖了其他领域没有涵盖的与网上银行有关的限制。

(四) 知识产权

知识产权(intellectual property rights)领域涵盖了与版权和商标有关的国内政策,这些政策在知识产权保护方面未给予外国人同等的待遇。它还绘制了适当的执行机制,以解决与版权和商标有关的侵权,包括在线发生的侵权。

(五) 影响数字化服务贸易的其他障碍

影响数字化服务贸易的其他障碍(other barriers affecting trade in digitally enabled services)领域涵盖了影响数字贸易的其他各种障碍,包括影响跨境数字贸易的性能要求(例如,强制使用本地软件和加密或强制性技术转让);下载和流媒体的限制;在线广告限制;商业或本地存在要求;缺乏针对在线反竞争行为的有效补救机制等。

表 3-1 OECD"数字服务贸易限制指数"涉及的措施清单

措施	新加入
基础设施和连通性	
互联是强制性的	
互联价格和条件受到监管	
互联参考报价已公开	
需要纵向分离(vertical separation is required)	
非歧视性互联网流量管理是强制性的* 在该细分市场中至少有一家主导公司被考虑**	✓
限制使用通信服务 个人数据的免费跨境转移或责任制的应用*	✓
在某些私营部门的保障措施到位的情况下,个人数据的跨境转移是可能的	
跨境数据流:个人数据有可能跨境转移到隐私保护法基本相同的国家 跨境数据流:跨境转移需逐案审批	
跨境数据流:某些数据必须存储在本地	✓

续表

措施	新加入
跨境数据流：禁止传输数据	
电子交易	
从事电子商务许可证的歧视性条件	√
备注：从事电子商务需要许可证或授权**	√
非本地外国供应商可以在线进行税务登记和申报	
跨境交易的国家合同规则不同于国际标准化规则	
法律或法规明确保护机密信息	
法律法规规定电子签名具有与手写签名同等的法律效力	
存在解决争端的机制，以解决由跨境数字交易引起的争议	√
支付系统	
对支付结算方式的歧视性准入	
国家支付安全标准偏离国际标准	√
对网上银行或保险的限制	
知识产权	
外国公司在商标保护方面受到歧视	
在保护版权和相关权利方面对外国人的歧视待遇	
备注：根据国际规则，版权保护的例外情况受到限制*	
知识产权执法：可以采用司法或行政执法措施和补救措施	
知识产权的实施：可以采取临时措施	
知识产权执法：可以进行刑事执法程序和处罚	
影响数字化服务贸易的其他障碍	
影响跨境数字贸易的性能要求	
对下载和影响跨境数字贸易流媒体的限制	
对在线广告的限制	
存在商业才能提供跨境服务 需要提供本地服务才能提供跨境服务	√
当商业行为限制了给定市场的竞争时，企业可以采取补救措施	
对数字化服务的其他限制	

注：* 表示对于这些措施，收集数据只是为了提供信息，而这些数据对指数的计算没有帮助；** 表示这些备注不计分，但会影响其他指标的评分；"√"表示新加入的措施。

二、本报告指数设计与 DSTRI、DTRI 指数的差异

OECD 发布的"数字服务贸易限制指数"和 ECIPE 发布的"数字贸易限制指数"的共同点在于，二者都侧重于从一个经济体的监管政策的角度去分析限制数字贸易发展的因素。

这样导致的一个重要结果即，由于发展中国家与发达国家之间存在的监管治理水平的巨大差异，发展中国家对于数字贸易限制水平总是会明显高于发达国家，从而在数字贸易限制指数（或数字服务贸易限制指数）方面排名靠后，以监管政策为出发点评估数字贸易限制情况得出的结论，可能一定程度上忽视了发展中国家监管治理水平相对落后的现实，毕竟发展中国家提高监管治理水平是一个"循序渐进"的过程（WTO，2011）。

鉴于此，本报告构建的全球数字贸易促进指数指标框架的出发点是如何创造一个有利于数字贸易发展的综合环境，从市场准入、基础设施、法律政策环境和商业环境等四个层面进行综合评价，以反映一个经济体在其所处的不同经济发展阶段背景下，如何"补短板"和"扬长处"，从而为企业层面更好地开展数字贸易提供更好的经营环境。从不同视角分析决定一国数字贸易发展的综合影响因素，有利于不同国家，特别是发展中国家在数字贸易发展过程中的"干中学"（Learning by Doing），在探索中提升其数字贸易发展的综合竞争力。

第二节 全球数字贸易促进指数 2020 指标框架的调整

为保持评价体系的连续性，本报告构建的 2020 全球数字贸易促进指数的指标总体框架基本与 2019 年版一致。但是，针对市场准入子指数进行了相应调整，主要是为了反映全球各经济体参与区域贸易协定（Regional Trade Agreement，RTA）规则层面数字贸易开放的最新趋势，进而动态地捕捉一经济体真实的数字贸易开放水平。

考虑到在现有 WTO 多边框架下，数字贸易（或电子商务）涉及的部门开放未能取得新的进展，通过各成员国在 WTO 框架下的服务贸易部门开放承诺水平，已经很难反映各国数字贸易开放的最新情况。事实上，全球各经济体日益倾向于通过区域贸易协定的数字贸易（或电子商务）开放承诺，以推动本经济体的数字贸易发展（González and Ferencz，2017；Henry Gao，2018）。

鉴于此，本报告将市场准入子指数的代理指标由 2019 年的 WTO 层面的数字贸易服务部门开放调整为 2020 年的 RTA 层面的数字贸易服务部门开放，具体如表 3-2 所示（此处仅介绍调整的指标，总体指标框架体系详见附录1）。2020 全球数字贸易促进指数的支柱1，下设数字贸易相关的市场准入（RTA）、数据流动相关的前沿性条款（RTA）两个二级指标。

表 3-2 全球数字贸易促进指数关于支柱 1 指标设计的调整

全球数字贸易促进指数（2019 年）			全球数字贸易促进指数（2020 年）		
支柱 1	数字贸易有关的部门开放（WTO）	权重	支柱 1	数字贸易有关的部门开放（RTA）	权重
1.1	在线信息和数据检索	0.5	1.1	数字贸易相关的市场准入（RTA）	0.5
1.1.1	市场准入	0.7	1.1.1	电子商务国民待遇和/或最惠国待遇	0.5
1.1.2	国民待遇	0.3	1.1.2	特定部门国民待遇和/或最惠国待遇	0.5
1.2	在线信息和数据处理	0.5	1.2	数据流动相关的前沿性条款（RTA）	0.5
1.2.1	市场准入	0.7	1.2.1	跨境数据流动	0.5
1.2.2	国民待遇	0.3	1.2.2	数据本地存储	0.5

与传统的货物贸易和服务贸易相似,数字贸易的开放程度受到国民待遇、最惠国待遇等市场准入规则的影响,因此国民待遇和最惠国待遇决定数字贸易市场准入最核心的内容。本报告在"数字贸易相关的市场准入(RTA)"指标下设两个三级指标,分别是:"电子商务国民待遇和/或最惠国待遇"和"特定部门国民待遇和/或最惠国待遇",前者针对区域贸易协定层面上一国对电子商务非歧视性待遇的普遍性承诺,后者则主要衡量一经济体在计算机服务、电信服务和金融服务等与数字贸易密切相关的三个特定服务部门的承诺情况。

另外,由于数据跨境流动是开展数字贸易的必要条件(Bauer et al.,2013;Ferracane and Marel,2019;Ferracane and Marel,2020),RTA 中促进跨境数据流动、减少数据流动限制的条款同样构成了数字贸易市场准入规则的重要组成部分。数据流动相关的前沿性条款(RTA)指标,下设"跨境数据流动"和"数据本地存储"两个三级指标,以比较全面地反映一经济体在区域贸易协定层面关于跨境数据流动等前沿性数字贸易条款的承诺情况。

本书基于瑞士卢塞恩大学发布的区域贸易协定电子商务和数据条款数据库(Trade Agreements Provisions on Electronic-commerce and Data,TAPED),对纳入统计的经济体所加入的 RTA 中的相关条款进行分类量化①,计算得到衡量一经济体数字贸易有关部门开放程度的支柱 1。具体计算方法为:①对 RTA 中各三级指标所包含的特定条款深度分别进行算术平均,得到所有 RTA 中电子商务国民待遇和/或最惠国待遇、特定部门国民待遇和/或最惠国待遇、跨境数据流动、数据本地存储四个三级指标的深度。②对于纳入统计的任一国家,选取其在迄今签署并已生效的全部 RTA 中三级指标深度的最大值作为该国相应的三级指标深度。③将数字贸易相关的市场准入(RTA)、数据流动相关的前沿性条款下设的三级指标分别进行算术平均,得到这两个二级指标的深度。④对两个二级指标做算术平均,得到反映每个经济体数字贸易有关部门开放的支柱 1(见表 3-3)。

表 3-3 数字贸易有关部门开放(RTA)指标评价涵盖的具体条款

支柱	内容	评分标准	涵盖 RTA 条款
1.1	数字贸易相关的市场准入(RTA)	—	—
1.1.1	电子商务国民待遇和/或最惠国待遇	同时出现国民待遇和最惠国条款为 1 分;出现其一为 0.5 分;二者均未出现为 0 分	(1)是否规定了电子商务中的国民待遇? (2)是否规定了电子商务中的最惠国待遇?
1.1.2	特定部门国民待遇和/或最惠国待遇	计算机相关服务/电信服务/金融服务,三者出现其一为 0.33 分;出现其二为 0.66 分;三者皆出现为 1 分	(1)是否为电子商务所需的部门提供了服务(和投资)市场准入和国民待遇承诺?—计算机相关服务 (2)是否为电子商务所需的部门提供了服务(和投资)市场准入和国民待遇承诺?—电信服务 (3)是否为电子商务所需的部门提供了服务(和投资)市场准入和国民待遇承诺?—金融服务

---

① Burri M,and R. Polanco,Digital Trade Provisions in Preferential Trade Agreements:Introducing a New Dataset[J]. Journal of International Economic Law,2020.

续表

支柱	内容	评分标准	涵盖 RTA 条款
1.2	数据流动相关的前沿性条款		—
1.2.1	跨境数据流动	9个子条款,每个1/9分,得分累计计算	(1) 电子商务章节是否包含有关数据流的规定? (2) 电子商务章节内是否存在解决数据流障碍的机制? (3) 协议中是否包含有关数据自由流动的规定? (4) 电子商务章节外是否存在解决数据流障碍的机制? (5) 电信一章/规定中是否提到数据流的传输? (6) 是否有提及计算机和相关服务(CRS)章节/规定中数据流的传输? (7) 在视听章节/规定中有没有提到数据流的传输? (8) 在金融服务章节中有没有提到数据流的传输? (9) 协议中是否包含有关知识产权一章中数据流的规定?
1.2.2	数据本地存储	2个子条款,每个0.5分,得分累计计算	(1) 电子商务章节内是否有禁止或限制数据本地化要求的规定? (2) 电子商务章节外是否有禁止或限制数据本地化要求的规定?

第四章

全球数字贸易促进指数排名及分析

基于 2020 年全球数字贸易促进指数的新指标框架,结合国际组织最新发布的数据,我们对 2020 年全球 74 个经济体的数字贸易总指数和分项指数进行排名和分析,并就部分可比指标,对 2020 年和 2019 年不同经济体指数的前后变动情况进行比较分析。

第一节 全球数字贸易促进总指数排名

由于在 2020 年全球数字贸易促进指数中,采用了区域贸易协定(RTA)层面的数字贸易有关部门开放作为新的"支柱 1"。与 2019 年相比,2020 年全球各经济体的数字贸易促进指数发生了较大变动。特别是,在区域贸易协定中签署了高标准的数字贸易/电子商务规则条款的经济体,其 2020 年的排名与 2019 年相比有明显提升。

2020 年全球数字贸易促进指数排名前 10 位的经济体依次为日本(0.86)、新加坡(0.86)、加拿大(0.84)、新西兰(0.82)、澳大利亚(0.81)、美国(0.80)、瑞士(0.79)、芬兰(0.77)、瑞典(0.77)、丹麦(0.77)。这些国家几乎都集中在亚太地区和欧洲,前十位经济体中,亚太地区国家的排名总体大幅提升,2020 年日本、新加坡、加拿大、新西兰、澳大利亚的排名分别比 2019 年上升了 9 位、15 位、23 位、8 位和 19 位。

2020 年全球数字贸易促进指数排名后 10 位的经济体为津巴布韦(0.05)、巴基斯坦(0.07)、玻利维亚(0.09)、委内瑞拉(0.16)、塞内加尔(0.19)、阿尔巴尼亚(0.21)、埃及(0.22)、突尼斯(0.22)、厄瓜多尔(0.22)和亚美尼亚(0.23),这些国家主要集中在拉美、非洲和中亚、南亚地区。

从排名变动来看,与 2019 年相比,2020 年全球数字贸易促进指数排名上升幅度最大的 10 个经济体分别是哥伦比亚(+31 位)、越南(+29 位)、塞浦路斯(+28 位)、匈牙利(+28 位)、智利(+26 位)、加拿大(+23 位)、巴拿马(+23 位)、马来西亚(+20 位)、墨西哥(+20 位)、澳大利亚(+19 位);2020 年全球数字贸易促进指数排名下降幅度最大的 10 个经济体分别是肯尼亚(-25 位)、厄瓜多尔(-24 位)、北马其顿(-24 位)、约旦(-23 位)、塞内加尔(-21 位)、阿尔巴尼亚(-19 位)、泰国(-19 位)、黑山(-18 位)、罗马尼亚(-16 位)和亚美尼亚(-14 位)(见表 4-1 和图 4-1)。

表 4-1 全球主要经济体数字贸易促进指数排名(2020 年)

经济体	2020年排名	2020年得分	2019年排名	排名变化	经济体	2020年排名	2020年得分	2019年排名	排名变化
日本	1	0.86	10	9	哥伦比亚	38	0.52	69	31
新加坡	2	0.86	17	15	意大利	39	0.52	25	−14
加拿大	3	0.84	26	23	克罗地亚	40	0.51	47	7
新西兰	4	0.82	12	8	秘鲁	41	0.5	59	18
澳大利亚	5	0.81	24	19	保加利亚	42	0.47	55	13
美国	6	0.80	6	0	中国	43	0.47	53	10
瑞士	7	0.79	3	−4	巴拿马	44	0.47	67	23
芬兰	8	0.77	1	−7	希腊	45	0.45	31	−14
瑞典	9	0.77	16	7	罗马尼亚	46	0.45	30	−16
丹麦	10	0.77	8	−2	泰国	47	0.44	28	−19
韩国	11	0.76	9	−2	乌克兰	48	0.42	35	−13
卢森堡	12	0.75	2	−10	格鲁吉亚	49	0.39	40	−9
荷兰	13	0.74	5	−8	摩洛哥	50	0.37	43	−7
马来西亚	14	0.72	34	20	俄罗斯	51	0.36	39	−12
英国	15	0.72	7	−8	摩尔多瓦	52	0.36	45	−7
挪威	16	0.72	4	−12	印度尼西亚	53	0.35	58	5
德国	17	0.71	11	−6	印度	54	0.35	64	10
爱沙尼亚	18	0.67	21	3	菲律宾	55	0.33	57	2
比利时	19	0.67	13	−6	萨尔瓦多	56	0.31	74	18
爱尔兰	20	0.66	14	−6	哈萨克斯坦	57	0.3	56	−1
法国	21	0.64	15	−6	危地马拉	58	0.3	66	8
智利	22	0.64	48	26	尼加拉瓜	59	0.29	62	3
葡萄牙	23	0.59	19	−4	北马其顿	60	0.29	36	−24
西班牙	24	0.59	20	−4	南非	61	0.28	52	−9
立陶宛	25	0.59	22	−3	黑山	62	0.25	44	−18
捷克	26	0.58	18	−8	肯尼亚	63	0.25	38	−25
拉脱维亚	27	0.57	27	0	约旦	64	0.24	41	−23
斯洛文尼亚	28	0.57	32	4	亚美尼亚	65	0.23	51	−14
土耳其	29	0.57	46	17	厄瓜多尔	66	0.22	42	−24
斯洛伐克	30	0.57	23	−7	突尼斯	67	0.22	71	4
越南	31	0.54	60	29	埃及	68	0.22	65	−3
波兰	32	0.54	37	5	阿尔巴尼亚	69	0.21	50	−19
塞浦路斯	33	0.53	61	28	塞内加尔	70	0.19	49	−21
墨西哥	34	0.53	54	20	委内瑞拉	71	0.16	73	2
匈牙利	35	0.53	63	28	玻利维亚	72	0.09	72	0
以色列	36	0.53	29	−7	巴基斯坦	73	0.07	70	−3
沙特阿拉伯	37	0.52	33	−4	津巴布韦	74	0.05	68	−6

注:排名变化一列中,数字为正表示 2020 年相对于 2019 年的排名提升的位次;数字为负表示 2020 年相对于 2019 年的排名下降的位次。

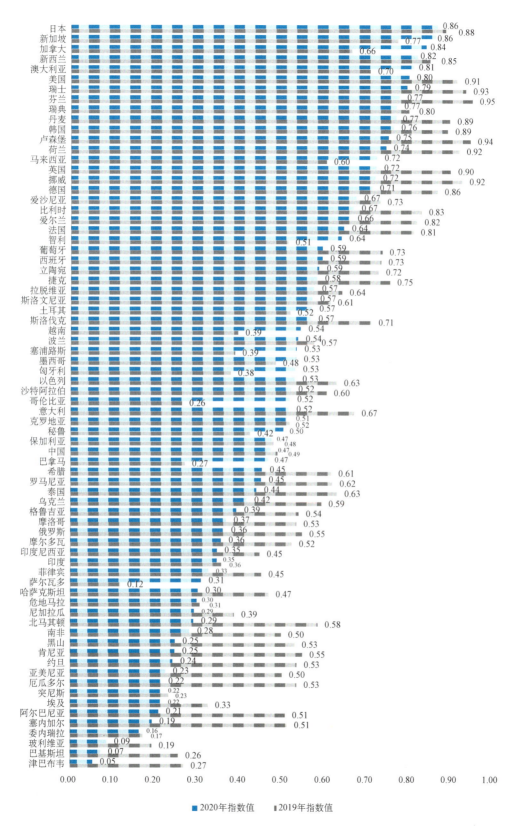

图 4-1 全球数字贸易促进指数的得分比较(2019 年和 2020 年)

第二节　全球数字贸易促进指数分项子指数排名

本部分从市场准入子指数、基础设施子指数、法律安全环境子指数和商业环境子指数层面,对 2020 年和 2019 年全球各经济体数字贸易促进指数变动进行比较分析。

1. 市场准入分指数的排名

根据 2020 年全球数字贸易促进指数框架,将区域贸易协定层面数字贸易开放度作为市场准入分指数的衡量指标。在综合评价"数字贸易相关的市场准入(RTA)"和"数据流动相关的前沿性条款(RTA)"的基础上,对 74 个经济体在区域贸易协定中的数字贸易市场准入承诺进行评分,结果如图 4-2 所示。

根据 74 个经济体的数字贸易市场准入分指数的得分(对原始得分进行了 0~1 标准化)情况,可以将其划分为四类,一类是开放度很高(0.75 分及以上);二类为开放度较高(0.5~0.74 分);三类为开放度中等(0.25~0.49 分);四类为开放度较低(0.24 分及以下)。

数字贸易开放度很高(0.75 分及以上)的经济体包括:日本、秘鲁、越南、新加坡、智利、加拿大、新西兰、马来西亚、澳大利亚、墨西哥和哥伦比亚,这些国家的数字贸易市场准入分指数的得分均高于 0.84 分,主要原因在于这些经济体都参与了含有高标准数字贸易规则的区域贸易协定。其中,日本、秘鲁、加拿大、智利、新加坡、越南、澳大利亚、马来西亚、新西兰、墨西哥为"全面与进步跨太平洋伙伴关系协定"(CPTPP)的成员国;加拿大和墨西哥为升级版"美墨加协定"(USMCA)的成员国;此外,日本还和美国签署了"美日数字贸易协定"。

数字贸易开放度较高(0.5~0.74 分)的经济体包括危地马拉、尼加拉瓜、巴拿马、萨尔瓦多、韩国、瑞士、沙特阿拉伯、土耳其、美国、摩洛哥和印度。这些经济体在区域贸易协定层面签署了相对较高的数字服务部门开放条款。这些经济体即使没有直接签署高标准的大型区域协定(三国以上),也可能与大型区域协定的成员方签署了双边协定,因而数字服务部门的开放度也总体较高,从而提升了其数字服务贸易的总体开放度。

数字贸易开放度中等(0.25~0.49 分)的经济体包括比利时、保加利亚、塞浦路斯、捷克、德国、丹麦、西班牙、爱沙尼亚、芬兰、法国、英国、希腊、克罗地亚、匈牙利、爱尔兰、意大利、立陶宛、卢森堡、拉脱维亚、荷兰、波兰、葡萄牙、罗马尼亚、斯洛伐克、斯洛文尼亚、瑞典、格鲁吉亚、摩尔多瓦、乌克兰、中国、挪威、泰国、印度尼西亚、菲律宾等 34 个经济体,区域贸易协定层面数字贸易市场准入程度中等的经济体最多。值得指出的是,由于欧盟国家在对外签署的区域贸易协定层面,对跨境数据流动和数据本地化存储等条款持相对谨慎的态度(陈维涛、朱柿颖,2019),这些经济体的数字贸易开放度总体处于中等水平,比预期的要低。

数字贸易开放度较低(0.24 分及以下)的经济体包括哈萨克斯坦、俄罗斯、阿尔巴尼亚、亚美尼亚、玻利维亚、厄瓜多尔、埃及、以色列、约旦、肯尼亚、北马其顿、黑山、巴基斯坦、塞内加尔、突尼斯、委内瑞拉、南非、津巴布韦等 18 个经济体。这些经济体在区域贸易协定层面的数字贸易市场准入方面,不管是针对电子商务普遍性的国民待遇和最惠国待遇承诺,还是针对电信、金融和计算机服务等特定部门的国民待遇和最惠国待遇承诺,都基本没有做出承诺;当然,更没有出现关于跨境数据流动和禁止数据本地化存储方面的承诺。

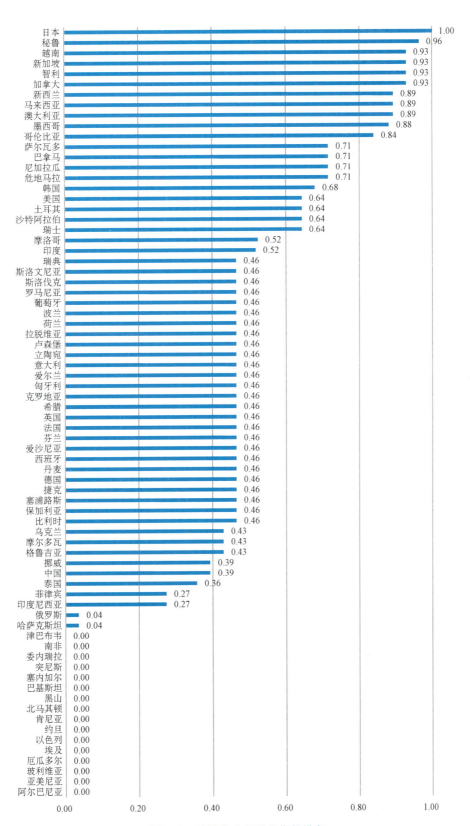

图 4-2 2020 年市场准入指数排名

2. 基础设施分指数的排名

2020年全球数字贸易基础设施分指数排名前10位的经济体依次为卢森堡、芬兰、丹麦、挪威、瑞典、新西兰、荷兰、加拿大、瑞士、英国。卢森堡继续保持其作为全球数字基础设施最优质经济体的地位；新西兰大幅提升了10位，从2019年的第16位上升到2020年的第6位；澳大利亚的相对排名有所下降，从2019年的第9位下降到第11位。

2020年全球数字贸易基础设施分指数靠后的10个经济体包括：秘鲁、印度尼西亚、菲律宾、玻利维亚、塞内加尔、萨尔瓦多、巴基斯坦、津巴布韦、危地马拉和尼加拉瓜，这些国家主要集中在南美洲、非洲、东南亚和南亚地区。与2019年相比，全球数字贸易基础设施排名靠后的经济体总体变化不大。

从排名变化来看，排名上升幅度最大的经济体是越南，从2019年的第66位上升到2020年的第52位，上升了14位，基础设施得分相应地从0.20分上升到0.34分，这反映出近年来越南在数字贸易基础设施方面的投资明显加快，其表现明显优于其他东南亚国家。其他排名提升较快的经济体包括新西兰（＋10）、波兰（＋5）、沙特阿拉伯（＋5）、哥伦比亚（＋5）、格鲁吉亚（＋4）、亚美尼亚（＋3）。与2019年相比，2020年数字贸易基础设施分指数排名下降幅度较大的经济体为英国、日本和南非，排名分别下降了4位、4位和8位（见表4-2和图4-3）。

表4-2　2020年基础设施分指数排名变化

经济体	2020年得分	2020年排名	2019年得分	2019年排名	排名变化	经济体	2020年得分	2020年排名	2019年得分	2019年排名	排名变化
卢森堡	0.88	1	0.92	1	0	韩国	0.76	14	0.75	15	1
芬兰	0.85	2	0.85	4	2	美国	0.76	15	0.76	12	－3
丹麦	0.85	3	0.85	3	0	比利时	0.74	16	0.73	17	1
挪威	0.84	4	0.85	2	－2	日本	0.73	17	0.76	13	－4
瑞典	0.83	5	0.83	5	0	爱沙尼亚	0.73	18	0.73	18	0
新西兰	0.79	6	0.74	16	10	爱尔兰	0.69	19	0.72	19	0
荷兰	0.79	7	0.78	8	1	法国	0.69	20	0.69	20	0
加拿大	0.79	8	0.78	10	2	西班牙	0.67	21	0.66	21	0
瑞士	0.79	9	0.79	7	－2	波兰	0.64	22	0.60	27	5
英国	0.78	10	0.80	6	－4	斯洛文尼亚	0.64	23	0.65	22	－1
澳大利亚	0.78	11	0.78	9	－2	以色列	0.63	24	0.63	24	0
德国	0.77	12	0.76	14	2	拉脱维亚	0.62	25	0.64	23	－2
新加坡	0.77	13	0.76	11	－2	捷克	0.62	26	0.62	25	－1

续表

经济体	2020年得分	2020年排名	2019年得分	2019年排名	排名变化	经济体	2020年得分	2020年排名	2019年得分	2019年排名	排名变化
葡萄牙	0.60	27	0.58	29	2	委内瑞拉	0.35	51	0.33	50	−1
斯洛伐克	0.60	28	0.60	26	−2	越南	0.34	52	0.20	66	14
塞浦路斯	0.60	29	0.57	31	2	哥伦比亚	0.32	53	0.27	58	5
俄罗斯	0.59	30	0.58	28	−2	墨西哥	0.31	54	0.31	52	−2
意大利	0.57	31	0.57	30	−1	约旦	0.30	55	0.28	57	2
马来西亚	0.56	32	0.54	34	2	突尼斯	0.30	56	0.30	54	−2
立陶宛	0.55	33	0.56	33	0	埃及	0.29	57	0.29	55	−2
克罗地亚	0.55	34	0.57	32	−2	阿尔巴尼亚	0.28	58	0.29	56	−2
中国	0.55	35	0.52	36	1	南非	0.27	59	0.32	51	−8
匈牙利	0.54	36	0.53	35	−1	巴拿马	0.27	60	0.25	59	−1
希腊	0.50	37	0.49	39	2	厄瓜多尔	0.26	61	0.24	60	−1
土耳其	0.49	38	0.50	37	−1	摩洛哥	0.25	62	0.24	63	1
智利	0.49	39	0.49	38	−1	印度	0.25	63	0.24	61	−2
沙特阿拉伯	0.47	40	0.42	45	5	肯尼亚	0.24	64	0.22	64	0
保加利亚	0.46	41	0.45	40	−1	秘鲁	0.24	65	0.24	62	−3
北马其顿	0.45	42	0.45	41	−1	印度尼西亚	0.23	66	0.21	65	−1
哈萨克斯坦	0.45	43	0.45	42	−1	菲律宾	0.21	67	0.20	67	0
罗马尼亚	0.45	44	0.44	43	−1	玻利维亚	0.18	68	0.15	70	2
格鲁吉亚	0.43	45	0.33	49	4	塞内加尔	0.17	69	0.16	68	−1
乌克兰	0.42	46	0.44	44	−2	萨尔瓦多	0.15	70	0.14	71	1
泰国	0.41	47	0.39	46	−1	巴基斯坦	0.14	71	0.16	69	−2
黑山	0.41	48	0.35	48	0	津巴布韦	0.14	72	0.13	72	0
摩尔多瓦	0.39	49	0.39	47	−2	危地马拉	0.08	73	0.11	73	0
亚美尼亚	0.37	50	0.31	53	3	尼加拉瓜	0.07	74	0.02	74	0

3. 法律安全环境分指数排名

数字贸易发展的法律安全环境指数方面，丹麦、美国、荷兰、新加坡、德国、瑞士、英国、芬兰、卢森堡、爱沙尼亚分列前10位，这些经济体主要分布在欧洲、北美和东南亚地区。特别是，2020年丹麦在法律安全环境分指数的得分达0.99分，比2019年提高了0.11分，排名从2019年的第9位上升到2020年的第1位。2020年数字贸易发展的法律安全环境靠后的10个经济体包括摩尔多瓦、巴拿马、尼加拉瓜、约旦、亚美尼亚、委内瑞拉、玻利维亚、巴基斯坦、津巴布韦、萨尔瓦多和危地马拉，主要分布在拉美、中亚、南亚和非洲地区（见表4-3和图4-4）。

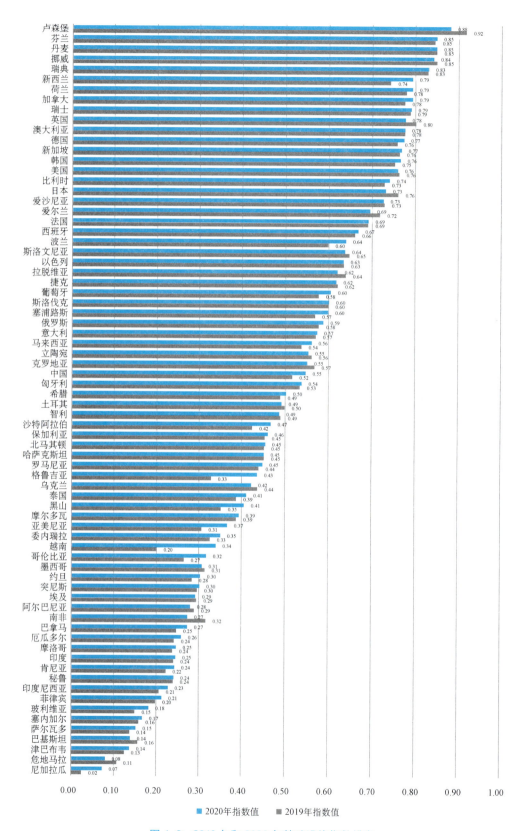

图 4-3 2019 年和 2020 年基础设施指数排名

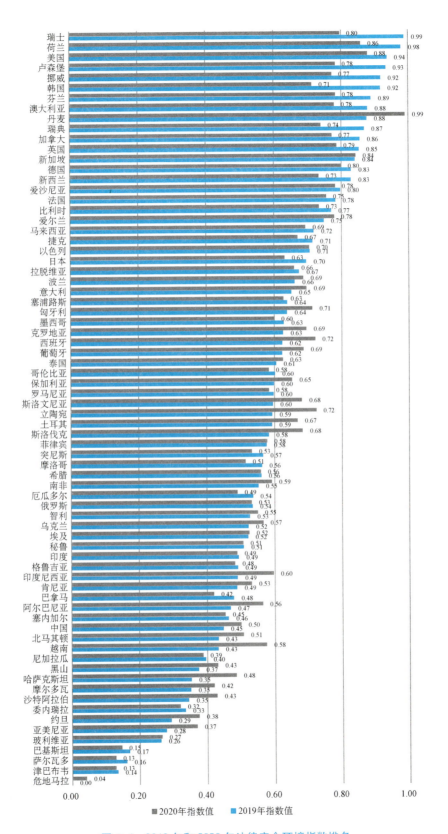

图 4-4 2019 年和 2020 年法律安全环境指数排名

从排名变动看,与 2019 年相比,2020 年数字贸易所需的法律安全环境改善最明显的经济体分别为立陶宛(+19 位)、越南(+17 位)、印度尼西亚(+15 位)、西班牙(+11 位)、斯洛伐克(+11 位)、阿尔巴尼亚(+11 位)、新加坡(+9 位)、德国(+9 位)、丹麦(+8 位)、爱尔兰(+7 位)、斯洛文尼亚(+7 位)、土耳其(+7 位)等经济体。相对来说,2020 年的法律安全环境排名下降幅度较大的经济体分别是挪威(-8 位)、哥伦比亚(-8 位)、拉脱维亚(-9 位)、塞浦路斯(-9 位)、墨西哥(-9 位)、巴拿马(-9 位)、捷克(-10 位)、摩洛哥(-10 位)、厄瓜多尔(-11 位)、日本(-12 位)、韩国(-15 位)(见表 4-3)。

表 4-3 2020 年法律安全环境分指数排名变化

经济体	2020 年得分	2020 年排名	2019 年得分	2019 年排名	排名变化	经济体	2020 年得分	2020 年排名	2019 年得分	2019 年排名	排名变化
丹麦	0.99	1	0.88	9	8	韩国	0.71	21	0.92	6	-15
美国	0.88	2	0.94	3	1	匈牙利	0.71	22	0.64	28	6
荷兰	0.86	3	0.98	2	-1	以色列	0.70	23	0.71	22	-1
新加坡	0.84	4	0.84	13	9	意大利	0.69	24	0.65	26	2
德国	0.80	5	0.83	14	9	克罗地亚	0.69	25	0.63	30	5
瑞士	0.80	6	0.99	1	-5	马来西亚	0.69	26	0.72	20	-6
英国	0.79	7	0.85	12	5	波兰	0.69	27	0.66	25	-2
芬兰	0.78	8	0.89	7	-1	葡萄牙	0.69	28	0.62	32	4
卢森堡	0.78	9	0.93	4	-5	斯洛伐克	0.68	29	0.58	40	11
爱沙尼亚	0.78	10	0.80	16	6	斯洛文尼亚	0.68	30	0.60	37	7
澳大利亚	0.78	11	0.88	8	-3	捷克	0.67	31	0.71	21	-10
爱尔兰	0.78	12	0.75	19	7	土耳其	0.67	32	0.59	39	7
挪威	0.77	13	0.92	5	-8	拉脱维亚	0.66	33	0.67	24	-9
加拿大	0.77	14	0.86	11	-3	保加利亚	0.65	34	0.60	35	1
法国	0.75	15	0.78	17	2	日本	0.63	35	0.70	23	-12
瑞典	0.74	16	0.87	10	-6	塞浦路斯	0.63	36	0.64	27	-9
比利时	0.73	17	0.77	18	1	泰国	0.63	37	0.61	33	-4
新西兰	0.73	18	0.83	15	-3	墨西哥	0.60	38	0.63	29	-9
立陶宛	0.72	19	0.59	38	19	印度尼西亚	0.60	39	0.49	54	15
西班牙	0.72	20	0.62	31	11	南非	0.59	40	0.55	45	5

续表

经济体	2020年得分	2020年排名	2019年得分	2019年排名	排名变化	经济体	2020年得分	2020年排名	2019年得分	2019年排名	排名变化
罗马尼亚	0.58	41	0.60	36	−5	印度	0.49	58	0.49	52	−6
哥伦比亚	0.58	42	0.60	34	−8	哈萨克斯坦	0.48	59	0.35	64	5
菲律宾	0.58	43	0.58	41	−2	格鲁吉亚	0.48	60	0.49	53	−7
越南	0.58	44	0.43	61	17	塞内加尔	0.45	61	0.46	58	−3
乌克兰	0.57	45	0.52	49	4	黑山	0.43	62	0.37	63	1
阿尔巴尼亚	0.56	46	0.47	57	11	沙特阿拉伯	0.43	63	0.35	66	3
希腊	0.56	47	0.56	44	−3	摩尔多瓦	0.42	64	0.35	65	1
智利	0.55	48	0.53	48	0	巴拿马	0.42	65	0.48	56	−9
突尼斯	0.53	49	0.57	42	−7	尼加拉瓜	0.39	66	0.40	62	−4
俄罗斯	0.53	50	0.54	47	−3	约旦	0.38	67	0.29	68	1
肯尼亚	0.53	51	0.49	55	4	亚美尼亚	0.37	68	0.28	69	1
埃及	0.52	52	0.52	50	−2	委内瑞拉	0.32	69	0.33	67	−2
摩洛哥	0.51	53	0.56	43	−10	玻利维亚	0.27	70	0.26	70	0
秘鲁	0.51	54	0.51	51	−3	巴基斯坦	0.15	71	0.17	71	0
北马其顿	0.51	55	0.43	60	5	津巴布韦	0.13	72	0.14	73	1
中国	0.50	56	0.45	59	3	萨尔瓦多	0.13	73	0.16	72	−1
厄瓜多尔	0.49	57	0.54	46	−11	危地马拉	0.04	74	0.00	74	0

4. 商业环境分指数排名

2020年全球数字贸易商业环境分指数排名前10位的经济体分别是瑞典、日本、芬兰、以色列、瑞士、美国、荷兰、英国、挪威、韩国,主要集中在北欧、北美、亚洲等地区,几乎都属于发达国家,这表明发达国家在数字贸易发展的商业环境方面总体更优。数字贸易的商业环境排名靠后的10个经济体包括:印度、埃及、摩尔多瓦、突尼斯、巴基斯坦、阿尔巴尼亚、津巴布韦、尼加拉瓜、委内瑞拉、玻利维亚,主要分布于南亚、非洲、中亚和拉美等地区(见表4-4和图4-5)。

表4-4 2020年商业环境分指数排名

经济体	得分	排名	经济体	得分	排名	经济体	得分	排名
瑞典	0.95	1	以色列	0.86	4	荷兰	0.78	7
日本	0.93	2	瑞士	0.83	5	英国	0.77	8
芬兰	0.91	3	美国	0.82	6	挪威	0.76	9

续表

经济体	得分	排名	经济体	得分	排名	经济体	得分	排名
韩国	0.75	10	印度尼西亚	0.43	32	北马其顿	0.25	54
新加坡	0.74	11	西班牙	0.43	33	意大利	0.25	55
卢森堡	0.73	12	土耳其	0.42	34	厄瓜多尔	0.25	56
德国	0.71	13	约旦	0.42	35	波兰	0.25	57
丹麦	0.66	14	斯洛文尼亚	0.41	36	亚美尼亚	0.23	58
加拿大	0.66	15	泰国	0.40	37	乌克兰	0.23	59
新西兰	0.65	16	危地马拉	0.40	38	摩洛哥	0.23	60
爱沙尼亚	0.64	17	肯尼亚	0.39	39	萨尔瓦多	0.23	61
马来西亚	0.64	18	中国	0.39	40	希腊	0.22	62
比利时	0.64	19	菲律宾	0.38	41	黑山	0.21	63
爱尔兰	0.63	20	匈牙利	0.37	42	格鲁吉亚	0.18	64
法国	0.59	21	塞浦路斯	0.36	43	印度	0.16	65
立陶宛	0.59	22	塞内加尔	0.35	44	埃及	0.15	66
澳大利亚	0.59	23	保加利亚	0.30	45	摩尔多瓦	0.14	67
葡萄牙	0.58	24	墨西哥	0.30	46	突尼斯	0.13	68
捷克	0.51	25	哥伦比亚	0.29	47	巴基斯坦	0.13	69
拉脱维亚	0.48	26	哈萨克斯坦	0.28	48	阿尔巴尼亚	0.11	70
智利	0.47	27	俄罗斯	0.27	49	津巴布韦	0.06	71
沙特阿拉伯	0.47	28	罗马尼亚	0.27	50	尼加拉瓜	0.03	72
巴拿马	0.47	29	克罗地亚	0.27	51	委内瑞拉	0.02	73
斯洛伐克	0.46	30	秘鲁	0.25	52	玻利维亚	0.00	74
南非	0.44	31	越南	0.25	53	—	—	—

注：该指标对应的国际组织报告中的数据没有更新版本，因此该支柱 2020 年的指标值与 2019 年的指标值一致。

第四章　全球数字贸易促进指数排名及分析 | 071

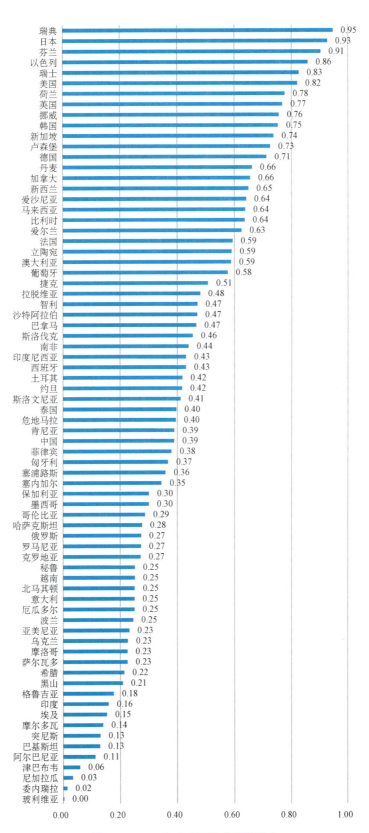

图 4-5　2020 年商业环境分指数排名

第三节 基于聚类分析法的经济体分类

在以上分析的基础上,本报告沿用《全球数字贸易促进指数报告2019》中同样的方法,采用基于高斯混合模型方法进行聚类分析。高斯模型是用高斯概率密度函数(正态分布曲线)精确地量化事物,将一个事物分解为若干基于高斯概率密度函数(正态分布曲线)形成的模型。基于全球经济体四大分项指数的结果进行聚类分析后,可以将74个经济体分为3类,分别是0、1、2,对应三个正态分布的聚类类别,如图4-6所示。

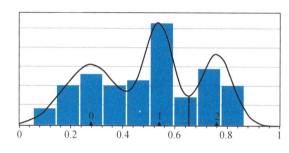

图4-6 基于高斯混合模型的聚类分析图

同样的,在表4-5中,将三大类对应的不同子指数的聚类结果进行了汇报,类别2的累计指数值达到了0.76,代表了数字贸易促进指数最高的聚类;类别1的累计指数值为0.53,代表了数字贸易促进指数中等的聚类;类别0的累计指数值为0.27,代表数字贸易促进指数较低的聚类。

表4-5 基于高斯混合模型的聚类分析结果

类别	子指数 A	子指数 B	子指数 C	子指数 D	聚类
2	0.626786	0.868295	0.779975	0.778018	0.763268
1	0.541029	0.539225	0.614918	0.417144	0.528079
0	0.179258	0.255847	0.397271	0.234957	0.266833
累计	0.437098	0.528598	0.583057	0.450666	0.499855

注:基于不同指标的原始数据,采用高斯混合模型进行聚类分析,分为0、1、2共三大类,依次表示数字贸易促进指数从低到高。

表4-6显示了基于聚类分析的结果,对74个经济体对应的三个聚类类别进行了整理。第2类经济体聚类,表示这些经济体进入了数字贸易发展的领先阶段,共包括20个经济体:澳大利亚、比利时、加拿大、瑞士、德国、丹麦、爱沙尼亚、芬兰、英国、爱尔兰、日本、韩国、卢森堡、马来西亚、荷兰、挪威、新西兰、新加坡、瑞典、美国,其中12个为欧洲国家,4个为亚洲国家,北美和大洋洲各2个国家。值得指出的是,马来西亚作为典型的发展中国家,也进入了数字贸易发展的领先阶段。

表 4-6 基于高斯混合模型的聚类分析的国别分类

2类	1类	0类
领先阶段 （20个）	成熟阶段 （28个）	发展阶段 （26个）
澳大利亚、比利时、加拿大、瑞士、德国、丹麦、爱沙尼亚、芬兰、英国、爱尔兰、日本、韩国、卢森堡、马来西亚、荷兰、挪威、新西兰、新加坡、瑞典、美国	保加利亚、智利、中国、哥伦比亚、塞浦路斯、捷克、西班牙、法国、希腊、克罗地亚、匈牙利、以色列、意大利、立陶宛、拉脱维亚、墨西哥、巴拿马、秘鲁、波兰、葡萄牙、罗马尼亚、沙特阿拉伯、斯洛伐克、斯洛文尼亚、泰国、土耳其、乌克兰、越南	阿尔巴尼亚、亚美尼亚、玻利维亚、厄瓜多尔、埃及、格鲁吉亚、危地马拉、印度尼西亚、印度、约旦、哈萨克斯坦、肯尼亚、摩洛哥、摩尔多瓦、北马其顿、黑山、尼加拉瓜、巴基斯坦、菲律宾、俄罗斯、塞内加尔、萨尔瓦多、突尼斯、委内瑞拉、南非、津巴布韦

注：根据聚类分析法的结果自动分类。

第1类经济体聚类，表示这些经济体进入了数字贸易发展的成熟阶段，共28个经济体，包括：保加利亚、智利、中国、哥伦比亚、塞浦路斯、捷克、西班牙、法国、希腊、克罗地亚、匈牙利、以色列、意大利、立陶宛、拉脱维亚、墨西哥、巴拿马、秘鲁、波兰、葡萄牙、罗马尼亚、沙特阿拉伯、斯洛伐克、斯洛文尼亚、泰国、土耳其、乌克兰、越南。这些经济体的数字贸易发展的综合环境已进入成熟期，能够为企业开展数字贸易提供较好的基础。

第0类经济体聚类，表示这些经济体尚处于发展的初级阶段，共26个经济体，具体包括：阿尔巴尼亚、亚美尼亚、玻利维亚、厄瓜多尔、埃及、格鲁吉亚、危地马拉、印度尼西亚、印度、约旦、哈萨克斯坦、肯尼亚、摩洛哥、摩尔多瓦、北马其顿、黑山、尼加拉瓜、巴基斯坦、菲律宾、俄罗斯、塞内加尔、萨尔瓦多、突尼斯、委内瑞拉、南非、津巴布韦。这些经济体的数字贸易发展综合环境欠佳，后续需加强对数字贸易的投入，为企业顺利开展数字贸易创造更好的条件。

从大洲来看，全球主要经济体数字贸易发展阶段的分布如表4-7所示。

表 4-7 全球主要经济体数字贸易发展阶段经济体（按大洲分布）

	北美洲	2
	大洋洲	2
领先阶段	欧洲	12
	亚洲	4
	总计	20
	北美洲	2
	南美洲	3
成熟阶段	欧洲	16
	亚洲	7
	总计	28

续表

发展阶段	北美洲	3
	非洲	7
	南美洲	3
	欧洲	5
	亚洲	8
	总计	26

第五章

国家安全与全球跨境数据流动政策

在大数据时代,"国家拥有数据的规模、流动、利用等能力将成为综合国力的重要组成部分"。包括个人、企业和政府数据等在内的数据早已不只是国家"软实力"的体现,更关涉情报、军事、国防等国家安全领域。各国在新生的网络空间确立疆界,追求权力,数据成为支撑国家安全的重要战略资源,其流动和分享越来越受到政治性因素的影响,数据跨境流动议题由此与国家主权与安全密切联系[①]。

本章将立足于国际范围内现有的和形成中的(如以草案、建议稿等形式出现的)数据跨境流动规则,包括具备强制约束力的法律规则和不具备强制约束力但仍在一定程度上得到遵从的"软法"规则,以及这些规则的实施状况(含集中体现这种实施状况的案例),对于2019年以来基于国家安全的数据跨境流动政策的现状、发展趋向及其背后的原理和价值取向进行研究,以期将规则及其背后的理念、价值分析紧密结合实践展开,从而有助于相关政策的制定者和研究者对数据跨境流动规则的未来发展趋势及完善数据跨境流动规则的路径做出合理的预测和判断。

第一节 研究背景与意义

经济全球化的深入发展,越来越使得资本、技术、人员乃至信息处于高频次、大规模的跨国境(边境)流动状态,这一方面加强了国家和地区之间相互依存的状态,另一方面影响到主权国家的国家安全问题。跨境数据流动是全球经济社会发展的必然趋势,同时也引发了错综复杂的风险和挑战。在数据经济时代,互联网设备特别是移动设备的快速发展以及全球数据服务平台的出现,使得数据流动快速增长,而在不考虑各国为了各种价值目标而对数据流动加以限制的条件下,数据跨境流动的成本与数据境内流动的成本几乎是一样的,由此,跨境数据流动成为全球治理的重大问题。当前,伴随着信息通信技术不断发展,云计算、大数据、物联网等与数据流动密切关联的新业务层出不穷,加之"棱镜门"事件、恐怖主义威胁等因素的叠加,世界各国大多高度重视跨境数据流动对国家安全的影响,通过制定和实施相应的跨境数据流动政策以确保国家安全。

需要指出的是,较早期的关于跨境数据流动政策的理论与实践,主要针对个人信息、个人隐私的安全进行,许多国家和地区在数据跨境流动方面的规则体系基本上也围绕个人(自

---

① 阿里巴巴数据安全研究院,全球数据跨境流动政策与中国战略研究报告.http://www.chinabigdata.com/cn/contents/3/253.html.

然人)数据展开。然而,近年来世界各国的理论与实践逐渐显示,跨境数据流动所涉及的数据远远不限于个人数据。并且,除国家认可和保护个人对数据享有的权益之外,实际上须同时顾及相互牵连而交叠的国家安全、经济发展、社会公共利益等价值取向。因此,跨境数据流动安全其实具体表现在基于国家安全的跨境数据流动政策、基于经济发展(含产业政策、竞争政策、知识产权政策)的跨境数据流动政策、基于社会公共利益的跨境数据流动政策和基于个人权益的跨境数据流动政策等多个方面。除了最后一个方面之外,其他方面的跨境数据流动政策,各个国家和地区虽然已经进行了一些相关实践,但相应的理论成果仍较为有限,急需研究者在总结既有实践经验的基础上深入探讨。

麦肯锡全球研究院(MGI)《数据全球化:新时代的全球性流动》报告指出,自2008年以来,数据流动对全球经济增长的贡献已经超过传统的跨国贸易和投资,不仅支撑了包括商品、服务、资本、人才等其他几乎所有类型的全球化活动,而且发挥着越来越独立的作用,数据全球化成为推动全球经济发展的重要力量[1]。基于数字产业竞争力差距的存在,数据产业竞争力较弱的国家的用户是数据的主要提供者,数据产业竞争力较强的国家的公司则是设备和服务的主要提供者,在不设限制的情况下,数据将自然向少数国家物理疆域之内汇聚。对于产业能力较弱的国家而言,拒绝数据跨境流动将使国家被排除在世界网络体系之外,损害数据经济发展机遇和公民福利,但是放任数据自由流动则可能引发国家安全威胁,对国家主权带来严峻挑战。尤其是,各种国家关键信息基础设施和重要机构承载的庞大的数据信息往往具有重大的国家安全战略价值,如由特定信息网络系统所控制的能源、交通、金融、军事等领域的数据安全已经上升为国家安全极为关键的组成部分。这些领域的大量敏感数据在跨境流动中存在多重风险,需要在国家层面通过跨境数据流动政策的设置加以应对。

因此,基于国家安全的考量对数据跨境流动加以合理限制,不但能够在网络空间维护国家主权的完整性与有效性,而且可以使技术能力暂时处于弱势地位的国家不会因为能力的差异而导致其国家利益受到损害,使数据的使用能够促进数据初始提供者所在地域的发展,而不致成为少数掌握了技术和产业优势的行为主体过度追求自身利益的工具[2]。

第二节 主要经济体与国家安全相关的跨境数据流动规则

一、美国与国家安全相关的跨境数据流动规则

近年来,美国对外贸易投资法律通过限制重要技术数据出口和特定数据领域的外国投资,事实上限制了美国国内的数据跨境流动至特定的国家和地区。例如,依据《出口管理条例》(Export Administration Regulations,EAR),美国的出口管制并不限于硬件的出口,还包括具体的技术数据,即受管制的技术数据"传输"到位于美国境外的服务器保存或处理,需

---

[1] 麦肯锡,数字全球化:全球流动的新纪元[J].汕头大学学报(人文社会科学版),2017(5).
[2] 上海社会科学院互联网研究中心,全球数据跨境流动政策与中国战略研究报告,https://www.secrss.com/articles/13274.

要取得商务部产业与安全局（BIS）出口许可。虽然 EAR 的上位法《出口管制法》（Export Control Act，ECA）已被《出口管制改革法》（Export Control Reform Act，ECRA）替代，但根据 ECRA 第 1768 条的规定，原 EAA 和 EAR 下做出并仍然有效的相关法规、行政令、行政许可等将在 ECRA 生效后继续有效。又如，在外国投资审查方面，《2018 年外国投资风险审查现代化法》（Foreign Investment Risk Review Modernization Act of 2018，FIRRMA）扩大了"涵盖交易"的范围，将涉及所谓"关键技术""关键基础设施"的公司以及外国人对保存或收集美国公民敏感个人数据的公司进行"非控制性""非被动性"投资都纳入其审查范围。

2018 年 8 月 13 日，作为美国《2019 财政年度国防授权法案》的一部分，FIRRMA 得以通过，开启了对美国外国投资国家安全审查法律框架的重大改革。2019 年 9 月 17 日，美国财政部发布了 FIRRMA 的实施条例草案。2020 年 2 月 13 日，美国财政部正式发布 FIRRMA 的实施条例，其与草案无实质差别。FIRRMA 及其实施条例进行的法律变革之一，是将美国外国投资委员会（The Committee on Foreign Investment in the United States，CFIUS）的管辖范围扩张至一些"非控制性"的投资，只要这种投资涉及某些特定行业的美国企业或者赋予外国人某些特定权利。所谓特定行业的美国企业包括关键技术企业、基础设施相关企业或"持有或收集美国公民的个人敏感数据"的企业。所谓某些特定权利则是指以下至少一项权利：能够访问任何"重大非公开技术信息"；获得美国商业实体的董事会的成员资格或观察员权利，或提名某人担任董事会职位的权利；除了通过股权投票外，能够参与美国商业实体重大决策，这些决策包括"美国公民个人敏感信息的使用、开发、获取、保护或披露"、关键技术的使用、开发、获取或披露，对关键基础设施的管理、运营、制造或供应。

FIRRMA 实施条例将"敏感个人数据"定义为属于以下 11 类之一的"可识别"数据：(1)可用于分析或确定个人财务压力或困境的数据；(2)消费者信用报告数据；(3)申请（健康、专业责任、抵押或人寿）保险时填写的信息；(4)与个人身体、心理或者心理健康状况有关的数据；(5)非公开电子通信数据；(6)地理位置数据，包括从手机信号塔、Wi-Fi 接入点和可穿戴电子设备所获得的地理位置数据；(7)生物识别信息，如指纹和面部扫描；(8)用于生成政府身份证明的数据；(9)与特定个人"保密级别状态"相关的数据；(10)"保密级别"申请表中的数据；(11)基因检测结果。

这里所谓的"可识别"数据，定义为"可用于区分或追踪个人身份的数据"。同时，如果"聚合或匿名"（disaggregate or de-anonymize）数据保有据之重新识别特定个人的潜力，则依然是"可识别"数据。

除了满足上述类别之一，美国公司仅在以下情况之一时可以被认为是持有了"敏感个人数据"：(1)其服务针对美国行政当局人员或美国政府承包商所雇人员；(2)持有或意图持有超过 100 万名美国公民的数据。换言之，一家美国公司可以持有上面列举的一个或所有类型的个人数据，但如果它不是专门针对政府雇员或未达到 100 万人的数据的门槛，就不在 CFIUS 投资审查范围之内。需要注意的是，基因检测结果这一类型的数据不受上述限制，即无论指向谁、数据量有多少，基因检测结果都将被视为"敏感个人数据"。不过，FIRRMA 实施条例也同时规定：从"美国政府维护的，且定期向私营部门开放，以供其研究之用的数据库"中得到的基因检测数据，不在 CFIUS 管辖范围之内。

FIRRMA 和 ECRA 均为《2019 财政年度国防授权法案》的一部分，而 ECRA 的相关管制目录也被引入了外国投资管理的相关制度。与之前的 ECA 相比,ECRA 增加了要求确定"新兴与基础技术"(emerging and foundational technologies)并对其出口实施管制的规定。美国财政部投资安全管理办公室于 2018 年 10 月 11 日发布的关于关键技术领域的 FIRRMA 试点计划 801.204 条明确规定所有纳入美国出口管制目录内的相关技术(包括"新兴和基础技术")均属于需接受严格投资审核的"关键技术"。根据 FIRRMA 试行计划的规定,相关"关键技术"领域的投资,将面临不存在接受审查所需的最低外国投资比例要求(仅部分投资基金中的外国有限合伙人可享受监管豁免),所涉交易均需遵守提交强制性声明、对交易基本信息进行披露等一系列严格的审查要求。这也意味着 ECRA 对于出口管制的要求,将通过 FIRRMA 延伸至外国投资管理中。也就是说,在 FIRRMA "涵盖交易"要求的全部"关键技术"基础上,FIRRMA 试点计划对"关键技术"作出界定并扩大其范围,一方面,包括符合《国际武器运输条例》(International Traffic in Arms Regulations,ITAR)和美国核能委员会相关规定及其他有关药剂和毒素规定的"关键技术";另一方面,范围扩展至 ECRA 所涵盖的"新兴和基础技术"。

近期美国的几部 5G 领域的法律实际上也包含着与国家安全相关的跨境数据流动方面的内容。2020 年 1 月 8 日,美国众议院投票通过了《促进美国在 5G 领域的国际领导地位法》(Promotion of the United States' International Leadership in the 5G Act)以及《促进美国在无线领域的领导地位法》(Promotion of the United States' Leadership in the Wireless Act)。《促进美国在 5G 领域的国际领导地位法》旨在加强美国在 5G 领域的国际领导地位,其明确了美国及其盟国、合作伙伴应在第五代及下一代移动电信系统和基础设施的国际标准制定机构中保持参与和领导地位;美国应与其盟国、合作伙伴密切合作,促进第五代及下一代移动通信系统和基础设施的供应链和网络安全;在美国及其盟国、合作伙伴之间保持电信和网络空间安全的高标准是维护美国国家安全利益的要求。《促进美国在无线领域的领导地位法》要求商务部负责通信和信息事务的助理部长应与国家标准与技术研究所密切协作,采取行动提高美国在制定 5G 网络和下一代无线通信网络标准的制定机构中的领导地位。该法规定,应公平地鼓励各类公司实体和利益相关者参与相关标准制定机构的工作,公平地为各类公司和利益相关者提供技术专长,但被商务部负责通信和信息事务的助理部长认定为"不可信"的利益相关者除外(尽管在这种情况下,标准制定机构可以允许此类利益相关者参与相关工作)——"不可信"是指商务部负责通信和信息事务的助理部长认为相关的公司实体和利益相关者可能威胁美国国家安全[①]。2020 年 3 月 23 日特朗普签署了参众两院通过的《2020 年安全 5G 与未来法》(Secure 5G and Beyond Act of 2020)。该法的核心要旨是,要求美国总统在该法通过后的 180 天之内,提出"5G 和下一代无线通信国家安全战略"及该战略的实施计划,该战略及其实施计划的内容应当包括,评估有哪些可用的美国本土 5G 设备供应商和盟友或战略伙伴国的供应商,以及这些供应商生产、供应 5G 设备、系统和基础设施的能力;明确美国本土 5G 供应链和盟友或战略伙伴国的 5G 供应链中存在哪些安全缺口;明确哪些激励措施或政策措施有助于弥补上述安全缺口;对于美国境内以及盟国、战略伙伴和其他国家那些存在缺陷或漏洞的 5G 网络和系统,或已经使用了"关注国"

---

① 贾宝国.美国通过《促进美国在 5G 领域的国际领导地位法案》[N].人民邮电报,2020-02-25(05).

(countries of concern)供应的设备的网络和系统,有哪些选项可以降低安全风险。①

已在美国参议院经过二读并送达商业、科学和运输委员会的法律草案《2019年国家安全和个人数据保护法》(National Security and Personal Data Protection Act of 2019)②的制定宗旨是,通过实施数据安全要求、加强对外国投资的审查,以及为其他目的,保护美国人民的数据,从而避免外国政府对美国国家安全构成侵害。其针对两种类别的技术公司即"覆盖的技术公司"(covered technology company)和"其他技术公司"(other technology company)分别规定了其在个人数据保护中涉及美国国家安全的若干法定义务。

所谓"覆盖的技术公司",是指符合以下情况之一的"以数据为基础"(data-based)的在线服务公司:(1)公司根据"关注国"的法律成立;(2)公司是由"关注国"的国民成立的公司,或是根据"关注国"法律成立的、"关注国"的国民持有简单多数或控股股权的公司;(3)前述实体的子公司;(4)由于受"关注国"的管辖,"关注国"能够获得美国公民和居民的"用户数据",且不必像美国宪法和法律所规定的那样尊重公民自由和隐私。所谓"其他技术公司",是指受美国法管辖,但不属于"覆盖的技术公司"的技术公司。所谓"用户数据",是指提供"数据为基础"的在线服务的公司所获得的,且能够识别、关联、描述、能够被联系到,或可以被合理地连接到美国的公民或居民的信息,无论该信息是否由个人直接提交,或由上述实体从对个人活动的观察中衍生而来,或由实体通过任何其他方式获取。所谓"关注国",是指:(1)中华人民共和国;(2)俄罗斯联邦;(3)由美国国务院所认定的在保护数据隐私和安全方面值得关注的国家。

该草案对"覆盖的技术公司"规定的义务是:(1)数据的最小化收集;(2)禁止二次利用;(3)允许个人查看和删除数据;(4)禁止向"关注国"传输任何"用户数据"或解密该数据所需的信息;(5)不得将数据以及解密该数据所需信息存储在位于美国或与美国根据法定程序订有执法共享数据协议的国家之外的服务器上。

该草案对"其他技术公司"规定的义务是:(1)公司不得向任何"关注国"传输(包括通过非"关注国"中转)任何用户数据,或解密该数据所需的信息,如加密密钥;(2)公司不得将数据以及解密该数据所需信息存储在位于美国或与美国根据法定程序签订了执法共享数据协议的国家之外的服务器上。

总体上看,近年来,美国在前沿和基础技术领域对部分国家实施管控,相应地认定大范围内的技术数据和敏感个人数据的跨境数据流动属于与国家安全相关的跨境数据流动并加以限制。这种强化跨境数据流动政策(广义的跨境数据流动政策,包括对外贸易投资等方面的政策中可能实质性影响跨境数据流动的内容)中以国家安全为主要考量因素的价值取向,在2019年以来美国法与国家安全相关的跨境数据流动规则演进过程中体现得愈发明显。

二、欧盟与国家安全相关的跨境数据流动规则

2018年10月4日,欧洲议会投票通过《非个人数据在欧盟内自由流动框架条例》

---

① PUBLIC LAW 116-129-MAR.23,2020,http://www.congress.gov/116/plaws/pub/129.pdf
② S. 2889 — National Security and Personal Data Protection Act of 2019,http://www.congress.gov/bill/116th_congress/senate_bill/2889

(Regulation on a framework for the free flow of non-personal data in the European Union，2019年5月生效，以下简称《非个人数据框架条例》）①。该条例的一项重要目标，就是消除各成员国的数据本地化要求，而针对这一要求存在一项重大的例外性规定，即"公共安全事由"。详言之，为实现监管执法目的，成员国可以依法获取存储在另一国的数据，成员国政府除非基于"公共安全事由"，不得对非个人数据的存放位置、存储或处理加以限制；在《非个人数据框架条例》实施起一年之内，除非基于"公共安全事由"，成员国政府必须废止现有的不公平的数据本地化政策；自《非个人数据框架条例》生效后，所有基于"公共安全事由"颁布的数据本地化政策都必须向欧盟委员会备案，并向公众充分公开。

从《非个人数据框架条例》的立法精神看，欧盟立法者显然认为对欧盟成员国之间的跨境数据流动应尽可能地不予限制。事实上，这种立场正是针对近年来欧盟成员国实践中相反倾向的增长所做出的回应，而《非个人数据框架条例》之所以一方面设置"公共安全事由"的例外性规定，一方面又对其适用加以程序和实体上的限制，也应该是出于此种考虑。欧盟委员会2017年1月发布的一项研究表明，过去10年间欧盟境内的数据本地化要求增长了100%。由于这些数据本地化要求，很多都是为了满足成员国的有权机关在行使其法定职权时能够及时获取数据而确立的。为了在确保数据自由流动的同时使各成员国的监管需求依然能得到满足，《非个人数据框架条例》规定：当有权机关要求获取数据时，不得因数据存储在欧盟其他成员国境内而拒绝。如果有权机关获取数据的需求没能得到满足，可以通过各成员国按照《非个人数据框架条例》建立的"单一联络点"网络来获得监管方面的协助。同时，《非个人数据框架条例》规定各成员国可对未遵守数据提供义务的行为施加有效、适当和惩戒性的处罚。

《非个人数据框架条例》生效后，其与欧盟《一般数据保护条例》（General Data Protection Regulations，GDPR）共同构成了欧盟数据跨境流动规则的基本体系构架，两个条例中的有关规定分别适用于非个人数据和个人数据的跨境流动。当然，现实中，大多数企业在数据库或IT系统中存储或处理的是多样数据（即混合数据库）。尤其在物联网、人工智能、大数据分析等应用蓬勃发展的情况下，混合数据库更是现实中数据库的绝大多数。典型的混合数据库，例如包含公司职员姓名、联系方式的公司税务记录，包含客户信息、交易信息的银行数据，包含用户住址、使用习惯等信息的物联网数据等。对于在数据库或IT系统中存储或处理多样数据的企业，在数据处理过程中区分个人数据和非个人数据并非易事。欧盟委员会考虑到这一实际操作中的难题，同步出台了《非个人数据在欧盟内自由流动框架条例实施指南》（以下简称《框架条例实施指南》）加以解决②。

《框架条例实施指南》明确，个人数据指可以直接或间接识别自然人的信息。非个人数据是个人数据以外的信息。非个人数据主要包括两类，一类是原本就与自然人无关的信息，另一类是匿名化的个人数据，即无法通过还原或与其他信息匹配识别自然人的数据。典型的非个人数据包括空调发动机的运转信息，商品销售报告中的统计信息，金融行业中的高频

---

① Regulation(EU) 2018/1807 of the European Parliament and of the Council of Europe on a framework for the free flow of non-personal data in the European Union, http://www.europarl.europa.eu/news/en/press-room/20180926IPR14403/free-flow-of-non-personal-data-parliament-approves-eu-s-fifth-freedom.
② 中译文参考胡苗苗等译，欧盟非个人数据自由流动框架条例指南[J].北外法学，2020(1).

交易信息,用来优化农药、化肥、水施用的农业报告信息等。除了按照以上标准界定区分个人信息和非个人信息以外,《框架条例实施指南》还着重明确了混合数据库如何适用《非个人数据框架条例》:如果数据库中的个人数据和非个人数据可以分离,则分别适用《非个人数据框架条例》和 GDPR;如果两类信息不可分离,则统一适用 GDPR,即使个人数据在数据库仅占较小比例。不可分离一般是指技术上无法实现、实现成本极高或者一旦分离将严重损害数据的整体价值等。

与美国的情况类似,欧盟外资法中也有与国家安全相关的跨境数据流动规则,且与 FIRRMA 及其实施条例中的有关内容相近,换言之,欧盟制定这些规则时实际上受到了美国相关外资立法的影响。

2017 年 9 月,欧盟委员会开始提出建立针对外国直接投资(foreign direct investment,FDI)的欧洲审查机制,但由于遭到欧盟内部坚持自由贸易立场成员国的反对,该机制(mechanism)被弱化为框架(framework)。当时也有成员国担忧如果将 FDI 审查机制的权力交给欧盟委员会,会进一步促成欧盟委员会扩权,使成员国主权遭受侵蚀。不过,欧盟委员会认为,欧盟 28 个成员国中只有 14 个建立了 FDI 审查机制,且差异较大,提供一个整体的审查框架,有助于各国进行有效沟通①。

作为以上进程的最终成果,《欧洲议会和欧盟理事会 2019 年 3 月 19 日第 2019/452 号(欧盟)条例:关于对在欧盟的外国直接投资建立审查框架》(以下简称《FDI 审查框架条例》)于发布日后的第 20 日即 2019 年 4 月 11 日生效。依据《FDI 审查框架条例》的规定,虽然其实施日会延后 18 个月(2020 年 10 月 11 日实施),但是该条例生效后在欧盟完成的 FDI 都有被审查的可能。

《FDI 审查框架条例》所规定的共同审查框架的大致内容是:如果根据计划投资所在地成员国的国家法律,该 FDI 需经审查,则该成员国应向欧盟委员会和其他成员国通报在其境内接受审查的投资。当其他成员国认为一项 FDI 有可能影响他们的安全或者公共秩序时,他们有权向做出审查的成员国提出意见,并有权要求提供附加信息。如果欧盟委员会认为该 FDI 有可能影响至少一个成员国的安全或者公共秩序,或者该 FDI 有可能影响欧盟的项目或者计划,在审阅信息和意见之后,欧盟委员会可以向做出审查的成员国出具一份非约束性意见书。如果根据一个成员国的国家法律,一项 FDI 应在该成员国接受审查,欧盟审查以及合作程序通常应持续 35 日(要求提交附加信息的则期限可能更长)。如果一个成员国未对一项 FDI 进行审查,其他成员国仍可提出意见,欧盟可以在该 FDI 完成后的 15 个月内出具一份非约束性意见书。

《FDI 审查框架条例》所规定的共同的审查框架并不影响成员国的唯一的、最终的管辖权(不存在超国家的管辖权),对待一项 FDI 的最终决定权在 FDI 所在地的成员国手中,欧盟委员会和其他成员国无权否决某一成员国做出的批准 FDI 和(或)禁止或限制 FDI 的决定。

考虑到欧盟成员国应用于 FDI 审查机制中的标准和因素各不相同,《FDI 审查框架条

---

① 冯迪凡.欧盟外商投资审查新规 4 月就要来了! 赴欧并购恐引发更冗长审查程序, https://www.yicai.com/news/100147252.html.

例》第 4 条(审查时可能考虑的因素)规定:"在决定某项外商直接投资是否可能影响安全或公共秩序时,成员国和委员会可考虑对以下方面的潜在影响:(1)关键基础设施(无论是物理的还是虚拟的),包括能源、运输、水、健康、通信、媒体、数据处理或存储、空间、国防、选举或金融基础设施、敏感设施,以及对上述设施来说至关重要的土地或房产;(2)关键技术和两用物项,包括人工智能、机器人技术、半导体、网络安全、空间、国防、能源存储、量子和核技术、纳米技术和生物技术,具有潜在双重用途的技术、网络安全、空间或核技术;(3)关键投入(包括能源和原材料)的供应安全性,以及粮食安全;(4)获取敏感信息(包括个人数据)或控制敏感信息的能力;(5)媒体的自由和多元性。"

根据《FDI 审查框架条例》的规定,成员国可以保持或根据规定修改本国已有的 FDI 审查机制,或直接批准适用欧盟的规定,但各成员国的审查规则和程序必须透明且不存在歧视。各成员国审查规定中也需要有相应的时间框架。最终的审查决定由各成员国实施。此外,在 FDI 可能影响涉及欧盟利益的项目或计划时,欧盟委员会有权对此类 FDI 进行审查。

GDPR 开始实施后,对于其中涉及数据跨境流动的条文,欧盟各机构并未制定细化的规则,而是先对其实施效果进行了较为充分的考察,在此基础上酝酿未来可能的调整。

从 2019 年下半年开始,欧盟委员会和欧盟理事会便组织各成员国监管机构开展 GDPR 的执法总结,并收到 19 份各国报告,欧盟理事会将这 19 个报告汇总形成总结报告[1],并在此基础上发布了《关于 GDPR 适用的立场与发现》报告[2]。数据跨境流动问题是欧盟此次 GDPR 评估的重点之一,各成员国也就实践中遇到的这方面的具体问题进行了反馈。首先,各国都肯定了 GDPR 设置多类型、多层次数据跨境流动方式的必要性:充分性决定(第 45 条),适当保障措施和行为准则(第 46 条、第 40 条),有约束力的公司规则(Binding Cooperation Rules,BCR,第 47 条)都有其不同的适用场景,需要予以保持。比利时提出,充分性决定对于私营公司数据跨境交换、简化手续和法律合规有重要意义,有助于实现单一(数字)市场的目标,但问题是这项制度属于"正面白名单",适用标准较高,因而没有得到充分利用,建议进一步扩充"白名单",纳入更多区域。德国也支持上述观点,并指出,目前通过欧盟充分性决定的国家与地区数量偏少,并且,关于日本的充分性决定只认可了商业部门,而没有为政府机构之间的信息共享提供合法基础。欧盟理事会在其总结报告中吸收了成员国的上述观点,指出要继续扩充"白名单",以进一步扩展可以合法自由流动的区域与部门。至于"白名单"之外的其他合法流动机制,欧盟理事会在报告中也指出,将发布更多的标准合同模板,以满足不同类型的数据控制者和处理者的数据跨境流动需求。

欧洲数据保护委员会(European Data Protection Board,EDPB)于 2020 年 2 月也发布了一份 GDPR 实施情形的报告。在个人数据向第三国或国际组织的传输(即数据跨境流动)机制方面,该报告对有关实施情况进行了条分缕析的总结与前瞻。

关于充分性决定,该报告指出,考虑到充分性决定是确保从欧洲经济区(EEA)传输至第三国和国际组织的个人数据得到持续保护的重要解决方案,EDPB 仍将致力于对欧盟执行

---

[1] Preparation of the Council Position on the Evaluation and Review of the General Data Protection Regulation(GDPR)-Comments from Member States,https://data.consilium.europa.eu/doc/document/ST-12756-2019-REV-1/en/pdf.

[2] Council Position and Findings on the Application of the General Data Protection Regulation(GDPR) Adoptions,https://data.consilium.europa.eu/doc/document/ST-14994-2019-REV-1/en/pdf.

委员会制定的针对 GDPR 强化要求的工具进行独立评估,特别是针对可强制执行的权利、有效的补救措施和有关后续转让的保障措施。EDPR 认为这些评估极为重要。在实质问题上,充分性决定应侧重于根据 GDPR 第 45 条第 2 款直接规定的评估标准,在理论和实践上对有关第三国的现行法进行评估。EDPB 注意到欧盟执行委员会和日本当局对《补充规则》(Supplementary Rules,指日本当局为了通过欧盟对日本的充分性评估而制定的补充其国内法的规则)具有约束力和可执行性的一再承诺和保证,同时请欧盟执行委员会继续监督其约束性和在日本的有效适用性。EDPB 特别建议欧盟委员会,应保守看待 G20 会议或 G7 会议等提出的"数据自由流动"概念,并确保个人数据保护水平不会因此受到影响。

关于标准合同条款(SCC),该报告指出,根据 GDPR 第 46 条第 5 款,欧盟执行委员会根据 1995 年《数据保护指令》采纳的若干套 SCC 仍将被用作 GDPR 第 46 条上的适当保护措施。但是,这些 SCC 并未反映 GDPR 带来的变化。如今迫切需要的是更新后的 SCC,以确保法律的确定性,提供最新的 SCC 时还可考虑欧盟法院正在审理的有关数据跨境流动的案件。

关于有约束力的公司规则(BCR),该报告指出,EDPB 已根据 GDPR 更新了其针对控制者和处理者的 BCR 参考资料。此种更新是 EDPB 的一项持续性任务,以确保 BCR 参考资料以最准确的方式反映 GDPR 的要求。GDPR 生效以来,有 40 多个 BCR 正在审批中,其中的一半在 2020 年底前获得批准。

关于行为准则和认证,该报告指出,EDPB 正在为有兴趣的利益相关者准备指南在 2020 年底之前定稿。

关于公共机构或实体之间具有约束力和法律执行力的文件和行政安排(系 GDPR 第 46 条中适当保障措施的一种),该报告指出,EDPB 正在准备针对公共当局和希望将个人数据转移到 EEA 以外的公共实体的机构的指南,并将在最终采纳之前发布,以供公众咨询[①]。

另外,欧盟各成员国的数据保护机构(Data Protection Authority,DPA)在执行 GDPR 的过程中同样涉及了一些数据跨境流动的案件,对这些案件处理结果的总结也在 GDPR 实施效果考察的范围之内。比如,作为苹果、脸书、微软、推特、爱彼迎、领英等多家跨国公司的欧洲总部所在地,爱尔兰的数据保护委员会(DPC)已发起多起涉及上述公司的法定调查,所涉问题包括脸书涉嫌利用外部链接从第三方软件中转移个人数据至脸书及其合作方,微软利用 Office 产品收集并处理遥测数据,WhatsApp 与脸书公司共享个人数据,等等[②]。

总体上看,GDPR 关于数据跨境流动的规定在实践中主要还是更多地着眼于个人权利的保护,对于与国家安全相关的数据跨境流动,GDPR 虽有规定(如 GDPR 第 23 条规定,为了保护刑事调查、国家安全、司法独立和司法程序或其他与公众利益有关的重要目标,在欠缺充分性评估等合法要件的情况下仍允许数据跨境流动),但目前的实践中还很少得到适用。2020 年 2 月欧盟委员会发布的《欧洲数据战略》(European Data Strategy)提出了建立"单一欧洲数据空间"(a single European data space)的设想,在这个空间中,通用的欧洲规则

---

① 对外经济贸易大学金融科技实验室编译.欧洲数据保护委员会评估 GDPR:面临挑战,但修改尚早,https://www.ccvalue.cn/article/315199.html.

② 许可.欧盟《一般数据保护条例》的周年回顾与反思[J].电子知识产权,2019(6).

和高效的执法机制应当可确保：数据可以在欧盟内跨行业流动；欧洲的规则和价值观，特别是个人数据保护、消费者保护法规和竞争法得到充分遵守；获取和使用数据的规则是公平、可行和明确的，并且有明确和值得信赖的数据治理机制；用基于欧洲价值观的开放而坚定自信的方法面对国际数据流动①。由此可见，尽管欧盟立法者希望欧盟成员国之间的跨境数据流动应尽可能地不受限制，但至少在纯粹的个人数据领域，这种限制大体上仍基于个人的基本权利和自由，而非国家安全等其他的价值取向，这应当也就是所谓"欧洲价值观"在相关法律中的显著体现。欧盟法中真正涉及与国家安全相关的跨境数据流动的内容，主要还是《非个人数据框架条例》及其指南等所构成的非个人数据跨境数据流动的基本规则体系，以及《FDI审查框架条例》所调整的虽直接针对外国投资，却间接影响到跨境数据流动（可能同时涉及与之相关的个人数据与非个人数据的跨境流动）的基本规则体系。

三、美欧隐私盾协议2019年的实施情况及其在2020年被宣布无效

作为近年来美国与欧盟之间跨境数据流动的最重要的制度安排，美国商务部与欧盟委员会所达成的隐私盾（privacy shield）协议，其产生与终结，均与美国法中政府部门基于国家安全收集外国公民的个人数据的权限应当如何理解与评价，有着密不可分的关系。

美国联邦贸易委员会（FTC）发布的《2019年隐私与数据安全保护工作报告》（Privacy & Data Security Update for 2019）显示，执行包括"美欧隐私盾框架""瑞士-美国隐私盾框架""亚太经合组织跨境隐私规则"（APEC CBPRs）框架在内的跨境数据流动规则框架的FTC，截至该报告完成时在这些框架下共采取了64项执法行动，其中39项根据已被宣布无效的美欧安全港框架进行，4项基于APEC CBPRs框架进行，21项在美欧隐私盾框架下展开。2019年FTC在这些框架下开展了13次执法行动，其中8次单独执法行动中，FTC发现214 Technologies、Click Labs、DCR Workforce、Incentive Services、LotaData、Medable、Securitest、Thru等公司虽宣称自己遵守隐私盾框架，但实际上这些公司只是向美国商务部申请了隐私盾认证，而因为缺少必要的步骤，认证并未通过，因此这些公司进行了虚假和误导性宣传。另外，在针对Empiristat、Global Data Vault、TDARX等公司的执法中，FTC指责这些公司谎称仍处于隐私盾框架中；事实上，这些公司的隐私盾认证已经失效，他们却并未核实自己的隐私声明是否准确，也未确认是否会继续对参与该框架时获得的消费者个人信息进行符合该框架要求的保护②。

2019年11月，《美欧隐私盾第三年度联合审查报告》发布，内容主要涵盖了企业和政府部门跨境传输个人数据的审查状况。欧盟数据保护委员会在该报告中整体认可美国政府在推进隐私盾协议方面所做的努力，并认为美国政府针对企业的随机检查应当进一步强化。

关于企业跨境传输个人数据方面的执行进展，该报告涉及以下四个层面。

其一，在认证层面，通过隐私盾保护认证的企业数量逐年增加且再认证率高。2017年、

---

① 洪延青，朱玲凤，张朝，谢晨曦，技术主权视野下的欧盟数字化转型战略探析，https://www.secrss.com/articles/17523.
② FTC，Privacy & Data Security Update for 2019，https://www.ftc.gov/reports/privacy-data-security-update-2019.中译文参考熊辰编译，美国FTC隐私与数据安全执法趋势2019，https://xw.qq.com/cmsid/20200228A0LXIU00.

2018年、2019年通过隐私盾认证的企业分别为2 400多家、3 858家、4 984家,已超过安全港协议执行期间的参与企业数量(约4 000家)。这些企业的认证业务主要包括信息通信技术、商务服务、传媒和娱乐、教育服务等。隐私盾认证到期后企业需要完成再认证,而第三年度(即2019年)的再认证率达到89%。到期未完成再认证、再认证失败或主动退出隐私盾的企业被列入"不活跃名单",截至2019年底,被列入此种名单的企业累计达到509家。

其二,在监管层面,美国商务部开展了企业合规性随机检查。2019年4月起,美国商务部每月抽查30家企业,核实其处理投诉的渠道能否被有效回应、隐私盾政策是否公开透明和合规等。如果随机检查发现问题,美国商务部会督促企业整改,将整改不合格或拒不整改的企业移出"合规名单"并列入"不活跃名单",同时告知FTC。截至2019年11月,美国商务部发现有28%的通过隐私盾认证的企业存在不合规问题,比如投诉渠道不能有效回应、隐私盾政策无法在线获取等,这些有问题的企业多数及时进行了整改。另外,2018年10月—2019年11月,美国商务部共处理了669起虚假认证行为,认定有些企业未通过隐私盾认证却对外声称已通过。

其三,在执法层面,违规企业将面临FTC的处罚。自2016年8月美欧隐私盾开始执行以来,FTC已开展了21项重点规制隐私盾认证企业的不合规行为的执法行动(有关内容与FTC《2019年隐私与数据安全保护工作报告》所述大致相同,于此不再赘述),若FTC与被指控企业最终未能达成和解,则企业将面临被罚款。

其四,在投诉处理层面,美国商务部指导隐私保护机构处理企业投诉。例如,BBBonline、JAMS、TrustArc等隐私保护机构代理企业处理来自欧盟国家公民或机构的投诉,这三家机构在第三年度(即2019年)分别处理了8起、2起和38起投诉,具体投诉内容涉及个人数据的更正和删除等。同时,美国商务部还指导隐私保护机构撰写和发布隐私盾争议解决年度报告。

关于政府部门跨境传输个人数据方面的执行进展,该报告涉及以下三个层面。

其一,在法律法规层面,美国政府对《外国情报监视法》等做了进一步的解释和澄清。《外国情报监视法》第702节是美国对非美籍人员进行无理由监视的法律依据。在此次联合审查中,美国政府进一步澄清了在该法律条款下收集数据的方式,尤其是收集数据所用的采集设备。《外国情报监视法》第501节授权美国联邦调查局获取与美国公民无关的外国情报信息。对此,美国在联合审查中澄清,已暂停相关部门开展的通话记录收集计划,并删除了该计划下获取的数据。

其二,在监督层面,隐私和公民自由监督委员会规模扩大,隐私保护监察员的空缺得到填补。隐私和公民自由监督委员会一年来工作人员增加了一倍,正在开展的监督项目有10个。例如,监督美国政府部门根据《外国情报监视法》第702节收集数据的程序和技术,监督美国政府部门根据《信息自由法》收集通话记录的情况等。Keith Krach被任命为隐私保护监察员,填补了该位置的空缺。

其三,在司法救济层面,隐私盾执行的第三年度中出现了多个具有指引性作用的新案例,如美国公民自由联盟基于《信息自由法》起诉国家安全局在未得到授权的情况下收集境外电话和短信数据。

由于近三年来美欧双方的相关政府部门一直对隐私盾协议的执行状况持有总体上较为

积极的评价,隐私盾协议在 2020 年被宣布无效(准确地说,是认为隐私盾协议可以为流动至美国的欧盟个人数据提供充分保护的欧盟委员会 2016/1250 号决定被宣布无效),对于大部分研究者乃至公众而言,就显得颇为突然。

2020 年 7 月 16 日,欧盟法院(Court of Justice of the European Union,CJEU)在对 C-311/18 案件(数据保护委员会诉爱尔兰脸书和马克西米连·施莱姆斯案,即所谓施莱姆斯二号案件)的裁决中,宣布欧盟委员会 2016/1250 号决定无效①。

该案的背景是,居住于奥地利的奥地利公民马克西米连·施莱姆斯自 2008 年起就是脸书(Facebook)的使用者,就像其他的居住于欧盟的使用者那样,他的个人数据有一部分被爱尔兰脸书(脸书在爱尔兰的子公司)传输至脸书所拥有的位于美国的服务器进行处理。施莱姆斯请求爱尔兰数据监管机构禁止此种传输,他认为,美国的法律与实践没有提供足够的保护,以避免这些数据被美国公共机构取得。该请求被驳回了,理由是基于 2000/520 号决定(即关于美欧安全港协议能够提供充分性保护的决定),欧盟委员会认为美国已经保证有充分水平的保护。施莱姆斯将爱尔兰数据监管机构诉至爱尔兰高等法院。在爱尔兰高等法院就该案(所谓施莱姆斯一号案件)向欧盟法院提出"初步裁决"(preliminary ruling)问题后,2015 年 10 月 6 日,欧盟法院宣布 2000/520 号决定无效。

关于施莱姆斯一号案件的裁决作出之后,爱尔兰监管机构取消了此前驳回施莱姆斯请求的决定,并要求施莱姆斯基于欧盟法院宣布 2000/520 号决定无效的裁决重新制作其请求。在重新制作的请求中,施莱姆斯请求中止或者禁止将其个人数据再传输至美国,理由是在爱尔兰脸书基于 2010/87 号决定附件规定的标准合同条款将其个人数据传输至美国时,美国没有提供充分的保护。由于施莱姆斯的请求结果取决于 2010/87 号决定是否有效,在爱尔兰监管机构诉至爱尔兰高等法院后,爱尔兰高等法院又向欧盟法院提出一个"初步裁决"问题。这一诉讼尚在进行时,欧盟委员会作出了关于美-欧隐私盾协议能够提供充分性保护的 2016/1250 号决定。

在爱尔兰高等法院就该案(所谓施莱姆斯二号案件)向欧盟法院提出的"初步裁决"问题中,爱尔兰高等法院问的是 GDPR 是否能够适用于 2010/87 号决定附件规定的标准合同条款,在 GDPR 的要求之下,何种保护标准是与施莱姆斯请求中止或者禁止此种数据转移相关联的,在此情势下监管机构负有何种义务;爱尔兰高等法院还提出了 2016/1250 号决定有效与否的问题。

欧盟法院在施莱姆斯二号案件的裁决中所持基本立场如下。

首先,欧盟法——特别是 GDPR——适用于设立在一个欧盟成员国的经济上的经营者依商业目的将个人数据传输至另一个设立在第三国的经济上的经营者,即使是在个人数据传输后有可能被第三国的政府机构在涉及公共安全、国防、国家安全目的问题时处理。欧盟法院进而认为,第三国的政府机构处理数据的类型不能使此种数据传输排除于 GDPR 的适用范围。

---

① The Court of Justice invalidates Decision 2016/1250 on the adequacy of the protection provided by the EU-US Data Protection Shield, Court of Justice of the European Union PRESS RELEASE No 91/20 Luxembourg, https://curia.europa.eu/jcms/upload/docs/application/pdf/2020-07/cp200091en.pdf.

考虑到此种数据传输所要求的保护水平,欧盟法院认为,根据欧盟《基本权利宪章》,GDPR 为了适当的保护、可强制执行的权利、有效率的法律救济等目的的要求,应解释为其个人数据依据标准合同条款(SCC)被传输至第三国的数据主体,必须得到一种保护水平实质上与在欧盟内由 GDPR 给予的保护相当的保护。在此种情势下,欧盟法院指定此种保护水平的评估应考虑欧盟内的数据输出方和第三国的数据接收方之间的标准合同条款,同时,在数据传输后有可能被第三国的政府机构处理时,还应考虑第三国法律体系的相关方面。

考虑到与此种数据传输相关的监管机构的义务,欧盟法院认为,除非有一个有效的欧盟委员会的充分性决定,那些主管的监管机构,在标准合同条款没有或者不能够被第三国遵守,并且欧盟法所要求的对数据传输的保护不能由其他方法加以保证,而数据输出方并没有自行中止或者禁止将个人数据传输至第三国时,应当中止或者禁止将个人数据传输至第三国。

其次,欧盟法院考察了 2010/87 号决定的有效性。欧盟法院认为,2010/87 号决定的有效性,不能仅仅因为该决定中的标准合同条款基于其合同相对性特质无法约束第三国监管机构的事实,而被认定存在问题。不过,欧盟法院补充道,此种有效性取决于该决定是否包含使欧盟法所要求的保护水平在实践中得到遵循,并且在标准合同条款被违反或不被尊重时中止或者禁止将个人数据转移至第三国成为可能的有效率的机制。欧盟法院认为 2010/87 号决定确立了此种机制。欧盟法院指出,该决定课予数据输出方和数据接收方在传输数据前验证第三国保护水平的义务,并且,该决定要求数据接收方告知数据输出方任何关于不能遵守 SCC 的信息,而数据输出方随即就有义务中止传输个人数据或者终止与数据接收方之间的合同。

最后,欧盟法院以欧盟《基本权利宪章》中保障个人和家庭生活条款为依据,按照 GDPR 提出的要求,考察了 2016/1250 号决定的有效性。欧盟法院指出,该决定如同 2000/520 号决定那样,铭记了美国国家安全、公共利益和法律执行具有优先性的要求,由此容忍了其数据传输至第三国的个人的基本权利被干涉。欧盟委员会在 2016/1250 号决定中评估的,对那些自欧盟转移至第三国而被美国公共机构获得和处理的个人数据的基于美国国内法的保护,并未满足与欧盟法所要求的充分保护相当的保护的条件,根据比例原则来看,那些美国公共机构的监控项目所获得和处理的个人数据不以严格必要为限。基于该决定所发现的事实,欧盟法院指出,考虑到这些监控项目,隐私盾的那些条款授予的实现此种项目的权力是不受限制的,或者说不存在对被监控项目作为潜在目标的非美国人的保证。欧盟法院进而指出,尽管隐私盾的那些条款规定了美国机构在实现此种监控项目时必须遵守的要求,但那些条款并未授予数据主体向法院起诉美国机构时可用来提起诉讼的权利。

欧盟法院认为,与 2016/1250 号决定中欧盟委员会所持观点相反,该决定涉及的监察专员机制没有在一个(控制或处理其个人数据的)主体实质上提供与欧盟法所要求的保护相当的保护之前给数据主体提供任何诉因,例如确保监察专员机制提供监察专员的独立性,又如存在赋予监察专员适用约束美国情报服务权力的规则。基于此,欧盟法院宣布 2016/1250 号决定无效。不过,根据欧盟《基本权利宪章》,没有显示出任何影响 2010/87 号决定有效性之处。

2020 年 7 月 23 日,欧盟数据保护委员会(EDPB)就美欧隐私盾协议被裁决无效的相关问题发布了一份书面解答①。其指出，欧盟委员会作出充分性评估通常而言是欧盟法中的跨境数据传输机制的首要任务，到目前为止此种评估是由欧盟委员会集中进行的。未来如果美欧间主要采用 SCC 的方式进行跨境数据传输，由企业自身和各成员国的数据保护机构（DPA）进行逐个案件评估，就会使这种跨境传输机制的认定由集中走向分散。如果各 DPA 对跨境数据传输意见不一致，将由 EDPB 解决此类纠纷。这样，未来 EDPB 和欧盟委员会之间在对外国法律进行调查和认定方面就需要进行协调。除了充分性评估和 SCC 外，美欧跨境数据传输还可能使用 GDPR 第 47 条规定的有约束力的公司规则（BCR）和 GDPR 第 46 条规定的行为准则和认证机制。不过，BCR 谈判和执行可能需要数年时间且特别繁重，并且，它们将遇到与 SCC 完全相同的困难，即如果第三国的法律不符合欧盟保护标准，跨境数据传输同样是不可能的。至于行为准则和认证机制，目前还没有基于 GDPR 得到批准的行为准则。在出现更好的替代方案之前，部分公司可能会依赖 GDPR 第 49 条（允许基于数据主体的明确同意、为履行数据主体和数据控制者之间的合同、重要公共利益目标等进行跨境数据传输），尤其是其中的"明确同意"条款。然而，GDPR 第 49 条并不是设计用于"常规""系统"或"持续"的数据传输的条文，在没有更好的解决方案之前，EDPB 可能须对此种方案的持续使用做出回应。

事实上，在欧盟法院作出上述裁决一个多月之前的 2020 年 6 月，伦敦大学学院欧洲研究所发布的关于跨大西洋数据流动的分析报告《欧美隐私盾、脱欧和跨大西洋数据流动的未来》②已经预判：由于美国政府出于执法和国家安全目的获取欧盟公民数据的问题尚未解决，隐私盾协议很有可能被欧盟法院宣布失效，而 SCC 将成为欧盟与美国数据流动的主要替代法律机制。未来几年，针对欧盟向美国传输数据的 SCC 的投诉、调查和潜在的暂停很可能会增加，这涉及受美国大规模监控影响最大的主要互联网和电信公司。隐私盾协议对于中小企业和初创企业是有利的，因为他们可能缺乏足够的资源来建立 SCC 或 BCR，大约 65％的通过隐私盾认证的公司是中小企业，41％的认证公司收入低于 500 万美元。因此，隐私盾协议如果失效，对中小企业来说将是非常大的打击。该报告进而指出，欧盟对其成员国的国家安全问题没有法定权限，但在对跨境数据流动进行"充分性评估"时，却可以对第三国的国家安全立法评头论足，美国官员和企业普遍认为这是不公平的，由于美国国家安全、监控立法和活动与欧盟数据保护标准和基本权利之间的冲突很大，通过政治或法律进行解决的余地极小。

四、中国与国家安全相关的跨境数据流动规则

《中华人民共和国外商投资法》（2019 年 3 月 15 日第十三届全国人民代表大会第二次会议通过）第 40 条规定："国家建立外商投资安全审查制度，对影响或者可能影响国家安全的外商投资进行安全审查。"《中华人民共和国外商投资法实施条例》第 40 条重复了上述规定。

---

① Frequently Asked Questions on the Judgment of the Court of Justice of the European Union in Case C-311/18-Data Protection Commissioner v Facebook Ireland Ltd and Maximillian Schrems, https://edpb.europa.eu/our-work-tools/our-documents/ovrigt/frequently-asked-questions-judgment-court-justice-european-union_en.

② UCL European Institute, EU-U.S. Privacy Shield, Brexit and the Future of Transatlantic Data Flows, https://www.ucl.ac.uk/european-institute/news/2020/jun/eu-us-privacy-shield-brexit-and-future-transatlantic-data-flows.

尽管这一规定的文字表述十分简洁,但其"对影响或者可能影响国家安全"的外商投资提供安全审查的基本法律依据。对照 2015 年 1 月中国商务部发布《中华人民共和国外国投资法(草案征求意见稿)》,其第 57 条列出了十项国家安全审查应当考虑的因素。该条规定:"对外国投资进行国家安全审查应当考虑的因素包括:(一)对国防安全,包括对国防需要的国内产品生产能力、国内服务提供能力和有关设备设施的影响,对重点、敏感国防设施安全的影响;(二)对涉及国家安全关键技术研发能力的影响;(三)对涉及国家安全领域的我国技术领先地位的影响;(四)对受进出口管制的两用物项和技术扩散的影响;(五)对我国关键基础设施和关键技术的影响;(六)对我国信息和网络安全的影响;(七)对我国在能源、粮食和其他关键资源方面长期需求的影响;(八)外国投资事项是否受外国政府控制;(九)对国家经济稳定运行的影响;(十)对社会公共利益和公共秩序的影响;(十一)联席会议认为应当考虑的其他因素。"这其中就有与 FIRRMA 及其实施条例中的有关内容相近的因素。

2020 年 6 月 28 日,第十三届全国人大常委会第二十次会议初次审议了《中华人民共和国数据安全法(草案)》。7 月 3 日,该草案在中国人大网公布,面向社会征求意见。全国人大常委会法律工作委员会刘俊臣副主任于 2020 年 6 月 28 日所做的《关于〈中华人民共和国数据安全法(草案)〉的说明》(以下简称《草案说明》)中就有"按照党中央部署和贯彻落实总体国家安全观的要求,制定一部数据安全领域的基础性法律十分必要","应当按照总体国家安全观的要求,通过立法加强数据安全保护,提升国家数据安全保障能力,有效应对数据这一非传统领域的国家安全风险与挑战,切实维护国家主权、安全和发展利益"的表述。该草案第 22 条规定:"国家建立数据安全审查制度,对影响或者可能影响国家安全的数据活动进行国家安全审查。""依法作出的安全审查决定为最终决定。"该草案第 23 条规定:"国家对与履行国际义务和维护国家安全相关的属于管制物项的数据依法实施出口管制。"该草案第 24 条规定:"任何国家或者地区在与数据和数据开发利用技术等有关的投资、贸易方面对中华人民共和国采取歧视性的禁止、限制或者其他类似措施的,中华人民共和国可以根据实际情况对该国家或者地区采取相应的措施。"

国家互联网信息办公室(以下简称国家网信办)2019 年发布的《个人信息出境安全评估办法(征求意见稿)》(以下简称 2019 年征求意见稿)及《数据安全管理办法(征求意见稿)》重新架构了个人信息与重要数据的出境管理体系,完全改变了 2017 年发布的《个人信息和重要数据出境安全评估办法(征求意见稿)》(以下简称 2017 年征求意见稿)中重要数据和个人信息一并处理的做法。这种改变所蕴涵的基本价值判断是,从本质上说,个人信息与重要数据所指向的需要法律保护的利益是不同的,其所对应的具体保护路径也应有所区别:个人信息与特定自然人的身份属性及经济属性密切相关,直接涉及个人合法权益;而重要数据与国计民生、社会公共利益密切相关,需更多地顾及国家及行业整体秩序。

2019 年征求意见稿中,行政机构对数据跨境传输的监管贯穿整个数据周期。与 2017 年征求意见稿相比,2019 年征求意见稿和《数据安全管理办法(征求意见稿)》所规定的个人信息和重要数据出境监管制度有如下变化。其一,在 2017 年征求意见稿中,评估方除了企业自己的评估外,还包括行业主管部门;而在 2019 年征求意见稿中,评估方仅有网信部门。与此同时,2019 年征求意见稿取消了 2017 年征求意见稿中以 50 万人的个人信息作为报请监管部门组织安全评估的阈值的规定,换言之,只要有个人信息出境,都要向网信部门申报出境安全评估。具体地说,根据 2019 年征求意见稿,个人信息出境前,网络运营者应当向所在地省级网信部门申报个人信息出境安全评估,提交申报书、网络运营者与数据接收者签订的数据处理协议、个人信息出境安全风险及安全保障措施分析报告及国家网信部门要求提供的其他材料。其二,重要数据出境前,网络运营者应当报经行业主管监管部门同意;行业主管监管部门不明确的,应经省级网信部门批准。其三,2019 年征求意见稿要求网络运营者与境外个人信息接收者签订数据合同并向网信部门申报,数据合同应当约定数据出境的明确场景(目的、类型、保存时限),网络运营者和数据接收方所承担的责任和义务;数据合同应当约定个人信息主体是个人信息主体权益条款的受益人,个人信息主体合法权益受到损害时,可以自行或者委托代理人向网络运营者或者接收者或者双方索赔。其四,2019 年征求意见稿明确规定,境外机构如果通过互联网收集境内用户的个人信息,应当在境内通过法定代表人或者机构履行其规定的网络运营者的义务并承担相应的责任。与 2017 年征求意见稿相比,这是新增的关于域外效力的规定。

2019 年 5 月 24 日,国家网信办会同国家发展和改革委员会等 11 部门联合起草并发布《网络安全审查办法(征求意见稿)》。2020 年 4 月 27 日,国家网信办等 12 部门正式发布《网络安全审查办法》,自 2020 年 6 月 1 日起实施。与被其取代的 2017 年国家网信办发布的《网络产品和服务安全审查办法(试行)》(以下简称试行办法)相比,《网络安全审查办法》在适用范围、审查内容和审查程序等诸多方面均有较大幅度的变动。

在试行办法中,网络产品和服务提供者应当对网络安全审查工作予以配合,并对提供材料的真实性负责。换言之,试行办法中审查机构面对的相对方主要是"网络产品和服务提供者"。《网络安全审查办法》第 2 条规定:"关键信息基础设施运营者(以下简称运营者)采购网络产品和服务,影响或可能影响国家安全的,应当按照本办法进行网络安全审查。"也就是说,《网络安全审查办法》适用于"关键信息基础设施运营者采购网络产品和服务"的活动,将关键信息基础设施运营者作为整个审查流程的核心,而一般不会延伸适用至一般的网络运营者。由于网络产品和服务的采购活动可能涉及跨境数据流动,《网络安全审查办法》实际上也包含着与国家安全相关的跨境数据流动规则。

针对试行办法中的程序规定和时限规定不清晰的问题,《网络安全审查办法》将安全审查程序设定为包含两个环节的基本程序,一是关键信息基础运营者"预判"其采购的网络产品和服务投入使用后可能带来的国家安全风险;二是关键信息基础运营者"预判"有关产品和服务影响或者可能影响国家安全的,向网络安全审查办公室申报网络安全审查。后一个环节又包括初步审查和特别审查两种程序;初步审查后,网络安全审查工作机制成员单位、相关关键信息基础设施保护工作部门意见一致的,不进入特别审查程序;否则须进入特别审查程序,报中央网络安全和信息化委员会批准,形成审查结论并书面通知运营者,整个安全审查程序方能结束。

依据《网络安全审查办法》第 9 条,网络安全审查重点评估采购网络产品和服务可能带来的国家安全风险,主要考虑以下因素:(1)产品和服务使用后带来的关键信息基础设施被非法控制、遭受干扰或破坏,以及重要数据被窃取、泄露、毁损的风险;(2)产品和服务供应中断对关键信息基础设施业务连续性的危害;(3)产品和服务的安全性、开放性、透明性、来源的多样性,供应渠道的可靠性以及因为政治、外交、贸易等因素导致供应中断的风险;(4)产品和服务提供者遵守中国法律、行政法规、部门规章情况;(5)其他可能危害关键信息基础设施安全和国家安全的因素。

　　回顾中国数据跨境流动政策的发展可以看到,2017年6月实施的《中华人民共和国网络安全法》中对关键信息基础设施的数据跨境流动加以限制的第37条,是之后逐步形成的中国数据跨境流动规则体系的核心。该条规定:"关键信息基础设施的运营者在中华人民共和国境内运营中收集和产生的个人信息和重要数据应当在境内存储。因业务需要,确需向境外提供的,应当按照国家网信部门会同国务院有关部门制定的办法进行安全评估;法律、行政法规另有规定的,依照其规定。"此后,相关主管部门酝酿制定的各种有关实施细则,其实主要就是围绕着该条文的适用而进行的;而国家立法机关之后制定的其他法律,在有关内容涉及数据跨境流动问题(无论是直接涉及还是间接涉及)时,也不同程度地受该条文的影响和制约。从中国已有的和近期将要制定的数据跨境流动政策来看,中国更多的是从国家安全、经济发展等价值取向出发限制数据流入和流出,即使同时涉及个人信息、个人隐私的安全,后者也是附带的和较为次要的。由此,无论是对于中国的理论工作者还是实务工作者而言,进行基于个人信息安全以外其他价值取向(尤其是国家安全)的数据跨境流动的理论与实践工作,是相当重要的任务。

第三节　未来发展趋势

　　近年来,随着各国在高科技领域的竞争,以关注国家安全为基本取向的跨境数据流动规则也成为这一领域的发展重心。通过对跨境数据流动加以规制而维护国家安全,已逐步成为各个国家和地区的常见做法。各国跨境数据流动政策的实践证明,只有通过有效规制跨境数据流动来保障国家安全,才能更好地实现跨境数据流动为各国所用、为人类造福的目标。

　　研究者曾通过对涉及数据跨境流动的理论与实践的各种材料进行横向和纵向的比较分析,提炼出特定的类型(例如,除大部分研究者公认的美式、欧式和俄式数据跨境流动规则模式之外,还有研究者进一步划分出折中于其间而具有不同侧重点的类型如澳大利亚-加拿大模式、日韩模式等)。考察各国基于国家安全的数据跨境流动政策,既可以认识到其各自鲜明的特性,也能够清晰地发现其共性。笔者认为,数据跨境流动规则模式上的差异,对各国基于国家安全的数据跨境流动政策的影响,是相当有限的。换言之,无论采取哪一种数据跨境流动规则模式的国家,其基于国家安全的数据跨境流动政策,都有效仿美国而逐步与之接近的趋势,欧盟的数据跨境流动规则在这方面的影响力显然无法与美国相比,更遑论俄罗斯,以及折中于美欧俄之间的其他国家的影响力了。例如,《非个人数据在欧盟内自由流动框架条例》努力消除欧盟成员国之间数据本地化的限制,力图创造并改善欧盟境内非个人数据的自由流动环境,显示出欧盟对确保个人数据安全和建立"单一数字市场"、发展数字经济的决心和行动力,也是一项相当重要的数据跨境流动规则,但其中涉及国家安全的那部分内容的影响力,似乎并未达到欧盟之外。

　　当然,也有必要注意到,美国等国家在跨境数据流动领域对于国家安全因素的某些过度强势的主张会影响其他经济体(无论其是否为法律传统上受美国影响的国家和地区)的跨境数据流动政策发展趋向,强化以国家安全为主要考量的数据跨境流动政策。一方面,随着美国数字产业的进一步扩大且在国际竞争中的优势明显,特别是货物和服务对跨境数据流动依赖的提高,双边、多边贸易协议,特别是其中更为综合全面的"数字贸易"章节(与之前的美式 FTA 中"电子商务"章节相比)越来越成为美国推进其跨境数据流动政策的主要渠道。另一方面,与之并不相称的是,美国国内法中对国家安全因素的过度强调,有可能破坏既有的全球商业规则,阻碍各经济体之间乃至各经济体内部基于数据流动的经贸活动的开展。单方面强调对本国国家安全而对跨境数据流动予以相应的限制,最终将导致数据流动停滞乃至网络空间分裂。其他经济体在效仿美国国内法中的有关规定改革本国法时,应该会仔细辨析其合理性和可操作性,实施过程中的问题以及未来的发展态势,从而在维护国家安全的同时促进便捷的数据跨境流动。

第六章

数据保护与全球数字贸易促进

进入数字时代,数字贸易已经成为全球贸易的重要组成部分,并深刻影响着全球价值链的变动轨迹,更影响着国际贸易模式以及国际贸易模式变化下的国际贸易流向和流量。建立与完善与数字贸易直接或间接相关的数字保护规则体系,是促进全球数字贸易发展的重要途径。

本章将立足于国际范围内现有的和形成中的(如以草案、建议稿等形式出现的)数据保护规则,包括具备强制约束力的法律规则和不具备强制约束力但仍在一定程度上得到遵从的"软法"规则,以及这些规则的实施状况(含集中体现这种实施状况的案例),对于2019年以来数据保护规则的现状、发展趋向及其背后的原理和价值取向进行研究,以期关于规则及其背后的理念、价值分析紧密结合实践展开,从而有助于相关政策的制定者和研究者对数据保护规则在全球数字贸易促进方面的未来发展趋势以及相应地完善数据保护规则的路径做出合理的预测和判断。

第一节 研究背景与意义

从国际贸易政策的角度看,随着数字产品在国际贸易结构中的比重不断提高,数据保护规则将逐步成为各国贸易政策的重要组成部分,这种贸易政策比传统贸易政策(市场准入政策)和 GVC 贸易政策(货物-服务-投资互联政策)更为复杂,缺乏数据保护固然有碍经济发展乃至国家安全,为了保护数据而设置过度限制性质的数据保护规则,也会抑制数字产品的贸易,从而使一国贸易处在低端数字贸易结构中。

尽管美国和欧盟的数据保护规则都是全球范围内具有巨大影响力的规则,但在 GDPR 实施后,其对数据保护规则全球总体发展趋势的影响,显然是美国法上的相关内容所不能比拟的,事实上,美国法自身近年来的发展也越来越显著地受到 GDPR 的影响。

在欧洲,GDPR 实施后,截至 2019 年,已有 23 个欧盟成员国修改或制定了其国内的数据保护法律,使其与 GDPR 保持一致,并根据 GDPR 预留给各成员国的立法空间来补充国内法律,以符合 GDPR 的要求。另外,因为欧洲自由贸易联盟(European Free Trade Association,EFTA)委员会于 2018 年 7 月 6 日决定在 EFTA 适用 GDPR,EFTA 的四个成员国(均非欧盟成员国)中的挪威、冰岛、列支敦士登也已依 GDPR 修改或制定了其相关的国内法律①。

由于欧洲理事会(Council of Europe)108号公约近年来紧随GDPR的制定步伐进行了修订,其缔约方(不限于欧洲国家)也需要相应地修改其国内法中的数据保护规则,使之与修订后的该公约相适应。

1981年,欧洲理事会发布了《关于个人数据自动化处理的个人保护公约》(Convention for the Protection of Individuals with Regard to Automatic Processing of Personal Data)。该公约在欧洲理事会《欧洲条约集》(European Treaty Series)中编号108,故通常被称为108号公约。由于制定时间较早,108号公约一度被公认为最重要的关于个人数据保护的国际公约性法律文件。108号公约在经过数次修订后,除了向欧洲理事会成员国和欧盟开放签署外,也面向非欧洲国家及国际组织开放签署。截至2019年3月,这一公约的缔约方中有欧洲理事会成员国26个、非欧洲理事会成员国1个(即乌拉圭)。2018年10月10日,乌拉圭与20个欧洲理事会成员国签署了一项欧洲理事会条约,作为108号公约的修订议定书②。经该议定书修订的这一公约往往被称为"108号公约+"(Convention 108+),而"108号公约+"也被认为是GDPR的弱化和简化版本。"108号公约+"的缔约方中有一些不是欧盟成员国,不适用GDPR,这部分缔约方中至少已有塞尔维亚、摩尔多瓦、黑山、圣马力诺等欧洲国家以及乌拉圭、毛里求斯这两个欧洲以外的国家根据"108号公约+"修改了其国内法中的数据保护规则(当然,要通过GDPR上的"充分性评估",也是乌拉圭和毛里求斯修改相关国内法的动因之一)。

在亚洲、非洲和南美洲的其他国家,GDPR同样具有与条约约束力无关的强大影响力。

第二节 主要经济体的数据保护规则及其对数字贸易的影响

一、美国的数据保护规则

正如2019年3月25日美国国会研究服务局(The Congressional Research Service,CRS)于其发布的报告《数据保护法:综述》(Data Protection Law: An Overview)中所指出的,在美国法中,数据保护融合了数据隐私领域(即如何控制个人数据的收集、使用)以及数据安全领域(即如何保护个人数据免受未经授权的访问与使用,以及如何解决未经授权访问的问题)。过去,美国国会一直对数据隐私和数据安全领域进行分别立法,但是,从最近的立法来看,美国国会似有对这两个领域进行统一立法的趋势。与欧盟的统一立法模式不同,美国联邦层面并没有统一的数据保护基本法,而是采取了分行业的分散立法模式,在电信、金融、健康、教育以及儿童在线隐私等领域都有专门的数据保护立法③。

在美国州层面,各州也正在形成各自的数据保护法律框架,其中,最具有代表性

---

① Graham Greenleaf, Global Data Privacy Laws 2019: 132 National Laws & Many Bills, (2019)157 Privacy Laws Business International Report, https://papers.ssrn.com/sol3/papers.cfm?abstract_id=3381593.
② 张衡.21国签署个人保护公约 强化个人数据国际保护[J].信息安全与通信保密,2018(11).
③ CRS, Data Protection Law: An Overview, https://crsreports.congress.gov/product/pdf/R/R45631.

《2018年加利福尼亚消费者隐私法》(California Consumer Privacy Act of 2018,CCPA)[①]对消费者个人数据(该法称为"个人信息")进行了全面保护。

2018年6月28日,CCPA经加州议会通过后由州长签署公布,2020年1月1日生效。尽管这只是一部州法,但考虑到加州巨大的经济体量,特别是加州在美国互联网经济中的关键地位,并且目前已有美国的其他一些州试图制定与CCPA相似的法律,CCPA在美国数据保护规则中的重要性决不可小觑。

CCPA规定的"个人信息"是指直接或间接地识别、关系到、描述、能够相关联或可合理地连结到特定消费者或家庭的信息,包括但不限于以下内容:真实姓名、别名、邮政地址、社会安全号码、驾驶证号码、护照号码、商业信息、生物信息、电子网络活动信息、地理位置数据、音频、电子、视觉、热量、嗅觉或类似信息、职业或就业相关信息等。CCPA还规定"个人信息"不包含公开可得信息,即从联邦、州或地方政府记录中可合法获取到的信息(但需要同时满足不属于在消费者不知情的情况下收集的生物特征信息、数据使用目的与政府记录中维护和提供数据或公开维护数据的目的一致这两个条件),也不包含去标识化的或已聚合的消费者个人信息。

CCPA规定了消费者对于其"个人信息"的以下权利。

其一,信息访问权。通过身份核实后的消费者可以请求企业提供其收集的特定个人信息以及其他类别信息的副本。企业必须在45日内回复这些请求(可能获得额外的45日或90日延期)。回复通常必须免费地通过邮件、电子传输或通过消费者的账户(视具体情况决定)而提供。如果以电子方式提供,则数据的副本必须"可携带",并且如果技术上可行,应以"易于使用的格式"允许消费者将该信息传送给另一实体。

其二,信息删除权。根据消费者的请求,除非适用例外情况,否则企业必须依规定删除其收集的任何个人信息,并指示其服务提供商删除该信息。这些例外包括:(1)该信息对于完成数据主体请求的交易或对于履行协议而言是必要的;(2)该信息对于侦察安全事件而言是必要的;(3)该信息对于防止欺诈、欺骗或不法行为而言是必要的;(4)该信息对于鉴定或修复错误而言是必要的;(5)该信息对于促进言论自由而言是必要的;(6)该信息对于公共利益的科学性、历史性或统计性的研究而言是必要的;(7)该信息对某企业的内部使用而言是必要的,且该使用被消费者合理地期待;(8)该信息以与搜集目的相匹配的形式被内部利用。

其三,退出信息出售的权利(选择退出权)。消费者可以要求退出个人信息的出售,出售消费者个人信息的企业必须告知消费者他们有权选择其个人信息不被出售,禁止企业因为消费者行使该权利而采取歧视措施,包括对要求退出的消费者适用不同的价格或者向其提供不同质量的产品或者服务,除非此种差异与消费者数据的价值合理相关。对于允许企业收集其个人信息的消费者,企业应提供"财务激励"。

需要指出的是,CCPA中的数据处理以"通知数据主体"为原则,数据主体的主动授权和同意往往并非必须,换言之,CCPA并未将用户的"同意"作为数据处理最重要的合法基础,而是仅规定企业在出售个人信息之前有义务"通知"数据主体,同时,在一定条件下,用户有

[①] SB-1121 California Consumer Privacy Act of 2018, https://leginfo.legislature.ca.gov/faces/billTextClient.xhtml?bill_id=201720180SB1121.

权自愿选择退出数据处理进程。

CCPA要求企业披露其所收集的消费者个人信息的类别和具体要素、信息的收集来源类别及其使用目的、收集或出售信息的企业目的以及信息共享第三方的类别。

CCPA还要求企业必须在网站主页上添加名为"不出售我的个人信息"的链接。此链接必须使消费者能够选择其个人信息不被出售。企业还需要向消费者提供有关其权利的额外通知（通常通过线上隐私政策的方式进行提供）。

CCPA明确禁止企业歧视那些要求访问、删除或选择停止出售其个人信息的消费者。如果消费者行使其在CCPA下的权利，企业将被禁止向消费者收取不同的价格或提供质量不同的商品或服务，除非该差异与消费者的数据所提供的价值合理相关。

根据CCPA的规定，该法所称的"企业"是指为股东或其他所有人的利益或经济利益而组织或经营的独资企业、合伙企业、有限责任公司、公司、协会或其他法律实体。这些实体收集消费者的个人信息或代表其收集了这些信息，并且单独或与他人共同确定处理消费者个人信息的目的和方法，这些实体在加州从事经营活动并且满足以下一个或多个阈值：①根据第1798.185节(a)条(5)款的规定调整后，年度总收入超过2 500万美元；②为了商业目的，每年单独或组合购买、收取、出售或共享50 000人甚至更多的消费者、家庭或设备的个人信息；③通过销售消费者的个人信息获得其年收入的50%甚至更多。如果企业的商业行为每个方面完全在加州以外进行，则不受CCPA的管辖。

关于消费者通过诉讼方式获取救济的途径，CCPA第1798.150节(a)条(1)款规定，任何消费者如其在第1798.81.5节(d)条(1)款(A)项下所定义的未加密或未经处理的个人信息，由于企业违反义务而未实施和维护合理安全程序以及采取与信息性质相符的做法来保护个人信息，从而遭受未经授权的访问和泄露、盗窃或披露，则消费者可因以下任何一项事由提起民事诉讼：①为每个消费者每次事件赔偿不少于100美元、不超过750美元的损害赔偿金或实际损害赔偿金，以数额较大者为准；②禁止令或宣告性法律救济；③法院认为适当的任何其他救济。同时，CCPA通过赋予州检察长执法的专有权力和规定一些必须满足的条件（如对企业进行书面违规通知，给予其30日解决违规行为的机会，若企业实际上改正了被通知到的违规行为并向消费者提供明确的书面声明，表明违规行为已经改正且不会再次发生，就不再满足提起诉讼的条件），从而对消费者的相关诉讼加以约束。

关于未成年人的个人信息保护，CCPA第1798.120节(c)条分别规定了13周岁以下和13周岁至16周岁两种情况：在前一种情况，只有在其父母或者监护人授权的情况下，企业才能向第三方出售未成年人的个人信息；在后一种情况，则只要未成年人自己明确授权，企业就可向第三方出售其个人信息。

CCPA在2018年9月和2019年9月的加州立法会议期间均得到修订，也就是说，2020年1月1日生效的CCPA是经修订后的文本。其中，2018年9月23日通过的参议院SB1121号法案多为对CCPA所做的一些技术修订和行文澄清，2019年9月13日通过、10月10日经州长批准的五份修正案（AB1355、AB25、AB1564、AB1146、AB874）则对CCPA文本有实质性改动，其中较重要的修订包括以下几点。

其一，关于员工个人信息的豁免。AB25号修正案提出，企业收集与申请职位者或其员工有关的个人信息应享有豁免，这些信息包括紧急联络人以及其他所必需的个人信息。不过,这并不影响员工了解哪些个人信息被收集、被用于何种目的、为数据泄露提起私人诉讼的权利(但至少访问权和删除权不会适用于员工的个人信息)。这一豁免规定属于"日落条款",只有一年有效期(2021年1月1日失效)。

其二,关于B2B场景下获得的个人信息豁免。AB1564号修正案豁免了企业在B2B环境下获得的特定个人信息。根据该修正案,在个人与企业进行交流或交易时,如果该个人以另一家公司的雇员或代表等专业身份出现,并提供了姓名、电子邮件、电话号码和其他个人信息,这些信息将不再需要按照CCPA的规定提供通知并给予访问权和删除权。如果企业出售此类个人信息,则该企业必须回应个人的"不销售"请求,但无需在其网页上显示"不销售此数据"。AB1564号修正案不再要求仅在线上运营的企业(即仅有网站地址、没有线下实体的企业)为消费者提供免费电话号码来进行个人信息方面的联络。线上运营的企业只需要给消费者一个有效的电子邮件地址供其提交申请即可。

其三,对"个人信息"内涵的进一步界定。AB874号修正案回应了企业和各行业关于CCPA对个人信息定义宽泛的关切,重新限定了个人信息的概念:在"个人信息"的定义中加上了"合理地"一词,而不只是简单地与个人"相关联"。该议案还进一步简化了"公共信息"的定义,规定无论使用方式如何,从政府记录中合法获得的个人信息均不受CCPA约束。不过,AB874号修正案对个人信息类别的拓展,事实上扩大了数据泄露报告义务的适用范围,增加了能够触发数据泄露规定适用的情形及加州现有数据泄露通知要求的个人信息类别——新增生物信息、税收身份证号码、护照号码、军事身份证号码及政府文件签发的、通常用于验证特定个人身份的其他唯一身份证件号码。

其四,对"销售"个人信息的特定场景豁免限定。AB1146号修正案规定,CCPA所定义的"销售"将不再包括机动车经销商与制造商之间的个人信息交换。如果该信息的共享是为了汽车的维修、保修或召回,则消费者在此种情况下无法行使其选择退出权。此外,AB1146号修正案还进一步体现了最小化原则,不要求企业收集其在正常过程中不会收集的个人信息,或超出正常期限保留信息,或重新标识、链接至平常不会获取的其他信息[①]。

CCPA与GDPR在形式上有相似之处,但究其制度内核,仍然体现与欧盟法的理念差异,表现为更加注重消费者保护的实际效果,以及与促进企业发展,技术创新之间的平衡。首先,在规制的实体上,CCPA排除了仅提供数据服务的企业、非营利机构和没有达到适用门槛的中小企业等三类主体;GDPR则没有前两项例外。其次,在规制的数据处理活动上,CCPA重点规制数据的收集、销售和共享三种活动,而GDPR笼统地规制所有数据处理活动。再次,在排除适用的数据活动上,CCPA务实地排除了"集合信息"、"去识别化"数据以及联邦法已经覆盖的医疗、征信、驾驶、金融、政府公开数据等;GDPR仅排除了匿名数据,根据欧盟对匿名数据的严格解释标准,GDPR对于匿名数据的排除适用门槛极高。CCPA仍然保持了美欧个人数据保护法的最大理念差异。具体而言,GDPR采用的是"登入"(opt-in)模式(也译作"选择-进入"模式),即在绝大多数商业化场景下公司收集、处理消费者个人数据之前必须要获得消费者的同意;而CCPA采用的是"登出"(opt-out)模式(也译作"选择-

---

① Heather Egan Sussman 等, 美国加州州长签署CCPA与泄露通知法令修正案, http://www.tradeinvest.cn/information/4716/detail.

退出"模式),即除非用户拒绝或退出,否则公司就可以继续处理用户的个人信息(但作为一项例外,CCPA 对于 16 周岁以下者采用"登入"模式)。从实务角度看,"登出"模式对消费者而言更为真实有用,同时对新进入市场的企业的发展阻碍也更小。最后,在同意机制上,与严格而刚性的 GDPR 相比,CCPA 体现出灵活而有弹性的特征。例如,如前所述,CCPA 规定,消费者行使了该法规定的权利的,企业不得歧视,但如果该差异与消费者的数据所提供的价值合理相关,则企业仍可以向消费者提供不同价格、不同费率、不同品质的商品或服务。可见 CCPA 更多地保有市场决定的特征,允许企业探索各种可行的商业模式①。

美国国会研究服务局的报告《对守护者的守护:美国第 116 届国会的隐私法案比较》(Watching the Watchers: A Comparison of Privacy Bills in the 116th Congress)②显示,在 2019 年 10 月起的半年中,美国第 116 届国会议员共提出了四项消费者隐私法案以及两项法案的讨论草案。这些法案和法案的讨论草案包括 2019 年 11 月 5 日提出的《2019 年在线隐私法案》(H.R.4978)、2019 年 11 月 27 日提出的《2019 年美国消费者数据隐私法案》(USCDPA 草案)、2019 年 12 月 3 日提出的《消费者在线隐私权法案》(S.2968)、2019 年 12 月 18 日提出的"E&C 草案"讨论草案、2020 年 2 月 13 日提出的《2020 年数据保护法案》(S.3300)、2020 年 3 月 12 日提出的《2020 年消费者数据隐私和安全法案》(S.3456)。

这些法案和法案的讨论草案对个人信息的使用均规定了以下内容:规定个人对其信息享有的权利;要求义务主体采取措施保护个人权利;建立落实这些要求的机制。

它们所规定个人对其信息享有的权利包括,访问权(个人有权查看其个人数据)、删除权(个人通常有权向义务主体要求删除其个人信息)、更正权(个人能够自我更正或要求义务主体更正不准确的信息)、携带权(个人可以要求义务主体根据个人要求向个人提供其信息副本)、知情权(个人可以要求义务主体向个人提供隐私政策以及对隐私政策的更新内容)。

除了《2020 年数据保护法案》(S.3300),它们都规定了通知和同意的要求。根据这些要求,义务主体应在计划收集或者转移个人信息时通知个人。义务主体应当获得个人的肯定同意(选择进入)或者给予个人选择退出收集或转移其个人信息的机会。

除了《2020 年数据保护法案》(S.3300),它们都限制义务主体收集和使用个人信息的方式,并且都规定数据安全保护要求。数据最小化要求将使义务主体收集、处理和转移个人信息时,不能超过其提供产品或服务的合理需求。义务主体还需要通过实施物理安全和网络安全措施来保护个人信息安全。

与其他五个法案或法案的讨论草案不同,《2020 年数据保护法案》(S.3300)没有对义务主体课以任何新的隐私保护义务,而是创设了新的个人信息保护机构,涵盖当前特定行业法律(如《儿童在线隐私保护法》等)所规定的所有隐私监督和执法职责,并授权该机构发布与个人信息的收集、披露、处理和滥用有关的规则。

这些法案和法案的讨论草案在以下三个关键方面有所不同:是否规定私人诉讼权;哪个联邦机构具有执行权;是否取代州法。

---

① 王融,余春芳.2018 年数据保护政策年度观察:政策全景[J].信息安全与通信保密,2019(4).
② Congressional Research Service, Watching the Watchers: A Comparison of Privacy Bills in the 116th Congress, https://crsreports.congress.gov/product/pdf/LSB/LSB10441.

《2019年在线隐私法案》(H.R.4978)和《消费者在线隐私权法案》(S.2968)规定了私人诉讼权,个人可以向法院提起对义务主体的诉讼,并且可以向义务主体寻求损害赔偿。《2019年美国消费者数据隐私法案》(USCDPA草案)、《2020年数据保护法案》(S.3300)、《2020年消费者数据隐私和安全法案》(S.3456)则没有规定私人诉讼权,需要依靠监管机构和州总检察长来执行有关法案中的规定。

同样,对于有关联邦法律是否会取代州法,这些法案和法案的讨论草案之间也存在分歧。《2019年美国消费者数据隐私法案》(USCDPA草案)和《2020年消费者数据隐私和安全法案》(S.3456)明确规定其将取代州法。《2020年消费者数据隐私和安全法案》(S.3456)规定了在一些特殊情况下适用其他隐私法(如《格拉姆-利奇-布利利法》和《健康保险携带与责任法》)。《消费者在线隐私权法案》(S.2968)和《2020年数据保护法案》(S.3300)明确规定适用州法,但规定在冲突范围内适用本法案。《2019年在线隐私法案》(H.R.4978)和"E&C草案"均未规定其是否优先于州法。

总体上看,尽管这些法案和法案的讨论草案在许多方面都比较相似,但它们在新的联邦法律是否将取代州法律以及个人是否具有私人诉权等关键方面上有所不同。一些议员表示,法案的通过仍有继续谈判的余地,其他议员则认为似乎希望不大,除非国会就这两个核心问题达成一致,否则这些法案不太可能获得通过。

2019年3月12日,美国参议员Edward J. Markey与Josh Hawleyz在参议院提出拟对1998年《儿童在线隐私保护法》(Children's Online Privacy Protection Act,COPPA)进行修订的新法案①,以加强对儿童和未成年人个人信息的在线收集、使用、披露及其他目的的保护。

新法案拟对COPPA进行的修订主要有如下几方面。

一是扩展了COPPA的适用范围。新法案禁止互联网公司在未经父母同意的情况下从13岁以下的任何人处收集个人和位置信息,以及未经用户同意从13~15岁的任何人处收集个人和位置信息。COPPA仅针对未满13岁的儿童,而CCPA规定从13~16岁的未成年人消费者处收集个人信息需取得肯定性授权。新法案对年龄范围的拓展一定程度借鉴了CCPA的立法思路。

二是将COPPA对运营者的"实际知情"(actual knowledge)的标准修订为"推定知情"(constructive knowledge)。"推定知情"是指本来应该知情并被认为知情,而不论事实上是否知情。此前受COPPA管辖的运营者为面向儿童的运营者及面向一般大众的运营者且"实际知情"其用户中有儿童。"实际知情"易导致运营者故意忽视用户的年龄而规避法律的适用。"推定知情"则意味着无论运营者是否真的知道用户为儿童(指未满13岁者)或未成年人(指13~15岁者),只要能够确定运营者未履行法律所要求的合理谨慎及注意义务等,其就需要承担法律责任。

三是禁止针对儿童及未得到可验证同意的未成年人的定向广告营销。当存在以下几类情形时,禁止网站、在线服务、在线应用或移动应用程序的经营者使用、向第三方披露或汇集

---

① Leg text-Markey-Hawley 3.11.19 Final,https://www.markey.senate.gov/imo/media/doc/Leg%20text%20-Markey-Hawley%203.11.19%20FINAL.pdf.

儿童或未成年人的个人信息以进行有针对性的营销：(1)儿童或未成年人是网站、在线服务、在线应用或移动应用程序的用户；(2)运营者"推定知情"用户是儿童或未成年人；(3)网站、在线服务、在线应用或移动应用程序针对儿童或未成年人。当用户为儿童时，以上规定的适用不存在例外情形，而当用户为未成年人时，取得其"可验证同意"不受上述情形约束。新法案还提出在联邦贸易委员会(FTC)内针对儿童和未成年人的营销设立青年隐私和营销部门，以加强对其隐私保护和监管。

四是要求运营者解释在线收集的个人信息类型、信息的使用和披露方式以及信息收集政策。新法案要求运营商以清晰简明的语言提供清晰而显著的通知，包括收集的个人信息类型、如何使用该信息、是否以及为何披露该信息、经营者为确保不从儿童或未成年人处收集个人信息而采用的程序或机制等。新法案延续了 COPPA 的"可验证同意"(verifiable consent)的规定，并将其从儿童父母扩展至未成年人。此外，新法案要求运营者创建一个"橡皮擦按钮"(eraser button)，使父母和孩子可以删除个人信息。

五是除在线隐私外，对硬件设备作出规定。新法案禁止销售未能满足适当的网络安全和数据安全标准的儿童和未成年人的连接设备，相关标准由 FTC 制定。同时，新法案要求针对儿童和未成年人的连接设备制造商在其包装上突出显示"隐私仪表板"(privacy dashboard)，详细说明如何收集、传输、保留、使用和保护敏感信息，及连接设备给予父母及儿童、未成年人对个人信息的控制程度等。

尽管美国国会近期内不太可能顺利出台一部关于数据保护的统一立法，但是，按照美国学者 Daniel J. Solove 的判断，之所以州法在这个问题上急于登场，正是因为美国国会的不作为——只要在联邦层面及时回应，州法各自为政的发展态势即可被终止。Solove 认为，未来美国相关法律可能的发展趋向是，国会在这个问题上充分借鉴《健康保险携带与责任法》(HIPAA)的经验(当年，由于健康隐私问题太过复杂，国会应对不了而将规则制定权交给卫生与公众服务部)，把细节问题都丢给 FTC，具体地说，国会应以特别授权的方式授予 FTC 数据保护规则的制定权，由 FTC 规则设定保护下限而非保护上限，以此绕开联邦立法是否应具有对于州法的优先权的争议[①]。

二、欧盟的数据保护规则

欧盟《一般数据保护条例》(GDPR)在 2018 年 5 月实施后，在包括数据主体的同意、数据保护影响评估(DPIA)、自动决策和数据画像、隐私实践透明度等方面使欧盟的数据保护规则发生了不少变化。为澄清相关问题，欧盟的数据保护和隐私咨询机构"第 29 条工作组"(Article 29 Working Party，WP29)及其继任者"欧盟数据保护委员会"(European Data Protection Board，EDPB)发布了一系列文件以指导法律实践。

GDPR 出台后，WP29 就已开始制定涉及如何理解适用 GDPR 中若干条文的文件，如《对第 2016/679 号条例(GDPR)下同意的解释指南》《关于工作中数据处理的意见》《关于自动化个人决策目的和识别分析目的准则》等。2018 年 5 月 25 日，EDPB 举行第一次全体会议，会上

---

① Daniel J. Solove.美国会对隐私问题统一立法吗？〔EB/OL〕.段雨潇译，https://www.sohu.com/a/330892249_257489.

集中完成了设立该委员会的工作,经选举产生该委员会主席和副主席,完成了 WP29 与 EDPB 的交接①。此后,2018 年下半年,EDPB 继续制定了一些类似性质的文件,如《关于通过视频设备处理个人数据的指南》等。EDPB 的这一工作进程在 2019 年以后得到了延续②。

为了进一步明确 GDPR 的适用范围,EDPB 于 2018 年 11 月 23 日发布了《GDPR 适用地域指南 3/2018(第 3 条)》的征求意见稿。2019 年 11 月 12 日,EDPB 结束征求意见,正式发布《GDPR 适用地域指南 3/2018(第 3 条)》(以下简称《适用地域指南》)。

GDPR 第 3 条根据两个主要标准界定了 GDPR 的适用地域范围,即第一款的"设立"(establishment)标准和第二款的"目标"(targeting)标准。如果符合上述两项标准之一,则有关数据控制者或处理者对个人数据的处理活动需适用 GDPR 的相关规定。

《适用地域指南》是对上述两个标准的解释,并在一定程度上解释了 GDPR 第 3 条较为宽泛的规范内涵,使该条更具可操作性。

关于"设立"标准的适用条件,《适用地域指南》指出要考量三重因素。(1)判断实施处理活动的数据控制者或数据处理者的实体。(2)判断该实体是否在欧盟境内设立了 GDPR 意义上的"经营场所"。"经营场所"不但包括在特定地域注册法律实体,而且包括虽无法律实体但"通过稳定的安排进行了实际、有效的业务活动"的情形,同时,尽管"经营场所"的概念很广泛,但并非没有限制,需要通过考察境外主体提供服务的性质和在欧盟境内开展活动的有效性、稳定性来判断是否存在"稳定的安排",不能仅仅因为企业的网站在欧盟境内是可访问的,就断定非欧盟实体在欧盟中拥有"经营场所"。(3)判断"个人信息处理活动是否发生在此经营场所开展活动的场景中"。这一判断又分四步:首先,确定欧盟境外的数据控制者或数据处理者的数据处理活动是否涉及个人信息,如果是,就进入下一步,不是,则不适用 GDPR;其次,确定上述数据处理活动与数据控制者或数据处理者在欧盟的"经营场所"的活动场景之间是否有潜在联系,如果是,就进入下一步,不是,则不适用 GDPR;再次,如果确定存在潜在联系,则判断这种联系是否具有不可分割性,如果是,就进入下一步,若非欧盟实体的数据处理活动与其欧盟境内经营场所的活动场景的关联度非常弱,则不应适用 GDPR;最后,无论发生在"经营场所"开展活动的场景中的数据活动是否发生在欧盟境内,或被处理的个人信息的数据主体的所在地或国籍是否为欧盟成员国,GDPR 都将适用。

关于"目标"标准的适用条件,《适用地域指南》认为要考量两重因素。第一重因素是,判断被处理的个人信息的数据主体是否位于欧盟境内。根据 GDPR 第 3 条第 2 款,数据主体在触发该条适用的相关数据处理活动发生之时(即在提供商品或服务之时,或在监控行为发生之时)是否位于欧盟境内,是适用该目标指向标准的决定因素,但数据主体的国籍或法律地位不能限制该条的适用。第二重因素又分为两个方面。其一,判断未在欧盟设立经营场所的数据控制者或处理者的处理活动是否被视为向欧盟境内主体"提供商品或服务"。《适用地域指南》指出,处理活动是否被视为向欧盟境内主体"提供商品或服务"主要取决于数据控制者向欧盟数据主体提供商品或服务的意图,在具体案件中,需要对数据控制者的商业活

---

① 许可.欧盟《一般数据保护条例》的周年回顾与反思[J].电子知识产权,2019(6).
② 除非另有注明,以下引用的 EDPB 制定的文件均来自 GDPR: Guidelines, Recommendations, Best Practices, https://edpb.europa.eu/our-work-tools/general-guidance/gdpr-guidelines-recommendations-best-practices_en.

动进行综合分析,以认定其是否针对欧盟数据主体提供商品或服务,同时该指南也详细列举了一些考量因素。另外,《适用地域指南》重申了 GDPR 前言第 23 段的立场,即仅仅可以在欧盟访问数据控制者、处理者或中间人网站,在网站上提及其电子邮件或地址,或者展示无国际代码的电话号码,本身并不足以证明控制者或处理者有意向位于欧盟的数据主体提供商品或服务。其二,判断未在欧盟设立经营场所的数据控制者或处理者是否监控了欧盟数据主体的行为(被监控的行为必须在欧盟成员国的领土内进行)。《适用地域指南》强调不是任何在线收集或分析欧盟主体个人信息的行为都会被自动认定为监控,需要判断数据控制者处理数据的目的,特别是涉及该数据的后续采用的数据处理技术,如识别分析或行为分析技术。该指南还指出,"监控"不但包括传统的互联网上的追踪,而且包括通过可穿戴设备和其他智能设备等涉及个人信息的网络或技术跟踪行为。

设立在欧盟之外的数据控制者或处理者基于"目标"标准适用 GDPR 时,根据 GDPR 第 27 条,应以书面形式在欧盟内委任一名代表。《适用地域指南》详细规定了代表的委任要求和责任要求,并指出指定代表的行为并不会导致构成设立了 GDPR 第 3 条第 1 款下的"经营场所"。该指南也指出,若基于"目标"标准适用 GDPR 时,在欧盟没有经营场所的数据控制者或处理者不能从 GDPR 第 56 条规定的"一站式管辖"中获益,GDPR 的合作和一致性机制只针对"目标"标准对 GDPR 的适用。

2019 年 6 月 4 日,EDPB 发布了《针对 GDPR 第 42 和第 43 条有关"认证"规定的指南》(以下简称《认证指南》),对 GDPR 第 42 条和第 43 条(其规定了对数据处理进行认证的制度,并对相关的认证机构提出了要求)的含义和实际操作方式进行了更加详细的阐释。GDPR 允许成员国和监管机构采用多种方式实施第 42 条和第 43 条。该指南就 GDPR 第 42 条和第 43 条规定的解释和实施提供建议,并帮助成员国、监管机构和国家认证机构为实施认证机制建立更加一致的机制。

《认证指南》主要适用于以下情况:一是主管监管机构和 EDPB 批准认证标准;二是认证机构在将认证标准提交主管监管机构前对标准进行起草和修订;三是 EDPB 根据 GDPR 批准欧洲数据保护印章;四是监管机构起草自己的认证标准;五是欧盟委员会有权采用授权行为明确 GDPR 第 43 条第 8 款规定的认证机制应考虑的要求;六是 EDPB 根据 GDPR 第 70 条第 1 款第 q 项和第 43 条第 8 款向欧盟委员会提供关于认证要求的意见;七是数据控制者和处理者制定自己的合规策略并将认证视为证明合规性的一种手段;等等。

《认证指南》明确了可以认证的范围:GDPR 规定的进行认证范围非常广泛,重点是帮助证明数据控制者和处理者遵守 GDPR 的处理操作。在评估数据处理行为时,如果适用认证必须考虑以下三个核心要素:一是个人数据;二是技术系统,即用于处理个人数据的基础设施,如硬件和软件;三是与处理行为相关的过程和程序。

《认证指南》明确了认证标准。认证标准是认证机制的组成部分。认证程序包括评估的具体方式、人员、评估范围和评估范围的要求,这些评估应在与评估的特定对象或目标(ToE)相关的个别认证项目中进行。认证标准则提供了评估 ToE 中定义的实际处理行为的要求。《认证指南》也明确了认证机构的地位和认证标准的制定要求:认证机构的作用是基于认证机制和批准的标准颁发、审查、更新和撤销认证。这就要求认证机构或认证机制所有者确定和设置认证标准和认证程序,包括监测、审查、处理投诉和撤回程序。认证标准是作为认证过程的一部分进行审核,该过程考虑了颁发哪些证明、印章或标记的规则和程序。认证标准的制定应侧重于认证标准的可验证性、重要性和适用性,以证明其符合 GDPR。认证标准应以明确和易于理解的方式制定,并允许实际应用。

《认证指南》还明确了监管机构的职责:根据 GDPR 第 42 条第 5 款,认证应由认可的认证机构或主管监管机构颁发。GDPR 允许采取多种形式颁发认证,例如,监管机构可以决定使用以下一个或多个方式:就其自身的认证机制颁发认证;就其自身的认证机制颁发认证,但将评估过程的全部或部分委托给第三方;制定自己的认证机制,并委托认证机构颁发认证;鼓励市场开发认证机制。如果监管机构选择进行认证,则必须仔细评估其在 GDPR 下指定任务中的作用,应该在行使其职能时保持透明,并需要特别考虑与调查和执法有关的权力分立,以避免任何潜在的利益冲突。《认证指南》中进而规定了监管机构与认证相关的其他职责,明确在认证机构非常活跃的成员国,监管机构有权力和义务采取以下措施,包括对认证机制的标准进行评估并作出决定;在计划批准标准时向欧盟理事会进行通报决定并考虑欧盟委员会的相关意见;在获得认证和认证之前批准认证的标准;公布认证标准;作为欧盟范围内的认证机制的主管机构,产生 EDPB 批准的欧洲数据保护印章;公布认证机构不发布认证、撤销认证要求或不再符合认证程序或标准的决定。

2020 年 2 月 7 日,EDPB 公开发布《关于在联网车辆和与交通相关应用程序中处理个人数据的指南》(以下简称《车辆数据指南》),其涉及在联网车辆和与交通相关的应用中处理个人数据的相关要求。

关于该指南的适用范围,《车辆数据指南》指出,其特别着重处理与数据当事人(如司机、乘客、车主、租客等)非专业使用联网车辆有关的个人数据。具体地说,它涉及的个人数据包括:(1)在车辆处理过程中的个人数据;(2)连接到它的车辆和个人之间的交换设备(如智能手机用户)的个人数据;(3)进一步处理的收集到的车辆和相关实体(如汽车制造商、基础设施经理、保险公司、汽车维修工)的数据。

《车辆数据指南》指出,联网车辆必须被理解为一个宽泛的概念。它可以被定义为装备有许多电子控制单元(ECU)的车辆,这些电子控制单元通过一个控制器连接在一起。数据可以在车辆和与车辆相连的个人设备之间交换,如允许将移动应用程序镜像到车辆的仪表板信息和娱乐单元。联网车辆的应用也是多种多样的。联网车辆所产生的大部分数据与被识别或可识别的自然人有关,因此构成个人数据。这些数据包括直接的数据,如司机身份,以及间接的可识别个人身份的数据,如旅行的细节、车辆使用数据(如数据相关的驾驶风格或覆盖的距离)或车辆技术数据(如相关汽车零部件磨损数据)。此类数据通过对照其他文件特别是车辆识别码(VIN),可以与自然人联系起来。联网车辆中的个人数据也可以包括车辆等元数据维护状态。换言之,任何可以与自然人关联的数据都属于该指南的调整范围。

《车辆数据指南》进而指出,联网车辆在处理位置数据方面也引起了重大的数据保护和隐私问题,因为它的侵入性越来越强,可能会对目前保持匿名的可能性带来挑战。第一,缺乏控制和信息不对称。车辆司机和乘客未必总能充分了解在联网车辆内或通过联网车辆处理数据的情况。这些信息可能只提供给车主(而车主不一定是司机),也可能没有及时提供。第二,用户同意的质量。当数据处理基于同意时,有效同意的所有要素都必须得到满足,这意味着同意应是自愿做出的、特定的和知情的,并构成数据当事人意愿的明确指示。在许多情况下，用户可能不知道在他的车辆中进行的数据处理。这种信息的缺乏构成了在 GDPR 下证明有效同意的一个重大障碍。在这种情况下，根据 GDPR 处理相应数据，不能以同意作为法律依据。在二手车、租赁车、出租车或借用车的情况下，与车主没有亲属关系的司机和乘客可能也很难获得同意。第三，进一步处理个人数据。最初的同意将不会使进一步的处理合法化，因为同意需要被告知并且特定且有效。例如，在为维护目的使用车辆期间收集的遥测数据，在未经用户同意的情况下，不得向汽车保险公司披露，以创建驾驶员档案，提供基于驾驶行为的保险单。第四，数据采集过度。随着联网车辆上安装的传感器数量的不断增加，与实现这一目标所需的数据相比，过度收集数据的风险非常高。新功能的开发，特别是那些基于机器学习算法的功能的开发，可能需要在长时间收集大量数据。为减轻上述数据主体的风险，《车辆数据指南》要求车辆及设备制造商、服务供应商或任何其他可就联网车辆成为数据控制者或数据处理者的主体应遵从下列一般建议。

第一，对数据进行分类对待。联网车辆所产生的某些数据，由于其敏感性和（或）对数据主体权益的潜在影响，值得特别注意。车辆及设备制造商、服务供应商及其他数据控制者须特别注意三类个人数据，即位置数据、生物特征数据以及 GDPR 所界定的任何特殊类别的数据、可能揭示违法或违反交通规则的数据。

第二，注意使用目的。有关联网车辆的个人数据可能会因多种用途被处理，包括保障司机安全、保险、提升交通效率、提供娱乐或资讯服务。根据 GDPR，数据控制者必须确保其目的是明确的、合法的，不以与这些目的不相容的方式进行进一步处理，并确保 GDPR 要求的处理具有有效的法律基础。

第三，确保相关性和数据最小化。为遵守数据最小化原则，车辆和设备制造商、服务提供商和其他数据控制人员应特别注意他们从联网车辆中求得的数据类别，因为他们只应收集与处理相关且必要的个人数据。例如，位置数据特别具有侵入性，可以揭示数据主体的许多生活习惯。因此，行业参与者应特别注意不要收集位置数据，除非系基于处理的目的需要。

第四，注重数据保护设计及默认设置。考虑到连接车辆产生的个人数据的数量和多样性，数据控制者必须确保联网车辆的应用配置符合尊重个人的隐私保护的义务。技术在设计上应尽量减少个人数据的收集，提供保护隐私的默认设定，并确保数据当事人获得充分的信息，并可轻易修改与其个人数据有关的配置。例如，车辆及设备制造商、服务供应商及其他数据控制者应尽可能采用不涉及个人数据或不将个人数据转移至车辆以外方式；如果数据必须离开车辆，应考虑在传输之前将其匿名化；考虑可通过联网车辆生成的个人数据的规模和敏感性；处理个人数据，特别是在车辆外部处理个人数据时，往往会对个人的权利和自由造成很大的威胁，在这种情况下，行业参与者将被要求执行 GDPR 第 35 条规定的数据保护影响评估，以识别和减轻风险。

第五，及时进行信息通知。处理个人数据前，数据主体应获知数据控制者的身份（如车辆和设备制造商或服务提供商）、处理的目的、数据接收和存储的时期以及数据主体的权利。

第六，对数据进行保密。车辆和设备制造商、服务提供商和其他数据控制者应采取措施，保证处理数据的安全性和保密性，并采取所有有用的预防措施，以防止未经授权的人员控制数据。

第七，限制向第三者传送个人数据。原则上，只有数据控制者和数据主体才能访问联网车辆所产生的数据。作为一种例外，数据控制者可以将个人数据传输给其商业伙伴，但需要满足的条件是，该传输系依据GDPR第6条规定处理的合法性基础之一；当个人数据被转移到欧盟境外时，会有特别的保障措施来确保这些资料得到保护。

第八，限制使用车内Wi-Fi技术。一般来说，通过Wi-Fi的互联网连接接口的普及对个人隐私构成了更大的风险。用户通过他们的车辆成为持续的"广播者"，因而可以被识别和跟踪。为了防止被跟踪，车辆和设备制造商必须将易于操作的退出选择选项放在合适的位置，以确保车载Wi-Fi网络的服务集标识符（SSID）不被收集。

2020年1月，EDPB的常设秘书机构即"欧洲数据保护专员公署"（European Data Protection Supervisor，EDPS）发布了《个人数据保护比例原则指南》（以下简称《比例原则指南》），旨在为政策制定者提供实用工具，以帮助评估拟议的欧盟措施是否符合欧盟《基本权利宪章》（以下简称《宪章》）对隐私和个人数据基本权利的规定。

首先，《比例原则指南》要求在评估任何涉及处理个人数据的建议措施的合法性时应当进行比例性测试。

需要明确的是，《宪章》第8条规定了保护个人数据的基本权利，这种权利不是绝对的，是可以加以限制的，但必须依照《宪章》第52条第1款的规定加以限制；《宪章》第10条第7款所规定的尊重私人生活的权利（隐私权）也是如此。对行使《宪章》保护的基本权利的任何限制应符合《宪章》第52条第1款规定的下列标准：必须由法律规定；必须尊重权利的本质；必须真正满足欧盟认可的一般利益或需要保护他人的权利和自由的目标；必须是必要的和适当的。

《比例原则指南》规定了对一项基本权利行使的限制进行合法性评估的必要顺序。第一，必须审查规定限制的法律是否可行和可预见。如果这个要求没有得到满足，那么这个措施就是非法的，没有必要对其做进一步的分析。第二，如果该措施通过了上面第一点所述的法律质量的检验，就必须审查权利的本质是否得到尊重，即权利是否实际上丧失了其基本内容，个人是否不能行使该权利。如果该权利的实质受到影响，则该措施是非法的。第三，必须审查措施是否符合普遍关心的目标。普遍关心的目标提供了评估该措施必要性的背景。

其次，《比例原则指南》澄清了比例性与"必要性"的关系。

"必要性"意味着需要对措施的有效性进行综合的、基于事实的评估，并与实现相同目标的其他选择相比较，评估其干扰性是否更小。有关处理个人数据的建议措施，必须首先符合"必要性"测试的规定。如果该措施未能通过"必要性"检验，就没有必要审查其比例性。一项未经证明是必要的措施，除非经过修改以符合"必要性"的要求，否则不应提出。

比例性测试一般涉及评估一项措施（如监测）应附带什么保障措施，以便将所设想的措施对有关个人的基本权利和自由所造成的危险减少到"可接受/相称"的水平。在评估一项拟议措施的比例性时，需要考虑的另一个因素是现有措施的有效性。如果已经存在类似或相同目的的措施，则应作为比例性评估的一部分对其有效性进行系统评估。如果不对追求类似或相同目的的现有措施的有效性进行这样的评估，就不能认为对新措施的比例性检验已经适当执行。

最后，《比例原则指南》提供了评估新措施的比例性的分步核对表，其意图在于简化欧盟政策制定者可能面临的挑战的内容,使之能够有效保护欧洲公民的基本权利。

2020年3月16日,EDPB主席安德里亚·耶利内克(Andrea Jelinek)发布了关于新冠肺炎(COVID-19)暴发期间个人数据处理的声明。安德里亚·耶利内克表示,欧盟的数据保护规则(如 GDPR)并不妨碍应对新冠病毒大流行所采取的措施,但即使在这些非常时期,数据控制者也必须确保对数据主体个人数据的保护,因此应考虑以下因素来保障个人数据的合法处理。其一,数据处理的合法性。GDPR 适用范围广泛,其包含适用于如 COVID-19 相关的环境下个人数据处理的规则。实际上,GDPR 提供了法律依据(如 GDPR 第 6 条和第 9 条),使雇主和公共卫生主管部门可以在传染病流行的环境中,无需征得数据主体同意处理个人数据。例如,当雇主出于公共卫生领域的公共利益或保护重大利益需要,或为遵守另一法定义务而需要雇主处理个人数据时,就适用此规定。其二,移动位置数据的使用。对电子通信数据(如移动位置数据)的处理,适用附加规则。实施欧盟《隐私和电子通信指令》(e-Privacy Directive,ePD)的国家的法律规定了以下原则:只有在匿名或获得个人同意的情况下,运营商才能使用位置数据。公共机构应当把以匿名方式处理位置数据(即以无法还原为个人数据的方式来处理汇总数据)定为首要目标,以此生成关于在特定位置中移动设备集中程度的报告。在无法只处理匿名数据的情况下,ePD 第 15 条允许成员国能够采取立法措施来追求国家安全和公共安全。当这项紧急立法在民主社会内构成一项必要、适当和相称的措施的情况下,它是可能实施的。如果采取该措施,则成员国有义务采取适当的保障措施,如赋予个人司法救济权。同时,还应当适用比例原则,考虑到要实现的特定目的,始终首选侵入性最小的解决方案①。

尽管 WP29 和 EDPB 发布的文件不具有法律效力,但其为更好地理解、适用相关欧盟法律提供了较权威的思路,因此,这些文件也是欧盟数据保护规则的重要组成部分。为了避免欧盟各成员国的立法机关对于 GDPR 的理解差异而导致的欧盟数据保护规则的碎片化,使欧盟建立共同的欧洲数据空间,通过规模效应实现基于数据的新产品和新服务发展的目标,此类文件已经并将继续发挥其积极作用。

三、中国的数据保护规则

《中华人民共和国民法典》(2020 年 5 月 28 日第十三届全国人民代表大会第三次会议通过)第四编"人格权"第六章,对"隐私权和个人信息保护"进行专章规定,在中国现行法的基础上,进一步强化对隐私权和个人数据(中国法上一般表述为"个人信息")的保护。

该法第 1034 条规定,自然人的个人信息受法律保护。个人信息中的私密信息,适用有关隐私权的规定;没有规定的,适用有关个人信息保护的规定。这是考虑到实务中隐私权和个人信息界限不明而对两者的交叉地带应如何适用法律进行调整所做的规定。

该法第 1035 条规定,处理个人信息的,应当遵循合法、正当、必要原则,不得过度处理,并符合下列条件:(1)征得该自然人或者其监护人同意,但是法律、行政法规另有规定的除外;(2)公开处理信息的规则;(3)明示处理信息的目的、方式和范围;(4)不违反法律、行政法

---

① Statement EDPB Chair Processing Personal Data Context Covid-19 Outbreak,https://edpb.europa.eu/sites/edpb/files/files/news/edpb_statement_2020_processingpersonaldataandcovid-19_en.pdf.

规的规定和双方的约定。这一规定大体上借鉴了《中华人民共和国网络安全法》第 41 条而表述得更为完整清晰。

该法第 1036 条规定,处理个人信息,有下列情形之一的,行为人不承担民事责任:(1)在该自然人或者其监护人同意的范围内合理实施的行为;(2)合理处理该自然人自行公开的或者其他已经合法公开的信息,但是该自然人明确拒绝或者处理该信息侵害其重大利益的除外;(3)为维护公共利益或者该自然人合法权益,合理实施的其他行为。这一规定涉及处理个人信息的免责事由。该条的三项中都出现了"合理"二字,也就是说,即使是在"自然人同意"、"处理的是自然人自行公开的信息"、"为维护公共利益处理信息"等情况下,处理个人信息的行为也不一定能够免责,关键还要看处理个人信息是否"合理"。

该法第 1037 条规定,自然人可以依法向信息处理者查阅或者复制其个人信息;发现信息有错误的,有权提出异议并请求及时采取更正等必要措施。自然人发现信息处理者违反法律、行政法规的规定或者双方的约定处理其个人信息的,有权请求信息处理者及时删除。这一规定基本上沿用了《中华人民共和国网络安全法》第 43 条的表述,不过,由于这些文字出现在民法典(而不只是行政管理性质的法律)中,应当认为其规定了作为民事权利的个人信息删除权和更正权。

该法第 1038 条规定,信息处理者不得泄露或者篡改其收集、存储的个人信息;未经自然人同意,不得向他人非法提供其个人信息,但是经过加工无法识别特定个人且不能复原的除外。信息处理者应采取技术措施和其他必要措施,确保其收集、存储的个人信息安全,防止信息泄露、篡改、丢失;发生或者可能发生个人信息泄露、篡改、丢失的,应及时采取补救措施,按照规定告知自然人并向有关主管部门报告。这一规定明确了信息处理者的信息安全保障义务。

《中华人民共和国电子商务法》(2018 年 8 月 31 日全国人大常委会通过,2019 年 1 月 1 日起施行)第 23 条规定:"电子商务经营者收集、使用其用户的个人信息,应当遵守法律、行政法规有关个人信息保护的规定。"该法第 24 条规定:"电子商务经营者应当明示用户信息查询、更正、删除以及用户注销的方式、程序,不得对用户信息查询、更正、删除以及用户注销设置不合理条件。""电子商务经营者收到用户信息查询或者更正、删除的申请的,应当在核实身份后及时提供查询或者更正、删除用户信息。用户注销的,电子商务经营者应当立即删除该用户的信息;依照法律、行政法规的规定或者双方约定保存的,依照其规定。"这是中国法上关于电子商务经营者个人信息保护义务的规定。

《中华人民共和国基本医疗卫生与健康促进法》(2019 年 12 月 28 日全国人大常委会通过,2020 年 6 月 1 日施行)第 92 条规定:"任何组织或者个人不得非法收集、使用、加工、传输公民个人健康信息,不得非法买卖、提供或者公开公民个人健康信息。"这是中国法上关于公民个人健康信息保护的特别规定。

《中华人民共和国人类遗传资源管理条例》(国务院令第 717 号,2019 年 7 月 1 日施行)是为了有效保护和合理利用中国人类遗传资源,维护公众健康、国家安全和社会公共利益而制定的,根据该条例第 2 条,该条例所称人类遗传资源包括人类遗传资源材料和人类遗传资源信息,人类遗传资源信息是指利用人类遗传资源材料产生的数据等信息资料。为了规范采集、保藏、利用、对外提供人类遗传资源等活动,该条例规定,首先,采集、保藏、利用、对外提供我国人类遗传资源不得危害中国公众健康、国家安全和社会公共利益,应符合伦理原则,保护资源提供者的合法权益,遵守相应的技术规范,禁止买卖人类遗传资源(为科学研究依法提供或者使用人类遗传资源并支付或者收取合理成本费用,不视为买卖);其次,开展生物技术研究开发活动或者开展临床试验的,应遵守有关生物技术研究、临床应用管理法律、行政法规和国家有关规定;最后,保留1998年科技部、卫生部联合制定的《人类遗传资源管理暂行办法》中对采集、保藏中国人类遗传资源、利用我国人类遗传资源开展国际合作科学研究和人类遗传资源材料出境的审批制度,并明确审批条件、完善审批程序。这些规定是中国法上关于人类遗传资源信息保护的特别规定。

2019年4月10日,公安部网络安全保卫局发布了《互联网个人信息安全保护指南》,以加强对个人信息的保护。与《个人信息安全规范》相比,该指南加强了数据安全实现中技术措施的要求,并与等级保护制度的技术要求相结合,为企业数据合规工作提供更加全面的指引。尽管《互联网个人信息安全保护指南》不具备强制约束力,但其将《中华人民共和国网络安全法》对于个人信息保护的原则性合规要求,转化为从管理机制、技术措施以及个人信息全流程管理(收集、保存、应用、删除、共享、披露、应急处置等)等层面进行较为具体的指引,其积极作用不容忽视。

2019年12月31日,国家互联网信息办公室、工业和信息化部、公安部、市场监管总局联合制定了《App违法违规收集使用个人信息行为认定方法》,为认定App违法违规收集使用个人信息行为提供参考。其明确了"未公开收集使用规则""未明示收集使用个人信息的目的、方式和范围""未经用户同意收集使用个人信息""违反必要原则,收集与其提供的服务无关的个人信息""未经同意向他人提供个人信息""未按法律规定提供删除或更正个人信息功能"等违法违规行为的认定方法。例如,在App中没有隐私政策或者隐私政策中没有收集使用个人信息规则,在App首次运行时未通过弹窗等明显方式提示用户阅读隐私政策等收集使用规则,隐私政策等收集使用规则难以访问(如进入App主界面后需多于四次点击等操作才能访问到),隐私政策等收集使用规则难以阅读(如文字过小过密、颜色过淡、模糊不清或未提供简体中文版等)即可被认定为"未公开收集使用规则"。

2020年3月6日,国家市场监督管理总局、国家标准化管理委员会发布国家标准《信息安全技术 个人信息安全规范》(GB/T 35273—2020,以下简称《安全规范2020》),于2020年10月1日实施。作为目前中国规范个人信息全生命周期管理的主要国家标准,《安全规范2020》与被其取代的《信息安全技术 个人信息安全规范》(GB/T 35273—2017,以下简称《安全规范2017》)相比,在继续规定《安全规范2017》的七项原则即权责一致原则、目的明确原则、选择同意原则、最少够用原则、公开透明原则、确保安全原则、主体参与原则,并进一步明确个人信息主体具有查询、更正、删除、撤回授权、注销账户、获取个人信息副本等权利的基础上,有以下三个方面的变化。

首先,在个人生物识别信息方面,《安全规范2020》提出了具体的解决措施。《安全规范2020》规定,收集个人生物识别信息前,应单独向个人信息主体告知收集、使用个人生物识别信息的目的、方式和范围,存储时间等规则,并征得个人信息主体的明示同意。个人生物识别信息要与个人身份信息分开存储,且原则上不应存储原始个人生物识别信息,可采取的措施包括但不限于:仅存储个人性别信息的摘要信息;在采集终端中直接使用个人生物识别信息实现身份识别、认证等功能;在使用面部识别特征、指纹、掌纹、虹膜等实现识别身份、认证等功能后删除可提取个人生物识别信息的原始图像。

其次,在"征得授权同意的例外"中,《安全规范2020》明确,隐私政策的主要功能为公开个人信息控制者收集、使用个人信息范围和规则,不应将其视为根据个人信息主体要求签订和履行的合同。在此基础上,《安全规范2020》修改了"个人信息主体注销账户""明确责任部门与人员""实现个人信息主体自主意愿的方法"等内容。

最后,《安全规范2020》增加了"多项业务功能的自主选择""用户画像的使用限制""个性化展示的使用""基于不同业务目的所收集个人信息的汇聚融合""第三方接入管理""个人信息安全工程""个人信息处理活动记录"等多项涉及个人信息保护的内容。

在"多项业务功能的自主选择"方面,应根据个人信息主体选择、使用所提供产品或服务的根本期待和最主要的需求,划定产品或服务所提供的基本业务功能,基本业务功能之外的其他功能即为扩展业务功能。对于扩展业务功能,应允许个人信息主体逐项选择同意;用户不同意的,个人信息控制者不得反复征求用户同意(除非用户主动选择开启扩展功能),且不应拒绝提供基本业务功能或降低基本业务功能的服务质量。在选择同意的流程中,应通过如弹窗、文字说明、填写框、提示条、提示音等形式进行提示,并且要让用户主动做出肯定性的动作,如勾选、点击"同意"或"下一步"。

在"个性化展示的使用"方面,App在提供业务功能的过程中使用个性化展示的,应显著区分个性化展示的内容和非个性化展示的内容,如标明"定推"字样。同时,App应提供不针对用户特征的选项。App向用户提供个性化展示的,宜建立用户对个人信息(如标签、画像维度)的自主控制机制,保障用户调控个性化展示相关程度的能力。当个人信息主体选择退出"个性化展示"模式时,应向个人信息主体提供删除或匿名化定向推送活动所基于的个人信息的选项。

国家网信办于2019年5月28日发布《数据安全管理办法(征求意见稿)》,向社会公开征求意见。该征求意见稿在《中华人民共和国网络安全法》原则性规定的基础上,着重规范了网络运营者对于个人信息和重要数据的安全管理活动;关于个人信息保护,其吸收了当时仍适用的《安全规范2017》中的若干规定。具体地说,该征求意见稿的创新之处体现在以下七个方面。

其一,"数据活动"的定义。"数据活动"是指利用网络开展数据收集、存储、传输、处理、使用等活动。除纯粹家庭和个人事务外,在中国境内开展数据活动的行为都将受《数据安全管理办法》的调整。

其二,个人敏感信息和重要数据备案管理制度。重要数据是指"一旦泄露可能直接影响国家安全、经济安全、社会稳定、公共健康和安全的数据"——与2017年《个人信息和重要数据出境安全评估办法(征求意见稿)》中重要数据的定义相同,可以认为是拟移至《数据安全管理办法》的条文,2019年《个人信息出境安全评估办法(征求意见稿)》中已无此定义。企业生产经营和内部管理信息及个人信息不属于重要数据。以经营为目的收集个人敏感信息和重要数据的网络运营者应当向所在地网信部门进行备案。备案内容仅限收集使用规则,以及收集使用的目的、规模、方式、范围、类型、期限等,而不包括数据内容本身。

其三,向第三方提供重要数据的批准管理制度和向他人提供个人信息无需征得同意的例外情形。网络运营者向第三方提供(包括共享、交易、公开披露、出境等)重要数据前,应当进行安全评估工作,并获得行业主管监管部门同意,行业主管监管部门不明确的,应经省级网信部门批准。网络运营者向他人提供个人信息前,应当评估可能带来的安全风险,并征得个人信息主体同意,但下列情况除外:(1)从合法公开渠道收集且不明显违背个人信息主体意愿;(2)个人信息主体主动公开;(3)经过匿名化处理;(4)执法机关依法履行职责所必需;(5)维护国家安全、社会公共利益、个人信息主体生命安全所必需。网络运营者"向境外提供个人信息按有关规定执行"(即《数据安全管理办法》不调整个人信息出境的情形)。

其四,规范"爬虫"技术等自动获取数据的行为和技术自动合成信息的行为。采取自动化手段访问收集网站数据的行为不得妨碍网站正常运行;严重影响网站运行的,网站有权要求停止。如采取自动化手段访问收集流量超过网站日均流量三分之一,即视为严重影响网站运行的情形。利用大数据、人工智能等技术自动合成新闻、博文、帖子、评论等信息不得以谋取利益或损害他人利益为目的,且应当以明显方式标明"合成"字样。

其五,网络运营者对于接入第三方应用的数据安全保障义务。网络运营者对于第三方应用接入负有管理义务,第三方应用发生数据安全事件对用户造成损失的,网络运营者应当承担部分或全部责任,除非网络运营者能够证明无过错。网络运营者应在与第三方签订的合同中明确双方的数据安全责任及安全措施,同时完善企业内部数据安全管理制度,妥善留存个人信息安全影响评估报告和对第三方应用接入管理、审计记录等,并对第三方应用运营者及时督促整改,必要时停止其接入。

其六,网络运营者其他方面的数据安全义务。网络运营者不得以打包授权、捆绑授权等形式强迫、误导个人信息主体同意其收集个人信息。网络运营者既不能以改善服务质量、提升用户体验、定向推送信息、研发新产品等为由,违背个人信息主体的自主意愿默认或捆绑授权;也不能因个人信息主体仅提供核心业务功能所必需的个人信息,便拒绝向其提供核心业务功能服务。网络运营者不得依据个人信息主体是否授权收集个人信息及授权范围,对个人信息主体采取歧视行为(包括在服务质量、价格等方面差别对待)。对于定向推送、个性化展示的个人信息应用场景,网络运营者应当以明显方式标明"定推"字样,并为用户提供停止接收定向推送信息的功能。用户选择停止接收定向推送信息时,网络运营者应删除已经收集的设备识别码等用户数据和个人信息。

其七,自愿性数据安全管理认证和应用程序安全认证机制。鼓励搜索引擎、应用商店等优先推荐通过认证的应用程序的市场选择机制引导消费者选用安全的应用产品。具体数据安全管理认证和应用程序安全认证工作由国家网信部门会同国务院市场监督管理部门共同指导国家网络安全审查与认证机构进行。

在个人信息保护的一个重要的特殊领域即儿童个人信息保护方面,《儿童个人信息网络保护规定》(国家网信办 2019 年 8 月 22 日公布,2019 年 10 月 1 日施行)的出台,明确了任何组织和个人不得制作、发布、传播侵害儿童(指不满十四周岁的未成年人)个人信息安全的信息。该规定指出,网络运营者应当设置专门的儿童个人信息保护规则和用户协议,并指定专人负责儿童个人信息保护;网络运营者收集、使用、转移、披露儿童个人信息的,应当以显著、清晰的方式告知儿童监护人,并应当征得儿童监护人的同意。网络运营者征得同意时,应当同时提供拒绝选项,并明确告知以下事项:收集、存储、使用、转移、披露儿童个人信息的目的、方式和范围;儿童个人信息存储的地点、期限和到期后的处理方式;儿童个人信息的安全保障措施；拒绝的后果；投诉、举报的渠道和方式；更正、删除儿童个人信息的途径和方法。

四、中美欧以外其他国家和地区的数据保护规则

2019年以来，中美欧以外其他国家和地区的数据保护规则仍然处于全方位的制定与完善进程中①。

巴西《一般数据保护法》(Lei Geral de Proteção de Dados Pessoais，LGPD)基于巴西在经济和政治上的重要性，被认为是近年来全球最值得期待的数据保护法律。

在LGPD之前，巴西并没有一部关于个人数据保护的综合性立法。LGPD获总统批准前曾历经八年的讨论和起草，并于2018年7月10日由联邦参议院通过。值得一提的是，总统并未批准参议院通过的LGPD文本的全部条款，而是否决了其中的几部分：一是关于建立新监管机构即国家数据保护局(ANPD，相当于GDPR中的DPA)的内容；二是关于建立个人数据和隐私保护委员会(相当于GDPR中的EDPB)的内容；三是LGPD的一些制裁性规定(包括暂停数据库或处理操作)以及一些关于公共机构之间数据共享和对数据使用的规定。对于前二者，总统的否决理由为，只有通过行政权力倡议(而不是通过议会批准的法律)才能设立新的监管机构；对于后者，总统的否决理由是，其可能造成法律上的不确定性②。

LGPD共分十章，其结构与GDPR颇为相似：第一章是基本规定，涉及适用范围、法律目的和数据处理原则；第二章、第三章和第四章规定个人数据的处理和数据主体的权利；第五章规定数据跨境传输；第六章规定个人数据处理代理人(包括控制者和处理者)、数据保护官、责任和损害赔偿；第七章和第八章是关于数据安全和良好实践、监管的规定；第九章规定国家数据保护局、国家个人数据和隐私保护委员会(已被否决而不在生效的文本内)；第十章是最终和过渡条款。

与GDPR类似，LGPD第三条规定该法适用于以下任何数据处理：处理在巴西境内进行；以提供货物或服务为目的的处理，或者对巴西境内的个人数据的处理；所处理的个人数据在巴西境内收集。

同样与GDPR类似的是，LGPD规定的个人数据处理的核心原则包括合法、公平、可问责、不歧视、目的限制和使用个人数据的透明度、数据最小化和准确性、数据存储限制和安全(包括完整性和保密性)；LGPD为数据主体规定的权利包括数据可携带权、被遗忘权、个人数据访问权、更正权等；LGPD规定的个人数据处理依据主要包括数据主体同意(但与GDPR不同的是个人资料"明显公开"时有关同意的规定不适用)、数据控制者为遵守法律或监管义务、公共行政部门处理和共享使用为履行法律法规所要求或者基于合同、协议、类似文件的需要、研究机构为开展研究、医疗机构为保护健康以及有关部门为保护信用等；对个人数据的跨境流动，LGPD明确了允许其跨境流动的九个条件，这些条件主要可以概括为两个方面，一是第三国或国际组织提供的个人数据保护水平达到了该法规定的充分性程度，二

---

① 除非另有注明，以下引用的各个国家和地区的数据保护规则的更新状况，均来自 Graham Greenleaf, Global Data Privacy Laws 2019: 132 National Laws & Many Bills, (2019) 157 Privacy Laws Business International Report, https://papers.ssrn.com/sol3/papers.cfm?abstract_id=3381593.

② 徐阳华.巴西众议院通过《数据保护法案》出台公共数据访问的通用规则[J].互联网天地,2018(5).李晓伟.巴西《通用数据保护法》解读[EB/OL].https://www.secrss.com/articles/6197.

是使用了标准合同条款或数据保护机构批准的其他机制；个人数据处理代理人如果不遵守LGPD的要求，所受行政处罚为上一财政年度其巴西境内收入的2%以内的总计罚款及最高为五千万雷亚尔的单次罚款。

2013年南非《个人信息保护法》(Protection of Personal Information Act，POPIA)的实质性规定于2020年7月1日生效(对于信息获取的监督规定将于2021年6月30日生效)。该法对组织实现合规给予了12个月的宽限期，正式的执法将在2021年7月1日开始，违反该法有关规定的组织可能面临最高1 000万南非兰特的行政罚款，还可能被提起民事诉讼或被要求承担刑事责任等。该法早在2003年就已经开始起草，当时主要参考了欧盟的《数据保护指令》(95/46/EC)，欧盟开启制定GDPR的进程后，受GDPR草案早期版本的影响，POPIA也包含了一些比GDPR更为严格的规定。POPIA适用于在南非处理数据的任何组织，但不适用于出个人或家庭目的的数据处理。个人信息被赋予了广泛的含义，能够识别出特定自然人或法人的任何信息都属于个人信息。同时，POPIA是全球为数不多的为法人(例如公司和信托公司)提供保护的数据保护法律之一。该法新增了对数据泄露的报告义务：POPIA要求组织必须向监管机构报告对个人信息进行未经授权的访问，在某些情况下，还须向数据主体报告。POPIA也对离岸数据场景提出了更高的要求：组织在向南非境外传输数据时，需确保满足POPIA中关于数据跨境的相关要求①。

贝宁近年来制定的数据保护法，被认为是欧盟以外与GDPR最相似的法律。贝宁《数据法典》中关于数据保护的第五章(原为该国2009年制定的数据保护法)在2018年得到修订，修订后的该章适用于位于贝宁和西非国家经济共同体(ECOWAS)内部的数据控制者，也适用于位于西非国家经济共同体外部的数据控制者，以及为贝宁的个人提供商品和服务(包括免费服务)或监视贝宁的个人行为的主体。在修订后的条文中，"个人数据"被定义为与已识别或可识别自然人有关的任何信息，该定义与GDPR定义相似，但更为详细，提到了人声和图像；"敏感个人数据"被定义为与个人的种族、健康、宗教或工会的意见和活动或性活动有关的任何数据；"数据处理"的定义几乎与GDPR的相同，它涵盖了数据收集、更正、咨询、删除和加密等；与大多数有隐私法的非洲国家一样，"数据处理"的默认的法律依据是数据主体的同意，数据主体同意的例外情形(即无需获得数据主体的同意即可处理数据的情形)是履行合同、遵守法律义务、法律许可或处理个人数据的义务、公共机构履行其公共职责的必要性以及对个人基本利益或权利的保护，但与GDPR和非洲国家其他法律不同的是，"合法权益"没有被作为"数据处理"的法律依据。在修订后的条文中还有与GDPR相似的关于数据主体的权利和数据控制者的义务，数据主体的权利包括数据的更正权、删除权、被遗忘权、访问由数据控制者处理的数据的权利、反对和撤回对数据处理的同意的权利；数据控制者则必须向数据主体提供描述数据处理活动的信息，如数据类别、处理目的、数据接收者、配置活动、数据控制者的标识和联系方式等②。

阿尔及利亚《个人数据处理中的个人保护法》(Law on the Protection of Individuals in

---

① Baker McKenzie，South Africa：Protection of Personal Information Act to come into force on 1 July 2020，https://www.lexology.com/library/detail.aspx?g=4b47ea3c-618c-43ba-b2d6-c748c4ee8d9b.

② Aissatou Sylla，Data protection in Benin，https://iclg.com/alb/10175-data-protection-in-benin.

the Processing of Personal Data，第 18-07 号法律，2018 年 6 月 10 日)虽已通过，但要到该法规定的国家数据保护机构(National Data Protection Authority)成立一年之后才生效。该法规定了基于明示同意的数据处理(设有详细的例外规定)、对"敏感数据"的保护以及对数据跨境流动的要求。与之前许多非洲国家的有关法律相似，该法也有数据处理者必须登记注册和数据处理在某些情况下必须得到事先授权的规定。

巴林《个人数据保护法》(Law on the Protection of Personal Data，2018 年 7 月 19 日公布、2019 年 8 月 1 日生效)使该国成为海湾合作理事会(Gulf Cooperation Council)成员国中继卡塔尔之后的第二个拥有关于数据保护的国家层面法律的国家。该法的主要特色是规定了其域外效力及在巴林境外的基于巴林数据的处理行为——被认为是针对计划建在巴林的亚马逊网络服务云计算中心的条款。

曾有研究者将 2020 年称作"CCPA 年"(the year of the CCPA)，与被称作"GDPR 年"的 2018 年相对，进而认为 CCPA 为其他国家和地区的相关立法提供一种与 GDPR 不同的选择路径[1]。固然，如前所述，与 GDPR 相比，CCPA 有着自己的特色和影响力，但考虑到 CCPA 也是一部有意识地效仿 GDPR 而带有其鲜明印迹的法律，近年来全球范围内数据保护规则的制定和实施，总体上仍在 GDPR 的巨大影响之下进行。应当说，GDPR 带来了全球数据保护立法的热潮，并成功提升了各个国家和地区的公众对于数据保护的重视程度。

第三节 未来发展趋势

考虑到近年来 GDPR 所产生的影响，可以预见的是，在未来全球数据保护规则的演进过程中，欧盟仍将扮演引领性角色。

在 GDPR 之后，欧盟未来的数据保护立法重点无疑在《隐私和电子通信条例》(Regulation on Privacy and Electronic Communications，e-Privacy Regulation，e-PR)。该条例作为 GDPR 的特别法，意欲取代当前的欧盟《电子隐私指令》(e-Privacy Directive，e-PD)，在电子通信数据方面对 GDPR 进行具体化和补充，旨在规范电子通信服务并保护与用户终端设备相关的个人信息，实现更严格更全面的电子通信数据保护。在欧盟境内所有的个人和企业都将通过这个一旦实施就无须转化为欧盟成员国国内法而可以直接适用的欧盟法文本就其电子通信受到同等程度的保护。由此，该条例将有助于欧盟建立电子通信数据方面统一的个人数据保护规则，确保欧盟境内电子通信数据和电子通信服务的自由传输，从而促进欧盟数字单一市场的形成。

e-PD 常被通俗而不甚准确地称为"cookie 指令"，但其实 e-PD 不仅是关于"cookie"(信息记录程序)信息留存和访问的规定，它还涉及电子通信和保密权、隐私数据保护等数据安全的其他方面。从 2017 年 1 月 10 日欧盟委员会公布的 e-PR 草案看，e-PR 同样如此，并且，其还将即时通信软件如 WhatsApp、Facebook Messenger、Skype 等纳入了监管范围。

---

[1] Andrada Coos，Data Protection Legislation around the World in 2020，https://www.endpointprotector.com/blog/data-protection-legislation-around-the-world-in-2020.

美国国会在数据保护立法方面多个提案虽然在不断进展的过程中,但按照美国国会研究服务局的报告《数据保护法:综述》,可能涉及的以下法律问题都是未来相关联邦法律制定过程中必须应对的。(1)立法方法问题。美国数据保护立法争论的一个主要问题是,立法采用的是"规范性"方法(法律规定数据保护规则和相关主体义务)还是"结果导向性"方法(法律规定所要实现的数据保护结果,而非规定具体数据保护做法)。GDPR 和 CCPA 均采用"规范性"方法,但目前美国政府官员主张采用"结果导向性"方法。(2)处理与州立法关系问题。一些州已经在数据保护领域进行积极立法,CCPA 的出台展现出州立法在未来可能具有全国效力,除非国会出台统一的数据保护立法或采取其他措施,州立法可能会继续在数据保护领域发挥作用。(3)执法问题。目前,美国有多个联邦机构负责数据保护执法工作,包括联邦贸易委员会(FTC)、金融消费者保护局、联邦通信委员会、卫生部等。这些机构中,FTC 通常被视为领先的数据保护执法机构。然而,FTC 执法能力存在若干法律上的限制,例如,FTC 不能对首次违反《联邦贸易委员会法》(FTC Act)"禁止不公平或欺骗性贸易行为"(UDAPs)条款的企业进行罚款,只能做出停止令或衡平救济,只有在企业违反停止令和解决协议后,才能进行民事处罚;又如,FTC 缺乏对银行、非营利组织等实体机构的管辖权。(4)宪法第一修正案问题。宪法第一修正案保障"言论自由",而学者们对如何将宪法第一修正案应用于数据保护领域进行监管有不同的意见。有学者认为,数据构成了言论,即使在商业背景下,对这一言论进行监管也不一定恰当。也有学者认为,扩大宪法第一修正案的适用范围会限制政府规范商业活动的能力。不过,美国最高法院从未将宪法第一修正案解释为禁止对所有通信实施监管,其认为,仅仅因为受监管的活动涉及"沟通"并不意味着它属于宪法第一修正案的范围,如果言论仅仅是受监管活动的"组成部分",政府通常可以对该活动进行监管。(5)个人诉讼问题。根据美国宪法的规定,任何联邦个人诉讼权利的适用范围均仅限于个人因法定违规行为遭受到具体的损害。美国国会可能会建立个人诉讼制度,对于违反数据保护法律的行为,允许个人提起诉讼。然而,个人可能很难证明受到数据保护法律下违规行为的侵害。一般而言,数据泄露和其他侵害隐私行为的受害者并不总是受到明显的损害[①]。

尽管有研究者像前面分析的那样,认为应当将联邦数据保护立法的制定权交给 FTC,但从 FTC 自身的态度看,其并没有此种期待。2020 年 6 月 FTC 发布的《FTC 保护消费者隐私和安全的实践报告》在分析了 FTC 面临的挑战和限制(与前引国会研究服务局的报告《数据保护法:综述》所述相应内容颇为类似)后指出,为了使 FTC 更好地履行其保护消费者的法定使命,国会应颁布全面的隐私保护和数据安全立法,由 FTC 进行执法,此种立法将扩大FTC 的民事处罚权,为 FTC 提供更具针对性的规则制定权,并将其商业部门管辖权扩展到非营利组织和公共载体(common carrier)[②]。

国内法在数据保护规则上的相对缺失、滞后,不但会影响国家信息安全和个人隐私保护,而且会影响其参与全球数字贸易的深度和广度,亟待引起有关研究者和实践者的重视。

---

① CRS, Data Protection Law: An Overview, https://crsreports.congress.gov/product/pdf/R/R45631.
② FTC's Use of Its Authorities to Protect Consumer Privacy and Security[EB/OL]. https://www.ftc.gov/system/files/documents/reports/reports-response-senate-appropriations-committee-report-116-111-ftcs-use-its-authorities-resources/p065404reportprivacydatasecurity.pdf,2020-05-30.

有关经济体应合理回应其他经济体在多边层面和区域层面上的诉求,尽快制定和修订与数字贸易相关联的国内数据保护规则,通过相关立法,明确数字贸易界限,建立和完善与数字贸易相关的对外贸易投资管理制度,减少阻碍数字贸易发展的国内法障碍;还需要加快推动隐私权、个人信息保护等方面的法律制定,对一般个人信息及各种特殊类别的个人信息的使用作出明确规定,以期在国内法上达到数据保护和数据使用的平衡。

第七章

全球数字贸易规则发展

本章将从国际规则层面对现有数字贸易和电子商务规则进行全景分析。首先,本章对电子商务和数字贸易的概念内涵进行区分,阐述数字技术的发展是从电子商务向数字贸易过渡的主要动因;其次,本章将考察多边贸易体制内的电子商务规则,具体包括 WTO "电子商务工作项目"发展历程、进展情况和初期收获,梳理多边贸易体制内对电子商务规则产生溢出效应的协定和条款,厘清 WTO "电子商务工作倡议"的最新提案进展;再次,本章将考察电子商务和数字贸易规则在区域贸易协定中的整体发展情况,并重点分析 2019 年以来最新达成和签订的贸易协定中的电子商务条款,以及中国在区域贸易协定中的电子商务规则和最新发展;最后,本章将在上述分析的基础上剖析多边电子商务谈判所面临的主要困境和未来可能的推进方向,以及电子商务和数字贸易规则在自由/区域贸易协定中所呈现出的趋势性特征。

第一节 从电子商务规则向数字贸易规则的过渡

本节将梳理与电子商务和数字贸易相关的基本概念,在此基础上厘清不同国际组织、经济体对电子商务和数字贸易内涵和边界理解的差异,同时明确电子商务和数字贸易二者之间的内在不同。

一、电子商务的内涵和边界

尽管电子商务已全方位渗透至人们生活的各个领域,然而目前各国际组织、国家和地区、商业团体及利益攸关方对"电子商务"的定义仍存在细微差异。例如,世界贸易组织于 1998 年设立"电子商务工作项目"(E-commerce Work Program)明确界定"电子商务"是指"通过电信网络进行生产、配送、营销、销售或交付的货物或服务"。经济合作与发展组织(OECD)认为"电子商务"是指通过计算机网络销售或购买货物和服务的交易,该计算机网络为专门设计用以接收或发送订单的专门网络[①]。基于 OECD 的"电子商务"定义,国际贸易中心明确提出跨境电子商务在货物领域主要表现为消费者从线上订购产品,该产品从另一国生产商/零售商直接发货给消费者;在服务领域主要是《服务贸易总协定》(GATS)中模

---

① OECD 指出"电子商务"是指"通过计算机网络进行的专门用于货物和服务接收或下订单的销售或采购"。资料来源:OECD, OECD Guide to Measuring the Information Society 2011.

式1(跨境交付)和模式2(境外消费)的线上交付①。世界海关组织(WCO)认为跨境电子商务应包括四大要件:线上订购、销售、交流以及(如适用)付款,跨境交易/装运,有形商品,面向消费者/买方(商业和非商业)。

对比可知,WTO、OECD、WCO对电子商务定义的内涵和边界理解各不相同。WTO所界定的"电子商务"最为宽泛,该定义包括有形产品和服务,同时未排除无形产品和服务,且在生产、配送、营销、销售或交付的任一环节使用电子传输手段均可视为电子商务,包括通过电话、传真或手动输入的电子邮件发出的订单。OECD强调货物或服务的订购必须通过计算机网络进行,因此排除了通过电话、传真或手动输入的电子邮件发出的订单,但是该定义并未要求货物或服务的最终交付通过线上进行。WCO认定的跨境电子商务的边界最为狭窄,为跨境货物贸易的"数字化",仅包括线上订购、线下交付的有形货物贸易。

二、数字贸易的内涵和边界

2019年,OECD、WTO和IMF联合发布《数字贸易测量手册》(第一版),该手册认为"数字贸易"是"以数字方式订购(digitally ordered)和(或)以数字方式交付(digitally delivered)的贸易。"②它们从贸易的属性("如何交易")、交易的对象("交易什么")、涉及的参与者("谁来交易")和信息的来源("传统贸易数据是否包含")四个维度对数字贸易的内涵进行拆解。具体如图7-1所示,数字贸易的交易方式可分为数字订购型(digitally ordered)、数字交付型(digitally delivered)和平台支持型(platform enabled),其中平台支持型数字贸易为数字订购型或数字交付型数字贸易的实现手段,它是指间接通过中介平台进行的商业交易,中介平台为供应商提供设施和服务,但不直接销售商品,如阿里巴巴、亚马逊、淘宝、京东商城等;数字贸易的交易对象包括货物、服务和信息,其中信息是指数字贸易平台(如社交网站"Facebook"和搜索引擎"百度")通过免费向消费者提供服务以换取用户信息,并通过广告投入实现盈利,用户信息的数据流是数字贸易平台获得广告收入资金流的标的物。数字贸易的参与者包括企业、政府、个体消费者和家庭,特别值得注意的是,由于数字技术的广泛应用大大降低了贸易门槛,为中小企业和个人消费者提供了通过互联网平台直接购买或提供商品和服务的可能,中小企业和个人消费者成为数字贸易的主体。广义"数字贸易"和狭义"数字贸易"的主要区别体现在数据和信息上,现有的货物和服务贸易统计数据中所包含的数字订购型货物、数字订购型且非数字交付型服务、数字交付型服务属于狭义的数字贸易范畴,而由于信息和数据的交换并未伴随货币交易的进行,现有的货物和服务贸易统计数据中并不包括的信息和数据贸易属于广义的数字贸易范畴。

此外,美国是最早对数字贸易进行正式界定的国家。2013年7月,美国国际贸易委员会(USITC)首次提出数字贸易是指"通过互联网传输货物或服务的商业活动",主要包括数字

---

① 例如,音乐、视频、应用程序和游戏等的在线下载和支付;位于不同国家的消费者和供应商之间在线完成的服务交易。
② OECD, OECD-WTO Handbook on Measuring Digital Trade, SDD/CSSP/WPTGS(2019)4, 2019.

内容、社交媒介、搜索引擎、其他产品和服务等四大类[1]。2017年8月，USITC对"数字贸易"做出最新界定，美国认为数字贸易是指"通过互联网及智能手机、网络连接传感器等相关设备交付的产品和服务"，涉及互联网基础设施及网络、云计算服务、数字内容、电子商务、工业应用及通信服务等六种类型的数字产品和服务[2]。与2013年版的定义相比，新定义回应了数字技术的最新发展，印证了数字贸易边界的动态变化。2018年10月1日，美国、加拿大和墨西哥达成《美国-墨西哥-加拿大协定》（以下简称《美墨加协定》）。该协议首次采用"数字贸易"章节（第19章）替代原来美式双边贸易协定中的"电子商务"章节。《美墨加协定》沿用2003年《美国-智利自由贸易协定》中"数字产品"的定义，要求数字产品应为"以数字形式编码且可采用电子方式传输的计算机程序、文本、视频、图像、录音或其他产品"。该定义将以数字化形式表示的金融工具（包括货币）排除在外，要求数字产品需同时满足数字技术编码和数字交付两大要件，剔除了大多数以实物交付的商品贸易，例如在线订购的实物商品以及通过CD或DVD出售的书籍、软件、音乐、电影等数字化的实体商品[3]。

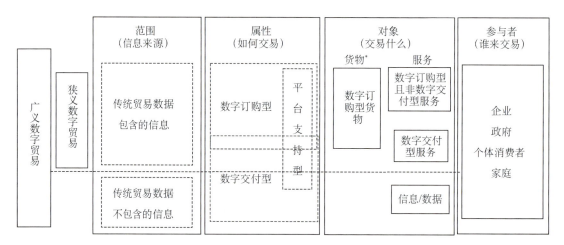

图 7-1 数字贸易的概念框架

注：信息/数据的交易是指在交易中未伴随明确的货币交易现象。＊表示本书认为货物只能以非数字交付形式进行交易。
资料来源：OECD, OECD-WTO Handbook on Measuring Digital Trade, SDD/CSSP/WPTGS(2019)4, 2019.

从图7-1看出，如果严格从定义出发，电子商务和数字贸易之间无统一的边界点。如果从业态出发，电子商务是数字经济时代的早期业态，而数字贸易是数字经济时代未来发展的高级形态。互联网可获得性和运算能力的进一步提高使得互联网数据流量呈爆炸式增长。数字化进程的加速对劳动力和货物的流动、金融和数据流动、国际贸易的结构和模式产生变革性影响。例如，数字技术（如射频识别技术、信息通信技术、区块链技术等）的发展降低了

---

[1] U.S. International Trade Commission, Digital Trade in the U.S. and Global Economies, Part 1. Investigation No. 332-531, USITC Publication 4415, 2013.

[2] U.S. International Trade Commission, Global Digital Trade 1: Market Opportunities and Key Foreign Trade Restrictions, USITC Publication 4716, 2017.

[3] 在美国最新达成的《美墨加协议》中仍采用此定义。资料来源：United States-Mexico-Canada Agreement, https://usmca.com/digital-trade-usmca-chapter-19/.

传统货物和服务的贸易成本,提高了生产效率,进而实现贸易增值;数字技术驱使依托于有形载体的货物贸易逐步消失,被对应的数字内容服务所取代;新型数字技术(如3D打印技术)的发展扩大了可贸易品的范围,创新了未来货物运输和交付的形态;数字平台作为数字贸易的中介(包括电子商务平台、社交媒体和云计算平台),极大地拓展了数字化的行业覆盖度,为既有参与者和新参与者带来新的机遇和挑战。

如表7-1所示,电子商务的核心业态为线上订购、线下交付的有形货物跨境贸易,主要涵盖通过Web、Extranet或电子数据交换系统实现的订单,区别于更早期通过电话、传真或电子邮件达成的订单。它不要求商品和服务的付款和最终交付环节通过电子方式进行,同时未包含信息和数据的交换。数字贸易的核心业态为通过线上交付的无形货物和服务,未对交易的订购模式进行限制,最广义的电子商务和最狭义的数字贸易的内涵较为接近。美式数字贸易与现有电子商务和数字贸易的内涵均存在明显差异,美国将数字贸易的内涵局限于线上交付的无形货物和服务、信息和数据,而将线下交付的有形货物和服务剔除。

表 7-1 电子商务和数字贸易的内涵辨析

		电子商务				数字贸易		
		WTO	OECD	ITC	WCO	广义数字贸易	狭义数字贸易	美式数字贸易
订购和交付模式	线上订购+线上交付	√	√	√	×	√	√	√
	线上订购+线下交付	√	√	√	√	√	√	×
	非线上订购+线上交付	√	×	×	×	√	×	√
贸易对象	有形货物和服务	√	√	√	√(仅包括有形货物)	√	×	×
	无形货物和服务	√	√	√	×	√	√	√
	信息和数据	未明确包含	未明确包含	×	×	√	×	√

资料来源:作者根据相关资料整理得到。

第二节 多边电子商务规则进展

目前,多边贸易体制内主要通过三个渠道对电子商务进行磋商谈判:一是通过"电子商务工作项目"系统阐释现有WTO规则对电子商务的适用程度;二是通过相关议题的谈判对电子商务和数字贸易规则产生溢出效应;三是通过"电子商务工作倡议"就与贸易有关的电子商务议题展开谈判。

一、WTO电子商务工作项目

对WTO来说，电子商务议题并非新生事物。1998年WTO设立"电子商务工作项目"（WTO E-commerce Work Programme）以"检查所有与全球电子商务相关的贸易议题"，该工作项目明确界定电子商务是指"通过电子手段进行生产、配送、营销、销售以及交付的货物或服务"，并由WTO服务贸易委员会、货物贸易委员会、知识产权委员会以及贸易与发展委员会共同负责该项目的执行，WTO总理事会对该项目进行定期审查以宏观掌控该项目的执行情况。此后20余年间，受"多哈回合"的整体影响，WTO"电子商务工作项目"经历数次反复，但是各理事会仍就相关议题进行多次磋商。

（一）WTO电子商务工作项目的谈判背景和历程

WTO"电子商务工作项目"设立伊始，共包括服务贸易委员会下12项、货物贸易委员会下7项、知识产权委员会下3项和贸易与发展委员会项下5项等共计27项议题（WTO，1998）。然而，1999年西雅图部长级会议的全盘失败直接导致电子商务工作项目实施具体行动的愿景落空。各成员方在数字产品的分类（分属产品还是服务）、是否应"将对电子交易暂停征收关税"的规定纳入永久性规则、工作项目的机制性安排（分属四个委员会项下的子工作项目还是应直接纳入总理事会或其他水平组织）等三个核心问题上的分歧，是阻碍电子商务工作项目取得实质性进展的最大障碍。

2001年卡塔尔部长级会议明确了总理事会在电子商务工作项目中的核心地位，同时各成员方达成共识：现有WTO协定及规则仍能有效契合电子商务发展的各项需求，电子商务工作项目将在现有WTO规则内对电子商务进行系统、深入的解释，并不会开启新的WTO规则谈判，即电子商务议题将在非农产品市场准入、服务议题谈判和TRIPS协定中分别进行磋商与讨论，多哈回合不会成立专门的电子商务谈判小组，同时WTO成员方也不要求在多哈宣言中达成《电子商务协定》。2001年卡塔尔部长级会议明确了：第一，与电子商务相关的议题和信息技术产品贸易将分散在不同的协定和不同的谈判小组中分别进行；第二，尽管电子商务涉及一系列复杂而又敏感的议题（如消费者保护、隐私、互联网中性、竞争和数据输入等），但是WTO电子商务工作项目作为一种解释程序，仅可用于检验现有WTO协定对电子商务的适用情况，其他议题仍需在其他平台中进行讨论。分组式谈判模式制约了发展中国家对谈判进展的监控力，进而降低了发展中国家和最不发达国家对议题谈判的直接影响。此外，WTO电子商务谈判项目作为解释程序，决定了该项目无法从关税削减、市场准入和国民待遇原则等议题拓展到新规则谈判，难以将现有货物和服务贸易规则拓展至数字贸易。

此后八年间，WTO电子商务工作项目未进行任何实质性的议题磋商与讨论。直到2009年日内瓦部长级会议期间，各成员方间达成共识，"WTO总理事会将定期对电子商务工作组的各项工作进行审议，工作组需每六个月向总理事会提交工作进展报告，该工作报告将成为下次部长级会议的参考文件"（WTO，2009；2011；2013；2015），WTO电子商务工作项目被再次激活，并于2016年迎来提案的爆发式增长期。

(二) WTO 电子商务工作项目的新进展

如图 7-2 和图 7-3 所示,自 2016 年以来,WTO 内与电子商务工作项目相关的提案数迅速上升,总理事会与服务贸易理事会接收的提案数量呈指数级增长。截至 2020 年 5 月 31 日,WTO 成员方及秘书处已通过总理事会、服务贸易理事会、货物贸易理事会、知识产权保护理事会、贸易与发展理事会提交 455 份提案,其中总理事会 224 份、货物贸易理事会 30 份、服务贸易理事会 148 份、知识产权理事会 28 份、贸易和发展理事会 25 份。与 1998 年相比,2018 年服务贸易理事会所接收的提案在总提案中的比重由 1998 年的 25% 跃升为 2018 年的 43%。

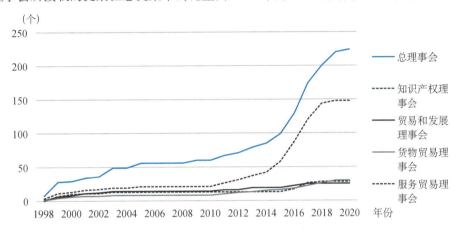

图 7-2　1998—2020 年 WTO 各理事会接收的电子商务提案

数据来源:作者根据 WTO 网站相关数据绘制而成。

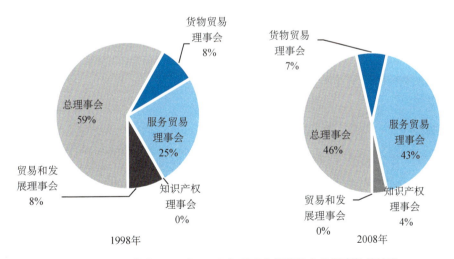

图 7-3　1998 年和 2018 年 WTO 各理事会提案数占总提案数的比重

数据来源:作者根据 WTO 网站相关数据绘制而成。

目前 WTO 接收的 455 份提案中包括 199 份有效提案[①],其中秘书处提交 84 份,由成员

---

① 截至 2020 年 5 月 31 日,WTO 网站总理事会、服务贸易理事会、货物贸易理事会、知识产权理事会、贸易与发展理事会共计披露 455 份文件,其中包括通过不同理事会提交的相同提案,删除重复提案及无法下载的提案后,共计 199 份提案。

方提交 115 份。在 115 份由成员方提交的提案中,98 份提案为具备实质性内容的成员方提案[①],其中 2020 年新增 2 份。

根据 98 份提案可知(见图 7-4),自 1998 年至今共计 51 个 WTO 成员方向 WTO 提交电子商务提案,2020 年无新成员方提交提案,其中,2017 年度向 WTO 提交电子商务提案的成员方高达 35 个,创下历年最高。"电子商务工作项目"设立伊始,发达经济体是向 WTO 秘书处提交提案的主要成员方,1998 年,欧盟、美国、澳大利亚、瑞士等经济体共计提交 6 份电子商务提案,埃及是唯一一个向 WTO 提交提案的发展中经济体。然而,进入 2016 年以来,向 WTO 提交电子商务提案的发展中经济体数量迅速增加,并超过发达经济体。2016 年,中国和俄罗斯分别首次向 WTO 提交与电子商务议题相关的提案;2018 年,南非首次向 WTO 提交与电子商务议题相关的提案,至此,"金砖五国"均已向 WTO 提交与电子商务相关的提案[②]。

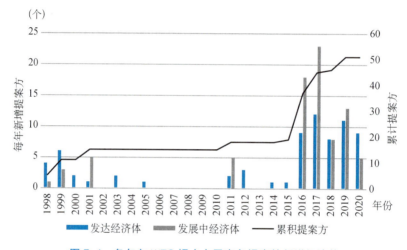

图 7-4 各年向 WTO 提交电子商务提案的新增经济体

数据来源:作者根据 WTO 网站相关数据绘制而成。

(三) WTO 电子商务工作项目的主要成果

电子商务工作项目设立伊始,各成员方的提案主要围绕初始议题(参见表 7-2)展开。然而,在多哈回合的整体拖累和电子商务议题自身的复杂敏感性的双重影响下,电子商务工作计划各委员会的谈判仅停留在有关的会议记录和咨询报告中,并未取得任何实质性进展与成果,多边数字贸易规则的缺位直接导致跨境数字服务传输和互联网成为国际贸易的重要争端点(Wunsch-Vincent,2008),WTO 争端解决机制成为从实践角度弥合成员国之间分歧的重要途径,并取得一定成果。如在"美国-影响赌博和博彩服务的跨境服务的措施案"和"中美影响某些出版物和视听娱乐产品的贸易权和分销服务的措施案"中,WTO 争端解决机制判定:与货物贸易有关的《技术性贸易壁垒协定》应完全适用于数字贸易;GATS 中的各项

---

① 在成员方提交的提案中,有 17 份为仅增加提案方的提案,提案内容无增减与变动。
② 1999 年,印度首次向 WTO 提交电子商务提案;2001 年,巴西首次向 WTO 提交电子商务提案。

具体承诺适用于电子商务和以数字形式提供的跨境服务;数字服务的跨境传输应属于服务贸易的模式1(跨境交付);GATS中对国内规章的条款同样适用于"电子商务";在数字贸易中,用于保护消费者隐私、维护社会道德和防欺诈行为的规则和措施符合GATS第14条"一般例外"原则,与此同时,此类措施的执行应经过"必要性测试",不得形成市场垄断或对外国数字服务供应商造成歧视,不得成为限制服务贸易发生的贸易壁垒。

表7-2 WTO"电子商务工作项目"初始议题清单及主要成果

理事会	议题	条款	是否曾被讨论	谈判是否达成	是否曾引起争端
服务贸易理事会	1. 范围(供应模式)	Art.1			√
	2. 最惠国待遇	Art.2			
	3. 透明度	Art.3	√		
	4. 提高发展中国家的参与度	Art.4	√		
	5. 本地规制、标准、识别	Art.6;Art.7	√	√	√
	6. 竞争政策	Art.8;Art.9	√		
	7. 对隐私和公共道德的保护、防止欺诈行为	Art.14	√	√	√
	8. 对数字服务的市场准入承诺(包括基础电信服务、增加值电信服务、分销服务)	Art.16	√		√
	9. 国民待遇	Art.17			
	10. 公共通信运输网络和服务的可接入性和可使用性	通信附件			
	11. 海关关税	—	√		
	12. 分类问题	—	√		
货物贸易理事会	13. 与电子商务相关的产品的市场准入		√		
	14. 适用《关于履行1994年关税与贸易总协定第七条的协议》(即《海关估价协议》)的估值问题	—			
	15. 适用《进口许可证协定》所产生的问题	—			
	16. 1994年关税与贸易总协定第二条所界定的关税及其他税费	—	√		
	17. 与电子商务相关的标准			√	√
	18. 原产地规则问题	—			
	19. 分类议题		√		
知识产权理事会	20. 对版权及其他相关权利的保护和执行		√		
	21. 对商标的保护和执行	—			
	22. 新技术和技术的可接入性	—			

续表

理事会	议题	条款	是否曾被讨论	谈判是否达成	是否曾引起争端
贸易和发展理事会	23. 电子商务对发展中国家的国际贸易和经济前景的影响，特别是对其中小企业的影响，以及促进电子商务收益最大化的可能手段	—	√		
	24. 促进发展中国家电子商务的挑战及路径，特别是电子交付产品出口商所面临的挑战：基础设施改善（可接入性）和技术转让，以及自然人流动	—	√		
	25. 利用信息技术促进发展中国家融入多边贸易体制	—			
	26. 电子商务对发展中国家以传统模式分销的有形产品的冲击	—			
	27. 电子商务对发展中国家的金融启示	—			

资料来源：Wunsch-Vincent，S. Trade Rules for The Digital Age[A]. Panizzon，M.，N. Pohl，and P. Sauve. GATS and The Regulation of International Trade in Services[C]. Cambridge: Cambridge University Press，2008；Yasmin，I. E-commerce in the World Trade Organization: History and Latest Developments in the Negotiations under the Joint Statement[R]. IISD and CUTS International，Geneva，2020.

二、WTO 内与电子商务相关的谈判成果

电子商务作为一种新型贸易形式，包含一系列交叉性议题（cross-sectoral issues），涉及竞争政策、电信服务、金融服务、知识产权、信息技术硬件产品、海关程序等多个议题或行业。一方面，WTO 对 GATS 服务贸易的市场准入及规制领域的改善将自动适用于电子商务；另一方面，WTO 对其他相关部门或行业的谈判成果将间接促进数字贸易的发展。

具体由表 7-3 所示，在数字产品的市场准入议题上，《信息技术产品协定》（ITA）的扩围谈判将用于互联网访问的密匙软件、光纤制造机、半导体、GPS 导航系统和通信卫星等共计 201 种新型信息技术产品纳入协定。据 WTO 统计，ITA 扩围谈判所覆盖的新增种类的 IT 产品的贸易金额每年将达到 1.3 万亿美元，约占全球贸易的 7%[1]。WTO《政府采购协定》鼓励成员国在招投标过程中使用电子采购模式，同时首次明确将 BOT、多种新型服务部门（如通信服务）纳入协定。据 WTO 估计，新增的全球政府采购市场准入承诺金额每年将达到 800 亿～1 000 亿美元[2]。在规制融合领域，《贸易便利化协定》要求各成员方加强海关程序的透明度，以网络方式提供与通报信息，同时允许以电子支付方式支付各项进出口税费，要求各国建立"单一窗口"并尽力保证使用信息技术支持"单一窗口"的使用。据 OECD 和彼得森国际经济研究所的最新测算，《贸易便利化协定》将带动全球 GDP 增长 9 600 亿美元，同

---

[1] WTO. Information Technology Agreement，https://www.wto.org/english/tratop_e/inftec_e/inftec_e.htm.

[2] WTO. Ministers Greet Progress on Ratification of Revised Agreement on Government Procurement，https://www.wto.org/english/news_e/news13_e/gpro_04dec13_e.htm，4 December 2013.

时增加 2 100 万个就业岗位(Hufbauer and Schott,2013)。此外,《GATS 电信服务附件》《WTO 基础电信服务参考文件》《关于金融服务承诺的备忘录》等分别以约束或非约束形式创造良好营商环境,便利行业性数字产品和服务的市场准入,加快数字化进程。

表 7-3 WTO 体制内与电子商务议题相关的谈判成果

	内容	缺陷
GATS	规定 GATS 中的 MFN 待遇、国民待遇及其他一系列市场准入承诺均适用于成员国做出具体承诺的服务部门。其中,专业服务、金融服务和电信服务是做出承诺最多的三大服务部门(均为可通过互联网提供服务的部门)	—
GATS 电信服务附件	第 5 条规定 WTO 成员国应以合理、非歧视性的形式给予其他成员方的服务提供商进入并使用本国公共通信网络和服务的权利	以发达国家为主,发展中国家参与程度较低
GATS 第四议定书和《参考文件》	协定进一步放开了基础电信领域的竞争,促进该领域的市场开放程度。同时,《参考文件》对基础电信服务的国内管制做出"附加承诺",成员方承诺将基于客观、及时、透明和非歧视原则对稀缺资源(包括频谱①)进行分配和使用	1. 以简单的、非详尽列表形式列明市场中的反竞争行为; 2. 仅适用于基础电信服务领域
贸易便利化协定	协定要求提高海关程序及管理的透明度(以网络形式公布)、简化海关程序、加速货物通关放行、以电子方式支付税费和以信息技术支持"单一窗口"等多项规定都将惠及数字贸易	1. 未能彻底解决关税最低减让标准的问题; 2. 海关程序和文件的数字化程度不足
关于金融服务承诺的备忘录	第 8 条规定各成员方不得阻碍金融信息的跨境传输和处理,包括以数字形式传输的数据信息	规定各成员方具有保护个人数据和隐私的权利,从根本上增加了金融数据自由流动的不确定性
信息技术协议 2.0	协定将用于互联网访问的密匙软件、光纤制造机、半导体、GPS 导航系统和通信卫星等共计 201 种新型信息技术产品纳入协定	—
政府采购协定(GPA)	修订后的政府采购协定鼓励成员方在招投标过程中使用电子采购模式,同时首次明确将通信服务纳入协定	

数据来源:作者根据相关资料整理而成。

三、WTO 电子商务联合倡议

2017 年 12 月 13 日,71 个 WTO 成员方在布宜诺斯艾利斯部长级会议上发表《电子商务联合声明》(WTO,2017),各方重申全球电子商务的重要性及其为包容性贸易和发展所创造的机会,指出 WTO 应促进开放、透明、非歧视和可预测的监管环境,以促进电子商务的发展。同时,《电子商务联合声明》指出 71 个 WTO 成员方将共同开展探索性工作,以服务于未来的 WTO 电子商务谈判。2019 年 1 月 25 日,中国、美国、欧盟、日本、俄罗斯等 76 个 WTO 成员方发表《电子商务联合声明》(WTO,2019h),确定各成员方有意在世贸组织现有

---

① 随着移动智能设备逐渐成为接入互联网的重要渠道,各国间对频谱的分配和管理日益重要。

协定和框架的基础上,启动与贸易有关的电子商务议题的谈判。如表 7-4 所示,截至 2020 年 5 月 31 日,WTO 成员方累计向 WTO 提交 66 份提案,其中 43 份为公开提案,涉及 21 个 WTO 成员方,包括 8 个发达经济体和 13 个发展中经济体,提案最多的发达经济体和发展中经济体分别为新西兰(8 份)和巴西(7 份),此外,欧盟、美国、中国大陆和俄罗斯的提案数分别为 4 份、1 份、2 份、1 份(见表 7-4)。

表 7-4　向 WTO 提交"电子商务工作倡议"的经济体

发达经济体		发展中经济体	
经济体	提案数	经济体	提案数
新西兰	8	巴西	7
加拿大	6	科特迪瓦	3
欧盟	4	乌克兰	2
新加坡	3	俄罗斯	2
日本	2	阿根廷	2
中国台湾	1	中国大陆	1
澳大利亚	1	哥伦比亚	1
美国	1	哥斯达黎加	1
		喀麦隆	1
		布基纳法索	1
		肯尼亚	1
		菲律宾	1
		贝宁	1

资料来源:作者根据相关资料整理得到。

对比核心经济体在 WTO"电子商务联合倡议"中的提案(如表 7-5 所示)可以发现以下几点。

从内涵上看,美国主张依照 WTO"电子商务"的基本定义,将与电子商务相关的所有环节纳入谈判,并采用"数字贸易"概念与狭义的"电子商务"概念相区分,日本是《全面与进步跨太平洋伙伴关系协定》(CPTPP)的核心成员国,并且与美国达成《美国-日本数字贸易协定》,其在电子商务和数字贸易内涵的理解上与美国基本一致。然而,现阶段中国在多边贸易体制内对电子商务议题的讨论以互联网驱动的货物贸易的便利化为主,因此,从内涵上看,中国对"电子商务"的界定范围与美国和欧盟存在较大差距。

从谈判导向来看,美国主张电子商务谈判应达成"全面的、具有雄心水平的最高标准"贸易规则,以实现全球数字经济商业环境的开放性、公平性、竞争性,在此基础上,欧盟提出可通过"低挂果实"的路径,逐步增加内容,以尽可能多地吸引成员方加入谈判。中国和日本明确提出电子商务谈判应以发展为导向,兼顾发达经济体和发展中经济体的不同利益诉求。

从谈判路径上看,美国提出参照《服务贸易协定》(TISA)模式在多边框架内独立展开。俄罗斯明确提出 WTO 应成立"电子商务工作组"作为讨论电子商务议题的唯一平台,对所有与电子商务相关的议题进行整体分析。中国主张多边电子商务谈判应在 WTO 内进行，与"电子商务工作项目"形成互补关系，成为多边贸易体制的有力支撑，借此激活 WTO 谈判职能。

从特殊和差别待遇条款来看，美国采取的策略与其曾经主导却又退出的"跨太平洋伙伴关系协定"(Trans-Pacific Partnership Agreement，TPP)一致，即主张谈判最终成果必须适用于所有成员方，反对主张特殊和差别待遇。欧盟、日本和中国明确支持对发展中经济体进行能力建设援助和技术支持，主张将发展中经济体的基础设施建设纳入 WTO"贸易援助计划"，同时提出 WTO 可借鉴 APEC"数字贸易独立研究项目倡议"推动成员方监管机构之间的规制合作，实现包容性增长。

从提案内容上看，2019 年 3 月 25 日，美国向 WTO 电子商务联合倡议工作组提交提案，阐明 WTO 电子商务谈判应就七大领域展开，具体是：第一，信息的自由流动，包括数据跨境传输、禁止数据本地化要求、数字基础设施、在线内容封锁与过滤；第二，数字产品的公平待遇，包括对数字产品永久免征关税和非歧视待遇；第三，专有信息的保护，包括对源代码、算法、商业秘密的保护、禁止强制性技术转移、禁止歧视性技术要求、保持技术中性；第四，数字安全，包括可自主选择创新型加密技术，以及确保网络安全；第五，促进互联网服务，包括市场准入承诺、开放政府数据、非知识产权内容的责任及互联网中间商责任；第六，竞争性的电信市场，建议将《WTO 电信参考附件》纳入 WTO 成员的承诺表，并为电信投资者和跨境提供商提供市场准入；第七，贸易便利化，包括全面落实《贸易便利化协定》，并确定合理的最低税费减免额。

欧盟认为电子商务联合倡议一方面应着力构建促进电子商务的友好环境，具体包括：第一，明确电子合同的法律地位和非歧视性待遇；第二，确保电子认证和信任服务的法律效力；第三，确立法律框架及约束力条款保护消费者免遭欺诈行为，保证透明度，提供有效的赔偿措施和其他加强信任的措施；第四，消费者对未经请求的商业电子信息具有自主选择权和追索权；第五，以电子形式提供的服务不应被另外特别要求预授权；第六，对电子传输永久免征关税(WTO，2019b)。同时，欧盟主张对 WTO《电信服务参考附件》进行修订并替代，以提高电信部门规则的有效性和透明度，确保电信市场的有效竞争，为供应商提供确定和可预测的环境，促进互联网市场的开放性和中性，提高电信服务的网络安全(WTO，2019c)。

日本提出未来数字贸易和电子商务协定应包含五个领域的内容(WTO，2019d)，分别为：第一，电子商务/数字贸易的监管框架，包括电子签名和认证、在线消费者保护、未经请求的商业电子通信、无纸贸易、隐私保护、电子支付、标准和互操作；第二，开放和公平的贸易环境，包括关税、数字产品的非歧视待遇、通过电子手段跨境传输信息、禁止数据本地化、开放网络、合法政策目标的范围、自由化承诺；第三，保护知识产权，包括保护源代码和专有算法等重要信息、保护加密产品的创新、保护知识产权的贸易层面；第四，增强透明度，包括就监管措施和程序交换信息、利用贸易政策审议和贸易监测报告提高透明度；第五，发展与合作，包括监管合作、贸易和技术援助。

俄罗斯主张对电子商务议题的磋商应遵循"两步走"战略：第一步，审查并澄清现有 WTO 协定内与电子商务相关的规则与措施，包括关税、海关估值、原产地规则、进口许可证、技术规制、SPS 措施、知识产权保护对传统电子商务的适用性及保护程度，同时俄罗斯特别提出问题搜索引擎、移动设备、云计算、数字产品等"新型服务"在《联合国中心产品分类表》中的分类;第二步,审核是否应将 WTO 尚未包含但是与电子商务相关的议题纳入谈判议程,包括电子签名和电子认证、电子支付、隐私和个人数据保护、数据流动的安全机制、消费者保护(WTO,2019e)。此外,俄罗斯特别要求就消费者信任议题进行深入磋商,俄罗斯主张对电子商务消费者的保护不应低于传统贸易,要求监管部门制定跨境贸易合作和信息互换的基本原则,制定统一的合作互助方式,打击电子商务领域的不诚实商业行为,同时,倡议建立数字平台以发布在线销售的与不安全产品和服务相关的信息,制定侵犯在线消费者权益的措施清单以保障商品和服务的质量和安全(WTO,2019f)。

中国主张优先对以下四类议题展开谈判:第一,澄清电子商务中与贸易相关的定义及现有相关规则的适用范围;第二,构建促进电子商务交易的良好环境,包括促进跨境电子商务、无纸化贸易、电子签名和电子认证、电子合同以及电子传输免征关税;第三,创造电子商务安全和可信任的市场环境,包括线上消费者保护、个人信息保护、未经请求的商业信息、网络安全以及透明度;第四,推动务实和包容性的发展合作,包括弥合数字鸿沟、促进研究培训的交流合作、探索电子商务的发展项目(WTO,2019g)。

表 7-5 主要经济体电子商务提案对比

	美国	欧盟	日本	俄罗斯	中国
基本定义	美式数字贸易	数字贸易	数字贸易	—	货物贸易的数字化
谈判目的	确保开放、公平、竞争性的数字经济商业环境,所有参与方均可受益	加强规则的可预测性,提高市场准入,将其纳入各成员的承诺表中	加强 WTO 义务、规则和承诺与数字经济的相关性。促进中小微企业和发展中国家参与全球价值链,促进包容性增长	识别共同利益和挑战,促进国际贸易的便利化,提高各成员方的经济福利水平	释放电子商务潜力,帮助发展中国家融入全球价值链,弥合数字鸿沟,实现包容性发展
谈判导向	达成全面、具有雄心水平的最高标准贸易规则	达成全面、具有雄心水平的 WTO 规则和承诺;被尽可能多的成员方接受	发展导向	问题导向	发展导向
谈判模式	开放、公平、竞争	开放、透明、包容	—	整体谈判	开放、包容、透明
机制路径	多边协定或诸边模式(TISA 模式)	多边协定	在多边框架内达成协定	多边协定	多边协定
特殊差别待遇	否	是	是		是
谈判焦点	数据和信息	电信服务	—	审核现有规则	数字订购型货物贸易

续表

	美国	欧盟	日本	俄罗斯	中国
重点议题	信息的自由流动；数字产品的公平待遇；个人数据和隐私保护；源代码和算法等专有信息保护；数字安全；促进互联网服务；竞争性的电信市场；贸易便利化；	数据的跨境流动；数字传输免征关税；个人数据和隐私保护；源代码和算法等专有信息保护；电子合同、数字签名和认证；互联网的开放和可接入性；消费者保护；贸易便利化；修订WTO《电信服务参考附件》；扩大信息技术产品、计算机服务和电信服务的市场准入；能力建设援助和支持	电子商务/数字贸易的监管框架，包括数字签名和认证、消费者保护、无纸化贸易、隐私保护、电子支付、标准和互操作；开放和公平的贸易环境，包括关税、数字产品的非歧视待遇、信息的跨境传输、数据本地化、开放网络等；保护知识产权，包括源代码和算法、数字加密产品；透明度；发展与合作	审查现有WTO协定内与电子商务相关的规则、实践、机制；电子签名和认证；个人数据和隐私保护；数据流动的安全机制；消费者保护	澄清电子商务的定义，WTO现有规则的适用范围；构建良好的电子商务营商环境，包括跨境电子商务便利化、无纸化贸易、数字签名和认证、电子合同、数字传输免征关税；创造安全、可靠的市场环境，包括消费者保护、个人信息保护、网络安全、透明度；促进包容性发展合作，包括基础设施建设和技术支持、研究和培训交流、电子商务发展项目

资料来源：作者根据WTO提案整理得到。

第三节 区域贸易协定中电子商务和数字贸易规则进展

由于多边贸易体制长期陷入"多哈困局"，WTO关于电子商务议题的讨论仅停留在报告和书面文件中，WTO始终无法有效回应发达经济体和跨国公司对电子商务议题展开实质性谈判的最新诉求。在此背景之下，区域/自由贸易协定成为各方就电子商务议题达成协定的"次优选择"。

一、区域电子商务和数字贸易规则的发展概述

自2000年起至今，WTO通报的包含电子商务条款的贸易协定数量占贸易协定总数的比例从2.44%提高到29.18%。截至2020年6月30日，WTO共计通报89个包含电子商务条款的贸易协定。在89个协定中，64个以"电子商务"专章或"无纸化贸易"专章形式存在；6个以"电子商务"专节形式存在；14个以条款形式存在；1个以附件形式存在①。1994年生效的《欧洲经济区协定》是首个包含独立电子商务章节的贸易协定，1997年生效的《加拿大-以色列自由贸易协定》是首个包含实质性电子商务条款的贸易协定。2010年后生效的包含电子商务议题的贸易协定共计52个，占同期生效的FTA总数的一半以上。特别值得注意

---

① 另有4个区域贸易协定资料不可得。

的是,2010年后南-南贸易协定中的"电子商务"条款开始纳入实质性内容①。

从协定类型来看,包含电子商务议题的南-北贸易协定起步稍晚、发展最快、数量最多。现有89个贸易协定包括北-北贸易协定21个,南-南贸易协定12个,南-北贸易协定56个。从议题内容②上看,北-北贸易协定的电子商务议题的平均深度高于南-北贸易协定和南-南贸易协定。但是,从2000年至今,南-北贸易协定的电子商务议题深度显著提高,目前已向WTO通报的贸易协定中,CPTPP为电子商务章节最长、内容最为完备的贸易协定,共包括18条、46款和2 637个字符。

在多边电子商务/数字贸易规则进展缓慢的背景下,自由贸易协定(和区域贸易协定)在数字贸易和电子商务议题的覆盖程度和议题深度上均有较大幅度的拓展。WTO(2018)识别出现有FTAs/RTAs共包括六类47项与数字技术相关的主要条款。在此基础上,Monteiro和Teh(2017)进一步利用杰卡德相似系数(Jaccard Index)分析不同贸易协定电子商务条款的相似度,结果显示不同协定中的电子商务条款存在显著的异质性特征,即使是同一经济体所缔结的不同贸易协定之间仍存在较明显差异。但是,美国、加拿大、澳大利亚、欧洲自由贸易联盟国家主导的电子商务条款内部相似度高于其他国家,且美国和澳大利亚已经在一定程度上实现了电子商务规则的对外输出(Monteiro and Teh,2017)。特别是以美国-韩国FTA和CPTPP为代表的多个贸易协定不仅成功化解了多边贸易体制内的多个分歧点,还对数字贸易中出现的"新议题"进行了广泛磋商,成为未来数字贸易谈判的有益参考(Branstetter,2016)。国内学者韩剑等(2019)的研究再次印证上述结论,同时韩剑等人认为经济规模越大、经济相似性越大、双边距离越近的国家之间越倾向于签署包含数字条款的贸易协定,而互联网普及率差距越大、国家风险差距越大、数字贸易开放度差距越大的国家之间签署数字贸易条款的可能性越小,且上述因素还影响着数字条款异质性。

二、区域电子商务和数字贸易规则的最新进展

2019年至今,《欧盟-日本经济伙伴关系协定》《中国香港-格鲁吉亚自由贸易协定》《欧盟-新加坡自由贸易协定》《中国香港-澳大利亚自由贸易协定》相继生效③。此外,美国和日本于2019年10月7日签订《美国-日本数字贸易协定》,新加坡与新西兰和智利于2020年6月13日签订《新加坡-新西兰-智利数字经济伙伴关系协定》,《美-墨-加协定》(简称"美加墨协议")于2020年7月1日生效。以下将对上述协定中电子商务条款的典型特征进行分析④。

(一)《欧盟-日本经济伙伴关系协定》

2019年2月1日,《欧盟-日本经济伙伴关系协定》正式生效,该协定包含12个电子商务条款,是目前欧盟签订的包含电子商务条款最多的协定。在《欧盟-日本经济伙伴关系协定》中,缔约方首次将源代码、无需预授权原则、以电子形式签订的合同、电子认证和电子签名、

---

① 在此之前,南-南贸易协定中的"电子商务"议题并未包括实质性条款及内容。
② 此处以"电子商务"章节所包含的字符数为衡量标准。
③ 上述四个协定均已向WTO通报。
④ 《中国香港-格鲁吉亚自由贸易协定》和《中国香港-澳大利亚自由贸易协定》暂不在本节中进行分析。

未经请求的商业电子讯息、数据的自由流动纳入欧盟主导的电子商务规则中。具体来看,在源代码条款中,协定规定任何一方均不得要求转让或使用另一方的人员拥有的软件的源代码;在无需预授权原则条款中,协定规定不得针对通过电子形式提供的服务提出额外的预授权要求或其他具有同等效力的任何要求(电信服务领域除外)[①];在电子合同、电子认证和电子签名条款中,缔约方承诺不得否认电子合同和电子签名的法律效力、有效性和可执行性,各方可根据交易事项确定适当的电子认证方法,并向监管机构确认其电子交易符合电子认证和电子签名各方面的法律要求;在未经请求的商业电子讯息条款中,协定要求电子讯息提供方事先取得接收人的同意,并列入必要信息,明确披露其代表的对象,使接收者能够随时自由请求停止接收相关信息;在数据的自由流动条款中,缔约方虽然没有制定数字贸易中跨境数据流动的具体规则,但是双方承诺在协定生效之日起三年内,双方应重新评估是否需要将与数据的自由流动相关的规定纳入协定。

除此以外,日本承诺将对从欧盟转移的数据实施额外的保障措施,以确保从欧盟转移的数据享有符合欧洲标准的保护保障,具体包括:第一,弥合两国数据保护系统的差异,主要包括加强对敏感数据的保护、个人权利的行使、欧盟数据从日本转移到第三国的条件等;第二,日本公共机构出于执法和国家安全的目的对个人数据的使用,将"限于必要和适当的范围",受到独立监督,并采取有效的补救机制进行约束;第三,建立投诉处理机制,用以调查和解决欧盟对日本公共当局访问其数据的投诉,该机制将由日本独立数据保护机制管理和监督。在此基础上,欧盟于2019年1月23日通过了一项对日本的"充分性决定"(adequacy decision),在上述强有力的保护基础上允许个人数据在欧盟和日本之间自由流动。该"充分性决定"是《欧盟-日本经济伙伴关系协定》的重要补充,形成了"全球最大的安全数据流动区域"(EU,2019)。

(二)《欧盟-新加坡自由贸易协定》

2019年11月21日,《欧盟-新加坡自由贸易协定》正式生效,该协定是欧盟与东盟国家签订的首个自由贸易协定。该协定包括五项与电子商务规则相关的条款。第一,电子商务条款的目标为:加强WTO规则对电子商务适用性,加强合作以避免对电子商务施加额外的规制限制,信息的自由流动不应损害知识产权所有者的相关权利,电子商务的发展应与国际数据保护标准完全兼容。第二,缔约方不应对电子传输征收关税。第三,以电子形式提供的服务应遵守"服务贸易"章节的相关义务。第四,在电子签名领域,双方应加强对彼此电子签名框架的理解,考察是否可能形成针对数字签名的多边共识协议。第五,在电子签名、中介服务商责任、未经请求的商业电子讯息、消费者保护等问题上加强对话。总体来看,作为欧盟与东盟国家签订的首个自贸协定,《欧盟-新加坡自由贸易协定》电子商务条款议题覆盖度窄,法律约束力低,尚未包括数字贸易时代的新议题。

(三)《美-墨-加协定》

《美-墨-加协定》(USMCA)于2020年7月1日正式生效。该协定继承与升级了美式数

---

① 《欧盟-日本经济伙伴关系协定》是唯一一个纳入无需预授权原则条款的协定。

字贸易规则中的相关条款,是首个以"数字贸易"章节代替"电子商务"章节的贸易协定,也是目前美国所签订的数字贸易和电子商务规则的"最高标准"。与 CPTPP 相比,《美-墨-加协定》对以下条款进行了深化,主要包括的内容如下。第一,在数字产品的非歧视性待遇条款中,USMCA 将其适用范围进一步拓展至广播服务。第二,在国内电子交易框架条款中,USMCA 剔除了 CPTPP 对于《联合国关于在国际合同中使用电子通信的公约》的认可,明确需参照《1996 年联合国国际贸易法委员会电子商务示范法》确定国内电子商务交易的法律框架。第三,在个人信息保护条款中,USMCA 明确指出在建立保护个人信息的法律框架时,应考虑《APEC 隐私框架》以及《OECD 保护隐私和个人数据跨境流动指南(2013)》等国际机构提出的各项原则和指导原则,同时提出个人信息保护的关键原则为限制收集、选择、数据质量、目的规范、使用限制、安全保障、透明度、个人参与和责任,此外 USMCA 指出《APEC 跨境隐私规则》体系可有效保护个人信息,同时又能促进跨境信息传输。第四,在信息的跨境转移条款中,USMCA 协定删除了 CPTPP 中缔约方各自监管需求的例外规定,进一步强化了信息的跨境转移条款的法律约束力。第五,在计算设施的位置条款中,USMCA 完全剔除了 CPTPP 中的"缔约方监管例外"条款和"合法公共政策目标例外"条款,上述两类例外条款的剔除将有效避免缔约方以"实现监管目标和合法公共政策目标"为名实行贸易保护主义政策,进而保护美国云计算相关产业的利益(周念利,2019)。第六,在网络安全条款中,USMCA 鼓励其管辖范围内的企业使用依赖于基于共识的标准和风险管理最佳实践的基于风险的方法,识别和防范网络安全风险,检测、响应网络安全事件并恢复正常。第七,在源代码条款中,USMCA 在 CPTPP 的基础上,进一步将"不得以转移或获得另一缔约方的人拥有的软件源代码表达的算法,作为在其领土内进口、分销、销售或使用该软件或含有该软件的产品的条件",同时 USMCA 剔除了关键基础设施例外条款。

此外,USMCA 在 CPTPP 的基础上,进一步引入了"交互式计算机服务"和"开放政府数据"两项新议题。其中,"交互式计算机服务"条款源于美国《通信规范法》(Communications Decency Act,CDA)第 230 节的"网络中介责任豁免"条款,该条款禁止政府要求互联网平台对第三方内容负责,从而保护了互联网平台以促进数字平台的开放和信息的自由流动。USMCA 通过国内法的国际化,成功在 USMCA 中引入"交互式计算机服务"条款,明确豁免了互联网中介平台在非知识产权侵权中承担的连带责任(CRS,2019)。USMCA 还是首个明确要求推动政府数据开放的贸易协定(周念利,2019)。其要求缔约方确保所开放的政府数据以机器可读、开放、可被检索、使用、重复使用和重新分发的格式向公众提供,同时要求各方扩大提供的政府信息(包括数据)的访问和使用范围的方式,以期为中小型企业增加和创造商机。

(四)《美国-日本数字贸易协定》

2019 年 10 月 7 日,美国与日本签署《美国-日本数字贸易协定》,其包括 22 条数字贸易条款。尽管《美国-日本数字贸易协定》的条款数目多于 USMCA,且其关税、国内电子交易框架、信息的跨境流动、计算设备的本地化①、网络安全、源代码、交互式计算服务、开放政府

---

① 对于涵盖的金融服务提供者的计算设施位置另有规定。

数据等 8 项核心条款与 USMCA 保持一致。然而,与 USMCA 相比,《美国-日本数字贸易协定》的承诺深度仍显不足。这具体体现在以下三个方面。

第一,《美国-日本数字贸易协定》通过设置例外条款大大降低了协定的覆盖范围和执行效力。例如,在数字产品的非歧视性待遇条款中,《美国-日本数字贸易协定》增加了对知识产权保护和对广播服务的例外条款。此外,《美国-日本数字贸易协定》专门新增"一般例外规定"条款、"安全例外规定"条款、"审慎例外规定和货币及汇率政策的例外规定"条款,规定不得因电子商务章节的任何条款要求当事方提供与其基本安全利益相抵触的任何信息,不得阻止缔约方采取其所认为的必要措施,以履行其维持或恢复世界和平或安全,或保护其本国安全利益的义务,不得阻止缔约方因审慎原因而采取或维持保护相关实体、维持金融系统完整和稳定的相关措施,不得阻止任何公共实体为执行货币和相关信贷政策或汇率政策而采取的普遍适用的非歧视性措施。

第二,《美国-日本数字贸易协定》对缔约方加强合作的重视程度低于 USMCA。例如,《美国-日本数字贸易协定》在数字认证和数字签名条款中,删除了采用可互操作的电子认证;在在线消费者保护条款中,该协定删除了缔约方国内消费者保护相关机构展开合作的相关条款;在个人信息保护条款中,该协定剔除了要求缔约方考虑国际机构(如 APEC)的法律框架及基本原则的规定,同时剔除了要求缔约方采取非歧视性做法保护个人信息的相关规定;在未经许可的商业电子讯息条款中,该协定删除了缔约方在共同关切的适当事件中进行合作的相关内容。

第三,一方面,《美国-日本数字贸易协定》删除了无纸化贸易、互联网的接入和访问原则条款。从缔约方角度看,美国和日本作为发达经济体,其自身的电子化、信息化、自动化程度较高,完全执行《贸易便利化协定》的各项承诺有助于实现无纸化贸易。另一方面,《美国-日本数字贸易协定》删除了近年来美国大力推动的互联网的接入和访问条款,主要包括:在合理的网络管理下,消费者可访问和使用互联网上可供其选择的各项服务和应用;若消费者选择的最终用户设备不会损害网络,则应将其连接到互联网;可访问与消费者互联网接入服务供应商的网络管理实践相关的信息。

除此以外,《美国-日本数字贸易协定》的一大亮点为首次在贸易协定中单独纳入(国内)税收条款,即数字税条款。近年来,数字税是 OECD 国家讨论的电子商务核心议题之一,数字税是否应征收、征收范围如何界定、如何征收、向谁征收等相关问题均为各国争论的焦点问题,预计 2021 年年中各国可能就数字税问题达成国际协定[①]。正是基于这一背景,《美国-日本数字贸易协定》引入数字税条款,其核心理念为不排除缔约方对数字产品和服务征收数字税,但是数字税的征收应符合对数字产品的非歧视性待遇,并详细列明非歧视性待遇的适用与不适用范围。

---

① OECD, International community renews commrtment to address tax challanges from digitalisation of economy, https://www.oecd.org/newsroom/international_community_renews_commitment_to_address_tax_challanges_from_digitalisation_of_the_economy.htm, 12th Oct.2020.

第四节　未来发展方向

本节将基于前文的分析,论述电子商务和数字贸易规则的未来发展方向。一方面,本节将剖析在 WTO 框架内展开电子商务议题谈判所存在的技术性难题和挑战,同时展望并预测中短期内多边电子商务议题可能探索的方向;另一方面,本节将总结电子商务和数字贸易议题在区域和自由贸易协定中所呈现出的趋势性特征。

一、多边电子商务谈判面临的主要困境和推进展望

尽管,在"美日欧三方联合声明"、"欧盟 WTO 改革概念文件"和《中国关于世界贸易组织改革的建议文件》中,核心成员方均表明应推动电子商务议题的谈判。然而自 2019 年 12 月底以来,WTO 上诉机构因仅剩 1 名大法官遭遇停摆,即引发 WTO 陷入系统性危机。在美国为首的众多经济体放弃多边贸易体制,转而利用双边和区域平台参与全球经贸治理的现实背景之下,在多边贸易体制内展开"电子商务"议题谈判面临巨大挑战。

(一) 多边电子商务谈判面临的主要困境

中短期内,在多边框架下开启高水平电子商务协定谈判的可能性较低。确定第 12 届部长级会议会期,同时化解 WTO 上诉机构停摆问题,是 WTO 现阶段亟须解决的主要问题,也是 WTO 进行新规则谈判的前提。此外,从机制设置来看,在多边框架内开启电子商务规则谈判要求获得所有 WTO 成员方"一致同意",这极大地增加了在 WTO 内开启规则谈判的难度。最后,从电子商务规则发展的技术层面看,目前并不具备在多边框架内达成电子商务协定的可能性,主要原因有如下四个方面。

第一,成员方尚未就电子商务和数字贸易的内涵与边界达成基本共识。首先,现阶段不同国际组织、国家或地区、工商企业等利益相关方就"电子商务"基本定义尚存在一定差异,成员方对 WTO "电子商务工作项目"中"电子商务"定义的理解也不尽相同。例如,美国认为其他国际组织和成员方所界定的"电子商务"仅包括互联网赋能型(internet-enabled)货物贸易,其边界远小于 WTO "电子商务工作项目"所界定的"电子商务",美国所界定的"数字贸易"则与 WTO "电子商务"内涵一致(WTO,2019)。除此以外,与电子商务议题相关的其他术语(如数字产品、电子传输等)也未能在成员方内取得共识。其次,从议题设置来看,电子商务议题作为交叉议题(cross-cutting issue),既涉及 WTO 现有规则内包含的货物贸易规则、电信服务规则、金融服务规则、贸易便利化规则等,也包括现有多边体系内尚未出现的数据流动、数据本地化、隐私、源代码等"新"型规则。(然而,成员方尚未达成共识多边电子商务谈判仅应审查现有 WTO 规则的适用性,还是应进行扩大谈判,就与电子商务相关的新议题和要件进行新规则谈判。)

第二,核心国家在电子商务和数字贸易的核心议题上存在巨大冲突。现阶段,各成员方就非应邀商业电子邮件、电子签名和识别、电子合同、消费者保护等一体化程度较低的议题上已具备初步共识。然而,核心国家在数据流动、数据本地化、个人隐私保护、源代码、海关

关税征收和国内税、互联网审查等核心议题上始终存在巨大分歧。如表7-6所示,欧盟和美国在个人隐私保护、国内税、视听产品等议题上存在较大分歧,而中国暂时尚未在数据流动、数据本地化、源代码转移等议题上明确表明态度。

表7-6 中国、欧盟、美国在数字贸易核心议题上的主要分歧

议题	美国	欧盟	中国
数据流动	数据自由流动,保留例外	数据自由流动,保留例外	持谨慎态度
数据本地化	禁止数据本地化	禁止数据本地化	持谨慎态度
个人隐私保护	根据隐私风险仅进行必要限制	要求采取限制措施保护隐私	采取限制措施保护隐私、保障安全
源代码转移	禁止强制要求转移源代码,保留例外	禁止强制要求转移源代码,保留例外	未提及
海关关税	永久免征	永久免征	免征关税直至下一届部长级会议
国内(互联网)税	反对征收国内(互联网)税	鼓励征收国内(互联网)税	不明确
开放互联网访问	支持,保留例外	支持,保留例外	有限开放

资料来源:Hufbauer, G. C., and Z. Lu. Global E-Commerce Talks Stumble on Data Issues, Privacy and More[R]. PIIE Policy Brief 19-14, 2019.

第三,发展中经济体和发达经济体之间存在巨大的数字发展鸿沟。尽管发展中经济体在WTO"电子商务工作项目"中的提案数目已超过发达经济体,但是针对电子商务和数字贸易相关的技术性讨论(如对电子商务相关术语的讨论、对本地规制框架的磋商)仍由发达经济体主导。由于缺乏相应的国内规制框架,发展中经济体难以参与、开启、主导针对电子商务和数字经济议题的技术性讨论,更无法识别、评估本国所需要的能力援助和技术支持以保障其国内充分履行所作出的具体承诺义务。

第四,电子商务谈判受到特殊和差别待遇条款改革的影响。作为多边贸易体制的"副产品","电子商务联合倡议"的磋商和讨论与WTO进程息息相关。包括美国、欧盟以及美欧与日本联合在一起的成员方或成员方集团多次提出对WTO特殊和差别待遇进行改革(Lighthizer,2020;WTO,2019a;EU,2018),其具体改革方向将影响未来电子商务协定中特殊和差别待遇条款的设置,以及可享受特殊和差别待遇的成员方覆盖范围。

(二)在多边框架内推进电子商务和数字贸易议程的可能方向

由于多边贸易体制难以在中短期内就电子商务和数字贸易议题展开实质性谈判,在短期内,WTO仍应以加强监督审议职能为主要目标;在中期内,WTO可吸引具有相同意愿的成员方就电子商务和数字贸易议题展开复边谈判。

短期内,WTO可通过提高WTO透明度机制,加强对贸易协定电子商务和数字贸易条款的通报、审查与评估。首先,WTO的透明度机制是多哈回合最早期成果之一,该机制确保了所有FTAs/RTAs相关信息的透明度、一致性与标准化,有助于开展对新规则的评估、监管与比较。WTO应进一步完善综合性FTAs/RTAs信息交换网站和数据库,汇集所有与

电子商务和数字贸易条款相关的信息,同时促进成员间的对话、经验共享和知识创新,为发展中成员和最不发达国家从知识共享中获取巨大收益。WTO 也可参照 APEC 制订、分享并推荐 FTA/RTAs 电子商务条款的"最佳实践准则",并就该"准则"的执行目标、信息共享程度、能力建设援助等设置非约束性的规范。同时,借鉴 OECD 引入"第三方评估机制",基于各方实际情况分别评估其当前国内法律规制框架与"最佳实践准则"的执行差距,并制定建议执行策略,定期评估电子商务条款"最佳实践准则"对经济与贸易绩效的改善和促进作用。

中期内,在多边框架内的电子商务议题磋商可以实质性多数协议或开放式诸边协议的形式展开。ITA 的巨大成功为 WTO 在未来实现新议题与新规则的突破上提供了极其有益的启示,诸边协定从制度上尊重 WTO 法理,在基本原则、透明度、争端解决方式上与多边贸易体制一致,同时又最大限度地减少了特惠或区域贸易协定所造成的贸易转移效应(Nakatomi,2013),因而可成为多边贸易体制下一个较理想的路径选择。WTO 可通过"实质性多数"原则(如 ITA)或开放式诸边协定原则(如《政府采购协定》)在 WTO 内发展"电子商务俱乐部"或"数字贸易俱乐部",以诸边模式在意愿相投的成员方之间开展谈判,既可避免个别成员方恶意阻止诸边谈判的发起,从而达成符合多数成员国利益的协定成果(Hoekman,2014)。值得注意的是,新的诸边协定谈判应确保协定收益在 WTO 成员方之间的合理分配,并为不具备协定执行能力的成员方提供特殊和差别待遇以及能力建设援助和支持,以体现"包容性"贸易理念。

二、区域贸易协定电子商务/数字贸易规则的主要趋势与展望

第一,美国是电子商务和数字贸易国际规则的制定者、推动者、主导者,通过双边和区域贸易协定,美国不仅实现了国内法的国际化,而且不断推动美国式电子商务规则向其他经济体的输出。《美-墨-加协定》是电子商务议题覆盖度最广泛的贸易协定,是当前电子商务规则的"最高标准"。在 USMCA 中,美国主导并引入的"交互式计算机服务"条款源于美国《通信规范法》(Communications Decency Act)第 230 节的"网络中介责任豁免"条款,这是美国国内法国际化的重要体现。同时,美国式电子商务规则逐步在新加坡、日本、韩国、澳大利亚、哥伦比亚等国的贸易协定中出现,即美国式电子商务规则在一定程度上不断实现电子商务规则的对外输出。

第二,美国和欧盟之间具备缩小在电子商务和数字贸易领域分歧的可能空间。美国、欧盟、日本三方自 2019 年以来就全球数字贸易治理问题展开多次非正式会谈,三方多次在《美欧日三方联合声明》中指出将尽快展开高标准协定的谈判,致力于共同打造"美欧日跨境数据流动朋友圈"。此外,美国和欧盟双方在"跨大西洋贸易与投资伙伴协议"(Transatlantic Trade and Investment Partnership)框架下已对数据传输免征关税具备初步共识,在 OECD 框架下就数字税问题达成初步共识。由此看出,美欧双方具备弥合数字贸易议题重大分歧的基础和条件,而在多边框架内达成数字贸易协定的巨大难度可能将加速美欧通过双边或区域维度中推进数字贸易议题谈判。

第三,中国与美欧日在电子商务和数字贸易议题上的谈判诉求存在本质差异。现阶段,中国在多边、区域和双边贸易协定中对电子商务议题的谈判以货物贸易的数字化为主,为较

低版本的电子商务规则。例如,中国参与的自由贸易协定尚未提出数字产品概念,更未明确提出与数字产品相关的数字产品免征关税和非歧视性待遇议题,也未强调电子商务与服务(特别是电信服务)、投资之间议题关联性,对电子商务的监管措施和例外条款的关注有限。特别是在美欧日特别关注的数据跨境流动议题上,除《内地与港澳关于建立更紧密经贸关系的安排》以外,中国参与的自由贸易协定中并未提及该议题。

第四,产生于自由贸易协定和区域贸易协定中的"第二代"电子商务和数字贸易规则已逐步出现在多边电子商务议题磋商清单内,并将成为未来电子商务议题谈判的重要组成部分。2012年以前,WTO成员方在多边贸易体制内的电子商务提案主要围绕"电子商务工作项目"的初始议题清单展开,主要包括电子传输的分类、关税征收、电信服务以及贸易便利化等核心议题。然而,随着电子商务条款在双边和区域贸易协定中的不断完善和深化,跨境数据流动、消费者保护、网络安全、互联网的开放、电子合同、数字签名和数字识别、电子采购和电子拍卖等WTO内尚未包含的新议题相继引入多边贸易体制,并受到越来越多的成员方关注。

第五,区域、双边贸易协定中的电子商务议题将推动现有多边电子商务规则的修订与更新。例如,电信服务是电子商务发展的关键要件,也是弥合各国电子商务发展鸿沟的基石。然而,形成于20世纪90年代的WTO《电信参考附件》已无法充分反映当今互联网生态系统对电信服务的实际诉求。同时,目前仍有多个WTO成员方未能接受或完全执行WTO《电信参考附件》中的相关条款。基于此,美国、欧盟、巴西等成员方均提案要求加快对WTO《电信参考附件》进行修订或替换,增强电信部门规则的有效性和开放性、促进电信市场的竞争性、监管法律规制的确定性和可预测性、互联网的开放性和技术中性,以及电信服务的网络安全性。又如WTO《贸易便利化协定》中的无纸化贸易条款、加快货物放行条款、最低关税减免条款、单一窗口条款、特殊和差别待遇条款既是《贸易便利化协定》的核心条款,也集中反映了中小企业进行跨境电子商务的主要诉求。因此,发达经济体和发展中经济体均有强烈意愿完全执行(fully complied)《贸易便利化协定》,并对《贸易便利化协定》进行进一步的完善和更新。

第八章

二十国集团数字经济合作和促进

二十国集团(G20)作为布雷顿森林体系框架内的一种非正式对话机制,由原七国集团(G7)以及其余十二个重要经济体组成,旨在推动以工业化的发展国家和新兴市场国家之间就实质性问题进行开放及有建设性的讨论和研究,以寻求合作并促进国际金融稳定和经济持续增长。在其最初的十余年历史中,G20作为一种危机应对及预防机制在国际治理中一直处于边缘化地位。2008年美国金融危机爆发后,G20一跃成为应对这场危机最核心的治理机制,并迅速由财长会议升级为峰会,进而在匹兹堡峰会后取代七国集团成为国际经济对话的重要平台。作为一种非正式国际机制,G20的定位是在发达经济体与新兴经济体之间寻求政治共识①。从2015年的安塔利亚峰会到2020年的利雅得峰会,数字经济已日渐成为G20国家讨论的核心议题之一,被视为关键的经济增长动力,数据流动作为数字经济的核心关注点,G20国家对其的讨论也日渐深入。

第一节　G20 数字经济合作回顾

在2015年土耳其安塔利亚峰会上,G20领导人认识到,我们生活的互联网经济时代给全球经济增长带来的机遇与挑战并存。中国在2016年G20杭州峰会上发起了对数字经济的讨论,首次发布了《二十国集团数字经济发展与合作倡议》②,重点讨论宽带接入、信息通信技术领域投资、创业和数字化转型、电子商务、数字包容性以及中小微企业发展等议题。

2017年德国担任G20主席国,延续了杭州峰会的成果,首次发起数字经济部长会议,成立数字经济工作组(Digital Economy Task Force,DETF)并延续至今。考虑到G20在全球经济治理体系中具有"顶层设计机制"地位,数字经济工作组的设立对国际形势和各国未来的具体工作路线产生了深远影响。G20汉堡峰会期间,发布了《二十国集团数字经济部长宣言》及其三个附件《数字化路线图:数字未来的政策》《数字技能的职业教育及培训》《二十国集团关于数字贸易的优先事项》,重点讨论新工业革命、数字经济测度、数字经济工作技能、缩小性别鸿沟和数字政府等议题③。

2018年阿根廷担任主席国期间发布了《二十国集团数字经济部长宣言》及其四个附件,分别为《二十国集团数字政府原则》《弥合数字性别鸿沟》《数字经济测度》《加快部署数字基

---

① 朱杰进.二十国集团的定位与机制建设[J].阿拉伯世界研究,2012(3).
② G20,二十国集团数字经济发展与合作倡议,2016.
③ G20,G20 Digital Economy Ministerial Conference,2017.

础设施以促进发展》,重点讨论了数字政府、弥合数字鸿沟、数字经济测度、加快部署数字基础设施、新兴数字技术、数字化背景下的企业家和中小微企业、未来就业和消费者保护等议题,并在国际电信联盟(ITU)的支持下建立了"G20 数字政策知识库"①。

2019 年日本作为主席国的 G20 数字经济部长会议上,各国部长围绕如何通过数字化实现包容、可持续、安全、有信任和创新的社会充分交换意见。G20 主席国日本首次召开了贸易工作组和数字经济工作组联席会议并发表了《贸易和数字经济部长联合宣言》,深入探讨贸易和数字经济的关联性,探究全球数字贸易发展路线和合作机会②。2019 年 G20 大阪峰会还发表了《数字经济大阪宣言》,启动"大阪轨道",同意在世界贸易组织(WTO)框架下就数字经济国际规则制定、数据跨境流动等问题进一步展开讨论,以促进数字经济发展③。在主席国的引导下,G20 首次提出"可信任的数据流动",并最终被纳入 2019 年度数字经济部长宣言和领导人宣言。该概念为日本首相安倍晋三于 2019 年达沃斯论坛提出,得到了美欧等国家响应④。

2020 年,受新冠肺炎疫情影响,沙特阿拉伯作为 G20 主席国召开了两次数字经济部长会议,分别发布《G20 数字经济部长应对新冠肺炎声明》和 2020 年《G20 数字经济部长宣言》。《G20 数字经济部长应对新冠肺炎声明》强调了数字技术和相关数字战略在加速和合作应对全球新冠肺炎疫情和未来全球挑战方面的重要性,指出要在基础设施互联互通、安全的数据交换、健康相关的数字技术的研发和应用、安全可信任的线上环境和商业韧性等方面加强合作,以妥善应对未来的全球性、突发性挑战。

2020 年的《G20 数字经济部长宣言》涉及可信任的人工智能、可信任的数据自由流动和跨境数据流动、智慧城市、数字经济测度和数字经济安全五大议题,并含有《推进 G20 人工智能原则国家政策案例》《G20 智能出行指南》《G20 迈向数字经济测度共同框架路线图》和《G20 数字经济安全相关实践案例》四个附件。

第二节　G20 数字经济测度议题

数字经济测度是 G20 数字经济工作组自成立伊始以来的核心议题之一。2016 年 G20 杭州峰会通过的《二十国集团数字经济发展与合作倡议》就指出要加强在国际范围内开展电子商务测度和数字经济对宏观经济影响的研究,并期待包括 OECD 在内的相关国际组织和感兴趣成员做出努力,加强宏观经济统计中的数字经济测度问题研究,包括对各国统计机构开展自愿性"良好实践"调研,并组织由统计学家和数字企业参与的数字经济测度源数据研讨会。自此,OECD 长期深度参与 G20 数字经济工作组相关工作,每年都向 G20 数字经济工作组提交测度等核心议题的背景材料,并支撑相关文件起草。

2017 年 G20 汉堡峰会《数字经济部长宣言》中进一步强调了数字贸易测度和数字经济

---

① G20,G20 Digital Economy Ministerial Declaration,2018.08.
② G20,G20 Ministerial Statement on Trade and Digital Economy,2019.
③ G20,数字经济大阪宣言,2019.
④ 牛玮璐,高晓雨.2019 年数字经济国际合作与规则制定态势分析[M].数字经济发展报告(2019—2020),2020.

测度的重要性,并继续呼吁各相关国际组织和国家统计局开展相关工作。

2018年,阿根廷作为G20轮值主席国,高度重视数字经济测度议题,"数字经济测度"成为当年《G20数字经济部长宣言》的一个核心部分,并且该宣言含有《数字经济测度》附件。2018年的《G20数字经济部长宣言》认为,及时、标准化和可比的测度标准是推动数字经济发展、评价新技术对就业、生产和社会的影响、制定政策改善个人和企业的新技术应用的基础。当前我们需要拓展现有的测度框架,纳入新指标以体现数字化转型进程及其对个人和企业的影响。该宣言鼓励G20成员建设综合、高质量的数据基础设施,从而更准确地评估物联网、大数据等数字技术的应用水平及其影响。2018年的《G20数字经济部长宣言》还强调了G20国家要共同致力于提升关键领域的测度水平,包括数字经济的价值创造、数据流动、贸易和数字经济的交互性、教育和技能等。

2018年的《数字经济测度》附件介绍了主席国阿根廷与OECD等国际组织合作完成的"G20数字经济测度工具箱"[1](以下简称"工具箱")。工具箱梳理了G20各国采取的各种监测数字化转型的方法和指标,以及尚存的问题和挑战,旨在提供一些可以初步评估数字经济的方法,支撑基于证据的政策制定,助力发现数字经济发展中的机遇和挑战,并作为今后各国开展数字经济测度工作的指南。工具箱梳理归纳了30多个主要国际组织正在采用的监测数字经济的指标(见表8-3),可以分为四类。一是基础设施,包括移动和固定网络接入、下一代网络、家庭和企业接入。二是赋能社会,包括数字技术应用、互联网应用、教育、金融和政府应用。三是创新和技术应用,包括新的数字化商业模式、ICT技术作为创新引擎的作用、ICT技术和其他新兴技术的商业应用。四是就业与增长,包括与劳动力市场、就业创造、ICT投资、增加值、国际贸易、电子商务和生产率增长有关的指标。工具箱指出当前数字经济测度面临两类问题和挑战,方法差距和可用性差距。方法差距是指在监测数字经济、改进现有指标和数据来源等方面的问题,包括在数据流动、数字技能、数字技术应用水平和收益、数字贸易、电子商务统计、性别和年龄差异、社会经济影响、不同类型数据源、家庭使用情况、地域差异、数字化的经济增加值等方面的测度问题。可用性差距是指落实的有效性。即使存在相关统计标准,各国也可能无法系统地落实、公开相关信息并确保数据可比。工具箱建议,G20国家下一步可以采取以下行动提升其测度能力。一是推广全面、高质量的数据基础设施和收集工具,以衡量个人和企业层面数字技术应用情况及其相关的风险和收益,包括性别、年龄、技能、教育和区域等关键领域数据,以及公司的规模、行业和位置。二是努力在现有的宏观经济框架中改善数字经济的测度,如建立卫星账户。三是促进国际组织与G20国家交流合作,分享国家倡议,遵守和传播国际标准和最佳实践,改善指标的可比性,减少数据覆盖面和及时性的差距,重视缺乏资金和人力资源的发展中国家的能力建设。四是鼓励政府、企业和其他民间团体之间的互动,从而强化证据基础并补充官方统计数据,改进框架以更好地使用B2B、B2G和G2B的数据。五是支持公私合作,计划和实施有关数字技术创新应用的商业调研,共同努力确定对技能和能力的需求。六是鼓励与国际组织合作,帮助欠发达国家收集必要的统计数据,以推动在这一领域的循证决策。七是促进使用可互操作的工具和数据格式,促进对公共部门数据的访问和共享,推动创新,并使政府活动更加开放透明。

---

[1] G20, Toolkit for Measuring the Digital Economy, 2018.

2019年日本作为G20主席国，聚焦于推广其"可信任的数据自由流动"概念，对数字经济测度着墨不多，仅聚焦于通过改善数字经济测度弥合数字鸿沟方面。

2020年，沙特作为G20主席国，在数字经济测度领域颇具雄心，希望更新2016年G20杭州峰会上对数字经济的定义，提出新的G20数字经济定义框架，使测度工作更具包容性。为实现这一目标，沙特委托OECD起草了《迈向数字经济测度共同框架路线图》[①]（以下简称《路线图》）背景文件，并于2020年5月5日召集G20成员国代表、国际组织专家和企业界等利益相关方代表，召开了数字经济测度线上会议，就《路线图》和数字经济测度的经验和挑战展开讨论[②]。最终，《路线图》的摘要成为2020年《G20数字经济部长宣言》的附件对外发布。

2020年《G20数字经济部长宣言》[③]强调了定义数字经济对测度的重要性，在2016年杭州峰会数字经济定义的基础上提出了"分层定义框架"的概念，并提出"数字经济要素的总体政策定义"，即"为测度之目的，数字经济涵盖依赖于或显著获益于利用数字投入的所有经济活动，这些投入包括数字技术、数字基础设施、数字服务和数据，指包括政府在内，所有在其经济活动中利用数字投入的生产者和消费者"。此外，该宣言强调了为提高数字经济社会和经济影响的监测能力，评估政策以引导其发展，并确保没有人掉队，明确与就业、技能（包括数字素养）和增长相关的代表性测度指标及其跨社区的有效使用至关重要。为了提高数据的可用性和当前统计方式，并增强数字经济测度的证据基础，该宣言提出支持政府与利益相关方如私营部门、企业实体、教育机构、民间社会和国际组织等开展合作，明确、制定并使用新增和现有数据资源，包括根据各国实际目前尚未实施的按性别分类的数据，同时保护隐私和个人数据。该宣言强调，数字化转型驱动的新业务模式对涉及数据、数字化服务和数字平台的测度带来各种挑战，G20成员鼓励讨论和探索指标，以应对各种测度挑战，在可能的情况下提供测度指导，并酌情可将数字经济纳入国民经济核算和其他统计体系的有关工作。

OECD起草并递交G20数字经济工作组的《路线图》在全球数字经济测度领域总体上有两点里程碑式突破。

一是提出新的数字经济分层定义框架。当前全球数字经济测度口径差距极大，导致各国数字经济规模测度结果缺乏可比性。以中美为例，中国信通院参考2016年G20杭州峰会上的数字经济定义，将数字经济分为数字产业化和产业数字化两部分（见表8-1），测算得出2018年我国数字经济规模31万亿元，占GDP比重为34.8%[④]；美国商务部经济分析局（USBEA）对数字经济的定义则聚焦于数字产业部分，认为数字经济包括基础设施、电子商务和定价数字服务（见表8-2），测算得出2018年美国数字经济规模为18 493亿美元，占GDP的9%[⑤]。由于数字经济定义、统计方式和口径不同，中美的数字经济规模测算结果相

[①] OECD, A Roadmap toward a Common Framework for Measuring the Digital Economy, Report for the G20 DETF Saudi Arabia, 2020.
[②] G20, G20 Digital Economy Task Force Tackles Critical Common Challenges, 2020.
[③] G20, G20 Digital Economy Ministerial Declaration, 2020.
[④] 中国信息通信研究院. 中国数字经济发展与就业白皮书(2019)[R], 2019.
[⑤] Jessica R. Nicholson, New Digital Economy Estimates, U.S. Bureau of Economic Analysis(BEA).

去甚远,也给全球数字经济发展水平监测带来了极大的难点。为解决此问题,《路线图》在2016 年 G20 杭州峰会数字经济定义的基础上提出了"分层定义框架",认为数字经济可分为核心层、狭义层、广义层和数字社会。核心层包括数字内容、ICT 产品和服务。狭义层在核心层的基础上还包括依赖于数字技术和数据的企业的经济活动,类似于我国的"数字产业化"概念,美国对数字经济的测算主要集中于核心层和部分狭义层。广义层在狭义层的基础上还包括使用数字技术和数据显著提升的企业的经济活动,类似于我国的"产业数字化"概念。数字社会则包括免费服务等超出了 GDP 核算范畴的数字化交易和活动,类似于我国的"数字经济"概念。此外,《路线图》还基于 2017 年 IMF 和 OECD 共同发布的《测度数字贸易:OECD/IMF 盘点结果》中对数字贸易的概念①提出了"数字交易经济",即数字化订购和/或数字化交付的经济活动,包括核心层、狭义层和广义层,认为"数字交易经济"可以作为数字经济当前的替代测度方法(见表 8-3)。

表 8-1　历年 G20 数字经济部长宣言正文中数字经济测度相关内容情况

时间	主席国	数字经济测度相关内容
2016 年	中国	(1) 加强在国际范围内开展电子商务测度和数字经济对宏观经济影响的研究; (2) 期待包括经合组织在内的相关国际组织和感兴趣成员做出努力,加强宏观经济统计中的数字经济测度问题研究,包括对各国统计机构开展自愿性"良好实践"调研,并组织由统计学家和数字企业参与的数字经济测度源数据研讨会
2017 年	德国	(1) 承诺将致力于就数字贸易测度达成共识并努力改善,以促进该领域的基于证据的决策; (2) 呼吁所有专业国际机构按照其授权进一步推进数字经济测度进程,为强化对数字经济对总体经济贡献程度的理解贡献重要的工具; (3) 欢迎国际组织和国家统计局为改进数字经济测度所开展的工作
2018 年	阿根廷	(1) 阿根廷主席国与国际组织合作制定了"G20 数字经济测度工具箱",包括各种监测数字化转型的方法和指标; (2) 认识到及时、标准化和可比的测度标准是推动数字经济发展、评价新技术对就业、生产和社会的影响、制定政策改善个人和企业的新技术应用的基础; (3) 强调扩展现有测度框架的必要性,需要纳入新的相关指标以体现数字化的发展及其对个人和企业的影响,使统计系统更加灵活,并能够对数字经济的新变化和快速发展做出响应; (4) 鼓励 G20 成员继续建设综合、高质量的数据基础设施,从而在个人和企业层面上评估数字技术(如物联网和大数据)的应用和影响; (5) 积极参与制定和改善数字经济国际测度标准相关行动; (6) 共同努力弥合关键领域的现有的测度差距,如数字经济的经济价值创造、数据流动、贸易和数字经济的交互性、教育和技能等; (7) 提高数据收集和传播的能力并提升数据质量; (8) 探索可以提升数字经济测度的更多的数据和工具来源
2019 年	日本	(1) 为解决数字鸿沟,应承诺采取基于证据政策方法,并努力改善数字经济测度以最大程度地使用创新技术; (2) 鼓励 G20 国家采取行动弥合数字性别鸿沟,包括制定衡量和监测按性别分类的数据的框架

---

① OECD, IMF. Measuring Digital Trade: Results of OECD/IMF Stocktaking Survey, 2017.

续表

时间	主席国	数字经济测度相关内容
2020年	沙特阿拉伯	(1) 支持推进数字经济测度。加强合作将有助于提升各种方法的一致性,并完善基于事实的政策制定,为实现21世纪所有人的机遇做出贡献; (2) 倡导就测度开展包容和多利益攸关方对话; (3) 认可围绕数字经济最佳定义交流信息。关于数字经济要素的总体政策定义:为测度之目的,数字经济涵盖依赖于或显著获益于利用数字投入的所有经济活动,这些投入包括数字技术、数字基础设施、数字服务和数据,指包括政府在内,所有在其经济活动中利用数字投入的生产者和消费者; (4) 认识到明确与就业、技能(包括数字素养)和增长相关的代表性测度指标及其跨社区的有效使用至关重要,并尽可能兼顾跨性别、教育和其他社会经济因素的结果分布; (5) 支持与利益相关方如私营部门、企业实体、教育机构、民间社会和国际组织等开展合作,明确、制定并使用新增和现有数据资源,包括根据各国实际目前尚未实施的按性别分类的数据,同时保护隐私和个人数据; (6) 鼓励讨论和探索指标,以应对各种测度挑战,在可能的情况下提供测度指导,并酌情认可将数字经济纳入国民经济核算和其他统计体系的有关工作

资料来源:作者根据历年《G20数字经济部长宣言》整理。

表8-2 中国信通院数字经济测度框架

	组成部分
数字产业化	电子信息制造业(增加值)
	基础电信业(增加值)
	互联网行业(增加值)
	软件服务业(增加值)
产业数字化	ICT产品和服务在其他领域融合渗透带来的产出增加和效率提升

资料来源:中国信息通信研究院. 中国数字经济发展白皮书(2020年)[R],2020.7

表8-3 美国经济分析局2020年版数字经济测度框架

	组成部分	说明	纳入统计情况
基础设施	硬件	构成计算机系统的制造出的实体元件,包括但不限于摄像头、硬盘驱动器和半导体。还包括通信产品和视听设备产品	几乎全部纳入
	软件	个人计算机和商业服务器等设备使用的程序和其他操作信息,包括商业软件和公司内部开发供自己使用的软件	几乎全部纳入
	结构件	用于数字经济产品创造或提供数字经济服务的建筑物。还包括为数字产品提供支持服务的建筑物。包括数据中心、半导体制造工厂和光缆、交换机、中继器等装置	尚未纳入,正在推进

续表

	组成部分	说明	纳入统计情况
电子商务	B2B	使用互联网或其他电子方式在企业间购买商品和服务。制造商、批发商和其他行业公司间和公司内的电子商务,以生产最终消费的商品和服务	几乎全部纳入
	B2C	企业通过互联网或其他电子方式向消费者销售商品和服务,如零售电子商务	几乎全部纳入
定价数字服务	云服务,已定价	基于一组计算资源的计算服务,可以通过灵活、弹性、按需的方式访问这些资源且管理成本很低,提供远程和分布式托管、存储、计算和安全服务	几乎全部纳入。使用其他来源数据得出估算结果,包括经济普查和 Statista 的《技术市场展望》
	数字中介服务,已定价	在两个独立的交易方之间通过数字平台提供信息、成功匹配并收取一定费用的服务。这些平台的产出通常由中间产品的生产者和/或消费者所支付的费用组成	未单独确定;正在部分推进
	所有其他定价数字服务	所有其他购买的数字服务(不包括云计算和数字中介服务)	几乎全部纳入

资料来源:Jessica R. Nicholson, New Digital Economy Estimates, U.S. Bureau of Economic Analysis(BEA).

此前对数字经济比较主流的分层框架是《定义、概念化和衡量数字经济》[1]中的观点,认为数字经济包含三个层面,数字部门、数字经济和数字化经济。数字部门包括硬件制造、软件、信息服务和电信等。数字经济在数字部门的基础上还包括数字服务、平台经济等,数字化经济则在数字经济的基础上包括电子商务、工业 4.0、算法经济等。此外,分享经济和零工经济为数字经济和数字化经济的交叉部分。相较于《定义、概念化和衡量数字经济》中的三层框架,《路线图》的层次更清晰,更有利于测度,特别是核心层和狭义层,已经具有较为成熟的测算方法和体系。下一步,考虑到可比性和可操作性,各国可通过仅测算核心层和狭义层先实现国家间的横向可比,然后逐步向广义层扩展。

二是提出数字经济就业、技能和增长相关测度指标。OECD 于 2014 年发布《衡量数字经济:一个新的视角》[2],并在此基础上支撑 2018 年的 G20 主席国阿根廷形成"数字经济测度工具箱"[3]。从表 8-4 可以看出,2018 年版工具箱中的指标相较于 2017 年版《衡量数字经济:一个新的视角》更为简洁,且从相关性、代表性和数据可获取性方面均有所提高。2019 年,联合国贸易与发展会议(UNCTAD)基于《定义、概念化和衡量数字经济》中的数字经济定义框架提出数字经济测度指标[4],仅保留了部分增长、就业和贸易相关指标(见表 8-5)。2020 年沙特主席国沙特阿拉伯认为,当前数字经济测度的难点在就业、技能和增长三个方面,基于 OECD、UNCTAD 的研究,请 OECD 等国际组织继续就就业、技能和增长三个领域展开深入研究,形成《路线图》中新的就业、技能和增长指标(见表 8-6 和表 8-7)。

[1] Bukht, Rumana and Heeks, Richard, Defining, Conceptualising and Measuring the Digital Economy. Development Informatics Working Paper no. 68, 2017.
[2] OECD, Measuring the Digital Economy: A New Perspective[M]. OECD Publishing, 2014.
[3] G20, G20 Toolkit for Measuring the Digital Economy, 2018.
[4] UNCTAD, Digital Economy Report 2019, 2019.

表 8-4 《定义、概念化和衡量数字经济》和《路线图》数字经济定义对比

《定义、概念化和衡量数字经济》	《G20 迈向数字经济测度共同框架路线图》
数字部门:硬件制造、软件、信息服务和电信等	核心层:数字内容、ICT 产品和服务
数字经济:在数字部门的基础上还包括数字服务、平台经济等	狭义层:在核心层的基础上还包括依赖于数字技术和数据的企业的经济活动
数字化经济:在数字经济的基础上包括电子商务、工业4.0、算法经济等	广义层:在狭义层的基础上还包括使用数字技术和数据显著提升的企业的经济活动
—	数字社会:包括免费服务等超出了GDP核算范畴的数字化交易和活动
交叉部分:分享经济和零工经济为数字经济和数字化经济的交叉部分	交叉部分:数字化订购和/或数字化交付的经济活动是核心层、狭义层和广义层的交叉部分

资料来源:作者根据《定义、概念化和衡量数字经济》和《G20 迈向数字经济测度共同框架路线图》整理。

表 8-5 《衡量数字经济:一个新的视角》和工具箱测度指标对比

衡量数字经济:一个新的视角		G20 数字经济测度工具箱	
智慧基础设施投资	宽带覆盖	基础设施	宽带投资
	移动数据通信		移动宽带增长
	互联网增长		更高的互联网速度
	更高的速度		连接价格
	连接价格		物联网基础设施
	ICT 设备和应用		安控服务器基础设施
	跨境电子商务		家庭计算机使用
	安全		家庭互联网接入
	安全感知和隐私威胁		—
	基于证据的在线安全和隐私		—
赋能社会	互联网用户	赋能社会	数字原住民
	在线活动		缩小数字鸿沟
	用户复杂性		在线消费者
	数字原住民		移动支付
	儿童用户		城镇居民和政府的交互
	教育中的 ICT		数字时代教育
	工作中的 ICT 技能		个人 ICT 技能
	在线消费者		—
	无国界内容		—
	数字政府应用		—
	ICT 和健康		—

续表

衡量数字经济：一个新的视角		G20 数字经济测度工具箱	
释放创新	ICT 和研发	创新和技术应用	机器学习研究
	ICT 产业创新		人工智能相关技术
	释放微数据的潜力		制造业机器人
	ICT 专利		信息产业研发
	ICT 设计		支持商业的研发
	ICT 商标		ICT 相关创新
	知识传播		ICT 商业应用
	—		云计算服务
实现增长和就业	ICT 投资	就业和增长	信息产业就业
	ICT 商业多样性		ICT 职位就业
	ICT 增加值		分性别的 ICT 从业人员
	信息产业劳动力生产率		电子商务
	衡量通信服务质量		信息产业增加值
	电子商务		扩展的 ICT 足迹
	ICT 人力资源		ICT 投资
	ICT 部门工作和 ICT 工作		ICT 和生产率增长
	贸易竞争力和全球价值链		ICT 和全球价值链
	—		贸易和 ICT 就业
	—		ICT 产品占货物贸易的比重
	—		电信、计算机和信息服务占服务贸易的比重

资料来源：作者根据《衡量数字经济：一个新的视角》和"G20 数字经济测度工具箱"整理。

表 8-6　UNCTAD 数字经济测度指标

一级指标	二级指标
ICT 部门增加值	ICT 部门增加值总趋势
	ICT 制造业增加值
	电信和计算机服务业增加值
数字经济就业	ICT 部门就业
	ICT 相关职位就业
数字经济相关贸易	ICT 货物贸易
	ICT 服务贸易
	数字化交付服务贸易
电子商务增加值	电子商务增加值

资料来源：作者根据 UNCTAD Digital Economy Report 2019 整理。

表 8-7 《路线图》中就业、技能和增长相关指标

	指标	数据来源
就业	数字密集部门和信息产业就业	基于国家劳动力调查的 OECD 结构性分析(STAN)数据库
	ICT 任务密集型和 ICT 专业人员的就业	欧洲劳工调查
	不同性别的 ICT 专业技术人员	国际劳工组织
技能	不同性别选择的 ICT 技能	国际电信联盟电信/ICT 指标数据库和 OECD ICT 个人接入和使用数据库
	不同性别的 ICT 任务强度	PIAAC 数据库
	ICT 在学校中的应用	OECD 国际生评价项目(PISA)数据库
	不同性别的学生报告的 ICT 能力	OECD 国际生评价项目(PISA)数据库
	自然科学、工程、ICT 和创造性领域高等教育	OECD 教育数据库
	不同性别的 NSE 和 ICT 高等教育	OECD 教育数据库
增长	信息产业增加值	OECD STAN 数据库
	信息产业相关国内增加值	OECD 国际输入输出(ICIO)数据库和贸易增加值(TiVA)数据库
	数字密集部门增加	OECD STAN 数据库和 OECD ICIO 数据库
	ICT 资产投资	OECD,年度国家账户数据库
	ICT 对劳动生产率增长的贡献	OEC 生产率统计数据库
	ICT 产品进出口	UNCTAD 信息经济数据库
	数字化交付服务进出口	UNCTAD 信息经济数据库

资料来源:《G20 迈向数字经济测度共同框架路线图》。

《路线图》呼吁,下一步 G20 各国通过培训提升必要的数字技能,让公职人员特别是国家统计部门的公职人员参与《路线图》相关活动。投资用于统计的数字基础设施,包括但不限于数据存储和处理基础设施及分析辅助软件。与利益相关方合作探索建立有助于测度工作的伙伴关系、寻找替代性数据源和测度方法和强化测度的证据基础。积极参与多边论坛关于测度的探讨,继续努力在 G20 成员间开展经验和最佳实践分享。

第三节　G20 促进跨境数据流动合作

数据流动是 G20 数字经济工作组自成立以来的核心议题之一。历届 G20 主席国均试图在该议题上寻求突破,争夺数字时代数据竞争制高点,然而,数据是数字经济时代的关键生产要素和核心资源,数据权利涉及各国公民权利、产业发展等核心利益,相关经济体难以妥协让步达成一致意见,相关议题进展举步维艰(见表 8-8)。

2016年,中国担任G20主席国,提出要促进经济增长、信任和安全的信息流动。2017年,德国担任G20主席国,高度强调隐私和个人数据保护。2018年,阿根廷担任G20主席国,延续上一年度的提法,强调在尊重适用的法律框架的基础上促进信息、想法、知识的自由流动。2019年,日本担任G20主席国,在跨境数据流动议题上取得了质的突破。不仅首次一改往年"信息流动"提法,纳入"数据流动"概念,而且提出"可信任的数据自由流动",并将其作为一个独立、核心的部分列入2019年的《数字经济部长宣言》中,具有划时代的意义。2019年《数字经济部长宣言》"可信任的数据自由流动"部分指出,数字化不仅可以促进包容性、可持续增长,而且能够促进社会和文化进步,培育创新,并使个人和包括中小微企业在内的广大企业受益于新兴技术和数据。数据、信息、思想和知识的跨境流动产生了更高的生产力,更大的创新能力和更强的可持续发展。同时,G20认识到数据自由流动带来了一些挑战。通过持续应对与隐私、数据保护、知识产权和安全有关的挑战可以进一步促进数据自由流动并增强消费者和企业的信任。为了建立信任并促进数据自由流动,必须尊重国内和国际法律框架。这种可信任的数据自由流动将利用数字经济机遇。G20将通过合作鼓励不同框架的互操作性并肯定数据对发展的作用。

2020年,沙特担任G20主席国,在延续上一年度日本担任G20主席国期间的成果的基础上综合各方意见提出"可信任的数据自由流动和跨境数据流动"。在2020年《G20数字经济部长宣言》中的该部分,G20认可了在大阪峰会期间取得的共识,同意数据、信息、思想和知识的跨境流动有助于产生更高的生产力、激发创新并促进可持续发展,也认识到数据自由流动会带来隐私和个人数据保护等挑战,要根据相关适用的法律框架,进一步促进数据自由流动,增强消费者和企业的信任,同时避免损害合理的公共政策目标。该宣言提出三个方面的具体做法。一是围绕数据政策分享经验和良好实践,特别是互操作性和交换机制,明确当前有信任的数据跨境流动途径和工具间的共性。二是重申贸易与数字经济融合的重要性,注意到正在进行的关于电子商务联合声明倡议的谈判,并重申WTO《电子商务工作计划》重要性。三是探索并了解隐私增强技术(PETs)等技术。

表8-8 历年G20数字经济部长宣言正文数据流动相关内容情况

时间	主席国	数据流动相关内容
2016年	中国	(1) 认识到信息、思想、知识的自由流动以及表达自由对数字经济至关重要,对发展大有裨益; (2) 支持维护互联网全球属性的信息通信技术政策,促进信息跨境流动,允许互联网使用者依法自主选择获得在线信息、知识和服务; (3) 在重要的政策问题方面开发更好的实用、相关、适当的指标,譬如数字经济中的信任、电子商务、跨境数据流动、物联网等问题
2017年	德国	(1) 在尊重有关隐私和数据保护的适用的国内和/或国际法律框架的基础上支持信息自由流动,并加强使用ICT的安全性、透明度和消费者保护; (2) 必须尊重适用的隐私和个人数据保护框架和知识产权,它们对于提升数字经济的信心和信任至关重要
2018年	阿根廷	繁荣的数字经济依赖于在尊重适用的法律框架的基础上促进信息、想法、知识的自由流动以及致力于建立消费者信任、隐私和数据保护以及知识产权保护

续表

时间	主席国	数据流动相关内容
2019年	日本	(1) 提出建立"可信任的数据自由流动"； (2) 数字化不仅可以促进包容性、可持续增长，还能够促进社会和文化进步，培育创新，并使个人和包括中小微企业在内的广大企业受益于新兴技术和数据； (3) 数据、信息、思想和知识的跨境流动产生了更高的生产力，更大的创新能力和更强的可持续发展； (4) 认识到数据自由流动带来了一些挑战。通过持续应对与隐私、数据保护、知识产权和安全有关的挑战可以进一步促进数据自由流动并增强消费者和企业的信任； (5) 必须尊重国内和国际法律框架； (6) 通过合作鼓励不同框架的互操作性并肯定数据对发展的作用
2020年	沙特阿拉伯	(1) 认可大阪共识； (2) 要围绕数据政策分享经验和良好实践，特别是互操作性和交换机制，明确当前有信任的数据跨境流动途径和工具间的共性； (3) 重申贸易与数字经济融合的重要性，注意到正在进行的关于电子商务联合声明倡议的谈判，并重申WTO《电子商务工作计划》重要性； (4) 要探索并了解隐私增强技术(PETs)等技术

资料来源：作者根据历年《G20数字经济部长宣言》整理。

2020年，OECD还向G20数字经济工作组提交了《数据和数据流动的映射方法》报告[①]，表示数据是至关重要的资源，但因为其分散的特性，不同区域的数据受制于不同的数据治理框架，加之数据跨境流动往往与隐私保护、国家安全、数据安全、经济发展等相关，所以相关规则约束或审计会加强。各国政府也常常在数据跨境流动时提出限制条件，或要求数据本地存储。然而，数据治理体系的复杂多样性事实上加大了政府、企业和个人的不确定性，包括在给定情况下如何适用规则。因此，政府和其他利益相关方开始更多地考虑如何促进基于信任的数据跨境流动，具体路径包括多边协定、贸易协定、单边做法和私人主导或技术驱动的倡议四种。OECD向G20数字经济工作组提出了进一步发挥领导力、促进国际对话等建议，这些建议均被纳入《2020年数字经济部长宣言》。

第四节　未来G20在推动数字经济中的作用

G20成员中包含发达国家、新兴经济体和发展中国家，包括全球不同地区、不同制度、不同发展水平、不同价值观认同、不同文明的国家和地区，决定了其对全球经济发展方向和治理体系的主导作用。2019年是G20推动全球数字政策讨论的里程碑的一年。在轮值主席国日本的推动下，G20启动了"大阪轨道"，认识到开放的跨境数据流动是数字经济时代所有行业的命脉，而隐私保护和网络安全是跨境数据流动的重要支撑，并达成一致意见支持和加快WTO正在进行的以数字贸易为重要组成部分的电子商务谈判。2020年，沙特阿拉伯延续日本的工作，继续在G20框架下推动可信任的跨境数据流动工作朝着开放包容的未来推进。

---

① OECD, Mapping Approaches to Data and Data Flows, 2020.

在新冠肺炎疫情加剧了全球经济下行压力和逆全球化趋势的当下，G20 有责任也最适合在主要国家间建立共识，以数字贸易发展带动全球国际贸易繁荣和经济增长。对此，亚洲互联网联盟(AIC)、APP 联盟、计算机与通信产业联盟等产业界代表纷纷对未来 G20 在跨境数据流动、技术创新、数字红利等方面提出建议[1]。

在跨境数据流动方面，考虑到数据密集型的商业服务是当今世界贸易中增长最快的部分，且跨境数据流动增强了各行业的生产、经营和销售产品和服务的能力，跨境数据流动将长期成为 G20 数字经济工作组的核心议题，且愈发重要。未来，G20 成员国应当进一步加强对促进数据跨境流动的承诺，支持继续在 WTO 框架下推动完善电子商务的市场准入机制，包括在自由贸易协定中纳入促进跨境数据流动的条款和严格的豁免条款，豁免条款内容应与《服务贸易总协定》(GATS)现有高标准协议所包含的豁免范围和内容相一致。此外，G20 应继续推动寻求在发展数字贸易和保护消费者隐私与安全之间取得最佳平衡，在坚持强有力的隐私保护措施的同时增强全球互操作性，确保跨境数据流动相关法律机制的透明和非歧视性，允许在遵守适当隐私、安全和法律框架下的数据跨境流动。

在共享数字红利方面，《2017 年促贸援助概览——促进贸易、包容性和互联互通以实现可持续发展》指出，数字网络是全球贸易的一个组成部分，但发展中国家需要更多的援助，以最大限度地发挥数字技术的经济和社会效益，同时应对相关成本和风险。这一努力的核心是基础设施，包括信息通信技术基础设施、可广泛使用和负担得起的互联网连接、数字技能以及支持性的监管框架[2]。弥合数字鸿沟是 G20 数字经济工作组自成立伊始的主要议题，《二十国集团数字经济发展与合作倡议》就将"包容"作为指导原则之一，并将"提高数字包容性"作为关键领域之一。此后，2017 年和 2018 年 G20 分别发布了《数字技能的职业教育及培训》《弥合数字性别鸿沟》等附件，其重要性可见一斑。未来，G20 数字经济工作组将一以贯之地延续共享数字红利相关工作，推动共同加强宽带基础设施建设，确保必要的网络韧性和互联互通，使数字红利惠及全球。保护消费者，通过与各国消费者保护机构的合作，使消费者免受互联网欺诈等活动的侵害。与产业界建立伙伴关系，共同促进公民获得终身学习的机会，提升劳动力和中小型企业的数字素养。鼓励在新兴商业领域创造新的就业机会，支持中小微企业融入全球价值链。

在技术创新与应用方面，新冠肺炎疫情对世界经济的需求和供给产生了巨大冲击，伴随着全球贸易和投资的大幅下降，各国需要采取全面而可持续的应对措施。G20 成员国需促进国家创业创新生态系统之间的合作、知识交流和价值共创，通过技术创新帮助全球从新冠疫情的打击中复苏。在采用数字创新时，G20 应延续《G20 人工智能原则》中"以人为中心"的理念，技术设计要尊重法治、人权、民主价值观和多样性，通过推动包容性增长和可持续发展并增进人民福祉的方式，在整个生命周期内以稳健且安全可靠的方式运行，并且不断评估和管理其潜在风险。负责开发、部署或运行技术系统的组织和个人应负责保证系统正常运行。此外，应支持以行业为导向并基于共识的全球标准制定组织和联盟，支持自愿遵守的国

---

[1] ACT, Asia Internet Coalition, Australian Information Industry Association, etc., 2020 G20 Recommendations for Promoting Innovation, Digital Technologies, and Trade, 2020.

[2] WTO, OECD, Aid for Trade at a Glance 2017 — Promoting Trade, Inclusiveness and Connectivity for Sustainable Development, 2017.

际标准。在接受、使用和发展与数据及新兴技术有关的法律法规和其他政策时,以多方参与的方式制定相关政策,并依赖一系列由行业主导、自愿达成共识的全球标准进行监管和认证。在数据开放共享方面,促进建立开放式机器可读的公共数据集,以及诸如云服务和多云端服务的灵活平台,用于提升数据驱动的技术创新和竞争力,并为中小型企业创造更多商机。

附录1 指标框架、权重设计和数据来源

附录1-1 指标框架和权重设计

全球数字贸易促进指数测量的是,全球经济体在市场准入、基础设施、法律政策环境和商业环境方面,加速数字产品(服务和货物)在跨国界流动和到达最终目的地过程中的自由化和便利化程度。从数字贸易促进指数的结构看,主要测量不同领域内主要经济体在数字贸易促进方面的表现,具体包括四个子指数,权重如表1所示。

市场准入子指数,衡量某个经济体接纳境外提供商通过跨境服务进入本经济体市场的准入范围和程度。一般而言,对跨境数据流动(cross border data flows)的管理是关系到数字贸易能否开展的核心(OECD,2017),因此与数字贸易有关的服务部门开放(市场准入)显得十分重要,在四大子指数中,被赋予相对较高的权重(0.3)。在图1中,市场准入主要指边境间的与数字贸易有关的服务部门开放。

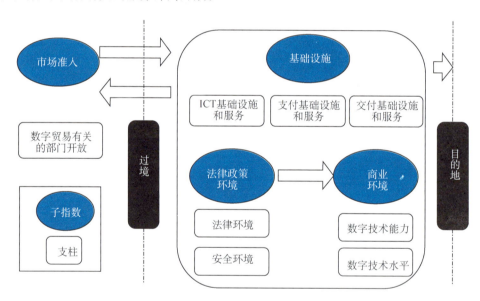

图1 全球数字贸易促进指数框架图

基础设施子指数,衡量某个经济体是否具有必备的ICT基础设施、金融支付基础设施和交付(服务和货物交付)基础设施,来促进数字产品在境内和跨境的流动。基础设施决定了微观主体层面开展数字贸易的成本和效率,同时基础设施成为一个经济体内各类主体开展数字贸易的前提条件,在四大子指数中,该指数也被赋予相对较高的权重(0.3)。

法律政策环境子指数,侧重于从公共行政部门的视角,衡量某个经济体在数字贸易相关的法律保护和安全环境方面的总体表现。各经济体的法律和安全环境水平的高低,将影响微观主体(企业、个人、政府等)对ICT应用和数字贸易开展的信心,从而不仅影响数字贸易的实施成本,而且对数字贸易发展的潜力和空间产生重要影响。在四大子指数中,该指数的

相对重要程度不如前二者,因而被赋予相对较低的权重(0.2)。

商业环境子指数,侧重于从微观企业的视角,衡量某个经济体的企业在数字技术能力和数字技术应用方面的总体表现。该指数重点强调在数字技术快速发展的背景下,数字贸易微观主体应用ICT的技术基础和技术能力。在四大子指数中,该指数的相对重要程度与法律政策环境子指数相当,因而也被赋予同样的权重(0.2)。

表1 子指数框架和权重设计

子指数	内容	权重
市场准入	衡量某个经济体接纳国外提供商通过跨境交付服务进入本国市场的准入范围和程度	0.3
基础设施	衡量某个经济体是否具有必备的ICT基础设施、金融支付基础设施和交付(服务和货物交付)基础设施	0.3
法律政策环境	侧重于从公共行政部门的视角,衡量某个经济体在数字贸易相关的法律保护和安全环境方面的总体表现	0.2
商业环境	侧重于从微观企业的视角,衡量某个经济体的企业在数字技术能力和数字技术应用方面的总体表现	0.2

以上四个子指数都依次由一些数字贸易促进支柱组成,共有八个。

支柱1:数字贸易有关的部门开放;支柱2:ICT基础设施和服务;支柱3:支付基础设施和服务;支柱4:交付基础设施和服务;支柱5:法律环境;支柱6:安全环境;支柱7:数字技术能力;支柱8:数字技术应用(见图2)。

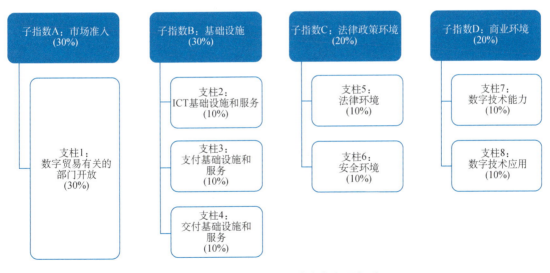

图2 全球数字贸易促进指数框架及权重

1. 子指数A:市场准入的指标构成和权重设计

子指数A下设一个支柱,即数字贸易有关的部门开放,数字贸易服务部门开放对企业是否可以经营业务至关重要。我们主要以区域贸易协定数字贸易服务部门的开放承诺为评价基础,包括数字贸易相关的市场准入和数据流动相关的前沿性条款两个二级指标,二者被赋予相同的权重,即 0.5。数字贸易相关的市场准入下设"电子商务国民待遇和/或最惠国待遇"和"特定部门国民待遇和/或最惠国待遇"两个三级指标;数据流动相关的前沿性条款下设"跨境数据流动"和"数据本地存储"两个三级指标,每个三级指标也是采用平均权重赋权,即各为 0.5 的权重(见表 2)。

表 2 子指数 A-市场准入的指标构成及权重

支柱	内容	权重
支柱 1	数字贸易有关的部门开放	1
1.1	数字贸易相关的市场准入	0.5
1.1.1	电子商务国民待遇和/或最惠国待遇	0.5
1.1.2	特定部门国民待遇和/或最惠国待遇	0.5
1.2	数据流动相关的前沿性条款	0.5
1.2.1	跨境数据流动	0.5
1.2.2	数据本地存储	0.5

2. 子指数 B:基础设施的指标构成和权重设计

子指数 B 数字贸易基础设施下包括三个支柱,分别是 ICT 基础设施和服务;支付基础设施和服务;交付基础设施和服务。ICT 基础设施和服务反映了数字贸易微观主体拥有信息通信技术基础设施的总体水平;支付基础设施和服务则反映了数字产品交易买卖双方在金融支付方面的便利度和效率;交付基础设施和服务反映了服务和货物在交付过程中的便利化和效率。考虑到三者都很重要,赋予其同样的权重,均为 0.33(见表 3)。

表 3 子指数 B-基础设施的指标构成及权重

支柱	内容	权重
支柱 2	ICT 基础设施和服务	0.33
2.1	互联网用户渗透率	0.33
2.2	因特网的国际网络带宽(ITU)	0.33
2.3	平均每户拥有计算机数	0.33
支柱 3	支付基础设施和服务	0.33
3.1	使用借记卡人数比重	0.25
3.2	使用信用卡人数比重	0.25
3.3	使用手机或互联网访问账户比重	0.25
3.4	过去一年发送或接收数字付款比重	0.25
支柱 4	交付基础设施和服务	0.33
4.1	固定宽带设施和服务	0.25
4.1.1	每百名居民拥有固定宽带用户	0.5

续表

支柱	内容	权重
4.1.2	固定宽带资费	0.5
4.2	移动宽带设施和服务	0.25
4.2.1	每百名居民中活跃的移动宽带用户	0.5
4.2.2	移动蜂窝订阅费	0.5
4.3	邮政设施服务	0.25
4.3.1	家庭邮寄百分比	0.5
4.3.2	邮政可靠性指数	0.5
4.4	物流及清关服务	0.25
4.4.1	国际物流竞争力	0.5
4.4.2	海关程序负担	0.5

3. 子指数 C：法律安全环境的指标构成和权重设计

子指数 C 下包括两个支柱即法律环境和安全环境，二者同等重要，赋予同样的权重（0.5）。其中，法律环境包括了与数字贸易开展过程中涉及的法律问题，具体指标包括电子签名立法、数据保护立法、消费者保护立法、网络犯罪立法、软件盗版率；安全环境方面，主要采用通过全球网络安全指数（GCI）[①]和每百万居民的安全互联网服务器数量两个指标反映（见表4）。

表 4　子指数 C-法律政策环境的指标构成及权重

支柱	内容	权重
支柱 5	法律环境	0.5
5.1	电子签名立法	0.2
5.2	数据保护立法	0.2
5.3	消费者保护立法	0.2
5.4	网络犯罪立法	0.2
5.5	软件盗版率	0.2
支柱 6	安全环境	0.5
6.1	全球网络安全指数	0.5
6.2	每百万居民的安全互联网服务器数量	0.5

---

① 国际电信联盟（ITU）每年定期发布《全球网络安全指数》（Global Cybersecurity Index，GCI），对各经济体在应对全球网络安全问题上的承诺和行动进行了全面衡量，旨在推动各经济体改进应对网络安全威胁的措施，促进网络安全方面的双边和多边国际合作，报告从法律框架、技术手段、组织架构、能力建设和相关合作五个方面，考察各经济体在加强网络安全方面所做出的努力和承诺。

4. 子指数 D：商业环境的指标构成和权重设计

子指数 D 下包括两个支柱，分别是数字技术能力和数字技术应用，考虑到二者都很重要，赋予其同样的权重，均为 0.5。数字技术能力反映微观主体在 ICT 技术方面具备的基础能力，通过 ICT 国际专利申请和企业对 ICT 技术的吸收能力两个指标得以体现。数字技术应用则反映微观主体在应用 ICT 技术方面的水平，通过 ICT 对商业模式的影响、数字技术在 B2B 中的应用、数字技术在 B2C 中的应用三个指标体现（见表 5）。

表 5　子指数 D-商业环境的指标构成及权重

支柱	内容	权重
支柱 7	数字技术能力	0.5
7.1	ICT 国际专利申请	0.5
7.2	企业对 ICT 技术的吸收能力	0.5
支柱 8	数字技术应用	0.5
8.1	ICT 对商业模式的影响	0.33
8.2	数字技术在 B2B 中的应用	0.33
8.3	数字技术在 B2C 中的应用	0.33

附录 1-2　数据处理方法、指标说明与数据来源

1. 数据处理方法

本报告使用的原始数据绝大部分来自国际组织，包括国际电信联盟、世界经济论坛、世界银行、世界贸易组织、联合国贸发会议等，鉴于数据可得性，本报告共涵盖全球范围内的 74 个主要经济体。报告使用的数据均为各个国际组织公布的最新数据，使用的大部分数据为 2019 年或 2018 年数据，也有部分数据采用 2018 年之前的数据。

本报告采用的数据处理方法和步骤如下所示。

第一步：对所有指标的原始数据进行正向调整（如固定宽带资费、软件盗版率等指标，数值越大表示竞争力越低，需要进行正向调整），使得所有数据的数值均反映正向含义，即数值越大，表示对应的竞争力越高。

第二步：鉴于不同指标的量纲存在较大差异，需要对数据进行降维处理；处理方法为：对所有数据进行无量纲化处理（离差标准化），对原始数据进行线性变换，使结果值映射到[0，1]之间。

第三步：在分指标中，计入全球数字贸易促进指数报告中的指数量化的最低级别为三级指标，为此需要根据四级指标的权重加总到三级指标层面；同样，根据不同权重加总到二级和一级指标层面，得到各级指标的得分，并进行排序。

第四步：根据数字贸易总指标和分项指标的得分和排名，根据情况进行统计分析，如散点图分析和聚类分析等，进而得出相关结论。

2. 指标说明与数据来源

子指数 A：市场准入

表6　子指数 A-市场准入的指标说明及数据来源

指标名称	指标说明	数据来源
1.1 数字贸易相关的市场准入（RTA）		
1.1.1 电子商务国民待遇和/或最惠国待遇	RTA 中同时出现国民待遇和最惠国条款为 1 分；出现其一为 0.5 分；二者均未出现为 0 分	瑞士卢塞恩大学发布的 TAPED 数据库
1.1.2 特定部门国民待遇和/或最惠国待遇	计算机相关服务/电信服务/金融服务，三者出现其一为 0.33 分；出现其二为 0.66 分；三者皆出现为 1 分	瑞士卢塞恩大学发布的 TAPED 数据库
1.2 数据流动相关的前沿性条款（RTA）		
1.2.1 跨境数据流动	9 个子条款，每个 1/9 分，得分累计计算	瑞士卢塞恩大学发布的 TAPED 数据库
1.2.2 数据本地存储	2 个子条款，每个 0.5 分，得分累计计算	瑞士卢塞恩大学发布的 TAPED 数据库

子指数 B：数字贸易基础设施

表7　子指数 B-数字贸易基础设施的指标说明及数据来源

指标名称	指标说明	数据来源
2.1 互联网用户渗透率	指个人使用互联网的比例，数据基于国家统计局进行的调查或根据估算模型估算，这些模型考虑到互联网用户数量和人均国民总收入等变量	International Telecommunication Union, World Telecommunication/ICT Development Report and database.
2.1 Internet users(per 100 people)	Refers to the proportion of individuals using the Internet. Data are based on surveys generally carried out by national statistical offices or estimated based on imputations models which take into account variables such as the number of Internet subscriptions and GNI per capita	International Telecommunication Union, World Telecommunication/ICT Development Report and database.
2.2 因特网的国际网络带宽（ITU）	"国际互联网带宽"是指国际互联网带宽的总使用容量，以兆比特每秒（Mbit/s）为单位。使用的国际互联网带宽指的是所有国际链路的平均使用情况，包括光纤光缆，无线电链路和由卫星地面统计处理的轨道和传送到轨道卫星的电信（以 Mbit/s 表示）	ITU, Measuring the Information Society Report 2018(Volume 2)

续表

指标名称	指标说明	数据来源
2.2 Internatonal Internet bandwidth (Bit/s per Internet user)	The term "internatonal Internet bandwidth" refers to the total used capacity of internatonal Internet bandwidth, in megabits per second (Mbit/s). Used internatonal Internet bandwidth refers to the average usage of all internatonal links, including fibre optc cables, radio links and trafc processed by satellite ground statons and teleports to orbital satellites(expressed in Mbit/s)	ITU，Measuring the Information Society Report 2018(Volume 2)
2.3 平均每户拥有计算机比例	拥有计算机的家庭比例是通过将计算机家庭数除以家庭总数来计算的。计算机是指台式机或笔记本电脑。它不包括具有某些嵌入式计算能力的设备,如移动蜂窝电话、个人数字助理(PDA)或电视机	ITU，Measuring the Information Society Report 2018(Volume 2)
2.3 Households with a personal computer	The proportion of households with a computer is calculated by dividing the number of households with a computer by the total number of households. A computer refers to a desktop or a laptop computer. It does not include equipment with some embedded computing abilities such as mobile cellular phones, personal digital assistants (PDAs), or TV sets	ITU，Measuring the Information Society Report 2018(Volume 2)
3.1 使用借记卡人数比例(%,15岁以上)	报告使用借记卡的受访者比例	Global Findex 2017，World Bank
3.1 Debit card ownership (% age 15+)	The percentage of respondents who report having a debit card	Global Findex 2017，World Bank
3.2 使用信用卡人数比重(%,15岁以上)	报告使用信用卡的受访者比例	Global Findex 2017，World Bank
3.2 Credit card ownership (% age 15+)	The percentage of respondents who report having a credit card	Global Findex 2017，World Bank
3.3 使用手机或互联网访问账户比重(%,15岁以上)	在过去12个月内报告个人使用移动电话或因特网,从其经营、销售商品或提供服务(包括兼职工作)中获得资金的受访者的百分比	Global Findex 2017，World Bank

续表

指标名称	指标说明	数据来源
3.3 Used a mobile phone or the internet to access an account（% age 15+）	The percentage of respondents who report personally receiving money from their business, from selling goods, or from providing services (including part-time work) in the past 12 months	Global Findex 2017，World Bank
3.4 过去一年发送或接收数字付款比重（%，15 岁以上）	在过去 12 个月内,使用手机钱,借记卡或信用卡或手机进行报告,或使用互联网报告账单或在线购物的受访者比例。它还包括报告支付账单,发送或接收汇款,接收农产品付款,接收政府转移,接收工资或直接从金融机构账户或通过移动货币账户接收公共部门养老金的受访者	Global Findex 2017，World Bank
3.4 Made or received digital payments in the past year（% age 15+）	The percentage of respondents who report using mobile money, a debit or credit card, or a mobile phone to make a payment from an account, or report using the internet to pay bills or to buy something online, in the past 12 months. It also includes respondents who report paying bills, sending or receiving remittances, receiving payments for agricultural products, receiving government transfers, receiving wages, or receiving a public sector pension directly from or into a financial institution account or through a mobile money account in the past 12 months	Global Findex 2017，World Bank
4.1.1 每百名居民拥有固定宽带用户	"固定宽带子标记"指的是用于以下行速度等于或高于 256kbit/s 的高速接入公共因特网(传输控制协议 TCP/IP 连接)的固定子标记	ITU，Measuring the Information Society Report 2018(Volume 2)
4.1.1 Fixed-broadband subscriptions per 100 inhabitants	The term "fixed-broadband subscriptions" refers to fixed subscriptions for high-speed access to the public Internet(a Transmission Control Protocol (TCP)/IP connecton) at downstream speeds equal to or higher than 256 kbit/s	ITU，Measuring the Information Society Report 2018(Volume 2)
4.1.2 固定宽带资费	固定(有线)宽带互联网服务的每月订阅费(PPP $)。固定(有线)宽带被认为是下行速度等于或大于 256 kbit/s 的任何专用 Internet 连接。为了解释生活费用的差异,我们通过应用来自世界银行世界发展指标的购买力平价(PPP)转换因子将美元金额转换为国际美元	ITU，Measuring the Information Society Report 2018(Volume 2)

续表

指标名称	指标说明	数据来源
4.1.2 Fixed broadband Internet tariffs, PPP $/month	Monthly subscription charge for fixed (wired) broadband Internet service(PPP $). Fixed(wired) broadband is considered any dedicated connection to the Internet at downstream speeds equal to, or greater than 256 kilobits per second. In order to account for differences in costs of living, we convert the dollar amounts into international dollars by applying the purchasing power parity (PPP) conversion factor sourced from the World Bank's World Development Indicators	ITU, Measuring the Information Society Report 2018(Volume 2)
4.2.1 每百名居民中活跃的移动宽带用户	公共互联网的数据和语音移动宽带用户和仅数据移动宽带用户的总和	ITU, Measuring the Information Society Report 2018(Volume 2)
4.2.1 Active mobile-broadband subscriptions per 100 inhabitants	The term "active mobile-broadband subscriptions" refers to the sum of data and voice mobilebroadband subscriptions and data-only mobilebroadband subscriptions to the public Internet	ITU, Measuring the Information Society Report 2018(Volume 2)
4.2.2 移动蜂窝订阅费	预付移动蜂窝电话费,不同类型的移动蜂窝电话的平均每分钟成本(PPP $)	WEF, The Global Information Technology Report 2016
4.2.2 Prepaid mobile cellular tariffs, PPP $/min	Average per-minute cost of different types of mobile cellular calls(PPP $)	WEF, The Global Information Technology Report 2016
4.3.1 家庭邮寄百分比	支持在自己家中发收邮件的人口百分比,交付到社区邮递箱被视为送货上门	UPU
4.3.1 Percent of Population Having Mail Delivered at Home	This is the percentage of the population having mail delivered at their own home. Delivery to community cluster boxes is regarded as home delivery	UPU
4.3.2 邮政可靠性指数	邮政投递服务的可靠性	UPU
4.3.2 Postal Reliability Index	Postal Reliability Index	UPU
4.4.1 国际物流竞争力	世界银行《全球物流绩效指数》中的物流服务的能力和质量	Logistics Performance Index, World Bank

续表

指标名称	指标说明	数据来源
4.4.1 LPI logistics competence score	The competence and quality of logistics services	Logistics Performance Index, World Bank
4.4.2 海关程序负担	海关程序（与商品进出有关）的效率	World Economic Forum, Global Competitiveness Index 2019
4.4.2 Burden of customs procedures	how efficient are the customs procedures	World Economic Forum, Global Competitiveness Index 2019

子指数 C：法律政策环境

表 8　子指数 C-法律政策环境指标说明及数据来源

指标名称	指标说明	数据来源
5.1 电子签名立法	该经济体是否有电子交易/电子签名的法律框架？	UNCTAD Cyberlaw Tracker
5.1 Legal framework for E-signiture	Does the country have a legal framework for electronic transactions/e-signiture?	UNCTAD Cyberlaw Tracker
5.2 数据保护立法	该经济体是否有在线数据保护/隐私的法律框架？	UNCTAD Cyberlaw Tracker
5.2 Legal framework for data protection	Does the country have a legal framework for data protection/ privacy online?	UNCTAD Cyberlaw Tracker
5.3 消费者保护立法	在线购买时，该经济体是否有保护消费者的法律框架？	UNCTAD Cyberlaw Tracker
5.3 Legal frameworks for consumer protection	Does the country have a legal framework for consumer protection when purchasing online?	UNCTAD Cyberlaw Tracker
5.4 网络犯罪立法	该经济体是否有预防网络犯罪的法律框架？	UNCTAD Cyberlaw Tracker
5.4 Legal frameworks for cybercrime prevention	Does the country have a legal framework for cybercrime prevention?	UNCTAD Cyberlaw Tracker
5.5 软件盗版率	未经许可的软件占总安装软件的百分比	WEF, The Global Information Technology Report 2016

续表

指标名称	指标说明	数据来源
5.5 Software piracy rate，% software installed	Unlicensed software units as a percentage of total software units installed	WEF，The Global Information Technology Report 2016
6.1 GCI 网络安全指数	GCI 全球网络安全指数包括五个子指数，分别是法律、技术、组织、能力建设和合作	ITU, Global Cybersecurity Index (GCI) 2018
6.1 Global Cybersecurity Index(GCI)	Global Cybersecurity Index（GCI）include，five subindexes：Legal，Technical，Organizational，Capacity Building and Cooperation	ITU, Global Cybersecurity Index (GCI) 2018
6.2 每百万居民的安全互联网服务器数量	安全的因特网服务器是在因特网事务中使用加密技术的服务器	World Bank，Netcraft（netcraft.com）and World Bank population estimates，2019
6.2 Secure Internet servers per million population	Secure Internet servers are servers using encryption technology in Internet transactions	World Bank，Netcraft（netcraft.com）and World Bank population estimates，2019

子指数 D:商业环境

表 9　子指数 D-商业环境指标说明及数据来源

指标名称	指标说明	数据来源
7.1 ICT 国际专利申请	每百万人拥有的 ICT 相关的国际专利申请数量	WEF，The Global Information Technology Report 2016
7.1 PCT ICT patent applications	Number of applications for information and communication technology — related patents filed under the Patent Cooperation Treaty （PCT）per million population	WEF，The Global Information Technology Report 2016
7.2 企业对 ICT 技术的吸收能力	在您的国家,企业采用新技术的程度如何？	WEF，The Global Information Technology Report 2016
7.2 Firm-level technology absorption	In your country, to what extent do businesses adopt new technology?	WEF，The Global Information Technology Report 2016
8.1 ICT 对商业模式的影响	在您的国家,ICT 在多大程度上实现了新的商业模式	WEF，The Global Information Technology Report 2016
8.1 Impact of ICTs on business models	In your country, to what extent do ICTs enable new business models?	WEF，The Global Information Technology Report 2016
8.2 数字技术在 B2B 中的应用	在您的国家,企业在多大程度上使用 ICT 技术与其他企业进行交易？	WEF，The Global Information Technology Report 2016

续表

指标名称	指标说明	数据来源
8.2 ICT use for business-to-business transactions	In your country, to what extent do businesses use ICTs for transactions with other businesses?	WEF, The Global Information Technology Report 2016
8.3 数字技术在 B2C 中的应用	在您的国家,企业在多大程度上利用互联网技术向消费者销售商品和服务?	WEF, The Global Information Technology Report 2016
8.3 Business-to-consumer Internet use	In your country, to what extent do businesses use the Internet for selling their goods and services to consumers?	WEF, The Global Information Technology Report 2016

附录2 全球74个经济体数字贸易促进指数统计

表10 2020年全球74个经济体数字贸易促进指数和分项指数得分及排名

经济体	子指数A：市场准入		子指数B：基础设施		子指数C：法律政策环境		子指数D：商业环境		总指标	
	排名	得分	排名	得分	排名	得分	排名	得分	排名	得分
阿尔巴尼亚	59	0.00	58	0.28	46	0.56	70	0.11	69	0.21
埃及	63	0.00	57	0.29	52	0.52	66	0.15	68	0.22
爱尔兰	37	0.46	19	0.69	12	0.78	20	0.63	20	0.66
爱沙尼亚	30	0.46	18	0.73	10	0.78	17	0.64	18	0.67
澳大利亚	7	0.89	11	0.78	11	0.78	23	0.59	5	0.81
巴基斯坦	69	0.00	71	0.14	71	0.15	69	0.13	73	0.07
巴拿马	14	0.71	60	0.27	65	0.42	29	0.47	44	0.47
保加利亚	24	0.46	41	0.46	34	0.65	45	0.30	42	0.47
比利时	23	0.46	16	0.74	17	0.73	19	0.64	19	0.67
波兰	43	0.46	22	0.64	27	0.69	57	0.25	32	0.54
玻利维亚	61	0.00	68	0.18	70	0.27	74	0.00	72	0.09
丹麦	28	0.46	3	0.85	1	0.99	14	0.66	10	0.77
德国	27	0.46	12	0.77	5	0.80	13	0.71	17	0.71
俄罗斯	58	0.04	30	0.59	50	0.53	49	0.27	51	0.36
厄瓜多尔	62	0.00	61	0.26	57	0.49	56	0.25	66	0.22
法国	32	0.46	20	0.69	15	0.75	21	0.59	21	0.64
菲律宾	56	0.27	67	0.21	43	0.58	41	0.38	55	0.33
芬兰	31	0.46	2	0.85	8	0.78	3	0.91	8	0.77
哥伦比亚	11	0.84	53	0.32	42	0.58	47	0.29	38	0.52
格鲁吉亚	49	0.43	45	0.43	60	0.48	64	0.18	49	0.39
哈萨克斯坦	57	0.04	43	0.45	59	0.48	48	0.28	57	0.30
韩国	16	0.68	14	0.76	21	0.71	10	0.75	11	0.76
荷兰	42	0.46	7	0.79	3	0.86	7	0.78	13	0.74
黑山	68	0.00	48	0.41	62	0.43	63	0.21	62	0.25
加拿大	3	0.93	8	0.79	14	0.77	15	0.66	3	0.84
捷克	26	0.46	26	0.62	31	0.67	25	0.51	26	0.58

续表

经济体	子指数A：市场准入		子指数B：基础设施		子指数C：法律政策环境		子指数D：商业环境		总指标	
	排名	得分	排名	得分	排名	得分	排名	得分	排名	得分
津巴布韦	74	0.00	72	0.14	72	0.13	71	0.06	74	0.05
克罗地亚	35	0.46	34	0.55	25	0.69	51	0.27	40	0.51
肯尼亚	66	0.00	64	0.24	51	0.53	39	0.39	63	0.25
拉脱维亚	41	0.46	25	0.62	33	0.66	26	0.48	27	0.57
立陶宛	39	0.46	33	0.55	19	0.72	22	0.59	25	0.59
卢森堡	40	0.46	1	0.88	9	0.78	12	0.73	12	0.75
罗马尼亚	45	0.46	44	0.45	41	0.58	50	0.27	46	0.45
马来西亚	8	0.89	32	0.56	26	0.69	18	0.64	14	0.72
北马其顿	67	0.00	42	0.45	55	0.51	54	0.25	60	0.29
美国	20	0.64	15	0.76	2	0.88	6	0.82	6	0.80
秘鲁	2	0.96	65	0.24	54	0.51	52	0.25	41	0.50
摩尔多瓦	50	0.43	49	0.39	64	0.42	67	0.14	52	0.36
摩洛哥	21	0.52	62	0.25	53	0.51	60	0.23	50	0.37
墨西哥	10	0.88	54	0.31	38	0.60	46	0.30	34	0.53
南非	73	0.00	59	0.27	40	0.59	31	0.44	61	0.28
尼加拉瓜	13	0.71	74	0.07	66	0.39	72	0.03	59	0.29
挪威	53	0.39	4	0.84	13	0.77	9	0.76	16	0.72
葡萄牙	44	0.46	27	0.60	28	0.69	24	0.58	23	0.59
日本	1	1.00	17	0.73	35	0.63	2	0.93	1	0.86
瑞典	48	0.46	5	0.83	16	0.74	1	0.95	9	0.77
瑞士	17	0.64	9	0.79	6	0.80	5	0.83	7	0.79
萨尔瓦多	15	0.71	70	0.15	73	0.13	61	0.23	56	0.31
塞内加尔	70	0.00	69	0.17	61	0.45	44	0.35	70	0.19
塞浦路斯	25	0.46	29	0.60	36	0.63	43	0.36	33	0.53
沙特阿拉伯	18	0.64	40	0.47	63	0.43	28	0.47	37	0.52
斯洛伐克	46	0.46	28	0.60	29	0.68	30	0.46	30	0.57
斯洛文尼亚	47	0.46	23	0.64	30	0.68	36	0.41	28	0.57
泰国	54	0.36	47	0.41	37	0.63	37	0.40	47	0.44
突尼斯	71	0.00	56	0.30	49	0.53	68	0.13	67	0.22
土耳其	19	0.64	38	0.49	32	0.67	34	0.42	29	0.57

续表

经济体	子指数 A：市场准入		子指数 B：基础设施		子指数 C：法律政策环境		子指数 D：商业环境		总指标	
	排名	得分	排名	得分	排名	得分	排名	得分	排名	得分
危地马拉	12	0.71	73	0.08	74	0.04	38	0.40	58	0.30
委内瑞拉	72	0.00	51	0.35	69	0.32	73	0.02	71	0.16
乌克兰	51	0.43	46	0.42	45	0.57	59	0.23	48	0.42
西班牙	29	0.46	21	0.67	20	0.72	33	0.43	24	0.59
希腊	34	0.46	37	0.50	47	0.56	62	0.22	45	0.45
新加坡	5	0.93	13	0.77	4	0.84	11	0.74	2	0.86
新西兰	9	0.89	6	0.79	18	0.73	16	0.65	4	0.82
匈牙利	36	0.46	36	0.54	22	0.71	42	0.37	35	0.53
亚美尼亚	60	0.00	50	0.37	68	0.37	58	0.23	65	0.23
以色列	64	0.00	24	0.63	23	0.70	4	0.86	36	0.53
意大利	38	0.46	31	0.57	24	0.69	55	0.25	39	0.52
印度	22	0.52	63	0.25	58	0.49	65	0.16	54	0.35
印度尼西亚	55	0.27	66	0.23	39	0.60	32	0.43	53	0.35
英国	33	0.46	10	0.78	7	0.79	8	0.77	15	0.72
约旦	65	0.00	55	0.30	67	0.38	35	0.42	64	0.24
越南	6	0.93	52	0.34	44	0.58	53	0.25	31	0.54
智利	4	0.93	39	0.49	48	0.55	27	0.47	22	0.64
中国	52	0.39	35	0.55	56	0.50	40	0.39	43	0.47

表 11 支柱 1-数字贸易市场准入指数得分及排名（2020/2019）

经济体	2020 年指数值	2020 年排名	2019 年指数值	2019 年排名
日本	1.00	1	1.00	18
秘鲁	0.96	2	0.65	45
加拿大	0.93	3	0.33	65
智利	0.93	4	0.50	56
新加坡	0.93	5	0.65	49
越南	0.93	6	0.65	51
澳大利亚	0.89	7	0.50	54
马来西亚	0.89	8	0.50	60
新西兰	0.89	9	1.00	30
墨西哥	0.88	10	0.65	44

续表

经济体	2020年指数值	2020年排名	2019年指数值	2019年排名
哥伦比亚	0.84	11	0.00	68
危地马拉	0.71	12	0.65	40
尼加拉瓜	0.71	13	1.00	27
巴拿马	0.71	14	0.00	71
萨尔瓦多	0.71	15	0.00	72
韩国	0.68	16	1.00	20
瑞士	0.64	17	1.00	4
沙特阿拉伯	0.64	18	1.00	33
土耳其	0.64	19	0.50	63
美国	0.64	20	1.00	38
摩洛哥	0.52	21	1.00	23
印度	0.52	22	0.50	59
比利时	0.46	23	1.00	3
保加利亚	0.46	24	0.50	55
塞浦路斯	0.46	25	0.00	69
捷克	0.46	26	1.00	5
德国	0.46	27	1.00	6
丹麦	0.46	28	1.00	7
西班牙	0.46	29	1.00	9
爱沙尼亚	0.46	30	0.65	39
芬兰	0.46	31	1.00	10
法国	0.46	32	1.00	11
英国	0.46	33	1.00	12
希腊	0.46	34	1.00	14
克罗地亚	0.46	35	0.50	58
匈牙利	0.46	36	0.00	70
爱尔兰	0.46	37	1.00	15
意大利	0.46	38	1.00	16
立陶宛	0.46	39	1.00	21
卢森堡	0.46	40	1.00	22
拉脱维亚	0.46	41	0.65	43
荷兰	0.46	42	1.00	28
波兰	0.46	43	0.65	47

续表

经济体	2020年指数值	2020年排名	2019年指数值	2019年排名
葡萄牙	0.46	44	1.00	31
罗马尼亚	0.46	45	1.00	32
斯洛伐克	0.46	46	1.00	35
斯洛文尼亚	0.46	47	0.65	50
瑞典	0.46	48	0.50	62
格鲁吉亚	0.43	49	1.00	13
摩尔多瓦	0.43	50	1.00	24
乌克兰	0.43	51	1.00	37
中国	0.39	52	0.50	57
挪威	0.39	53	1.00	29
泰国	0.36	54	1.00	36
印度尼西亚	0.27	55	0.65	41
菲律宾	0.27	56	0.65	46
哈萨克斯坦	0.04	57	0.65	42
俄罗斯	0.04	58	0.65	48
阿尔巴尼亚	0.00	59	1.00	1
亚美尼亚	0.00	60	1.00	2
玻利维亚	0.00	61	0.33	64
厄瓜多尔	0.00	62	1.00	8
埃及	0.00	63	0.33	66
以色列	0.00	64	0.33	67
约旦	0.00	65	1.00	17
肯尼亚	0.00	66	1.00	19
北马其顿	0.00	67	1.00	25
黑山	0.00	68	1.00	26
巴基斯坦	0.00	69	0.50	61
塞内加尔	0.00	70	1.00	34
突尼斯	0.00	71	0.00	73
委内瑞拉	0.00	72	0.00	74
南非	0.00	73	0.65	52
津巴布韦	0.00	74	0.65	53

注：2020年该支柱采用了不同的评价方法，因此不能直接将2020年、2019年的值进行比较。

表 12　2020 年支柱 2–ICT 基础设施和服务及分项指标排名和得分

经济体	支柱 2:ICT 基础设施和服务			2.1 互联网用户渗透率			2.2 因特网的国际网络带宽				2.3 平均每户拥有计算机数			
	2020年排名	2020年得分	2019年排名	排名变化	2020年排名	2020年得分	2019年排名	排名变化	2020年排名	2020年得分	2019年排名	排名变化	2020年排名	2020年得分	2019年排名	排名变化
卢森堡	1	1.00	1	0	1	97.80	1	0	1	1.000	1	0	1	95.40	2	1
挪威	2	0.66	2	0	3	96.50	2	−1	25	0.011	6	−19	2	95.00	1	−1
丹麦	3	0.66	3	0	2	97.10	3	1	27	0.010	9	−18	3	93.10	3	0
英国	4	0.66	4	0	6	94.60	4	−2	3	0.049	4	1	6	91.70	5	−1
瑞典	5	0.65	5	0	4	96.40	9	5	42	0.007	3	−39	5	92.80	9	4
荷兰	6	0.64	7	1	8	93.20	8	0	18	0.013	15	−3	7	91.00	7	0
瑞士	7	0.63	8	1	7	93.70	11	4	32	0.009	5	−27	9	90.50	8	−1
新西兰	8	0.63	12	4	11	90.80	12	1	8	0.019	32	24	8	90.90	12	4
加拿大	9	0.62	10	1	9	92.70	7	−2	37	0.008	28	−9	11	88.20	11	0
新加坡	10	0.62	9	−1	19	84.40	18	−1	2	0.113	2	0	14	86.50	13	−1
德国	11	0.60	6	−5	18	84.40	10	−8	49	0.006	34	−15	4	92.90	4	0
爱沙尼亚	12	0.60	11	−1	12	88.10	15	3	16	0.014	12	−4	12	86.90	6	−6
韩国	13	0.60	18	5	5	95.10	6	1	38	0.008	52	14	21	79.90	30	9
芬兰	14	0.60	15	1	14	87.50	14	0	31	0.009	11	−20	13	86.80	15	2
比利时	15	0.59	17	2	13	87.70	16	3	11	0.015	16	5	15	85.10	17	2
澳大利亚	16	0.57	14	−2	15	86.50	13	−2	41	0.007	38	−3	18	82.40	14	−4
爱尔兰	17	0.57	16	−1	17	84.50	17	0	33	0.009	18	−15	17	84.00	16	−1
日本	18	0.57	13	−5	10	90.90	5	−5	64	0.002	41	−23	28	76.80	20	−8
美国	19	0.55	19	0	36	75.20	28	−8	15	0.014	29	14	10	88.80	10	0

附录 2　全球 74 个经济体数字贸易促进指数统计 | 169

续表

经济体	支柱2:ICT基础设施和服务			2.1 互联网用户渗透率				2.2 因特网的国际网络带宽				2.3 平均每户拥有计算机数			
	2020年排名	2020年得分	2019年排名	排名变化	2020年排名	2020年得分	2019年排名	排名变化	2020年排名	2020年得分	2019年排名	排名变化	2020年排名	2020年得分	2019年排名	排名变化
斯洛伐克	20	0.55	22	2	23	81.60	21	−2	34	0.008	53	19	20	81.80	21	1
西班牙	21	0.55	24	3	16	84.60	20	4	62	0.002	31	−31	23	78.40	26	3
拉脱维亚	22	0.54	23	1	24	81.30	22	−2	12	0.015	8	−4	27	77.40	25	−2
以色列	23	0.54	20	−3	22	81.60	23	1	46	0.006	23	−23	25	77.60	19	−6
斯洛文尼亚	24	0.53	27	3	28	78.90	30	2	17	0.014	10	−7	22	79.50	24	2
法国	25	0.53	21	−4	26	80.50	24	−2	48	0.006	35	−13	26	77.50	18	−8
波兰	26	0.53	28	2	34	76.00	34	0	65	0.002	40	−25	19	81.80	22	3
塞浦路斯	27	0.53	32	5	25	80.70	29	4	45	0.006	17	−28	31	75.90	35	4
沙特阿拉伯	28	0.53	37	9	21	82.10	31	10	7	0.022	44	37	38	73.00	40	2
捷克	29	0.52	26	−3	29	78.70	27	−2	44	0.006	19	−25	29	76.30	29	0
匈牙利	30	0.52	25	−5	31	76.80	25	−6	43	0.006	25	−18	24	77.80	27	3
马来西亚	31	0.52	31	0	27	80.10	26	−1	47	0.006	58	11	35	74.10	34	−1
亚美尼亚	32	0.51	43	11	42	69.70	43	1	24	0.011	49	25	16	84.10	42	26
立陶宛	33	0.51	35	2	30	77.60	33	3	4	0.031	14	10	36	73.00	38	2
哈萨克斯坦	34	0.51	30	−4	32	76.40	32	0	39	0.008	39	0	30	76.20	28	−2
摩尔多瓦	35	0.51	38	3	33	76.10	38	5	20	0.013	27	7	32	75.10	37	5
俄罗斯	36	0.50	34	−2	35	76.00	35	0	40	0.007	54	14	33	74.40	31	−2
葡萄牙	37	0.48	36	−1	37	73.80	39	2	50	0.006	20	−30	39	71.50	33	−6
智利	38	0.48	33	−5	20	82.30	19	−1	13	0.015	22	9	47	60.20	44	−3

续表

附录2 全球74个经济体数字贸易促进指数统计

经济体	支柱2:ICT基础设施和服务			2.1 互联网用户渗透率				2.2 因特网的国际网络带宽				2.3 平均每户拥有计算机数			
	2020年排名	2020年得分	2019年排名	排名变化	2020年排名	2020年得分	2019年排名	排名变化	2020年排名	2020年得分	2019年排名	排名变化	2020年排名	2020年得分	2019年排名	排名变化
黑山	39	0.47	42	3	40	71.30	40	0	5	0.027	13	8	41	70.10	46	5
北马其顿	40	0.47	39	-1	38	72.16	37	-1	21	0.012	33	12	42	69.80	39	-3
克罗地亚	41	0.47	29	-12	43	67.10	36	-7	14	0.014	30	16	34	74.10	23	-11
希腊	42	0.46	40	-2	41	69.90	41	0	29	0.009	46	17	40	70.50	36	-4
罗马尼亚	43	0.45	41	-2	48	63.70	49	1	53	0.005	24	-29	37	73.00	32	-5
保加利亚	44	0.41	45	1	49	63.40	47	-2	6	0.025	21	15	45	63.00	45	0
格鲁吉亚	45	0.40	50	5	53	60.50	50	-3	22	0.012	36	14	43	65.10	52	9
意大利	46	0.40	44	-2	52	61.30	45	-7	58	0.003	42	-16	44	64.30	43	-1
约旦	47	0.39	48	1	44	66.80	44	0	51	0.005	73	22	51	55.80	50	-1
土耳其	48	0.39	47	-1	45	64.70	51	6	30	0.009	47	17	50	57.30	47	-3
摩洛哥	49	0.38	49	0	51	61.80	52	1	52	0.005	64	12	48	58.40	48	0
乌克兰	50	0.38	46	-4	57	57.10	59	2	35	0.008	43	8	46	62.00	41	-5
委内瑞拉	51	0.34	54	3	46	64.30	46	0	68	0.002	67	-1	55	45.70	55	0
墨西哥	52	0.34	52	0	47	63.90	48	1	57	0.004	59	2	56	45.40	53	-3
中国	53	0.34	51	-2	60	54.30	58	-2	61	0.003	71	10	52	55.00	51	-1
哥伦比亚	54	0.34	53	-1	50	62.30	53	3	9	0.018	26	17	57	44.30	54	-3
巴拿马	55	0.32	55	0	55	57.90	56	1	28	0.009	51	23	54	46.70	56	2
突尼斯	56	0.31	60	4	59	55.50	60	1	56	0.004	62	6	53	47.10	58	5
埃及	57	0.31	58	1	64	45.00	65	1	72	0.001	68	-4	49	58.00	49	0

续表

经济体	支柱2:ICT基础设施和服务			2.1 互联网用户渗透率				2.2 因特网的国际网络带宽				2.3 平均每户拥有计算机数			
	2020年排名	2020年得分	2019年排名	排名变化	2020年排名	2020年得分	2019年排名	排名变化	2020年排名	2020年得分	2019年排名	排名变化	2020年排名	2020年得分	2019年排名	排名变化
阿尔巴尼亚	58	0.31	57	−1	39	71.80	42	3	36	0.008	50	14	61	27.70	63	2
厄瓜多尔	59	0.30	56	−3	56	57.30	55	−1	54	0.005	56	2	58	40.70	57	−1
菲律宾	60	0.24	59	−1	54	60.10	54	0	69	0.001	57	−12	64	23.30	59	−5
秘鲁	61	0.23	62	1	63	48.70	63	0	59	0.003	61	2	60	32.90	61	1
玻利维亚	62	0.23	64	2	65	43.80	64	−1	55	0.004	60	5	59	36.30	60	1
泰国	63	0.22	63	0	61	52.90	61	0	19	0.013	55	36	63	24.80	62	−1
南非	64	0.22	61	−3	58	56.20	57	−1	71	0.001	7	−64	65	21.90	64	−1
越南	65	0.20	65	0	62	49.60	62	0	10	0.016	37	27	66	21.60	65	−1
危地马拉	66	0.17	66	0	66	40.70	66	0	70	0.001	66	−4	62	24.80	66	4
萨尔瓦多	67	0.12	67	0	69	31.30	68	−1	26	0.010	48	22	67	21.50	67	0
印度尼西亚	68	0.11	69	1	68	32.30	70	2	67	0.002	65	−2	68	19.10	68	0
印度	69	0.11	68	−1	67	34.50	67	0	63	0.002	70	7	70	16.50	70	0
塞内加尔	70	0.09	70	0	70	29.60	69	−1	74	0.000	74	0	69	16.80	71	2
尼加拉瓜	71	0.07	71	0	71	27.90	71	0	60	0.003	63	3	73	13.50	73	0
津巴布韦	72	0.07	72	0	72	27.10	72	0	73	0.000	72	−1	72	13.90	74	2
巴基斯坦	73	0.03	74	1	74	15.50	74	0	66	0.002	69	3	71	16.20	69	−2
肯尼亚	74	0.01	73	−1	73	17.80	73	0	23	0.012	45	22	74	7.20	72	−2

注:2.2 因特网的国际网络带宽使用标准化后的数据列示。

表 13 2020 年支柱 3-支付基础设施和服务及分项指标排名和得分

经济体	支柱 3：支付基础设施和服务		3.1 使用借记卡人数比重		3.2 使用信用卡人数比重		3.3 使用手机或互联网访问账户比重		3.4 2020 年发送或接收数字付款比重	
	排名	得分	排名	得分	排名	得分	排名	得分	排名	得分
挪威	1	0.96	0.98	4	3	0.71	1	0.85	2	0.99
加拿大	2	0.94	0.97	6	1	0.83	8	0.70	6	0.98
芬兰	3	0.92	0.98	2	10	0.63	3	0.80	5	0.98
新西兰	4	0.89	0.96	7	11	0.61	6	0.74	9	0.97
丹麦	5	0.87	0.97	5	19	0.45	2	0.83	1	0.99
瑞典	6	0.86	0.98	3	18	0.45	4	0.79	3	0.98
卢森堡	7	0.85	0.90	15	4	0.70	15	0.57	4	0.98
澳大利亚	8	0.84	0.90	14	12	0.60	10	0.68	13	0.96
荷兰	9	0.84	0.99	1	24	0.39	5	0.76	8	0.98
瑞士	10	0.82	0.88	16	7	0.65	16	0.56	12	0.96
美国	11	0.82	0.80	24	6	0.66	11	0.67	20	0.91
德国	12	0.81	0.91	13	14	0.53	14	0.61	7	0.98
比利时	13	0.81	0.94	8	17	0.48	13	0.62	10	0.97
韩国	14	0.80	0.75	27	9	0.64	12	0.67	18	0.92
英国	15	0.80	0.91	12	8	0.65	23	0.47	15	0.96
爱沙尼亚	16	0.77	0.92	10	28	0.29	9	0.69	11	0.97
日本	17	0.76	0.87	17	5	0.68	30	0.33	16	0.95
新加坡	18	0.74	0.92	11	16	0.49	21	0.49	24	0.90
斯洛文尼亚	19	0.73	0.94	9	21	0.42	25	0.44	14	0.96
爱尔兰	20	0.72	0.85	20	15	0.51	28	0.42	17	0.94
法国	21	0.71	0.85	21	23	0.41	20	0.49	19	0.92
西班牙	22	0.68	0.85	19	13	0.54	35	0.30	23	0.90
拉脱维亚	23	0.65	0.86	18	41	0.17	17	0.56	21	0.91
以色列	24	0.65	0.31	52	2	0.75	22	0.47	22	0.91
意大利	25	0.62	0.85	22	20	0.42	43	0.22	25	0.90

续表

经济体	支柱3：支付基础设施和服务		3.1 使用借记卡人数比重		3.2 使用信用卡人数比重		3.3 使用手机或互联网访问账户比重		3.4 2020年发送或接收数字付款比重	
	排名	得分	排名	得分	排名	得分	排名	得分	排名	得分
捷克	26	0.60	28	0.75	31	0.25	18	0.53	31	0.80
葡萄牙	27	0.60	23	0.83	26	0.34	41	0.28	26	0.86
波兰	28	0.59	25	0.79	42	0.17	19	0.52	28	0.82
斯洛伐克	29	0.57	26	0.76	33	0.22	27	0.43	29	0.82
克罗地亚	30	0.57	33	0.68	25	0.35	32	0.33	27	0.83
马来西亚	31	0.50	29	0.74	34	0.21	33	0.33	37	0.70
土耳其	32	0.50	37	0.63	22	0.42	39	0.28	43	0.64
肯尼亚	33	0.50	48	0.38	62	0.06	7	0.72	32	0.79
中国	34	0.49	35	0.67	35	0.21	29	0.40	39	0.68
塞浦路斯	35	0.49	40	0.58	32	0.23	34	0.33	30	0.80
立陶宛	36	0.49	42	0.56	43	0.16	26	0.43	33	0.78
委内瑞拉	37	0.49	36	0.66	29	0.29	36	0.30	38	0.69
智利	38	0.46	39	0.60	27	0.30	40	0.28	41	0.65
匈牙利	39	0.45	31	0.69	48	0.13	38	0.29	35	0.71
俄罗斯	40	0.45	41	0.57	36	0.20	31	0.33	36	0.71
希腊	41	0.43	30	0.71	49	0.12	47	0.18	34	0.74
沙特阿拉伯	42	0.42	34	0.67	44	0.16	42	0.26	45	0.61
保加利亚	43	0.38	32	0.69	47	0.14	52	0.11	42	0.65
乌克兰	44	0.38	44	0.49	30	0.27	46	0.18	46	0.61
泰国	45	0.36	38	0.60	52	0.10	48	0.17	44	0.62
北马其顿	46	0.36	43	0.53	38	0.17	50	0.12	40	0.66
哈萨克斯坦	47	0.31	47	0.40	37	0.20	45	0.18	49	0.54
南非	48	0.29	50	0.34	54	0.09	44	0.21	47	0.60
黑山	49	0.28	49	0.36	40	0.17	53	0.10	48	0.60
津巴布韦	50	0.28	67	0.22	72	0.01	24	0.46	51	0.53

续表

经济体	支柱3：支付基础设施和服务		3.1 使用借记卡人数比重		3.2 使用信用卡人数比重		3.3 使用手机或互联网访问账户比重		3.4 2020年发送或接收数字付款比重	
	排名	得分	排名	得分	排名	得分	排名	得分	排名	得分
罗马尼亚	51	0.27	0.49	45	50	0.12	49	0.12	52	0.47
格鲁吉亚	52	0.26	0.40	46	45	0.15	56	0.09	50	0.53
摩尔多瓦	53	0.19	0.25	63	39	0.17	54	0.10	54	0.40
亚美尼亚	54	0.18	0.26	61	56	0.08	51	0.11	53	0.42
哥伦比亚	55	0.17	0.26	62	46	0.14	58	0.09	57	0.37
玻利维亚	56	0.17	0.28	57	59	0.07	55	0.09	55	0.40
塞内加尔	57	0.16	0.10	73	68	0.03	37	0.29	56	0.40
秘鲁	58	0.15	0.28	58	51	0.12	67	0.05	60	0.34
巴拿马	59	0.15	0.29	55	58	0.08	63	0.06	58	0.35
印度尼西亚	60	0.14	0.31	53	70	0.02	59	0.08	59	0.35
厄瓜多尔	61	0.14	0.28	56	55	0.09	65	0.05	64	0.32
墨西哥	62	0.14	0.25	65	53	0.10	61	0.07	63	0.32
约旦	63	0.13	0.31	54	69	0.03	70	0.04	62	0.33
印度	64	0.12	0.33	51	67	0.03	66	0.05	67	0.29
阿尔巴尼亚	65	0.12	0.27	59	57	0.08	71	0.04	66	0.29
突尼斯	66	0.11	0.23	66	60	0.07	72	0.04	65	0.29
越南	67	0.10	0.27	60	65	0.04	57	0.09	72	0.23
危地马拉	68	0.10	0.16	71	61	0.07	68	0.04	61	0.33
菲律宾	69	0.08	0.21	69	71	0.02	62	0.07	68	0.25
萨尔瓦多	70	0.08	0.19	70	63	0.06	64	0.06	70	0.24
埃及	71	0.08	0.25	64	66	0.03	73	0.02	71	0.23
尼加拉瓜	72	0.07	0.16	72	64	0.05	69	0.04	69	0.25
摩洛哥	73	0.04	0.21	68	74	0.00	74	0.01	74	0.17
巴基斯坦	74	0.02	0.08	74	73	0.01	60	0.08	73	0.18

注：国际组织报告中的数据没有更新版本，因此该支柱2020年的指标值与2019年的指标值一致。

表 14　2020 年支柱 4 - 交付基础设施和服务及分项指标排名和得分

经济体	支柱4:交付基础设施和服务 2020年排名	2020年得分	较2019年排名变化	4.1 固定宽带设施和服务 2020年排名	2020年得分	较2019年排名变化	4.2 移动宽带设施和服务 2020年排名	2020年得分	较2019年排名变化	4.3 邮政设施服务 2020年排名	2020年得分	较2019年排名变化	4.4 物流及清关服务 2020年排名	2020年得分	较2019年排名变化
芬兰	1	0.86	0	25	0.34	−2	2	0.71	0	10	0.97	13	2	0.91	1
丹麦	2	0.85	0	4	0.48	2	3	0.66	0	32	0.90	−12	11	0.80	−1
瑞典	3	0.82	0	12	0.42	5	6	0.59	−1	29	0.91	−19	6	0.85	−2
新加坡	4	0.80	1	38	0.29	6	8	0.55	−1	6	0.99	−3	1	0.95	0
瑞士	5	0.77	2	2	0.50	0	32	0.33	−9	8	0.97	3	9	0.82	2
澳大利亚	6	0.77	5	20	0.36	18	5	0.59	1	15	0.95	4	18	0.71	−4
德国	7	0.77	8	7	0.45	17	23	0.36	−5	19	0.93	3	4	0.88	4
荷兰	8	0.77	5	5	0.47	6	35	0.30	−2	11	0.97	1	3	0.89	−1
美国	9	0.76	−1	17	0.37	−14	11	0.47	3	16	0.95	16	8	0.82	5
韩国	10	0.76	2	6	0.46	2	13	0.46	−2	3	1.00	−2	23	0.63	−2
挪威	11	0.75	−2	8	0.44	1	17	0.43	−7	12	0.96	6	16	0.73	0
英国	12	0.74	−8	9	0.44	−8	41	0.28	−9	4	0.99	13	7	0.83	−1
日本	13	0.74	−7	22	0.35	−15	14	0.46	−2	20	0.93	−18	12	0.80	0
新西兰	14	0.73	13	18	0.37	15	28	0.35	−6	18	0.94	−2	5	0.87	28
法国	15	0.72	1	3	0.49	2	44	0.28	0	7	0.97	6	19	0.70	−2
俄罗斯	16	0.71	1	19	0.36	−6	1	0.73	0	31	0.90	14	57	0.36	0
中国	17	0.71	4	28	0.33	14	9	0.53	−1	22	0.92	7	22	0.63	6
比利时	18	0.70	1	10	0.43	0	51	0.25	−1	30	0.91	−6	10	0.82	−1
爱沙尼亚	19	0.69	−1	21	0.36	1	12	0.46	1	24	0.92	4	25	0.63	−3

续表

经济体	支柱4:交付基础设施和服务 2020年排名	2020年得分	较2019年排名变化	4.1 固定宽带设施和服务 2020年排名	2020年得分	较2019年排名变化	4.2 移动宽带设施和服务 2020年排名	2020年得分	较2019年排名变化	4.3 邮政设施服务 2020年排名	2020年得分	较2019年排名变化	4.4 物流及清关服务 2020年排名	2020年得分	较2019年排名变化
波兰	20	0.69	9	42	0.23	−11	4	0.59	41	25	0.92	−17	24	0.63	8
加拿大	21	0.68	1	11	0.43	9	47	0.26	−1	34	0.88	4	14	0.77	1
塞浦路斯	22	0.68	2	14	0.40	−2	16	0.45	0	14	0.95	27	35	0.51	9
爱尔兰	23	0.68	−9	29	0.32	−15	31	0.33	−3	1	1.00	3	15	0.73	−8
卢森堡	24	0.67	−14	13	0.40	3	27	0.35	−6	53	0.74	−48	13	0.79	−8
西班牙	25	0.66	−5	23	0.35	9	20	0.39	0	43	0.85	−28	21	0.69	−3
越南	26	0.66	36	1	0.61	46	62	0.21	−7	39	0.86	15	40	0.48	33
葡萄牙	27	0.64	6	15	0.39	11	36	0.30	1	49	0.79	−3	17	0.72	12
捷克	28	0.64	−5	27	0.33	−2	40	0.29	0	28	0.91	−19	20	0.69	0
以色列	29	0.62	−1	32	0.32	−4	22	0.36	5	41	0.86	−4	28	0.60	−2
意大利	30	0.61	0	35	0.31	−1	33	0.31	−3	35	0.88	5	27	0.62	−2
斯洛伐克	31	0.59	1	37	0.30	−2	38	0.30	−4	9	0.97	−3	36	0.51	1
泰国	32	0.59	6	54	0.14	5	10	0.48	−1	17	0.95	8	34	0.51	12
马来西亚	33	0.59	6	55	0.13	11	18	0.43	1	26	0.91	9	26	0.63	−7
拉脱维亚	34	0.58	−9	33	0.31	−14	15	0.45	16	45	0.84	−18	50	0.39	−19
立陶宛	35	0.58	−9	26	0.33	−5	42	0.28	−4	23	0.92	3	38	0.50	−14
格鲁吉亚	36	0.58	20	41	0.25	7	25	0.35	1	2	1.00	67	46	0.44	4
匈牙利	37	0.57	−1	24	0.35	15	67	0.17	−6	33	0.90	−19	29	0.59	−2
罗马尼亚	38	0.57	−3	30	0.32	−15	48	0.26	1	21	0.93	10	43	0.47	8

续表

经济体	支柱4:交付基础设施和服务 2020年排名	支柱4:交付基础设施和服务 2020年得分	支柱4:交付基础设施和服务 较2019年排名变化	4.1 固定宽带设施和服务 2020年排名	4.1 固定宽带设施和服务 2020年得分	4.1 固定宽带设施和服务 较2019年排名变化	4.2 移动宽带设施和服务 2020年排名	4.2 移动宽带设施和服务 2020年得分	4.2 移动宽带设施和服务 较2019年排名变化	4.3 邮政设施服务 2020年排名	4.3 邮政设施服务 2020年得分	4.3 邮政设施服务 较2019年排名变化	4.4 物流及清关服务 2020年排名	4.4 物流及清关服务 2020年得分	4.4 物流及清关服务 较2019年排名变化
斯洛文尼亚	39	0.56	−8	31	0.32	−2	54	0.24	0	48	0.82	−41	31	0.57	−1
希腊	40	0.55	1	16	0.39	2	65	0.18	2	36	0.87	3	44	0.46	3
克罗地亚	41	0.55	−4	34	0.31	7	45	0.28	−9	44	0.84	0	41	0.47	−6
保加利亚	42	0.53	−2	36	0.30	−9	43	0.28	−4	42	0.86	0	52	0.39	−4
土耳其	43	0.52	−9	44	0.21	−8	26	0.35	−2	38	0.87	5	48	0.41	−8
北马其顿	44	0.49	3	45	0.20	1	57	0.22	−9	27	0.91	3	47	0.43	6
哈萨克斯坦	45	0.49	0	43	0.22	−3	29	0.34	−4	46	0.83	5	59	0.32	−4
印度	46	0.48	0	63	0.07	−5	30	0.34	−1	47	0.83	0	33	0.52	1
智利	47	0.48	2	47	0.19	7	37	0.30	10	62	0.62	−10	30	0.57	6
乌克兰	48	0.47	−6	39	0.28	−35	66	0.18	3	13	0.95	20	66	0.26	0
埃及	49	0.47	−6	48	0.19	14	21	0.37	−4	54	0.72	−20	56	0.37	−13
突尼斯	50	0.46	−6	50	0.17	−13	19	0.43	−4	40	0.86	10	70	0.16	−3
摩尔多瓦	51	0.46	−3	46	0.19	−3	59	0.22	−2	5	0.99	16	67	0.25	−4
黑山	52	0.43	7	40	0.27	10	55	0.23	−2	63	0.61	0	53	0.38	11
墨西哥	53	0.43	−3	51	0.16	4	39	0.29	−4	61	0.62	−13	45	0.44	−3
哥伦比亚	54	0.43	11	52	0.15	1	69	0.16	−7	37	0.87	27	54	0.38	7
沙特阿拉伯	55	0.42	2	60	0.09	5	34	0.31	7	60	0.63	5	37	0.50	2
印度尼西亚	56	0.42	−2	71	0.03	−11	24	0.36	19	59	0.66	−3	42	0.47	7

续表

经济体	支柱4:交付基础设施和服务 2020年排名	2020年得分	较2019年排名变化	4.1 固定宽带设施和服务 2020年排名	2020年得分	较2019年排名变化	4.2 移动宽带设施和服务 2020年排名	2020年得分	较2019年排名变化	4.3 邮政设施服务 2020年排名	2020年得分	较2019年排名变化	4.4 物流及清关服务 2020年排名	2020年得分	较2019年排名变化
阿尔巴尼亚	57	0.40	−6	49	0.17	−19	63	0.20	1	52	0.74	−16	58	0.33	7
亚美尼亚	58	0.40	3	53	0.15	−8	52	0.25	6	50	0.75	12	64	0.29	5
约旦	59	0.39	−4	69	0.04	1	7	0.56	−3	70	0.32	1	49	0.41	−8
巴基斯坦	60	0.37	−8	65	0.05	−14	46	0.28	−4	51	0.74	2	61	0.30	−2
巴拿马	61	0.35	2	56	0.13	−4	58	0.22	10	69	0.33	−3	32	0.55	6
厄瓜多尔	62	0.35	2	57	0.12	−1	68	0.17	−5	57	0.67	2	60	0.32	−4
秘鲁	63	0.34	−5	58	0.10	9	61	0.21	−5	58	0.66	−3	63	0.29	−11
摩洛哥	64	0.34	−4	62	0.07	−5	49	0.26	3	66	0.52	−6	55	0.37	−1
菲律宾	65	0.33	1	66	0.04	3	60	0.22	5	56	0.71	2	65	0.26	−5
南非	66	0.32	−13	64	0.06	−1	50	0.26	1	68	0.34	−11	39	0.49	−16
萨尔瓦多	67	0.28	1	61	0.08	0	64	0.18	7	64	0.58	−3	68	0.19	−6
塞内加尔	68	0.27	−1	73	0.01	1	72	0.06	0	55	0.71	−6	62	0.29	−4
肯尼亚	69	0.23	1	74	0.00	−1	56	0.23	3	71	0.24	2	51	0.39	−6
委内瑞拉	70	0.23	−1	59	0.09	−10	70	0.15	−4	65	0.56	3	74	0.02	0
玻利维亚	71	0.19	1	70	0.04	−6	53	0.24	7	72	0.23	0	69	0.17	3
尼加拉瓜	72	0.14	2	68	0.04	3	73	0.05	0	67	0.36	7	73	0.09	−3
津巴布韦	73	0.11	0	72	0.03	0	71	0.11	−1	73	0.18	−3	72	0.11	−1
危地马拉	74	0.05	−3	67	0.04	1	74	0.01	0	74	0.00	−7	71	0.14	−3

表 15 2020 年支柱 5 - 法律环境及分项指标排名和得分

经济体	支柱5:法律环境		5.1 电子签名立法		5.2 数据保护立法		5.3 消费者保护立法		5.4 网络犯罪立法		5.5 软件盗版率	
	排名	得分	排名	得分	排名	得分	排名	得分	排名	得分	排名	得分
美国	1	1.00	69	1.00	61	1.00	55	1.00	68	1.00	1	82.00
卢森堡	2	0.99	39	1.00	34	1.00	30	1.00	38	1.00	3	80.00
新西兰	3	0.99	50	1.00	45	1.00	38	1.00	49	1.00	4	80.00
澳大利亚	4	0.99	3	1.00	3	1.00	2	1.00	3	1.00	5	79.00
丹麦	5	0.99	15	1.00	14	1.00	13	1.00	15	1.00	6	77.00
瑞典	6	0.99	64	1.00	56	1.00	50	1.00	63	1.00	7	77.00
比利时	7	0.98	4	1.00	4	1.00	3	1.00	4	1.00	8	76.00
瑞士	8	0.98	8	1.00	8	1.00	6	1.00	8	1.00	9	76.00
德国	9	0.98	14	1.00	13	1.00	12	1.00	14	1.00	10	76.00
芬兰	10	0.98	20	1.00	18	1.00	17	1.00	20	1.00	11	76.00
英国	11	0.98	22	1.00	20	1.00	19	1.00	22	1.00	12	76.00
加拿大	12	0.98	7	1.00	7	1.00	5	1.00	7	1.00	13	75.00
荷兰	13	0.98	48	1.00	43	1.00	36	1.00	47	1.00	14	75.00
挪威	14	0.98	49	1.00	44	1.00	37	1.00	48	1.00	15	75.00
以色列	15	0.97	31	1.00	28	1.00	25	1.00	30	1.00	16	70.00
新加坡	16	0.96	61	1.00	53	1.00	46	1.00	59	1.00	17	68.00
爱尔兰	17	0.96	30	1.00	27	1.00	24	1.00	29	1.00	18	67.00
捷克	18	0.96	13	1.00	12	1.00	11	1.00	13	1.00	19	66.00
法国	19	0.95	21	1.00	19	1.00	18	1.00	21	1.00	21	64.00

续表

经济体	支柱5:法律环境		5.1 电子签名立法		5.2 数据保护立法		5.3 消费者保护立法		5.4 网络犯罪立法		5.5 软件盗版率	
	排名	得分	排名	得分	排名	得分	排名	得分	排名	得分	排名	得分
斯洛伐克	20	0.95	62	1.00	54	1.00	48	1.00	61	1.00	22	63.00
韩国	21	0.95	37	1.00	32	1.00	28	1.00	36	1.00	23	62.00
匈牙利	22	0.94	27	1.00	24	1.00	22	1.00	26	1.00	24	61.00
葡萄牙	23	0.94	56	1.00	49	1.00	43	1.00	54	1.00	25	60.00
西班牙	24	0.93	18	1.00	16	1.00	15	1.00	18	1.00	26	55.00
斯洛文尼亚	25	0.93	63	1.00	55	1.00	49	1.00	62	1.00	27	55.00
塞浦路斯	26	0.92	12	1.00	11	1.00	10	1.00	12	1.00	28	53.00
爱沙尼亚	27	0.92	19	1.00	17	1.00	16	1.00	19	1.00	29	53.00
意大利	28	0.92	32	1.00	29	1.00	26	1.00	31	1.00	30	53.00
波兰	29	0.91	55	1.00	48	1.00	42	1.00	53	1.00	32	49.00
哥伦比亚	30	0.91	11	1.00	10	1.00	9	1.00	11	1.00	33	48.00
克罗地亚	31	0.91	26	1.00	23	1.00	21	1.00	25	1.00	34	48.00
立陶宛	32	0.90	38	1.00	33	1.00	29	1.00	37	1.00	35	47.00
拉脱维亚	33	0.90	40	1.00	35	1.00	31	1.00	39	1.00	36	47.00
墨西哥	34	0.90	43	1.00	38	1.00	33	1.00	42	1.00	37	46.00
马来西亚	35	0.90	46	1.00	41	1.00	34	1.00	45	1.00	38	46.00
智利	36	0.89	9	1.00	9	1.00	7	1.00	9	1.00	40	41.00
土耳其	37	0.88	67	1.00	59	1.00	53	1.00	66	1.00	42	40.00
希腊	38	0.88	24	1.00	22	1.00	20	1.00	24	1.00	44	38.00

续表

经济体	支柱5:法律环境		5.1 电子签名立法		5.2 数据保护立法		5.3 消费者保护立法		5.4 网络犯罪立法		5.5 软件盗版率	
	排名	得分	排名	得分	排名	得分	排名	得分	排名	得分	排名	得分
罗马尼亚	39	0.88	57	1.00	50	1.00	44	1.00	55	1.00	45	38.00
保加利亚	40	0.88	5	1.00	5	1.00	4	1.00	5	1.00	47	37.00
秘鲁	41	0.87	53	1.00	46	1.00	40	1.00	51	1.00	49	35.00
摩洛哥	42	0.87	41	1.00	36	1.00	32	1.00	40	1.00	50	34.00
厄瓜多尔	43	0.86	16	1.00	15	1.00	14	1.00	16	1.00	51	32.00
菲律宾	44	0.86	54	1.00	47	1.00	41	1.00	52	1.00	52	31.00
南非	45	0.86	72	1.00	69	0.50	58	1.00	71	1.00	20	66.00
泰国	46	0.85	65	1.00	57	1.00	51	1.00	64	1.00	53	29.00
阿尔巴尼亚	47	0.84	1	1.00	1	1.00	1	1.00	1	1.00	57	25.00
突尼斯	48	0.84	66	1.00	58	1.00	52	1.00	65	1.00	58	25.00
塞内加尔	49	0.84	60	1.00	52	1.00	45	1.00	58	1.00	59	23.00
越南	50	0.83	71	1.00	62	1.00	57	1.00	70	1.00	65	19.00
尼加拉瓜	51	0.82	47	1.00	42	1.00	35	1.00	46	1.00	66	18.00
乌克兰	52	0.82	68	1.00	60	1.00	54	1.00	67	1.00	67	17.00
印度尼西亚	53	0.82	28	1.00	25	1.00	23	1.00	27	1.00	68	16.00
日本	54	0.80	34	1.00	30	1.00	66	0.00	33	1.00	2	81.00
巴拿马	55	0.75	52	1.00	68	0.50	39	1.00	50	1.00	54	28.00
肯尼亚	56	0.74	36	1.00	66	0.50	27	1.00	35	1.00	60	22.00
印度	57	0.68	29	1.00	26	1.00	64	0.00	28	1.00	41	40.00

续表

经济体	支柱5: 法律环境 排名	支柱5: 法律环境 得分	5.1 电子签名立法 排名	5.1 电子签名立法 得分	5.2 数据保护立法 排名	5.2 数据保护立法 得分	5.3 消费者保护立法 排名	5.3 消费者保护立法 得分	5.4 网络犯罪立法 排名	5.4 网络犯罪立法 得分	5.5 软件盗版率 排名	5.5 软件盗版率 得分
埃及	58	0.68	17	1.00	64	0.50	59	0.50	17	1.00	43	38.00
俄罗斯	59	0.68	58	1.00	51	1.00	72	0.00	56	1.00	46	38.00
北马其顿	60	0.67	44	1.00	39	1.00	69	0.00	43	1.00	48	35.00
中国	61	0.65	10	1.00	70	0.00	8	1.00	10	1.00	55	26.00
哈萨克斯坦	62	0.65	35	1.00	31	1.00	67	0.00	34	1.00	56	26.00
黑山	63	0.64	45	1.00	40	1.00	70	0.00	44	1.00	61	22.00
玻利维亚	64	0.63	6	1.00	6	1.00	61	0.00	6	1.00	62	21.00
亚美尼亚	65	0.61	2	1.00	2	1.00	60	0.00	2	1.00	70	14.00
委内瑞拉	66	0.61	70	1.00	74	0.00	56	1.00	69	1.00	71	12.00
格鲁吉亚	67	0.60	23	1.00	21	1.00	62	0.00	23	1.00	72	10.00
摩尔多瓦	68	0.60	42	1.00	37	1.00	68	0.00	41	1.00	73	10.00
约旦	69	0.59	33	1.00	65	0.50	65	0.00	32	1.00	39	43.00
沙特阿拉伯	70	0.51	59	1.00	72	0.00	73	0.00	57	1.00	31	50.00
萨尔瓦多	71	0.43	73	0.50	73	0.00	47	1.00	60	1.00	64	20.00
津巴布韦	72	0.40	74	0.50	63	1.00	74	0.00	72	1.00	74	9.00
巴基斯坦	73	0.32	51	1.00	67	0.50	71	0.00	74	0.50	69	15.00
危地马拉	74	0.23	25	1.00	71	0.00	63	0.00	73	0.50	63	21.00

注:因国际组织报告中的数据没有更新版本,因此该支柱2020年的指标值与2019年的指标值一致。

表 16 2020 年支柱 6–安全环境及分项指标排名和得分（2020/2019 比较）

经济体	支柱 6: 安全环境				6.1 GCI 网络安全指数				6.2 每百万居民的安全互联网服务器数量			
	2020年排名	2020年得分	2019年排名	排名变动	2020年排名	2020年得分	2019年排名	排名变动	2020年排名	2020年得分	2019年排名	排名变动
丹麦	1	0.95	8	7	20	0.85	31	11	1	1.00	5	4
美国	2	0.72	4	2	2	0.93	2	0	3	0.45	9	6
荷兰	3	0.71	2	−1	13	0.89	15	2	2	0.47	3	1
新加坡	4	0.70	12	8	6	0.90	1	−5	4	0.44	18	14
爱沙尼亚	5	0.63	14	9	5	0.91	4	−1	7	0.30	15	8
德国	6	0.59	15	9	21	0.85	24	3	8	0.28	10	2
瑞士	7	0.58	1	−6	34	0.79	18	−16	5	0.35	1	−4
爱尔兰	8	0.58	21	13	35	0.78	25	−10	6	0.34	19	13
英国	9	0.56	13	4	1	0.93	12	11	16	0.13	12	−4
芬兰	10	0.56	7	−3	18	0.86	16	−2	9	0.21	7	−2
法国	11	0.54	18	7	3	0.92	6	3	19	0.11	21	2
卢森堡	12	0.54	5	−7	12	0.89	33	21	13	0.14	2	−11
立陶宛	13	0.54	47	34	4	0.91	48	44	18	0.11	33	15
挪威	14	0.54	6	−8	10	0.89	11	1	15	0.13	6	−9
澳大利亚	15	0.54	9	−6	11	0.89	5	−6	14	0.13	11	−3
加拿大	16	0.54	11	−5	9	0.89	8	−1	17	0.13	14	−3
西班牙	17	0.51	39	22	7	0.90	45	38	31	0.06	27	−4
日本	18	0.50	17	−1	15	0.88	10	−5	30	0.07	16	−14
马来西亚	19	0.49	19	0	8	0.89	3	−5	39	0.02	40	1

续表

经济体	支柱6:安全环境				6.1 GCI网络安全指数				6.2 每百万居民的安全互联网服务器数量			
	2020年排名	2020年得分	2019年排名	排名变动	2020年排名	2020年得分	2019年排名	排名变动	2020年排名	2020年得分	2019年排名	排名变动
克罗地亚	20	0.48	34	14	23	0.84	36	13	22	0.08	32	10
匈牙利	21	0.47	38	17	29	0.81	44	15	20	0.09	28	8
韩国	22	0.47	3	−19	16	0.87	13	−3	42	0.02	4	−38
瑞典	23	0.47	10	−13	30	0.81	17	−13	21	0.09	8	−13
沙特阿拉伯	24	0.47	45	21	14	0.88	42	28	64	0.00	47	−17
意大利	25	0.47	29	4	24	0.84	28	4	32	0.05	31	−1
波兰	26	0.47	28	2	27	0.82	30	3	23	0.07	24	1
比利时	27	0.46	20	−7	28	0.81	26	−2	27	0.07	17	−10
土耳其	28	0.46	40	12	19	0.85	38	19	41	0.02	43	2
格鲁吉亚	29	0.46	22	−7	17	0.86	7	−10	44	0.01	50	6
俄罗斯	30	0.46	23	−7	25	0.84	9	−16	36	0.03	41	5
新西兰	31	0.45	16	−15	33	0.79	19	−14	24	0.07	13	−11
埃及	32	0.44	26	−6	22	0.84	14	−8	73	0.00	71	−2
保加利亚	33	0.44	35	2	43	0.72	39	−4	12	0.15	34	22
中国	34	0.44	36	2	26	0.83	29	3	52	0.00	67	15
斯洛文尼亚	35	0.43	51	16	45	0.70	64	19	11	0.15	22	11
以色列	36	0.43	27	−9	36	0.78	20	−16	34	0.04	30	−4
葡萄牙	37	0.43	43	6	39	0.76	47	8	28	0.07	29	1
拉脱维亚	38	0.42	25	−13	41	0.75	21	−20	26	0.07	25	−1

续表

经济体	2020年排名	支柱6:安全环境 2020年得分	2019年排名	排名变动	2020年排名	6.1 GCI网络安全指数 2020年得分	2019年排名	排名变动	6.2 每百万居民的安全互联网服务器数量 2020年排名	2020年得分	2019年排名	排名变动
北马其顿	39	0.42	49	10	31	0.80	46	15	54	0.00	42	−12
泰国	40	0.42	30	−10	32	0.80	22	−10	49	0.00	56	7
斯洛伐克	41	0.41	56	15	42	0.73	62	20	25	0.07	26	1
哈萨克斯坦	42	0.41	64	22	37	0.78	63	26	46	0.01	60	14
印度尼西亚	43	0.41	60	17	38	0.78	56	18	48	0.01	68	20
肯尼亚	44	0.39	46	2	40	0.75	40	0	62	0.00	66	4
捷克	45	0.38	24	−21	55	0.57	32	−23	10	0.20	20	10
印度	46	0.37	31	−15	44	0.72	23	−21	56	0.00	69	13
越南	47	0.36	68	21	46	0.69	68	22	45	0.01	63	18
南非	48	0.35	50	2	50	0.65	49	−1	33	0.05	39	6
乌克兰	49	0.35	54	5	48	0.66	50	2	38	0.03	48	10
塞浦路斯	50	0.34	33	−17	49	0.65	51	2	37	0.03	23	−14
摩尔多瓦	51	0.34	59	8	47	0.66	58	11	43	0.02	45	2
菲律宾	52	0.32	41	−11	51	0.64	34	−17	66	0.00	65	−1
黑山	53	0.32	58	5	52	0.64	57	5	53	0.00	44	−9
阿尔巴尼亚	54	0.32	65	11	53	0.63	65	12	51	0.00	55	4
墨西哥	55	0.31	32	−23	54	0.63	27	−27	60	0.00	52	−8
罗马尼亚	56	0.31	37	−19	56	0.57	37	−19	29	0.07	37	8
哥伦比亚	57	0.27	44	−13	57	0.57	41	−16	50	0.00	46	−4

续表

经济体	支柱6：安全环境				6.1 GCI 网络安全指数				6.2 每百万居民的安全互联网服务器数量			
	2020年排名	2020年得分	2019年排名	排名变动	2020年排名	2020年得分	2019年排名	排名变动	2020年排名	2020年得分	2019年排名	排名变动
约旦	58	0.27	67	9	58	0.56	67	9	67	0.00	53	−14
希腊	59	0.26	53	−6	60	0.53	53	−7	40	0.02	35	−5
突尼斯	60	0.26	42	−18	59	0.54	35	−24	61	0.00	58	−3
智利	61	0.23	61	0	62	0.47	61	−1	35	0.04	36	1
亚美尼亚	62	0.23	70	8	61	0.50	70	9	55	0.00	49	−6
摩洛哥	63	0.19	48	−15	63	0.43	43	−20	58	0.00	70	12
巴基斯坦	64	0.18	57	−7	64	0.41	55	−9	72	0.00	74	2
秘鲁	65	0.17	62	−3	65	0.40	59	−6	57	0.00	54	−3
巴拿马	66	0.16	52	−14	66	0.37	52	−14	47	0.01	38	−9
厄瓜多尔	67	0.15	55	−12	67	0.37	54	−13	59	0.00	51	−8
委内瑞拉	68	0.14	63	−5	68	0.35	60	−8	63	0.00	62	−1
塞内加尔	69	0.11	66	−3	69	0.31	66	−3	74	0.00	73	−1
危地马拉	70	0.08	74	4	70	0.25	74	4	69	0.00	59	−10
津巴布韦	71	0.04	71	0	71	0.19	71	0	71	0.00	72	1
玻利维亚	72	0.01	73	1	72	0.14	73	1	65	0.00	61	−4
尼加拉瓜	73	0.00	72	−1	73	0.13	72	−1	70	0.00	64	−6
萨尔瓦多	74	0.00	69	−5	74	0.12	69	−5	68	0.00	57	−11

注：指标6.2每百万居民的安全互联网服务器数量使用标准化后的数据列示。

表 17　2020 年支柱 7-数字技术能力及分项指标排名和得分

经济体	支柱7：数字技术能力 排名	支柱7：数字技术能力 得分	7.1 ICT国际专利申请 排名	7.1 ICT国际专利申请 得分	7.2 企业对ICT技术吸收能力 排名	7.2 企业对ICT技术吸收能力 得分
瑞典	1	0.97	1	153.1	7	5.96
日本	2	0.95	3	137.49	1	6.08
芬兰	3	0.93	2	148.95	8	5.84
以色列	4	0.88	4	117.51	4	6.05
瑞士	5	0.74	6	74.56	5	6.05
美国	6	0.72	7	69.78	2	6.07
韩国	7	0.72	5	107.78	21	5.45
挪威	8	0.61	13	36.79	3	6.05
新加坡	9	0.6	9	55.85	13	5.71
德国	10	0.6	10	52.28	10	5.74
荷兰	11	0.6	8	59.08	15	5.63
卢森堡	12	0.57	17	29.56	6	5.98
丹麦	13	0.56	11	42.1	12	5.71
英国	14	0.52	16	31.1	11	5.72
爱尔兰	15	0.5	14	34.08	19	5.56
比利时	16	0.5	18	28.3	14	5.64
新西兰	17	0.49	20	16.14	9	5.8
加拿大	18	0.49	12	38.21	23	5.43
澳大利亚	19	0.48	19	24.04	17	5.61
法国	20	0.47	15	33.5	20	5.45
马来西亚	21	0.41	27	5.97	18	5.58
葡萄牙	22	0.41	32	2.96	16	5.62
爱沙尼亚	23	0.38	22	9.84	25	5.39
南非	24	0.37	40	1.68	22	5.43
沙特阿拉伯	25	0.37	41	1.55	24	5.43
立陶宛	26	0.36	29	3.77	26	5.36
巴拿马	27	0.35	43	1.31	27	5.34
约旦	28	0.34	50	0.39	28	5.32
土耳其	29	0.32	39	1.68	29	5.23
智利	30	0.31	45	0.82	30	5.2
塞浦路斯	31	0.31	30	3.72	31	5.14
斯洛文尼亚	32	0.3	21	13.05	38	4.94
菲律宾	33	0.29	59	0.11	32	5.07
印度尼西亚	34	0.28	67	0.02	33	5.06
拉脱维亚	35	0.28	31	3.54	36	4.99
西班牙	36	0.28	25	9.36	39	4.9
塞内加尔	37	0.28	74	0	34	5.04
捷克	38	0.27	28	4.32	37	4.95

续表

经济体	支柱7：数字技术能力		7.1 ICT 国际专利申请		7.2 企业对ICT技术吸收能力		经济体	支柱7：数字技术能力		7.1 ICT 国际专利申请		7.2 企业对ICT技术吸收能力	
	排名	得分	排名	得分	排名	得分		排名	得分	排名	得分	排名	得分
危地马拉	39	0.27	72	0	35	5.01	哥伦比亚	57	0.14	53	0.26	57	4.36
泰国	40	0.24	57	0.19	40	4.86	哈萨克斯坦	58	0.13	54	0.25	58	4.36
肯尼亚	41	0.24	60	0.09	41	4.84	意大利	59	0.12	24	9.42	65	4.15
斯洛伐克	42	0.24	36	2.22	42	4.81	俄罗斯	60	0.12	33	2.8	59	4.25
匈牙利	43	0.23	26	8.2	43	4.69	乌克兰	61	0.11	44	1.09	60	4.23
中国	44	0.23	23	9.47	44	4.66	波兰	62	0.1	38	1.81	61	4.2
墨西哥	45	0.19	52	0.32	45	4.6	印度	63	0.1	48	0.52	62	4.19
克罗地亚	46	0.18	37	1.97	46	4.55	格鲁吉亚	64	0.09	47	0.74	63	4.19
希腊	47	0.18	34	2.64	47	4.53	北马其顿	65	0.08	58	0.12	64	4.17
摩洛哥	48	0.17	49	0.39	48	4.53	摩尔多瓦	66	0.08	73	0	66	4.11
厄瓜多尔	49	0.16	63	0.07	49	4.49	津巴布韦	67	0.07	69	0.01	67	4.09
秘鲁	50	0.16	61	0.09	50	4.48	阿尔巴尼亚	68	0.07	64	0.06	68	4.07
罗马尼亚	51	0.15	42	1.43	52	4.44	亚美尼亚	69	0.07	51	0.37	69	4.05
突尼斯	52	0.15	56	0.21	51	4.45	越南	70	0.03	65	0.05	70	3.89
萨尔瓦多	53	0.15	70	0.01	53	4.44	委内瑞拉	71	0.03	66	0.04	71	3.87
保加利亚	54	0.15	35	2.36	55	4.39	尼加拉瓜	72	0.02	62	0.08	72	3.85
巴基斯坦	55	0.15	68	0.01	54	4.42	埃及	73	0.02	55	0.22	73	3.84
黑山	56	0.14	46	0.8	56	4.36	玻利维亚	74	0	71	0	74	3.73

注：国际组织报告中的数据没有更新版本，因此该支柱2020年的指标值与2019年的指标值一致。

表18 2020年支柱8-数字技术应用及分项指标排名和得分

经济体	支柱8:数字技术应用		8.1 ICT对商业模式的影响		8.2 数字技术在B2B中的应用		8.3 数字技术在B2C中的应用	
	排名	得分	排名	得分	排名	得分	排名	得分
阿尔巴尼亚	68	0.21	71	3.70	69	3.98	60	4.24
埃及	61	0.33	66	4.02	51	4.70	67	4.05
爱尔兰	21	0.75	10	5.60	24	5.44	28	5.19
爱沙尼亚	6	0.89	9	5.62	4	5.97	9	5.79
澳大利亚	25	0.70	31	4.89	20	5.50	23	5.48
巴基斯坦	69	0.17	61	4.08	72	3.80	70	3.67
巴拿马	29	0.60	27	5.04	33	5.09	36	4.92
保加利亚	44	0.49	54	4.39	40	4.94	41	4.78
比利时	19	0.77	18	5.40	14	5.70	25	5.29
波兰	54	0.42	59	4.23	60	4.49	34	4.96
玻利维亚	73	0.08	70	3.79	74	3.68	73	3.29
丹麦	20	0.76	23	5.14	17	5.65	20	5.56
德国	16	0.82	19	5.38	15	5.69	12	5.77
俄罗斯	46	0.46	65	4.02	45	4.82	29	5.13
厄瓜多尔	59	0.38	49	4.52	54	4.59	66	4.08
法国	24	0.71	22	5.15	26	5.33	21	5.54
菲律宾	43	0.50	43	4.62	44	4.85	42	4.77
芬兰	12	0.85	1	5.95	7	5.94	31	5.10
哥伦比亚	45	0.47	41	4.64	52	4.70	46	4.68
格鲁吉亚	64	0.30	67	3.97	57	4.57	68	4.03
哈萨克斯坦	47	0.45	53	4.39	48	4.77	45	4.68
韩国	18	0.78	15	5.49	27	5.32	10	5.78
荷兰	2	0.93	3	5.81	5	5.95	3	6.04
黑山	62	0.33	57	4.25	62	4.42	64	4.12
加拿大	15	0.82	16	5.47	18	5.63	13	5.74

续表

经济体	支柱 8：数字技术应用		8.1ICT 对商业模式的影响		8.2 数字技术在 B2B 中的应用		8.3 数字技术在 B2C 中的应用	
	排名	得分	排名	得分	排名	得分	排名	得分
捷克	22	0.75	28	5.04	22	5.47	11	5.77
津巴布韦	72	0.11	72	3.67	68	4.07	74	3.21
克罗地亚	56	0.40	56	4.31	50	4.72	56	4.34
肯尼亚	35	0.56	30	4.89	32	5.10	44	4.74
拉脱维亚	26	0.69	33	4.78	25	5.37	15	5.69
立陶宛	14	0.82	21	5.16	8	5.83	7	5.83
卢森堡	9	0.86	4	5.78	11	5.75	17	5.65
罗马尼亚	53	0.43	58	4.25	59	4.53	35	4.92
马来西亚	11	0.85	8	5.62	16	5.66	6	5.88
北马其顿	49	0.44	37	4.68	49	4.73	57	4.33
美国	3	0.90	12	5.52	13	5.71	2	6.32
秘鲁	57	0.38	50	4.48	56	4.58	62	4.19
摩尔多瓦	67	0.25	68	3.84	65	4.25	63	4.13
摩洛哥	63	0.33	48	4.52	66	4.20	65	4.08
墨西哥	48	0.45	39	4.66	46	4.81	58	4.29
南非	39	0.53	45	4.55	28	5.29	51	4.57
尼加拉瓜	71	0.11	73	3.62	71	3.95	71	3.43
挪威	7	0.88	11	5.59	6	5.94	8	5.80
葡萄牙	23	0.74	14	5.51	23	5.47	27	5.21
日本	8	0.88	20	5.31	1	6.06	5	5.95
瑞典	5	0.89	7	5.64	9	5.82	4	6.00
瑞士	4	0.89	6	5.70	3	6.01	14	5.72
萨尔瓦多	60	0.34	63	4.06	63	4.33	50	4.63
塞内加尔	50	0.44	40	4.65	55	4.59	54	4.54
塞浦路斯	51	0.44	55	4.34	47	4.80	52	4.56

续表

经济体	支柱 8:数字技术应用		8.1ICT 对商业模式的影响		8.2 数字技术在B2B 中的应用		8.3 数字技术在 B2C 中的应用	
	排名	得分	排名	得分	排名	得分	排名	得分
沙特阿拉伯	32	0.59	26	5.05	29	5.28	53	4.54
斯洛伐克	27	0.68	42	4.63	21	5.47	16	5.67
斯洛文尼亚	36	0.54	46	4.54	31	5.17	39	4.84
泰国	33	0.57	32	4.82	38	4.98	33	5.05
突尼斯	70	0.17	62	4.07	70	3.96	72	3.42
土耳其	38	0.53	38	4.67	35	5.03	40	4.79
危地马拉	37	0.54	29	4.97	42	4.93	49	4.64
委内瑞拉	74	0.07	74	3.20	73	3.71	69	3.85
乌克兰	58	0.38	69	3.82	61	4.43	30	5.13
西班牙	30	0.60	24	5.14	36	5.00	37	4.91
希腊	65	0.30	64	4.03	64	4.32	61	4.22
新加坡	10	0.86	5	5.77	10	5.82	22	5.52
新西兰	17	0.80	17	5.43	19	5.63	18	5.62
匈牙利	40	0.53	44	4.61	34	5.07	43	4.76
亚美尼亚	52	0.43	47	4.54	53	4.68	55	4.43
以色列	13	0.82	13	5.52	12	5.74	19	5.59
意大利	55	0.42	52	4.40	58	4.53	48	4.66
印度	66	0.27	60	4.09	67	4.07	59	4.24
印度尼西亚	31	0.60	34	4.76	39	4.94	24	5.39
英国	1	0.99	2	5.85	2	6.04	1	6.37
约旦	41	0.52	36	4.69	37	5.00	47	4.67
越南	42	0.50	51	4.46	41	4.93	38	4.85
智利	28	0.64	25	5.07	30	5.23	32	5.06
中国	34	0.57	35	4.72	43	4.88	26	5.28

注:国际组织报告中的数据没有更新版本,因此该支柱 2020 年的指标值与 2019 年的指标值一致。

附录3 国别指数（74国）

阿尔巴尼亚

		排名	值
总指标	数字贸易促进指数	69	0.21
子指数A	市场准入	59	0.00
子指数B	基础设施	58	0.28
子指数C	法律政策环境	46	0.56
子指数D	商业环境	70	0.11
支柱1	数字贸易有关的部门开放(RTA)	59	0.00
支柱2	ICT基础设施和服务	58	0.31
支柱3	支付基础设施和服务	65	0.12
支柱4	交付基础设施和服务	57	0.40
支柱5	法律环境	47	0.84
支柱6	安全环境	54	0.32
支柱7	数字技术能力	68	0.07
支柱8	数字技术应用	68	0.21

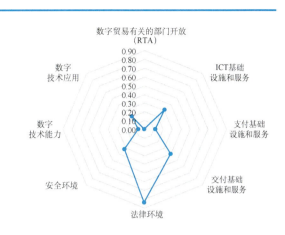

指标编码		指标名称	排名	值
1010000		支柱1：数字贸易有关的部门开放	59	0.00
1010100	1.1	数字贸易相关的市场准入(RTA)	57	0.00
1010200	1.2	数据流动相关的前沿性条款(RTA)	59	0.00
1010101	1.1.1	电子商务国民待遇和/或最惠国待遇	23	0.00
1010102	1.1.2	特定部门国民待遇和/或最惠国待遇	57	0.00
1010201	1.2.1	跨境数据流动	59	0.00
1010202	1.2.2	数据本地存储	12	0.00
2010000		支柱2：ICT基础设施和服务	58	0.31
2010100	2.1	互联网用户渗透率(每百居民)	39	71.80
2010200	2.2	因特网的国际网络带宽(比特/秒)	36	74 800.00
2010300	2.3	拥有计算机的家庭比重(%)	61	27.70
2020000		支柱3：支付基础设施和服务	65	0.12
2020100	3.1	使用借记卡人数比重(15岁以上,%)	59	0.27
2020200	3.2	使用信用卡人数比重(15岁以上,%)	57	0.08
2020300	3.3	使用手机或互联网访问账户比重(15岁以上,%)	71	0.04
2020400	3.4	过去一年发送或接收数字付款比重(%)	66	0.29
2030000		支柱4：交付基础设施和服务	57	0.40
2030100	4.1	固定宽带设施和服务	49	0.17
2030200	4.2	移动宽带设施和服务	63	0.20
2030300	4.3	邮政设施服务	52	0.74
2030400	4.4	物流及清关服务	58	0.33
2030101	4.1.1	每百名居民拥有固定宽带用户(个)	54	10.00
2030102	4.1.2	固定宽带资费(PPP,美元/月)	6	0.17
2030201	4.2.1	每百名居民中活跃的移动宽带用户(个)	46	69.30
2030202	4.2.2	移动蜂窝订阅费(PPP,美元/分钟)	71	1.42
2030301	4.3.1	家庭邮寄百分比(%)	37	99.60
2030302	4.3.2	邮政可靠性指数(0~100)	55	49.00
2030401	4.4.1	国际物流竞争力(0~7)	58	2.60
2030402	4.4.2	海关程序负担(0~7)	52	4.00
3010000		支柱5：法律环境	47	0.84
3010100	5.1	电子签名立法	1	1.00
3010200	5.2	数据保护立法	1	1.00
3010300	5.3	消费者保护立法	1	1.00
3010400	5.4	网络犯罪立法	1	1.00
3010500	5.5	软件盗版率(%)	57	25.00
3020000		支柱6：安全环境	54	0.32
3020100	6.1	GCI网络安全指数(0~1)	53	0.63
3020200	6.2	每百万居民的安全互联网服务器数量(个)	51	767.29
4010000		支柱7：数字技术能力	68	0.07
4010100	7.1	ICT国际专利申请(件)	64	0.06
4010200	7.2	企业对ICT技术的吸收能力(0~7)	68	4.07
4020000		支柱8：数字技术应用	68	0.21
4020100	8.1	ICT对商业模式的影响(0~7)	71	3.70
4020200	8.2	数字技术在B2B中的应用(0~7)	69	3.98
4020300	8.3	数字技术在B2C中的应用(0~7)	60	4.24

亚美尼亚

		排名	值
总指标	数字贸易促进指数	65	0.23
子指数 A	市场准入	60	0.00
子指数 B	基础设施	50	0.37
子指数 C	法律政策环境	68	0.37
子指数 D	商业环境	58	0.23
支柱 1	数字贸易有关的部门开放(RTA)	60	0.00
支柱 2	ICT 基础设施和服务	32	0.51
支柱 3	支付基础设施和服务	54	0.18
支柱 4	交付基础设施和服务	58	0.40
支柱 5	法律环境	65	0.61
支柱 6	安全环境	62	0.23
支柱 7	数字技术能力	69	0.07
支柱 8	数字技术应用	52	0.43

指标编码		指标名称	排名	值
1010000		支柱 1: 数字贸易有关的部门开放	60	0.00
1010100	1.1	数字贸易相关的市场准入(RTA)	58	0.00
1010200	1.2	数据流动相关的前沿性条款(RTA)	60	0.00
1010101	1.1.1	电子商务国民待遇和/或最惠国待遇	24	0.00
1010102	1.1.2	特定部门国民待遇和/或最惠国待遇	58	0.00
1010201	1.2.1	跨境数据流动	60	0.00
1010202	1.2.2	数据本地存储	13	0.00
2010000		支柱 2: ICT 基础设施和服务	32	0.51
2010100	2.1	互联网用户渗透率(每百居民)	42	69.70
2010200	2.2	因特网的国际网络带宽(比特/秒)	24	101 900.00
2010300	2.3	拥有计算机的家庭比重(%)	16	84.10
2020000		支柱 3: 支付基础设施和服务	54	0.18
2020100	3.1	使用借记卡人数比重(15岁以上,%)	61	0.26
2020200	3.2	使用信用卡人数比重(15岁以上,%)	56	0.08
2020300	3.3	使用手机或互联网访问账户比重(15岁以上,%)	51	0.11
2020400	3.4	过去一年发送或接收数字付款比重(%)	53	0.42
2030000		支柱 4: 交付基础设施和服务	58	0.40
2030100	4.1	固定宽带设施和服务	53	0.15
2030200	4.2	移动宽带设施和服务	52	0.25
2030300	4.3	邮政设施服务	50	0.75
2030400	4.4	物流及清关服务	64	0.29

指标编码		指标名称	排名	值
2030101	4.1.1	每百名居民拥有固定宽带用户(个)	51	10.80
2030102	4.1.2	固定宽带资费(PPP,美元/月)	14	0.10
2030201	4.2.1	每百名居民中活跃的移动宽带用户(个)	49	66.80
2030202	4.2.2	移动蜂窝订阅费(PPP,美元/分钟)	34	4.56
2030301	4.3.1	家庭邮寄百分比(%)	1	100.00
2030302	4.3.2	邮政可靠性指数(0~100)	56	49.00
2030401	4.4.1	国际物流竞争力(0~7)	62	2.50
2030402	4.4.2	海关程序负担(0~7)	61	3.80
3010000		支柱 5: 法律环境	65	0.61
3010100	5.1	电子签名立法	2	1.00
3010200	5.2	数据保护立法	2	1.00
3010300	5.3	消费者保护立法	60	0.00
3010400	5.4	网络犯罪立法	2	1.00
3010500	5.5	软件盗版率(%)	70	14.00
3020000		支柱 6: 安全环境	62	0.23
3020100	6.1	GCI 网络安全指数(0~1)	61	0.50
3020200	6.2	每百万居民的安全互联网服务器数量(个)	55	478.75
4010000		支柱 7: 数字技术能力	69	0.07
4010100	7.1	ICT 国际专利申请(件)	51	0.37
4010200	7.2	企业对 ICT 技术的吸收能力(0~7)	69	4.05
4020000		支柱 8: 数字技术应用	52	0.43
4020100	8.1	ICT 对商业模式的影响(0~7)	47	4.54
4020200	8.2	数字技术在 B2B 中的应用(0~7)	53	4.68
4020300	8.3	数字技术在 B2C 中的应用(0~7)	55	4.43

澳大利亚

		排名	值
总指标	数字贸易促进指数	5	0.81
子指数 A	市场准入	7	0.89
子指数 B	基础设施	11	0.78
子指数 C	法律政策环境	11	0.78
子指数 D	商业环境	23	0.59
支柱 1	数字贸易有关的部门开放(RTA)	7	0.89
支柱 2	ICT 基础设施和服务	16	0.57
支柱 3	支付基础设施和服务	8	0.84
支柱 4	交付基础设施和服务	6	0.77
支柱 5	法律环境	4	0.99
支柱 6	安全环境	15	0.54
支柱 7	数字技术能力	19	0.48
支柱 8	数字技术应用	25	0.70

指标编码		指标名称	排名	值
1010000		**支柱 1：数字贸易有关的部门开放**	7	0.89
1010100	1.1	数字贸易相关的市场准入(RTA)	1	1.00
1010200	1.2	数据流动相关的前沿性条款(RTA)	8	0.79
1010101	1.1.1	电子商务国民待遇和/或最惠国待遇	1	1.00
1010102	1.1.2	特定部门国民待遇和/或最惠国待遇	1	1.00
1010201	1.2.1	跨境数据流动	43	0.44
1010202	1.2.2	数据本地存储	1	1.00
2010000		**支柱 2：ICT 基础设施和服务**	16	0.57
2010100	2.1	互联网用户渗透率(每百居民)	15	86.50
2010200	2.2	因特网的国际网络带宽(比特/秒)	41	67 600.00
2010300	2.3	拥有计算机的家庭比重(%)	18	82.40
2020000		**支柱 3：支付基础设施和服务**	8	0.84
2020100	3.1	使用借记卡人数比重（15 岁以上,%）	14	0.90
2020200	3.2	使用信用卡人数比重（15 岁以上,%）	12	0.60
2020300	3.3	使用手机或互联网访问账户比重（15 岁以上,%）	10	0.68
2020400	3.4	过去一年发送或接收数字付款比重(%)	13	0.96
2030000		**支柱 4：交付基础设施和服务**	6	0.77
2030100	4.1	固定宽带设施和服务	20	0.36
2030200	4.2	移动宽带设施和服务	5	0.59
2030300	4.3	邮政设施服务	15	0.95
2030400	4.4	物流及清关服务	18	0.71

指标编码		指标名称	排名	值
2030101	4.1.1	每百名居民拥有固定宽带用户(个)	18	32.40
2030102	4.1.2	固定宽带资费(PPP,美元/月)	73	0.02
2030201	4.2.1	每百名居民中活跃的移动宽带用户(个)	4	134.90
2030202	4.2.2	移动蜂窝订阅费(PPP,美元/分钟)	13	10.42
2030301	4.3.1	家庭邮寄百分比(%)	38	99.50
2030302	4.3.2	邮政可靠性指数(0~100)	16	91.00
2030401	4.4.1	国际物流竞争力(0~7)	17	3.70
2030402	4.4.2	海关程序负担(0~7)	20	5.00
3010000		**支柱 5：法律环境**	4	0.99
3010100	5.1	电子签名立法	3	1.00
3010200	5.2	数据保护立法	3	1.00
3010300	5.3	消费者保护立法	2	1.00
3010400	5.4	网络犯罪立法	3	1.00
3010500	5.5	软件盗版率(%)	5	79.00
3020000		**支柱 6：安全环境**	15	0.54
3020100	6.1	GCI 网络安全指数(0~1)	11	0.89
3020200	6.2	每百万居民的安全互联网服务器数量(个)	14	36 720.85
4010000		**支柱 7：数字技术能力**	19	0.48
4010100	7.1	ICT 国际专利申请(件)	19	24.04
4010200	7.2	企业对 ICT 技术的吸收能力(0~7)	17	5.61
4020000		**支柱 8：数字技术应用**	25	0.70
4020100	8.1	ICT 对商业模式的影响(0~7)	31	4.89
4020200	8.2	数字技术在 B2B 中的应用(0~7)	20	5.50
4020300	8.3	数字技术在 B2C 中的应用(0~7)	23	5.48

比利时

		排名	值
总指标	数字贸易促进指数	19	0.67
子指数 A	市场准入	23	0.46
子指数 B	基础设施	16	0.74
子指数 C	法律政策环境	17	0.73
子指数 D	商业环境	19	0.64
支柱 1	数字贸易有关的部门开放(RTA)	23	0.46
支柱 2	ICT 基础设施和服务	15	0.59
支柱 3	支付基础设施和服务	13	0.81
支柱 4	交付基础设施和服务	18	0.70
支柱 5	法律环境	7	0.98
支柱 6	安全环境	27	0.46
支柱 7	数字技术能力	16	0.50
支柱 8	数字技术应用	19	0.77

指标编码		指标名称	排名	值
1010000		支柱 1: 数字贸易有关的部门开放	23	0.46
1010100	1.1	数字贸易相关的市场准入(RTA)	23	0.50
1010200	1.2	数据流动相关的前沿性条款(RTA)	12	0.43
1010101	1.1.1	电子商务国民待遇和/或最惠国待遇	25	0.00
1010102	1.1.2	特定部门国民待遇和/或最惠国待遇	2	1.00
1010201	1.2.1	跨境数据流动	2	0.67
1010202	1.2.2	数据本地存储	14	0.00
2010000		支柱 2: ICT 基础设施和服务	15	0.59
2010100	2.1	互联网用户渗透率(每百居民)	13	87.70
2010200	2.2	因特网的国际网络带宽(比特/秒)	11	134 700.00
2010300	2.3	拥有计算机的家庭比重(%)	15	85.10
2020000		支柱 3: 支付基础设施和服务	13	0.81
2020100	3.1	使用借记卡人数比重(15 岁以上,%)	8	0.94
2020200	3.2	使用信用卡人数比重(15 岁以上,%)	17	0.48
2020300	3.3	使用手机或互联网访问账户比重(15 岁以上,%)	13	0.62
2020400	3.4	过去一年发送或接收数字付款比重(%)	10	0.97
2030000		支柱 4: 交付基础设施和服务	18	0.70
2030100	4.1	固定宽带设施和服务	10	0.43
2030200	4.2	移动宽带设施和服务	51	0.25
2030300	4.3	邮政设施服务	30	0.91
2030400	4.4	物流及清关服务	10	0.82
2030101	4.1.1	每百名居民拥有固定宽带用户(个)	9	38.30
2030102	4.1.2	固定宽带资费(PPP,美元/月)	53	0.03
2030201	4.2.1	每百名居民中活跃的移动宽带用户(个)	40	75.10
2030202	4.2.2	移动蜂窝订阅费(PPP,美元/分钟)	53	3.11
2030301	4.3.1	家庭邮寄百分比(%)	2	100.00
2030302	4.3.2	邮政可靠性指数(0~100)	34	81.00
2030401	4.4.1	国际物流竞争力(0~7)	2	4.10
2030402	4.4.2	海关程序负担(0~7)	14	5.20
3010000		支柱 5: 法律环境	7	0.98
3010100	5.1	电子签名立法	4	1.00
3010200	5.2	数据保护立法	4	1.00
3010300	5.3	消费者保护立法	3	1.00
3010400	5.4	网络犯罪立法	4	1.00
3010500	5.5	软件盗版率(%)	8	76.00
3020000		支柱 6: 安全环境	27	0.46
3020100	6.1	GCI 网络安全指数(0~1)	28	0.81
3020200	6.2	每百万居民的安全互联网服务器数量(个)	27	19 663.96
4010000		支柱 7: 数字技术能力	16	0.50
4010100	7.1	ICT 国际专利申请(件)	18	28.30
4010200	7.2	企业对 ICT 技术的吸收能力(0~7)	14	5.64
4020000		支柱 8: 数字技术应用	19	0.77
4020100	8.1	ICT 对商业模式的影响(0~7)	18	5.40
4020200	8.2	数字技术在 B2B 中的应用(0~7)	14	5.70
4020300	8.3	数字技术在 B2C 中的应用(0~7)	25	5.29

玻利维亚

		排名	值
总指标	数字贸易促进指数	72	0.09
子指数 A	市场准入	61	0.00
子指数 B	基础设施	68	0.18
子指数 C	法律政策环境	70	0.27
子指数 D	商业环境	74	0.00
支柱 1	数字贸易有关的部门开放(RTA)	61	0.00
支柱 2	ICT 基础设施和服务	62	0.23
支柱 3	支付基础设施和服务	56	0.17
支柱 4	交付基础设施和服务	71	0.19
支柱 5	法律环境	64	0.63
支柱 6	安全环境	72	0.01
支柱 7	数字技术能力	74	0.00
支柱 8	数字技术应用	73	0.08

指标编码		指标名称	排名	值
1010000		支柱 1: 数字贸易有关的部门开放	61	0.00
1010100	1.1	数字贸易相关的市场准入(RTA)	59	0.00
1010200	1.2	数据流动相关的前沿性条款(RTA)	61	0.00
1010101	1.1.1	电子商务国民待遇和/或最惠国待遇	27	0.00
1010102	1.1.2	特定部门国民待遇和/或最惠国待遇	59	0.00
1010201	1.2.1	跨境数据流动	61	0.00
1010202	1.2.2	数据本地存储	16	0.00
2010000		支柱 2: ICT 基础设施和服务	62	0.23
2010100	2.1	互联网用户渗透率(每百居民)	65	43.80
2010200	2.2	因特网的国际网络带宽(比特/秒)	55	39 200.00
2010300	2.3	拥有计算机的家庭比重(%)	59	36.30
2020000		支柱 3: 支付基础设施和服务	56	0.17
2020100	3.1	使用借记卡人数比重(15岁以上,%)	57	0.28
2020200	3.2	使用信用卡人数比重(15岁以上,%)	59	0.07
2020300	3.3	使用手机或互联网访问账户比重(15岁以上,%)	55	0.09
2020400	3.4	过去一年发送或接收数字付款比重(%)	55	0.40
2030000		支柱 4: 交付基础设施和服务	71	0.19
2030100	4.1	固定宽带设施和服务	70	0.04
2030200	4.2	移动宽带设施和服务	53	0.24
2030300	4.3	邮政设施服务	72	0.23
2030400	4.4	物流及清关服务	69	0.17

指标编码		指标名称	排名	值
2030101	4.1.1	每百名居民拥有固定宽带用户(个)	65	3.20
2030102	4.1.2	固定宽带资费(PPP,美元/月)	43	0.04
2030201	4.2.1	每百名居民中活跃的移动宽带用户(个)	39	76.50
2030202	4.2.2	移动蜂窝订阅费(PPP,美元/分钟)	65	2.17
2030301	4.3.1	家庭邮寄百分比(%)	70	35.00
2030302	4.3.2	邮政可靠性指数(0~100)	71	12.00
2030401	4.4.1	国际物流竞争力(0~7)	70	2.20
2030402	4.4.2	海关程序负担(0~7)	66	3.40
3010000		支柱 5: 法律环境	64	0.63
3010100	5.1	电子签名立法	6	1.00
3010200	5.2	数据保护立法	6	1.00
3010300	5.3	消费者保护立法	61	0.00
3010400	5.4	网络犯罪立法	6	1.00
3010500	5.5	软件盗版率(%)	62	21.00
3020000		支柱 6: 安全环境	72	0.01
3020100	6.1	GCI 网络安全指数(0~1)	72	0.14
3020200	6.2	每百万居民的安全互联网服务器数量(个)	65	172.59
4010000		支柱 7: 数字技术能力	74	0.00
4010100	7.1	ICT 国际专利申请(件)	71	0.00
4010200	7.2	企业对ICT技术的吸收能力(0~7)	74	3.73
4020000		支柱 8: 数字技术应用	73	0.08
4020100	8.1	ICT 对商业模式的影响(0~7)	70	3.79
4020200	8.2	数字技术在B2B中的应用(0~7)	74	3.68
4020300	8.3	数字技术在B2C中的应用(0~7)	73	3.29

保加利亚

		排名	值
总指标	数字贸易促进指数	42	0.47
子指数 A	市场准入	24	0.46
子指数 B	基础设施	41	0.46
子指数 C	法律政策环境	34	0.65
子指数 D	商业环境	45	0.30
支柱 1	数字贸易有关的部门开放(RTA)	24	0.46
支柱 2	ICT 基础设施和服务	44	0.41
支柱 3	支付基础设施和服务	43	0.38
支柱 4	交付基础设施和服务	42	0.53
支柱 5	法律环境	40	0.88
支柱 6	安全环境	33	0.44
支柱 7	数字技术能力	54	0.15
支柱 8	数字技术应用	44	0.49

指标编码		指标名称	排名	值
1010000		**支柱 1: 数字贸易有关的部门开放**	24	0.46
1010100	1.1	数字贸易相关的市场准入(RTA)	24	0.50
1010200	1.2	数据流动相关的前沿性条款(RTA)	13	0.43
1010101	1.1.1	电子商务国民待遇和/或最惠国待遇	26	0.00
1010102	1.1.2	特定部门国民待遇和/或最惠国待遇	3	1.00
1010201	1.2.1	跨境数据流动	3	0.67
1010202	1.2.2	数据本地存储	15	0.00
2010000		**支柱 2: ICT 基础设施和服务**	44	0.41
2010100	2.1	互联网用户渗透率(每百居民)	49	63.40
2010200	2.2	因特网的国际网络带宽(比特/秒)	6	214 600.00
2010300	2.3	拥有计算机的家庭比重(%)	45	63.00
2020000		**支柱 3: 支付基础设施和服务**	43	0.38
2020100	3.1	使用借记卡人数比重(15 岁以上,%)	32	0.69
2020200	3.2	使用信用卡人数比重(15 岁以上,%)	47	0.14
2020300	3.3	使用手机或互联网访问账户比重(15 岁以上,%)	52	0.11
2020400	3.4	过去一年发送或接收数字付款比重(%)	42	0.65
2030000		**支柱 4: 交付基础设施和服务**	42	0.53
2030100	4.1	固定宽带设施和服务	36	0.30
2030200	4.2	移动宽带设施和服务	43	0.28
2030300	4.3	邮政设施服务	42	0.86
2030400	4.4	物流及清关服务	52	0.39
2030101	4.1.1	每百名居民拥有固定宽带用户(个)	35	24.90
2030102	4.1.2	固定宽带资费(PPP,美元/月)	17	0.09
2030201	4.2.1	每百名居民中活跃的移动宽带用户(个)	23	91.60
2030202	4.2.2	移动蜂窝订阅费(PPP,美元/分钟)	73	1.29
2030301	4.3.1	家庭邮寄百分比(%)	58	87.00
2030302	4.3.2	邮政可靠性指数(0~100)	27	85.00
2030401	4.4.1	国际物流竞争力(0~7)	46	2.90
2030402	4.4.2	海关程序负担(0~7)	56	3.90
3010000		**支柱 5: 法律环境**	40	0.88
3010100	5.1	电子签名立法	5	1.00
3010200	5.2	数据保护立法	5	1.00
3010300	5.3	消费者保护立法	4	1.00
3010400	5.4	网络犯罪立法	5	1.00
3010500	5.5	软件盗版率(%)	47	37.00
3020000		**支柱 6: 安全环境**	33	0.44
3020100	6.1	GCI 网络安全指数(0~1)	43	0.72
3020200	6.2	每百万居民的安全互联网服务器数量(个)	12	40 238.05
4010000		**支柱 7: 数字技术能力**	54	0.15
4010100	7.1	ICT 国际专利申请(件)	35	2.36
4010200	7.2	企业对 ICT 技术的吸收能力(0~7)	55	4.39
4020000		**支柱 8: 数字技术应用**	44	0.49
4020100	8.1	ICT 对商业模式的影响(0~7)	54	4.39
4020200	8.2	数字技术在 B2B 中的应用(0~7)	40	4.94
4020300	8.3	数字技术在 B2C 中的应用(0~7)	41	4.78

加拿大

		排名	值
总指标	数字贸易促进指数	3	0.84
子指数 A	市场准入	3	0.93
子指数 B	基础设施	8	0.79
子指数 C	法律政策环境	14	0.77
子指数 D	商业环境	15	0.66
支柱 1	数字贸易有关的部门开放(RTA)	3	0.93
支柱 2	ICT 基础设施和服务	9	0.62
支柱 3	支付基础设施和服务	2	0.94
支柱 4	交付基础设施和服务	21	0.68
支柱 5	法律环境	12	0.98
支柱 6	安全环境	16	0.54
支柱 7	数字技术能力	18	0.49
支柱 8	数字技术应用	15	0.82

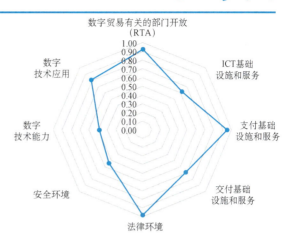

指标编码	指标名称	排名	值
1010000	**支柱 1：数字贸易有关的部门开放**	3	0.93
1010100 1.1	数字贸易相关的市场准入(RTA)	2	1.00
1010200 1.2	数据流动相关的前沿性条款(RTA)	4	0.86
1010101 1.1.1	电子商务国民待遇和/或最惠国待遇	2	1.00
1010102 1.1.2	特定部门国民待遇和/或最惠国待遇	4	1.00
1010201 1.2.1	跨境数据流动	35	0.56
1010202 1.2.2	数据本地存储	2	1.00
2010000	**支柱 2：ICT 基础设施和服务**	9	0.62
2010100 2.1	互联网用户渗透率(每百居民)	9	92.70
2010200 2.2	因特网的国际网络带宽(比特/秒)	37	73 600.00
2010300 2.3	拥有计算机的家庭比重(%)	11	88.20
2020000	**支柱 3：支付基础设施和服务**	2	0.94
2020100 3.1	使用借记卡人数比重（15 岁以上,%）	6	0.97
2020200 3.2	使用信用卡人数比重（15 岁以上,%）	1	0.83
2020300 3.3	使用手机或互联网访问账户比重（15 岁以上,%）	8	0.70
2020400 3.4	过去一年发送或接收数字付款比重(%)	6	0.98
2030000	**支柱 4：交付基础设施和服务**	21	0.68
2030100 4.1	固定宽带设施和服务	11	0.43
2030200 4.2	移动宽带设施和服务	47	0.26
2030300 4.3	邮政设施服务	34	0.88
2030400 4.4	物流及清关服务	14	0.77

指标编码	指标名称	排名	值
2030101 4.1.1	每百名居民拥有固定宽带用户(个)	10	38.00
2030102 4.1.2	固定宽带资费(PPP,美元/月)	46	0.04
2030201 4.2.1	每百名居民中活跃的移动宽带用户(个)	42	72.50
2030202 4.2.2	移动蜂窝订阅费(PPP,美元/分钟)	37	4.43
2030301 4.3.1	家庭邮寄百分比(%)	54	90.00
2030302 4.3.2	邮政可靠性指数(0~100)	21	87.00
2030401 4.4.1	国际物流竞争力(0~7)	11	3.90
2030402 4.4.2	海关程序负担(0~7)	15	5.20
3010000	**支柱 5：法律环境**	12	0.98
3010100 5.1	电子签名立法	7	1.00
3010200 5.2	数据保护立法	7	1.00
3010300 5.3	消费者保护立法	5	1.00
3010400 5.4	网络犯罪立法	7	1.00
3010500 5.5	软件盗版率(%)	13	75.00
3020000	**支柱 6：安全环境**	16	0.54
3020100 6.1	GCI 网络安全指数(0~1)	9	0.89
3020200 6.2	每百万居民的安全互联网服务器数量(个)	17	35 900.84
4010000	**支柱 7：数字技术能力**	18	0.49
4010100 7.1	ICT 国际专利申请(件)	12	38.21
4010200 7.2	企业对ICT 技术的吸收能力(0~7)	23	5.43
4020000	**支柱 8：数字技术应用**	15	0.82
4020100 8.1	ICT 对商业模式的影响(0~7)	16	5.47
4020200 8.2	数字技术在 B2B 中的应用(0~7)	18	5.63
4020300 8.3	数字技术在 B2C 中的应用(0~7)	13	5.74

智利

		排名	值
总指标	数字贸易促进指数	22	0.64
子指数 A	市场准入	4	0.93
子指数 B	基础设施	39	0.49
子指数 C	法律政策环境	48	0.55
子指数 D	商业环境	27	0.47
支柱 1	数字贸易有关的部门开放(RTA)	4	0.93
支柱 2	ICT 基础设施和服务	38	0.48
支柱 3	支付基础设施和服务	38	0.46
支柱 4	交付基础设施和服务	47	0.48
支柱 5	法律环境	36	0.89
支柱 6	安全环境	61	0.23
支柱 7	数字技术能力	30	0.31
支柱 8	数字技术应用	28	0.64

指标编码		指标名称	排名	值
1010000		支柱 1：数字贸易有关的部门开放	4	0.93
1010100	1.1	数字贸易相关的市场准入(RTA)	4	1.00
1010200	1.2	数据流动相关的前沿性条款(RTA)	5	0.86
1010101	1.1.1	电子商务国民待遇和/或最惠国待遇	4	1.00
1010102	1.1.2	特定部门国民待遇和/或最惠国待遇	6	1.00
1010201	1.2.1	跨境数据流动	36	0.56
1010202	1.2.2	数据本地存储	3	1.00
2010000		支柱 2：ICT 基础设施和服务	38	0.48
2010100	2.1	互联网用户渗透率(每百居民)	20	82.30
2010200	2.2	因特网的国际网络带宽(比特/秒)	13	130 700.00
2010300	2.3	拥有计算机的家庭比重(%)	47	60.20
2020000		支柱 3：支付基础设施和服务	38	0.46
2020100	3.1	使用借记卡人数比重(15 岁以上,%)	39	0.60
2020200	3.2	使用信用卡人数比重(15 岁以上,%)	27	0.30
2020300	3.3	使用手机或互联网访问账户比重(15 岁以上,%)	40	0.28
2020400	3.4	过去一年发送或接收数字付款比重(%)	41	0.65
2030000		支柱 4：交付基础设施和服务	47	0.48
2030100	4.1	固定宽带设施和服务	47	0.19
2030200	4.2	移动宽带设施和服务	37	0.30
2030300	4.3	邮政设施服务	62	0.62
2030400	4.4	物流及清关服务	30	0.57
2030101	4.1.1	每百名居民拥有固定宽带用户(个)	42	16.90
2030102	4.1.2	固定宽带资费(PPP,美元/月)	56	0.03
2030201	4.2.1	每百名居民中活跃的移动宽带用户(个)	26	88.20
2030202	4.2.2	移动蜂窝订阅费(PPP,美元/分钟)	54	3.09
2030301	4.3.1	家庭邮寄百分比(%)	53	91.70
2030302	4.3.2	邮政可靠性指数(0～100)	65	32.00
2030401	4.4.1	国际物流竞争力(0～7)	33	3.10
2030402	4.4.2	海关程序负担(0～7)	21	5.00
3010000		支柱 5：法律环境	36	0.89
3010100	5.1	电子签名立法	9	1.00
3010200	5.2	数据保护立法	9	1.00
3010300	5.3	消费者保护立法	7	1.00
3010400	5.4	网络犯罪立法	9	1.00
3010500	5.5	软件盗版率(%)	40	41.00
3020000		支柱 6：安全环境	61	0.23
3020100	6.1	GCI 网络安全指数(0～1)	62	0.47
3020200	6.2	每百万居民的安全互联网服务器数量(个)	35	11 013.70
4010000		支柱 7：数字技术能力	30	0.31
4010100	7.1	ICT 国际专利申请(件)	45	0.82
4010200	7.2	企业对 ICT 技术的吸收能力(0～7)	30	5.20
4020000		支柱 8：数字技术应用	28	0.64
4020100	8.1	ICT 对商业模式的影响(0～7)	25	5.07
4020200	8.2	数字技术在 B2B 中的应用(0～7)	30	5.23
4020300	8.3	数字技术在 B2C 中的应用(0～7)	32	5.06

中国

		排名	值
总指标	数字贸易促进指数	43	0.47
子指数 A	市场准入	52	0.39
子指数 B	基础设施	35	0.55
子指数 C	法律政策环境	56	0.50
子指数 D	商业环境	40	0.39
支柱 1	数字贸易有关的部门开放(RTA)	52	0.39
支柱 2	ICT 基础设施和服务	53	0.34
支柱 3	支付基础设施和服务	34	0.49
支柱 4	交付基础设施和服务	17	0.71
支柱 5	法律环境	61	0.65
支柱 6	安全环境	34	0.44
支柱 7	数字技术能力	44	0.23
支柱 8	数字技术应用	34	0.57

指标编码		指标名称	排名	值
1010000		支柱 1：数字贸易有关的部门开放	52	0.39
1010100	1.1	数字贸易相关的市场准入(RTA)	25	0.50
1010200	1.2	数据流动相关的前沿性条款(RTA)	47	0.29
1010101	1.1.1	电子商务国民待遇和/或最惠国待遇	28	0.00
1010102	1.1.2	特定部门国民待遇和/或最惠国待遇	7	1.00
1010201	1.2.1	跨境数据流动	45	0.44
1010202	1.2.2	数据本地存储	18	0.00
2010000		支柱 2：ICT 基础设施和服务	53	0.34
2010100	2.1	互联网用户渗透率(每百居民)	60	54.30
2010200	2.2	因特网的国际网络带宽(比特/秒)	61	27 900.00
2010300	2.3	拥有计算机的家庭比重(%)	52	55.00
2020000		支柱 3：支付基础设施和服务	34	0.49
2020100	3.1	使用借记卡人数比重(15 岁以上,%)	35	0.67
2020200	3.2	使用信用卡人数比重(15 岁以上,%)	35	0.21
2020300	3.3	使用手机或互联网访问账户比重(15 岁以上,%)	29	0.40
2020400	3.4	过去一年发送或接收数字付款比重(%)	39	0.68
2030000		支柱 4：交付基础设施和服务	17	0.71
2030100	4.1	固定宽带设施和服务	28	0.33
2030200	4.2	移动宽带设施和服务	9	0.53
2030300	4.3	邮政设施服务	22	0.92
2030400	4.4	物流及清关服务	22	0.63

指标编码		指标名称	排名	值
2030101	4.1.1	每百名居民拥有固定宽带用户(个)	28	28.00
2030102	4.1.2	固定宽带资费(PPP,美元/月)	24	0.06
2030201	4.2.1	每百名居民中活跃的移动宽带用户(个)	31	83.60
2030202	4.2.2	移动蜂窝订阅费(PPP,美元/分钟)	3	17.65
2030301	4.3.1	家庭邮寄百分比(%)	30	99.99
2030302	4.3.2	邮政可靠性指数(0~100)	28	85.00
2030401	4.4.1	国际物流竞争力(0~7)	22	3.60
2030402	4.4.2	海关程序负担(0~7)	32	4.60
3010000		支柱 5：法律环境	61	0.65
3010100	5.1	电子签名立法	10	1.00
3010200	5.2	数据保护立法	70	0.00
3010300	5.3	消费者保护立法	8	1.00
3010400	5.4	网络犯罪立法	10	1.00
3010500	5.5	软件盗版率(%)	55	26.00
3020000		支柱 6：安全环境	34	0.44
3020100	6.1	GCI 网络安全指数(0~1)	26	0.83
3020200	6.2	每百万居民的安全互联网服务器数量(个)	52	734.98
4010000		支柱 7：数字技术能力	44	0.23
4010100	7.1	ICT 国际专利申请(件)	23	9.47
4010200	7.2	企业对 ICT 技术的吸收能力(0~7)	44	4.66
4020000		支柱 8：数字技术应用	34	0.57
4020100	8.1	ICT 对商业模式的影响(0~7)	35	4.72
4020200	8.2	数字技术在 B2B 中的应用(0~7)	43	4.88
4020300	8.3	数字技术在 B2C 中的应用(0~7)	26	5.28

哥伦比亚

		排名	值
总指标	数字贸易促进指数	38	0.52
子指数 A	市场准入	11	0.84
子指数 B	基础设施	53	0.32
子指数 C	法律政策环境	42	0.58
子指数 D	商业环境	47	0.29
支柱 1	数字贸易有关的部门开放(RTA)	11	0.84
支柱 2	ICT 基础设施和服务	54	0.34
支柱 3	支付基础设施和服务	55	0.17
支柱 4	交付基础设施和服务	54	0.43
支柱 5	法律环境	30	0.91
支柱 6	安全环境	57	0.27
支柱 7	数字技术能力	57	0.14
支柱 8	数字技术应用	45	0.47

指标编码		指标名称	排名	值
1010000		支柱 1: 数字贸易有关的部门开放	11	0.84
1010100	1.1	数字贸易相关的市场准入(RTA)	5	1.00
1010200	1.2	数据流动相关的前沿性条款(RTA)	11	0.68
1010101	1.1.1	电子商务国民待遇和/或最惠国待遇	5	1.00
1010102	1.1.2	特定部门国民待遇和/或最惠国待遇	8	1.00
1010201	1.2.1	跨境数据流动	4	0.67
1010202	1.2.2	数据本地存储	11	0.50
2010000		支柱 2: ICT 基础设施和服务	54	0.34
2010100	2.1	互联网用户渗透率(每百居民)	50	62.30
2010200	2.2	因特网的国际网络带宽(比特/秒)	9	157 100.00
2010300	2.3	拥有计算机的家庭比重(%)	57	44.30
2020000		支柱 3: 支付基础设施和服务	55	0.17
2020100	3.1	使用借记卡人数比重(15岁以上,%)	62	0.26
2020200	3.2	使用信用卡人数比重(15岁以上,%)	46	0.14
2020300	3.3	使用手机或互联网访问账户比重(15岁以上,%)	58	0.09
2020400	3.4	过去一年发送或接收数字付款比重(%)	57	0.37
2030000		支柱 4: 交付基础设施和服务	54	0.43
2030100	4.1	固定宽带设施和服务	52	0.15
2030200	4.2	移动宽带设施和服务	69	0.16
2030300	4.3	邮政设施服务	37	0.87
2030400	4.4	物流及清关服务	54	0.38
2030101	4.1.1	每百名居民拥有固定宽带用户(个)	47	12.90
2030102	4.1.2	固定宽带资费(PPP,美元/月)	31	0.05
2030201	4.2.1	每百名居民中活跃的移动宽带用户(个)	65	48.80
2030202	4.2.2	移动蜂窝订阅费(PPP,美元/分钟)	48	3.39
2030301	4.3.1	家庭邮寄百分比(%)	42	98.96
2030302	4.3.2	邮政可靠性指数(0~100)	43	76.00
2030401	4.4.1	国际物流竞争力(0~7)	47	2.90
2030402	4.4.2	海关程序负担(0~7)	62	3.80
3010000		支柱 5: 法律环境	30	0.91
3010100	5.1	电子签名立法	11	1.00
3010200	5.2	数据保护立法	10	1.00
3010300	5.3	消费者保护立法	9	1.00
3010400	5.4	网络犯罪立法	11	1.00
3010500	5.5	软件盗版率(%)	33	48.00
3020000		支柱 6: 安全环境	57	0.27
3020100	6.1	GCI 网络安全指数(0~1)	57	0.57
3020200	6.2	每百万居民的安全互联网服务器数量(个)	50	780.66
4010000		支柱 7: 数字技术能力	57	0.14
4010100	7.1	ICT 国际专利申请(件)	53	0.26
4010200	7.2	企业对 ICT 技术的吸收能力(0~7)	57	4.36
4020000		支柱 8: 数字技术应用	45	0.47
4020100	8.1	ICT 对商业模式的影响(0~7)	41	4.64
4020200	8.2	数字技术在 B2B 中的应用(0~7)	52	4.70
4020300	8.3	数字技术在 B2C 中的应用(0~7)	46	4.68

附录3 国别指数(74国) | 203

克罗地亚

		排名	值
总指标	数字贸易促进指数	40	0.51
子指数 A	市场准入	35	0.46
子指数 B	基础设施	34	0.55
子指数 C	法律政策环境	25	0.69
子指数 D	商业环境	51	0.27
支柱 1	数字贸易有关的部门开放(RTA)	35	0.46
支柱 2	ICT 基础设施和服务	41	0.47
支柱 3	支付基础设施和服务	30	0.57
支柱 4	交付基础设施和服务	41	0.55
支柱 5	法律环境	31	0.91
支柱 6	安全环境	20	0.48
支柱 7	数字技术能力	46	0.18
支柱 8	数字技术应用	56	0.40

指标编码	指标名称	排名	值
1010000	支柱1:数字贸易有关的部门开放	35	0.46
1010100	1.1 数字贸易相关的市场准入(RTA)	37	0.50
1010200	1.2 数据流动相关的前沿性条款(RTA)	25	0.43
1010101	1.1.1 电子商务国民待遇和/或最惠国待遇	42	0.00
1010102	1.1.2 特定部门国民待遇和/或最惠国待遇	21	1.00
1010201	1.2.1 跨境数据流动	16	0.67
1010202	1.2.2 数据本地存储	33	0.00
2010000	支柱2:ICT 基础设施和服务	41	0.47
2010100	2.1 互联网用户渗透率(每百居民)	43	67.10
2010200	2.2 因特网的国际网络带宽(比特/秒)	14	125 700.00
2010300	2.3 拥有计算机的家庭比重(%)	34	74.10
2020000	支柱3:支付基础设施和服务	30	0.57
2020100	3.1 使用借记卡人数比重(15岁以上,%)	33	0.68
2020200	3.2 使用信用卡人数比重(15岁以上,%)	25	0.35
2020300	3.3 使用手机或互联网访问账户比重(15岁以上,%)	32	0.33
2020400	3.4 过去一年发送或接收数字付款比重(%)	27	0.83
2030000	支柱4:交付基础设施和服务	41	0.55
2030100	4.1 固定宽带设施和服务	34	0.31
2030200	4.2 移动宽带设施和服务	45	0.28
2030300	4.3 邮政设施服务	44	0.84
2030400	4.4 物流及清关服务	41	0.47

指标编码	指标名称	排名	值
2030101	4.1.1 每百名居民拥有固定宽带用户(个)	32	26.20
2030102	4.1.2 固定宽带资费(PPP,美元/月)	23	0.07
2030201	4.2.1 每百名居民中活跃的移动宽带用户(个)	38	79.70
2030202	4.2.2 移动蜂窝订阅费(PPP,美元/分钟)	45	3.69
2030301	4.3.1 家庭邮寄百分比(%)	62	77.00
2030302	4.3.2 邮政可靠性指数(0~100)	17	91.00
2030401	4.4.1 国际物流竞争力(0~7)	36	3.10
2030402	4.4.2 海关程序负担(0~7)	44	4.20
3010000	支柱5:法律环境	31	0.91
3010100	5.1 电子签名立法	26	1.00
3010200	5.2 数据保护立法	23	1.00
3010300	5.3 消费者保护立法	21	1.00
3010400	5.4 网络犯罪立法	25	1.00
3010500	5.5 软件盗版率(%)	34	48.00
3020000	支柱6:安全环境	20	0.48
3020100	6.1 GCI 网络安全指数(0~1)	23	0.84
3020200	6.2 每百万居民的安全互联网服务器数量(个)	22	22 742.96
4010000	支柱7:数字技术能力	46	0.18
4010100	7.1 ICT 国际专利申请(件)	37	1.97
4010200	7.2 企业对ICT技术的吸收能力(0~7)	46	4.55
4020000	支柱8:数字技术应用	56	0.40
4020100	8.1 ICT 对商业模式的影响(0~7)	56	4.31
4020200	8.2 数字技术在B2B中的应用(0~7)	50	4.72
4020300	8.3 数字技术在B2C中的应用(0~7)	56	4.34

塞浦路斯

		排名	值
总指标	数字贸易促进指数	33	0.53
子指数 A	市场准入	25	0.46
子指数 B	基础设施	29	0.60
子指数 C	法律政策环境	36	0.63
子指数 D	商业环境	43	0.36
支柱 1	数字贸易有关的部门开放(RTA)	25	0.46
支柱 2	ICT 基础设施和服务	27	0.53
支柱 3	支付基础设施和服务	35	0.49
支柱 4	交付基础设施和服务	22	0.68
支柱 5	法律环境	26	0.92
支柱 6	安全环境	50	0.34
支柱 7	数字技术能力	31	0.31
支柱 8	数字技术应用	51	0.44

指标编号		指标名称	排名	值
1010000		**支柱 1: 数字贸易有关的部门开放**	25	0.46
1010100	1.1	数字贸易相关的市场准入(RTA)	26	0.50
1010200	1.2	数据流动相关的前沿性条款(RTA)	14	0.43
1010101	1.1.1	电子商务国民待遇和/或最惠国待遇	29	0.00
1010102	1.1.2	特定部门国民待遇和/或最惠国待遇	9	1.00
1010201	1.2.1	跨境数据流动	5	0.67
1010202	1.2.2	数据本地存储	19	0.00
2010000		**支柱 2: ICT 基础设施和服务**	27	0.53
2010100	2.1	互联网用户渗透率(每百居民)	25	80.70
2010200	2.2	因特网的国际网络带宽(比特/秒)	45	59 000.00
2010300	2.3	拥有计算机的家庭比重(%)	31	75.90
2020000		**支柱 3: 支付基础设施和服务**	35	0.49
2020100	3.1	使用借记卡人数比重(15 岁以上,%)	40	0.58
2020200	3.2	使用信用卡人数比重(15 岁以上,%)	32	0.23
2020300	3.3	使用手机或互联网访问账户比重(15 岁以上,%)	34	0.33
2020400	3.4	过去一年发送或接收数字付款比重(%)	30	0.80
2030000		**支柱 4: 交付基础设施和服务**	22	0.68
2030100	4.1	固定宽带设施和服务	14	0.40
2030200	4.2	移动宽带设施和服务	16	0.45
2030300	4.3	邮政设施服务	14	0.95
2030400	4.4	物流及清关服务	35	0.51
2030101	4.1.1	每百名居民拥有固定宽带用户(个)	13	34.80
2030102	4.1.2	固定宽带资费(PPP,美元/月)	27	0.06
2030201	4.2.1	每百名居民中活跃的移动宽带用户(个)	13	106.40
2030202	4.2.2	移动蜂窝订阅费(PPP,美元/分钟)	20	8.05
2030301	4.3.1	家庭邮寄百分比(%)	43	98.00
2030302	4.3.2	邮政可靠性指数(0~100)	12	93.00
2030401	4.4.1	国际物流竞争力(0~7)	42	3.00
2030402	4.4.2	海关程序负担(0~7)	29	4.70
3010000		**支柱 5: 法律环境**	26	0.92
3010100	5.1	电子签名立法	12	1.00
3010200	5.2	数据保护立法	11	1.00
3010300	5.3	消费者保护立法	10	1.00
3010400	5.4	网络犯罪立法	12	1.00
3010500	5.5	软件盗版率(%)	28	53.00
3020000		**支柱 6: 安全环境**	50	0.34
3020100	6.1	GCI 网络安全指数(0~1)	49	0.65
3020200	6.2	每百万居民的安全互联网服务器数量(个)	37	8 221.43
4010000		**支柱 7: 数字技术能力**	31	0.31
4010100	7.1	ICT 国际专利申请(件)	30	3.72
4010200	7.2	企业对 ICT 技术的吸收能力(0~7)	31	5.14
4020000		**支柱 8: 数字技术应用**	51	0.44
4020100	8.1	ICT 对商业模式的影响(0~7)	55	4.34
4020200	8.2	数字技术在 B2B 中的应用(0~7)	47	4.80
4020300	8.3	数字技术在 B2C 中的应用(0~7)	52	4.56

捷克

		排名	值
总指标	数字贸易促进指数	26	0.58
子指数 A	市场准入	26	0.46
子指数 B	基础设施	26	0.62
子指数 C	法律政策环境	31	0.67
子指数 D	商业环境	25	0.51
支柱 1	数字贸易有关的部门开放(RTA)	26	0.46
支柱 2	ICT 基础设施和服务	29	0.52
支柱 3	支付基础设施和服务	26	0.60
支柱 4	交付基础设施和服务	28	0.64
支柱 5	法律环境	18	0.96
支柱 6	安全环境	45	0.38
支柱 7	数字技术能力	38	0.27
支柱 8	数字技术应用	22	0.75

指标编码		指标名称	排名	值
1010000		支柱 1: 数字贸易有关的部门开放	26	0.46
1010100	1.1	数字贸易相关的市场准入(RTA)	27	0.50
1010200	1.2	数据流动相关的前沿性条款(RTA)	15	0.43
1010101	1.1.1	电子商务国民待遇和/或最惠国待遇	30	0.00
1010102	1.1.2	特定部门国民待遇和/或最惠国待遇	10	1.00
1010201	1.2.1	跨境数据流动	6	0.67
1010202	1.2.2	数据本地存储	20	0.00
2010000		支柱 2: ICT 基础设施和服务	29	0.52
2010100	2.1	互联网用户渗透率(每百居民)	29	78.70
2010200	2.2	因特网的国际网络带宽(比特/秒)	44	59 300.00
2010300	2.3	拥有计算机的家庭比重(%)	29	76.30
2020000		支柱 3: 支付基础设施和服务	26	0.60
2020100	3.1	使用借记卡人数比重(15 岁以上,%)	28	0.75
2020200	3.2	使用信用卡人数比重(15 岁以上,%)	31	0.25
2020300	3.3	使用手机或互联网访问账户比重(15 岁以上,%)	18	0.53
2020400	3.4	过去一年发送或接收数字付款比重(%)	31	0.80
2030000		支柱 4: 交付基础设施和服务	28	0.64
2030100	4.1	固定宽带设施和服务	27	0.33
2030200	4.2	移动宽带设施和服务	40	0.29
2030300	4.3	邮政设施服务	28	0.91
2030400	4.4	物流及清关服务	20	0.69

指标编码		指标名称	排名	值
2030101	4.1.1	每百名居民拥有固定宽带用户(个)	26	28.80
2030102	4.1.2	固定宽带资费(PPP,美元/月)	37	0.05
2030201	4.2.1	每百名居民中活跃的移动宽带用户(个)	34	81.90
2030202	4.2.2	移动蜂窝订阅费(PPP,美元/分钟)	42	3.81
2030301	4.3.1	家庭邮寄百分比(%)	3	100.00
2030302	4.3.2	邮政可靠性指数(0~100)	32	82.00
2030401	4.4.1	国际物流竞争力(0~7)	18	3.70
2030402	4.4.2	海关程序负担(0~7)	25	4.90
3010000		支柱 5: 法律环境	18	0.96
3010100	5.1	电子签名立法	13	1.00
3010200	5.2	数据保护立法	12	1.00
3010300	5.3	消费者保护立法	11	1.00
3010400	5.4	网络犯罪立法	13	1.00
3010500	5.5	软件盗版率(%)	19	66.00
3020000		支柱 6: 安全环境	45	0.38
3020100	6.1	GCI 网络安全指数(0~1)	55	0.57
3020200	6.2	每百万居民的安全互联网服务器数量(个)	10	56 198.25
4010000		支柱 7: 数字技术能力	38	0.27
4010100	7.1	ICT 国际专利申请(件)	28	4.32
4010200	7.2	企业对 ICT 技术的吸收能力(0~7)	37	4.95
4020000		支柱 8: 数字技术应用	22	0.75
4020100	8.1	ICT 对商业模式的影响(0~7)	28	5.04
4020200	8.2	数字技术在 B2B 中的应用(0~7)	22	5.47
4020300	8.3	数字技术在 B2C 中的应用(0~7)	11	5.77

丹麦

总指标	数字贸易促进指数	排名	值
总指标	数字贸易促进指数	10	0.77
子指数 A	市场准入	28	0.46
子指数 B	基础设施	3	0.85
子指数 C	法律政策环境	1	0.99
子指数 D	商业环境	14	0.66
支柱 1	数字贸易有关的部门开放(RTA)	28	0.46
支柱 2	ICT 基础设施和服务	3	0.66
支柱 3	支付基础设施和服务	5	0.87
支柱 4	交付基础设施和服务	2	0.85
支柱 5	法律环境	5	0.99
支柱 6	安全环境	1	0.95
支柱 7	数字技术能力	13	0.56
支柱 8	数字技术应用	20	0.76

指标编码		指标名称	排名	值
1010000		支柱 1：数字贸易有关的部门开放	28	0.46
1010100	1.1	数字贸易相关的市场准入(RTA)	29	0.50
1010200	1.2	数据流动相关的前沿性条款(RTA)	17	0.43
1010101	1.1.1	电子商务国民待遇和/或最惠国待遇	32	0.00
1010102	1.1.2	特定部门国民待遇和/或最惠国待遇	12	1.00
1010201	1.2.1	跨境数据流动	8	0.67
1010202	1.2.2	数据本地存储	22	0.00
2010000		支柱 2：ICT 基础设施和服务	3	0.66
2010100	2.1	互联网用户渗透率(每百居民)	2	97.10
2010200	2.2	因特网的国际网络带宽(比特/秒)	27	87100.00
2010300	2.3	拥有计算机的家庭比重(%)	3	93.10
2020000		支柱 3：支付基础设施和服务	5	0.87
2020100	3.1	使用借记卡人数比重（15 岁以上,%）	5	0.97
2020200	3.2	使用信用卡人数比重（15 岁以上,%）	19	0.45
2020300	3.3	使用手机或互联网访问账户比重（15 岁以上,%）	2	0.83
2020400	3.4	过去一年发送或接收数字付款比重(%)	1	0.99
2030000		支柱 4：交付基础设施和服务	2	0.85
2030100	4.1	固定宽带设施和服务	4	0.48
2030200	4.2	移动宽带设施和服务	3	0.66
2030300	4.3	邮政设施服务	32	0.90
2030400	4.4	物流及清关服务	11	0.80
2030101	4.1.1	每百名居民拥有固定宽带用户(个)	3	43.20
2030102	4.1.2	固定宽带资费(PPP,美元/月)	62	0.03
2030201	4.2.1	每百名居民中活跃的移动宽带用户(个)	8	129.00
2030202	4.2.2	移动蜂窝订阅费(PPP,美元/分钟)	6	15.48
2030301	4.3.1	家庭邮寄百分比(%)	5	100.00
2030302	4.3.2	邮政可靠性指数(0~100)	37	79.00
2030401	4.4.1	国际物流竞争力(0~7)	7	4.00
2030402	4.4.2	海关程序负担(0~7)	16	5.20
3010000		支柱 5：法律环境	5	0.99
3010100	5.1	电子签名立法	15	1.00
3010200	5.2	数据保护立法	14	1.00
3010300	5.3	消费者保护立法	13	1.00
3010400	5.4	网络犯罪立法	15	1.00
3010500	5.5	软件盗版率(%)	6	77.00
3020000		支柱 6：安全环境	1	0.95
3020100	6.1	GCI 网络安全指数(0~1)	20	0.85
3020200	6.2	每百万居民的安全互联网服务器数量(个)	1	277133.68
4010000		支柱 7：数字技术能力	13	0.56
4010100	7.1	ICT 国际专利申请(件)	11	42.10
4010200	7.2	企业对 ICT 技术的吸收能力(0~7)	12	5.71
4020000		支柱 8：数字技术应用	20	0.76
4020100	8.1	ICT 对商业模式的影响(0~7)	23	5.14
4020200	8.2	数字技术在 B2B 中的应用(0~7)	17	5.65
4020300	8.3	数字技术在 B2C 中的应用(0~7)	20	5.56

厄瓜多尔

		排名	值
总指标	数字贸易促进指数	66	0.22
子指数 A	市场准入	62	0.00
子指数 B	基础设施	61	0.26
子指数 C	法律政策环境	57	0.49
子指数 D	商业环境	56	0.25
支柱 1	数字贸易有关的部门开放(RTA)	62	0.00
支柱 2	ICT 基础设施和服务	59	0.30
支柱 3	支付基础设施和服务	61	0.14
支柱 4	交付基础设施和服务	62	0.35
支柱 5	法律环境	43	0.86
支柱 6	安全环境	67	0.15
支柱 7	数字技术能力	49	0.16
支柱 8	数字技术应用	59	0.38

指标编码		指标名称	排名	值
1010000		支柱 1: 数字贸易有关的部门开放	62	0.00
1010100	1.1	数字贸易相关的市场准入(RTA)	60	0.00
1010200	1.2	数据流动相关的前沿性条款(RTA)	62	0.00
1010101	1.1.1	电子商务国民待遇和/或最惠国待遇	33	0.00
1010102	1.1.2	特定部门国民待遇和/或最惠国待遇	60	0.00
1010201	1.2.1	跨境数据流动	62	0.00
1010202	1.2.2	数据本地存储	23	0.00
2010000		支柱 2: ICT 基础设施和服务	59	0.30
2010100	2.1	互联网用户渗透率(每百居民)	56	57.30
2010200	2.2	因特网的国际网络带宽(比特/秒)	54	47 600.00
2010300	2.3	拥有计算机的家庭比重(%)	58	40.70
2020000		支柱 3: 支付基础设施和服务	61	0.14
2020100	3.1	使用借记卡人数比重(15 岁以上,%)	56	0.28
2020200	3.2	使用信用卡人数比重(15 岁以上,%)	55	0.09
2020300	3.3	使用手机或互联网访问账户比重(15 岁以上,%)	65	0.05
2020400	3.4	过去一年发送或接收数字付款比重(%)	64	0.32
2030000		支柱 4: 交付基础设施和服务	62	0.35
2030100	4.1	固定宽带设施和服务	57	0.12
2030200	4.2	移动宽带设施和服务	68	0.17
2030300	4.3	邮政设施服务	57	0.67
2030400	4.4	物流及清关服务	60	0.32

指标编码		指标名称	排名	值
2030101	4.1.1	每百名居民拥有固定宽带用户(个)	53	10.10
2030102	4.1.2	固定宽带资费(PPP,美元/月)	41	0.04
2030201	4.2.1	每百名居民中活跃的移动宽带用户(个)	61	53.00
2030202	4.2.2	移动蜂窝订阅费(PPP,美元/分钟)	58	2.79
2030301	4.3.1	家庭邮寄百分比(%)	66	64.50
2030302	4.3.2	邮政可靠性指数(0~100)	46	69.60
2030401	4.4.1	国际物流竞争力(0~7)	49	2.80
2030402	4.4.2	海关程序负担(0~7)	65	3.50
3010000		支柱 5: 法律环境	43	0.86
3010100	5.1	电子签名立法	16	1.00
3010200	5.2	数据保护立法	15	1.00
3010300	5.3	消费者保护立法	14	1.00
3010400	5.4	网络犯罪立法	16	1.00
3010500	5.5	软件盗版率(%)	51	32.00
3020000		支柱 6: 安全环境	67	0.15
3020100	6.1	GCI 网络安全指数(0~1)	67	0.37
3020200	6.2	每百万居民的安全互联网服务器数量(个)	59	313.58
4010000		支柱 7: 数字技术能力	49	0.16
4010100	7.1	ICT 国际专利申请(件)	63	0.07
4010200	7.2	企业对 ICT 技术的吸收能力(0~7)	49	4.49
4020000		支柱 8: 数字技术应用	59	0.38
4020100	8.1	ICT 对商业模式的影响(0~7)	49	4.52
4020200	8.2	数字技术在 B2B 中的应用(0~7)	54	4.59
4020300	8.3	数字技术在 B2C 中的应用(0~7)	66	4.08

埃及

		排名	值
总指标	数字贸易促进指数	68	0.22
子指数 A	市场准入	63	0.00
子指数 B	基础设施	57	0.29
子指数 C	法律政策环境	52	0.52
子指数 D	商业环境	66	0.15
支柱 1	数字贸易有关的部门开放(RTA)	63	0.00
支柱 2	ICT 基础设施和服务	57	0.31
支柱 3	支付基础设施和服务	71	0.08
支柱 4	交付基础设施和服务	49	0.47
支柱 5	法律环境	58	0.68
支柱 6	安全环境	32	0.44
支柱 7	数字技术能力	73	0.02
支柱 8	数字技术应用	61	0.33

指标编码		指标名称	排名	值
1010000		**支柱 1: 数字贸易有关的部门开放**	63	0.00
1010100	1.1	数字贸易相关的市场准入(RTA)	61	0.00
1010200	1.2	数据流动相关的前沿性条款(RTA)	63	0.00
1010101	1.1.1	电子商务国民待遇和/或最惠国待遇	34	0.00
1010102	1.1.2	特定部门国民待遇和/或最惠国待遇	61	0.00
1010201	1.2.1	跨境数据流动	63	0.00
1010202	1.2.2	数据本地存储	24	0.00
2010000		**支柱 2: ICT 基础设施和服务**	57	0.31
2010100	2.1	互联网用户渗透率(每百居民)	64	45.00
2010200	2.2	因特网的国际网络带宽(比特/秒)	72	16 000.00
2010300	2.3	拥有计算机的家庭比重(%)	49	58.00
2020000		**支柱 3: 支付基础设施和服务**	71	0.08
2020100	3.1	使用借记卡人数比重(15 岁以上,%)	64	0.25
2020200	3.2	使用信用卡人数比重(15 岁以上,%)	66	0.03
2020300	3.3	使用手机或互联网访问账户比重(15 岁以上,%)	73	0.02
2020400	3.4	过去一年发送或接收数字付款比重(%)	71	0.23
2030000		**支柱 4: 交付基础设施和服务**	49	0.47
2030100	4.1	固定宽带设施和服务	48	0.19
2030200	4.2	移动宽带设施和服务	21	0.37
2030300	4.3	邮政设施服务	54	0.72
2030400	4.4	物流及清关服务	56	0.37
2030101	4.1.1	每百名居民拥有固定宽带用户(个)	61	5.40
2030102	4.1.2	固定宽带资费(PPP,美元/月)	3	0.31
2030201	4.2.1	每百名居民中活跃的移动宽带用户(个)	62	50.10
2030202	4.2.2	移动蜂窝订阅费(PPP,美元/分钟)	8	15.36
2030301	4.3.1	家庭邮寄百分比(%)	6	100.00
2030302	4.3.2	邮政可靠性指数(0~100)	62	43.00
2030401	4.4.1	国际物流竞争力(0~7)	50	2.80
2030402	4.4.2	海关程序负担(0~7)	57	3.90
3010000		**支柱 5: 法律环境**	58	0.68
3010100	5.1	电子签名立法	17	1.00
3010200	5.2	数据保护立法	64	0.50
3010300	5.3	消费者保护立法	59	0.50
3010400	5.4	网络犯罪立法	17	1.00
3010500	5.5	软件盗版率(%)	43	38.00
3020000		**支柱 6: 安全环境**	32	0.44
3020100	6.1	GCI 网络安全指数(0~1)	22	0.84
3020200	6.2	每百万居民的安全互联网服务器数量(个)	73	35.33
4010000		**支柱 7: 数字技术能力**	73	0.02
4010100	7.1	ICT 国际专利申请(件)	55	0.22
4010200	7.2	企业对 ICT 技术的吸收能力(0~7)	73	3.84
4020000		**支柱 8: 数字技术应用**	61	0.33
4020100	8.1	ICT 对商业模式的影响(0~7)	66	4.02
4020200	8.2	数字技术在 B2B 中的应用(0~7)	51	4.70
4020300	8.3	数字技术在 B2C 中的应用(0~7)	67	4.05

萨尔瓦多

		排名	值
总指标	数字贸易促进指数	56	0.31
子指数 A	市场准入	15	0.71
子指数 B	基础设施	70	0.15
子指数 C	法律政策环境	73	0.13
子指数 D	商业环境	61	0.23
支柱 1	数字贸易有关的部门开放(RTA)	15	0.71
支柱 2	ICT 基础设施和服务	67	0.12
支柱 3	支付基础设施和服务	70	0.08
支柱 4	交付基础设施和服务	67	0.28
支柱 5	法律环境	71	0.43
支柱 6	安全环境	74	0.00
支柱 7	数字技术能力	53	0.15
支柱 8	数字技术应用	60	0.34

指标编码		指标名称	排名	值
1010000		支柱 1：数字贸易有关的部门开放	15	0.71
1010100	1.1	数字贸易相关的市场准入(RTA)	16	1.00
1010200	1.2	数据流动相关的前沿性条款(RTA)	38	0.43
1010101	1.1.1	电子商务国民待遇和/或最惠国待遇	18	1.00
1010102	1.1.2	特定部门国民待遇和/或最惠国待遇	44	1.00
1010201	1.2.1	跨境数据流动	31	0.67
1010202	1.2.2	数据本地存储	63	0.00
2010000		支柱 2：ICT 基础设施和服务	67	0.12
2010100	2.1	互联网用户渗透率(每百居民)	69	31.30
2010200	2.2	因特网的国际网络带宽(比特/秒)	26	93 500.00
2010300	2.3	拥有计算机的家庭比重(%)	67	21.50
2020000		支柱 3：支付基础设施和服务	70	0.08
2020100	3.1	使用借记卡人数比重（15 岁以上,%）	70	0.19
2020200	3.2	使用信用卡人数比重（15 岁以上,%）	63	0.06
2020300	3.3	使用手机或互联网访问账户比重（15 岁以上,%）	64	0.06
2020400	3.4	过去一年发送或接收数字付款比重(%)	70	0.24
2030000		支柱 4：交付基础设施和服务	67	0.28
2030100	4.1	固定宽带设施和服务	61	0.08
2030200	4.2	移动宽带设施和服务	64	0.18
2030300	4.3	邮政设施服务	64	0.58
2030400	4.4	物流及清关服务	68	0.19
2030101	4.1.1	每百名居民拥有固定宽带用户(个)	60	6.90
2030102	4.1.2	固定宽带资费(PPP,美元/月)	40	0.05
2030201	4.2.1	每百名居民中活跃的移动宽带用户(个)	60	56.10
2030202	4.2.2	移动蜂窝订阅费(PPP,美元/分钟)	50	3.20
2030301	4.3.1	家庭邮寄百分比(%)	64	75.00
2030302	4.3.2	邮政可靠性指数(0～100)	63	42.00
2030401	4.4.1	国际物流竞争力(0～7)	61	2.60
2030402	4.4.2	海关程序负担(0～7)	72	2.80
3010000		支柱 5：法律环境	71	0.43
3010100	5.1	电子签名立法	73	0.50
3010200	5.2	数据保护立法	73	0.00
3010300	5.3	消费者保护立法	47	1.00
3010400	5.4	网络犯罪立法	60	1.00
3010500	5.5	软件盗版率(%)	64	20.00
3020000		支柱 6：安全环境	74	0.00
3020100	6.1	GCI 网络安全指数(0～1)	74	0.12
3020200	6.2	每百万居民的安全互联网服务器数量(个)	68	94.21
4010000		支柱 7：数字技术能力	53	0.15
4010100	7.1	ICT 国际专利申请(件)	70	0.01
4010200	7.2	企业对 ICT 技术的吸收能力(0～7)	53	4.44
4020000		支柱 8：数字技术应用	60	0.34
4020100	8.1	ICT 对商业模式的影响(0～7)	63	4.06
4020200	8.2	数字技术在 B2B 中的应用(0～7)	63	4.33
4020300	8.3	数字技术在 B2C 中的应用(0～7)	50	4.63

爱沙尼亚

		排名	值
总指标	数字贸易促进指数	18	0.67
子指数 A	市场准入	30	0.46
子指数 B	基础设施	18	0.73
子指数 C	法律政策环境	10	0.78
子指数 D	商业环境	17	0.64
支柱 1	数字贸易有关的部门开放(RTA)	30	0.46
支柱 2	ICT 基础设施和服务	12	0.60
支柱 3	支付基础设施和服务	16	0.77
支柱 4	交付基础设施和服务	19	0.69
支柱 5	法律环境	27	0.92
支柱 6	安全环境	5	0.63
支柱 7	数字技术能力	23	0.38
支柱 8	数字技术应用	6	0.89

指标编码		指标名称	排名	值
1010000		**支柱 1: 数字贸易有关的部门开放**	30	0.46
1010100	1.1	数字贸易相关的市场准入(RTA)	31	0.50
1010200	1.2	数据流动相关的前沿性条款(RTA)	19	0.43
1010101	1.1.1	电子商务国民待遇和/或最惠国待遇	36	0.00
1010102	1.1.2	特定部门国民待遇和/或最惠国待遇	14	1.00
1010201	1.2.1	跨境数据流动	10	0.67
1010202	1.2.2	数据本地存储	26	0.00
2010000		**支柱 2: ICT 基础设施和服务**	12	0.60
2010100	2.1	互联网用户渗透率(每百居民)	12	88.10
2010200	2.2	因特网的国际网络带宽(比特/秒)	16	123 100.00
2010300	2.3	拥有计算机的家庭比重(%)	12	86.90
2020000		**支柱 3: 支付基础设施和服务**	16	0.77
2020100	3.1	使用借记卡人数比重(15 岁以上,%)	10	0.92
2020200	3.2	使用信用卡人数比重(15 岁以上,%)	28	0.29
2020300	3.3	使用手机或互联网访问账户比重(15 岁以上,%)	9	0.69
2020400	3.4	过去一年发送或接收数字付款比重(%)	11	0.97
2030000		**支柱 4: 交付基础设施和服务**	19	0.69
2030100	4.1	固定宽带设施和服务	21	0.36
2030200	4.2	移动宽带设施和服务	12	0.46
2030300	4.3	邮政设施服务	24	0.92
2030400	4.4	物流及清关服务	25	0.63
2030101	4.1.1	每百名居民拥有固定宽带用户(个)	21	30.90
2030102	4.1.2	固定宽带资费(PPP,美元/月)	26	0.06
2030201	4.2.1	每百名居民中活跃的移动宽带用户(个)	5	133.40
2030202	4.2.2	移动蜂窝订阅费(PPP,美元/分钟)	56	2.99
2030301	4.3.1	家庭邮寄百分比(%)	8	100.00
2030302	4.3.2	邮政可靠性指数(0~100)	29	83.00
2030401	4.4.1	国际物流竞争力(0~7)	34	3.10
2030402	4.4.2	海关程序负担(0~7)	7	5.50
3010000		**支柱 5: 法律环境**	27	0.92
3010100	5.1	电子签名立法	19	1.00
3010200	5.2	数据保护立法	17	1.00
3010300	5.3	消费者保护立法	16	1.00
3010400	5.4	网络犯罪立法	19	1.00
3010500	5.5	软件盗版率(%)	29	53.00
3020000		**支柱 6: 安全环境**	5	0.63
3020100	6.1	GCI 网络安全指数(0~1)	5	0.91
3020200	6.2	每百万居民的安全互联网服务器数量(个)	7	83 332.45
4010000		**支柱 7: 数字技术能力**	23	0.38
4010100	7.1	ICT 国际专利申请(件)	22	9.84
4010200	7.2	企业对 ICT 技术的吸收能力(0~7)	25	5.39
4020000		**支柱 8: 数字技术应用**	6	0.89
4020100	8.1	ICT 对商业模式的影响(0~7)	9	5.62
4020200	8.2	数字技术在 B2B 中的应用(0~7)	4	5.97
4020300	8.3	数字技术在 B2C 中的应用(0~7)	9	5.79

芬兰

		排名	值
总指标	数字贸易促进指数	8	0.77
子指数 A	市场准入	31	0.46
子指数 B	基础设施	2	0.85
子指数 C	法律政策环境	8	0.78
子指数 D	商业环境	3	0.91
支柱 1	数字贸易有关的部门开放(RTA)	31	0.46
支柱 2	ICT 基础设施和服务	14	0.60
支柱 3	支付基础设施和服务	3	0.92
支柱 4	交付基础设施和服务	1	0.86
支柱 5	法律环境	10	0.98
支柱 6	安全环境	10	0.56
支柱 7	数字技术能力	3	0.93
支柱 8	数字技术应用	12	0.85

指标编码		指标名称	排名	值
1010000		支柱 1：数字贸易有关的部门开放	31	0.46
1010100	1.1	数字贸易相关的市场准入(RTA)	32	0.50
1010200	1.2	数据流动相关的前沿性条款(RTA)	20	0.43
1010101	1.1.1	电子商务国民待遇和/或最惠国待遇	37	0.00
1010102	1.1.2	特定部门国民待遇和/或最惠国待遇	15	1.00
1010201	1.2.1	跨境数据流动	11	0.67
1010202	1.2.2	数据本地存储	27	0.00
2010000		支柱 2：ICT 基础设施和服务	14	0.60
2010100	2.1	互联网用户渗透率(每百居民)	14	87.50
2010200	2.2	因特网的国际网络带宽(比特/秒)	31	83 800.00
2010300	2.3	拥有计算机的家庭比重(%)	13	86.80
2020000		支柱 3：支付基础设施和服务	3	0.92
2020100	3.1	使用借记卡人数比重(15 岁以上,%)	2	0.98
2020200	3.2	使用信用卡人数比重(15 岁以上,%)	10	0.63
2020300	3.3	使用手机或互联网访问账户比重(15 岁以上,%)	3	0.80
2020400	3.4	过去一年发送或接收数字付款比重(%)	5	0.98
2030000		支柱 4：交付基础设施和服务	1	0.86
2030100	4.1	固定宽带设施和服务	25	0.34
2030200	4.2	移动宽带设施和服务	2	0.71
2030300	4.3	邮政设施服务	10	0.97
2030400	4.4	物流及清关服务	2	0.91

指标编码		指标名称	排名	值
2030101	4.1.1	每百名居民拥有固定宽带用户(个)	22	30.90
2030102	4.1.2	固定宽带资费(PPP,美元/月)	57	0.03
2030201	4.2.1	每百名居民中活跃的移动宽带用户(个)	2	153.80
2030202	4.2.2	移动蜂窝订阅费(PPP,美元/分钟)	9	13.42
2030301	4.3.1	家庭邮寄百分比(%)	34	99.95
2030302	4.3.2	邮政可靠性指数(0~100)	9	94.00
2030401	4.4.1	国际物流竞争力(0~7)	12	3.90
2030402	4.4.2	海关程序负担(0~7)	1	6.30
3010000		支柱 5：法律环境	10	0.98
3010100	5.1	电子签名立法	20	1.00
3010200	5.2	数据保护立法	18	1.00
3010300	5.3	消费者保护立法	17	1.00
3010400	5.4	网络犯罪立法	20	1.00
3010500	5.5	软件盗版率(%)	11	76.00
3020000		支柱 6：安全环境	10	0.56
3020100	6.1	GCI 网络安全指数(0~1)	18	0.86
3020200	6.2	每百万居民的安全互联网服务器数量(个)	9	57 706.14
4010000		支柱 7：数字技术能力	3	0.93
4010100	7.1	ICT 国际专利申请(件)	2	148.95
4010200	7.2	企业对 ICT 技术的吸收能力(0~7)	8	5.84
4020000		支柱 8：数字技术应用	12	0.85
4020100	8.1	ICT 对商业模式的影响(0~7)	1	5.95
4020200	8.2	数字技术在 B2B 中的应用(0~7)	7	5.94
4020300	8.3	数字技术在 B2C 中的应用(0~7)	31	5.10

法国

		排名	值
总指标	数字贸易促进指数	21	0.64
子指数 A	市场准入	32	0.46
子指数 B	基础设施	20	0.69
子指数 C	法律政策环境	15	0.75
子指数 D	商业环境	21	0.59
支柱 1	数字贸易有关的部门开放(RTA)	32	0.46
支柱 2	ICT 基础设施和服务	25	0.53
支柱 3	支付基础设施和服务	21	0.71
支柱 4	交付基础设施和服务	15	0.72
支柱 5	法律环境	19	0.95
支柱 6	安全环境	11	0.54
支柱 7	数字技术能力	20	0.47
支柱 8	数字技术应用	24	0.71

指标编码		指标名称	排名	值
1010000		支柱 1: 数字贸易有关的部门开放	32	0.46
1010100	1.1	数字贸易相关的市场准入(RTA)	33	0.50
1010200	1.2	数据流动相关的前沿性条款(RTA)	21	0.43
1010101	1.1.1	电子商务国民待遇和/或最惠国待遇	38	0.00
1010102	1.1.2	特定部门国民待遇和/或最惠国待遇	16	1.00
1010201	1.2.1	跨境数据流动	12	0.67
1010202	1.2.2	数据本地存储	28	0.00
2010000		支柱 2: ICT 基础设施和服务	25	0.53
2010100	2.1	互联网用户渗透率(每百居民)	26	80.50
2010200	2.2	因特网的国际网络带宽(比特/秒)	48	54 500.00
2010300	2.3	拥有计算机的家庭比重(%)	26	77.50
2020000		支柱 3: 支付基础设施和服务	21	0.71
2020100	3.1	使用借记卡人数比重(15 岁以上,%)	21	0.85
2020200	3.2	使用信用卡人数比重(15 岁以上,%)	23	0.41
2020300	3.3	使用手机或互联网访问账户比重(15 岁以上,%)	20	0.49
2020400	3.4	过去一年发送或接收数字付款比重(%)	19	0.92
2030000		支柱 4: 交付基础设施和服务	15	0.72
2030100	4.1	固定宽带设施和服务	3	0.49
2030200	4.2	移动宽带设施和服务	44	0.28
2030300	4.3	邮政设施服务	7	0.97
2030400	4.4	物流及清关服务	19	0.70
2030101	4.1.1	每百名居民拥有固定宽带用户(个)	2	43.80
2030102	4.1.2	固定宽带资费(PPP,美元/月)	52	0.04
2030201	4.2.1	每百名居民中活跃的移动宽带用户(个)	30	87.50
2030202	4.2.2	移动蜂窝订阅费(PPP,美元/分钟)	66	2.07
2030301	4.3.1	家庭邮寄百分比(%)	9	100.00
2030302	4.3.2	邮政可靠性指数(0~100)	10	94.00
2030401	4.4.1	国际物流竞争力(0~7)	15	3.80
2030402	4.4.2	海关程序负担(0~7)	26	4.80
3010000		支柱 5: 法律环境	19	0.95
3010100	5.1	电子签名立法	21	1.00
3010200	5.2	数据保护立法	19	1.00
3010300	5.3	消费者保护立法	18	1.00
3010400	5.4	网络犯罪立法	21	1.00
3010500	5.5	软件盗版率(%)	21	64.00
3020000		支柱 6: 安全环境	11	0.54
3020100	6.1	GCI 网络安全指数(0~1)	3	0.92
3020200	6.2	每百万居民的安全互联网服务器数量(个)	19	29 396.28
4010000		支柱 7: 数字技术能力	20	0.47
4010100	7.1	ICT 国际专利申请(件)	15	33.50
4010200	7.2	企业对 ICT 技术的吸收能力(0~7)	20	5.45
4020000		支柱 8: 数字技术应用	24	0.71
4020100	8.1	ICT 对商业模式的影响(0~7)	22	5.15
4020200	8.2	数字技术在 B2B 中的应用(0~7)	26	5.33
4020300	8.3	数字技术在 B2C 中的应用(0~7)	21	5.54

附录 3　国别指数(74 国)

格鲁吉亚

		排名	值
总指标	数字贸易促进指数	49	0.39
子指数 A	市场准入	49	0.43
子指数 B	基础设施	45	0.43
子指数 C	法律政策环境	60	0.48
子指数 D	商业环境	64	0.18
支柱 1	数字贸易有关的部门开放(RTA)	49	0.43
支柱 2	ICT 基础设施和服务	45	0.40
支柱 3	支付基础设施和服务	52	0.26
支柱 4	交付基础设施和服务	36	0.58
支柱 5	法律环境	67	0.60
支柱 6	安全环境	29	0.46
支柱 7	数字技术能力	64	0.10
支柱 8	数字技术应用	64	0.30

指标编码		指标名称	排名	值
1010000		**支柱 1：数字贸易有关的部门开放**	49	0.43
1010100	1.1	数字贸易相关的市场准入(RTA)	35	0.50
1010200	1.2	数据流动相关的前沿性条款(RTA)	42	0.36
1010101	1.1.1	电子商务国民待遇和/或最惠国待遇	40	0.00
1010102	1.1.2	特定部门国民待遇和/或最惠国待遇	18	1.00
1010201	1.2.1	跨境数据流动	37	0.56
1010202	1.2.2	数据本地存储	30	0.00
2010000		**支柱 2：ICT 基础设施和服务**	45	0.40
2010100	2.1	互联网用户渗透率(每百居民)	53	60.50
2010200	2.2	因特网的国际网络带宽(比特/秒)	22	105 900.00
2010300	2.3	拥有计算机的家庭比重(%)	43	65.10
2020000		**支柱 3：支付基础设施和服务**	52	0.26
2020100	3.1	使用借记卡人数比重(15 岁以上,%)	46	0.40
2020200	3.2	使用信用卡人数比重(15 岁以上,%)	45	0.15
2020300	3.3	使用手机或互联网访问账户比重(15 岁以上,%)	56	0.09
2020400	3.4	过去一年发送或接收数字付款比重(%)	50	0.53
2030000		**支柱 4：交付基础设施和服务**	36	0.58
2030100	4.1	固定宽带设施和服务	41	0.25
2030200	4.2	移动宽带设施和服务	25	0.35
2030300	4.3	邮政设施服务	2	1.00
2030400	4.4	物流及清关服务	46	0.44
2030101	4.1.1	每百名居民拥有固定宽带用户(个)	40	19.70
2030102	4.1.2	固定宽带资费(PPP,美元/月)	15	0.10
2030201	4.2.1	每百名居民中活跃的移动宽带用户(个)	50	66.60
2030202	4.2.2	移动蜂窝订阅费(PPP,美元/分钟)	12	11.03
2030301	4.3.1	家庭邮寄百分比(%)	10	100.00
2030302	4.3.2	邮政可靠性指数(0～100)	2	99.00
2030401	4.4.1	国际物流竞争力(0～7)	67	2.30
2030402	4.4.2	海关程序负担(0～7)	11	5.40
3010000		**支柱 5：法律环境**	67	0.60
3010100	5.1	电子签名立法	23	1.00
3010200	5.2	数据保护立法	21	1.00
3010300	5.3	消费者保护立法	62	0.00
3010400	5.4	网络犯罪立法	23	1.00
3010500	5.5	软件盗版率(%)	72	10.00
3020000		**支柱 6：安全环境**	29	0.46
3020100	6.1	GCI 网络安全指数(0～1)	17	0.86
3020200	6.2	每百万居民的安全互联网服务器数量(个)	44	2 776.33
4010000		**支柱 7：数字技术能力**	64	0.10
4010100	7.1	ICT 国际专利申请(件)	47	0.74
4010200	7.2	企业对 ICT 技术的吸收能力(0～7)	63	4.19
4020000		**支柱 8：数字技术应用**	64	0.30
4020100	8.1	ICT 对商业模式的影响(0～7)	67	3.97
4020200	8.2	数字技术在 B2B 中的应用(0～7)	57	4.57
4020300	8.3	数字技术在 B2C 中的应用(0～7)	68	4.03

德国

		排名	值
总指标	数字贸易促进指数	17	0.71
子指数 A	市场准入	27	0.46
子指数 B	基础设施	12	0.77
子指数 C	法律政策环境	5	0.80
子指数 D	商业环境	13	0.71
支柱 1	数字贸易有关的部门开放(RTA)	27	0.46
支柱 2	ICT 基础设施和服务	11	0.60
支柱 3	支付基础设施和服务	12	0.81
支柱 4	交付基础设施和服务	7	0.77
支柱 5	法律环境	9	0.98
支柱 6	安全环境	6	0.59
支柱 7	数字技术能力	10	0.60
支柱 8	数字技术应用	16	0.82

指标编码		指标名称	排名	值
1010000		支柱 1: 数字贸易有关的部门开放	27	0.46
1010100	1.1	数字贸易相关的市场准入(RTA)	28	0.50
1010200	1.2	数据流动相关的前沿性条款(RTA)	16	0.43
1010101	1.1.1	电子商务国民待遇和/或最惠国待遇	31	0.00
1010102	1.1.2	特定部门国民待遇和/或最惠国待遇	11	1.00
1010201	1.2.1	跨境数据流动	7	0.67
1010202	1.2.2	数据本地存储	21	0.00
2010000		支柱 2: ICT 基础设施和服务	11	0.60
2010100	2.1	互联网用户渗透率(每百居民)	18	84.40
2010200	2.2	因特网的国际网络带宽(比特/秒)	49	54 100.00
2010300	2.3	拥有计算机的家庭比重(%)	4	92.90
2020000		支柱 3: 支付基础设施和服务	12	0.81
2020100	3.1	使用借记卡人数比重(15 岁以上,%)	13	0.91
2020200	3.2	使用信用卡人数比重(15 岁以上,%)	14	0.53
2020300	3.3	使用手机或互联网访问账户比重(15 岁以上,%)	14	0.61
2020400	3.4	过去一年发送或接收数字付款比重(%)	7	0.98
2030000		支柱 4: 交付基础设施和服务	7	0.77
2030100	4.1	固定宽带设施和服务	7	0.45
2030200	4.2	移动宽带设施和服务	23	0.36
2030300	4.3	邮政设施服务	19	0.93
2030400	4.4	物流及清关服务	4	0.88
2030101	4.1.1	每百名居民拥有固定宽带用户(个)	6	40.50
2030102	4.1.2	固定宽带资费(PPP,美元/月)	63	0.03
2030201	4.2.1	每百名居民中活跃的移动宽带用户(个)	36	79.80
2030202	4.2.2	移动蜂窝订阅费(PPP,美元/分钟)	17	8.75
2030301	4.3.1	家庭邮寄百分比(%)	4	100.00
2030302	4.3.2	邮政可靠性指数(0~100)	23	86.00
2030401	4.4.1	国际物流竞争力(0~7)	1	4.30
2030402	4.4.2	海关程序负担(0~7)	13	5.30
3010000		支柱 5: 法律环境	9	0.98
3010100	5.1	电子签名立法	14	1.00
3010200	5.2	数据保护立法	13	1.00
3010300	5.3	消费者保护立法	12	1.00
3010400	5.4	网络犯罪立法	14	1.00
3010500	5.5	软件盗版率(%)	10	76.00
3020000		支柱 6: 安全环境	6	0.59
3020100	6.1	GCI 网络安全指数(0~1)	21	0.85
3020200	6.2	每百万居民的安全互联网服务器数量(个)	8	77 932.67
4010000		支柱 7: 数字技术能力	10	0.60
4010100	7.1	ICT 国际专利申请(件)	10	52.28
4010200	7.2	企业对 ICT 技术的吸收能力(0~7)	10	5.74
4020000		支柱 8: 数字技术应用	16	0.82
4020100	8.1	ICT 对商业模式的影响(0~7)	19	5.38
4020200	8.2	数字技术在 B2B 中的应用(0~7)	15	5.69
4020300	8.3	数字技术在 B2C 中的应用(0~7)	12	5.77

希腊

		排名	值
总指标	数字贸易促进指数	45	0.45
子指数 A	市场准入	34	0.46
子指数 B	基础设施	37	0.50
子指数 C	法律政策环境	47	0.56
子指数 D	商业环境	62	0.22
支柱 1	数字贸易有关的部门开放(RTA)	34	0.46
支柱 2	ICT 基础设施和服务	42	0.46
支柱 3	支付基础设施和服务	41	0.43
支柱 4	交付基础设施和服务	40	0.55
支柱 5	法律环境	38	0.88
支柱 6	安全环境	59	0.26
支柱 7	数字技术能力	47	0.18
支柱 8	数字技术应用	65	0.30

指标编码		指标名称	排名	值
1010000		支柱 1: 数字贸易有关的部门开放	34	0.46
1010100	1.1	数字贸易相关的市场准入(RTA)	36	0.50
1010200	1.2	数据流动相关的前沿性条款(RTA)	23	0.43
1010101	1.1.1	电子商务国民待遇和/或最惠国待遇	41	0.00
1010102	1.1.2	特定部门国民待遇和/或最惠国待遇	19	1.00
1010201	1.2.1	跨境数据流动	14	0.67
1010202	1.2.2	数据本地存储	31	0.00
2010000		支柱 2: ICT 基础设施和服务	42	0.46
2010100	2.1	互联网用户渗透率(每百居民)	41	69.90
2010200	2.2	因特网的国际网络带宽(比特/秒)	29	85 500.00
2010300	2.3	拥有计算机的家庭比重(%)	40	70.50
2020000		支柱 3: 支付基础设施和服务	41	0.43
2020100	3.1	使用借记卡人数比重（15岁以上,%)	30	0.71
2020200	3.2	使用信用卡人数比重（15岁以上,%)	49	0.12
2020300	3.3	使用手机或互联网访问账户比重(15岁以上,%)	47	0.18
2020400	3.4	过去一年发送或接收数字付款比重(%)	34	0.74
2030000		支柱 4: 交付基础设施和服务	40	0.55
2030100	4.1	固定宽带设施和服务	16	0.39
2030200	4.2	移动宽带设施和服务	65	0.18
2030300	4.3	邮政设施服务	36	0.87
2030400	4.4	物流及清关服务	44	0.46

指标编码		指标名称	排名	值
2030101	4.1.1	每百名居民拥有固定宽带用户(个)	15	33.90
2030102	4.1.2	固定宽带资费(PPP,美元/月)	35	0.05
2030201	4.2.1	每百名居民中活跃的移动宽带用户(个)	55	63.40
2030202	4.2.2	移动蜂窝订阅费(PPP,美元/分钟)	72	1.29
2030301	4.3.1	家庭邮寄百分比(%)	44	97.00
2030302	4.3.2	邮政可靠性指数(0~100)	40	78.00
2030401	4.4.1	国际物流竞争力(0~7)	35	3.10
2030402	4.4.2	海关程序负担(0~7)	49	4.10
3010000		支柱 5: 法律环境	38	0.88
3010100	5.1	电子签名立法	24	1.00
3010200	5.2	数据保护立法	22	1.00
3010300	5.3	消费者保护立法	20	1.00
3010400	5.4	网络犯罪立法	24	1.00
3010500	5.5	软件盗版率(%)	44	38.00
3020000		支柱 6: 安全环境	59	0.26
3020100	6.1	GCI 网络安全指数(0~1)	60	0.53
3020200	6.2	每百万居民的安全互联网服务器数量(个)	40	6 650.60
4010000		支柱 7: 数字技术能力	47	0.18
4010100	7.1	ICT 国际专利申请(件)	34	2.64
4010200	7.2	企业对 ICT 技术的吸收能力(0~7)	47	4.53
4020000		支柱 8: 数字技术应用	65	0.30
4020100	8.1	ICT 对商业模式的影响(0~7)	64	4.03
4020200	8.2	数字技术在 B2B 中的应用(0~7)	64	4.32
4020300	8.3	数字技术在 B2C 中的应用(0~7)	61	4.22

危地马拉

		排名	值
总指标	数字贸易促进指数	58	0.30
子指数 A	市场准入	12	0.71
子指数 B	基础设施	73	0.08
子指数 C	法律政策环境	74	0.04
子指数 D	商业环境	38	0.40
支柱 1	数字贸易有关的部门开放(RTA)	12	0.71
支柱 2	ICT 基础设施和服务	66	0.17
支柱 3	支付基础设施和服务	68	0.10
支柱 4	交付基础设施和服务	74	0.05
支柱 5	法律环境	74	0.23
支柱 6	安全环境	70	0.08
支柱 7	数字技术能力	39	0.27
支柱 8	数字技术应用	37	0.54

指标编码		指标名称	排名	值
1010000		支柱 1: 数字贸易有关的部门开放	12	0.71
1010100	1.1	数字贸易相关的市场准入(RTA)	6	1.00
1010200	1.2	数据流动相关的前沿性条款(RTA)	24	0.43
1010101	1.1.1	电子商务国民待遇和/或最惠国待遇	6	1.00
1010102	1.1.2	特定部门国民待遇和/或最惠国待遇	20	1.00
1010201	1.2.1	跨境数据流动	15	0.67
1010202	1.2.2	数据本地存储	32	0.00
2010000		支柱 2: ICT 基础设施和服务	66	0.17
2010100	2.1	互联网用户渗透率(每百居民)	66	40.70
2010200	2.2	因特网的国际网络带宽(比特/秒)	70	18 600.00
2010300	2.3	拥有计算机的家庭比重(%)	62	24.80
2020000		支柱 3: 支付基础设施和服务	68	0.10
2020100	3.1	使用借记卡人数比重(15 岁以上, %)	71	0.16
2020200	3.2	使用信用卡人数比重(15 岁以上, %)	61	0.07
2020300	3.3	使用手机或互联网访问账户比重(15 岁以上, %)	68	0.04
2020400	3.4	过去一年发送或接收数字付款比重(%)	61	0.33
2030000		支柱 4: 交付基础设施和服务	74	0.05
2030100	4.1	固定宽带设施和服务	67	0.04
2030200	4.2	移动宽带设施和服务	74	0.01
2030300	4.3	邮政设施服务	74	0.00
2030400	4.4	物流及清关服务	71	0.14
2030101	4.1.1	每百名居民拥有固定宽带用户(个)	67	3.10
2030102	4.1.2	固定宽带资费(PPP, 美元/月)	34	0.05
2030201	4.2.1	每百名居民中活跃的移动宽带用户(个)	74	16.50
2030202	4.2.2	移动蜂窝订阅费(PPP, 美元/分钟)	70	1.62
2030301	4.3.1	家庭邮寄百分比(%)	73	1.00
2030302	4.3.2	邮政可靠性指数(0~100)	74	0.00
2030401	4.4.1	国际物流竞争力(0~7)	71	2.20
2030402	4.4.2	海关程序负担(0~7)	67	3.20
3010000		支柱 5: 法律环境	74	0.23
3010100	5.1	电子签名立法	25	1.00
3010200	5.2	数据保护立法	71	0.00
3010300	5.3	消费者保护立法	63	0.00
3010400	5.4	网络犯罪立法	73	0.50
3010500	5.5	软件盗版率(%)	63	21.00
3020000		支柱 6: 安全环境	70	0.08
3020100	6.1	GCI 网络安全指数(0~1)	70	0.25
3020200	6.2	每百万居民的安全互联网服务器数量(个)	69	93.89
4010000		支柱 7: 数字技术能力	39	0.27
4010100	7.1	ICT 国际专利申请(件)	72	0.00
4010200	7.2	企业对 ICT 技术的吸收能力(0~7)	35	5.01
4020000		支柱 8: 数字技术应用	37	0.54
4020100	8.1	ICT 对商业模式的影响(0~7)	29	4.97
4020200	8.2	数字技术在 B2B 中的应用(0~7)	42	4.93
4020300	8.3	数字技术在 B2C 中的应用(0~7)	49	4.64

匈牙利

		排名	值
总指标	数字贸易促进指数	35	0.53
子指数 A	市场准入	36	0.46
子指数 B	基础设施	36	0.54
子指数 C	法律政策环境	22	0.71
子指数 D	商业环境	42	0.37
支柱 1	数字贸易有关的部门开放(RTA)	36	0.46
支柱 2	ICT 基础设施和服务	30	0.52
支柱 3	支付基础设施和服务	39	0.45
支柱 4	交付基础设施和服务	37	0.57
支柱 5	法律环境	22	0.94
支柱 6	安全环境	21	0.47
支柱 7	数字技术能力	43	0.23
支柱 8	数字技术应用	40	0.53

指标编码		指标名称	排名	值
1010000		**支柱 1: 数字贸易有关的部门开放**	36	0.46
1010100	1.1	数字贸易相关的市场准入(RTA)	38	0.50
1010200	1.2	数据流动相关的前沿性条款(RTA)	26	0.43
1010101	1.1.1	电子商务国民待遇和/或最惠国待遇	43	0.00
1010102	1.1.2	特定部门国民待遇和/或最惠国待遇	22	1.00
1010201	1.2.1	跨境数据流动	17	0.67
1010202	1.2.2	数据本地存储	34	0.00
2010000		**支柱 2: ICT 基础设施和服务**	30	0.52
2010100	2.1	互联网用户渗透率(每百居民)	31	76.80
2010200	2.2	因特网的国际网络带宽(比特/秒)	43	61 000.00
2010300	2.3	拥有计算机的家庭比重(%)	24	77.80
2020000		**支柱 3: 支付基础设施和服务**	39	0.45
2020100	3.1	使用借记卡人数比重(15 岁以上,%)	31	0.69
2020200	3.2	使用信用卡人数比重(15 岁以上,%)	48	0.13
2020300	3.3	使用手机或互联网访问账户比重(15 岁以上,%)	38	0.29
2020400	3.4	过去一年发送或接收数字付款比重(%)	35	0.71
2030000		**支柱 4: 交付基础设施和服务**	37	0.57
2030100	4.1	固定宽带设施和服务	24	0.35
2030200	4.2	移动宽带设施和服务	67	0.17
2030300	4.3	邮政设施服务	33	0.90
2030400	4.4	物流及清关服务	29	0.59
2030101	4.1.1	每百名居民拥有固定宽带用户(个)	23	30.40
2030102	4.1.2	固定宽带资费(PPP,美元/月)	39	0.05
2030201	4.2.1	每百名居民中活跃的移动宽带用户(个)	64	49.10
2030202	4.2.2	移动蜂窝订阅费(PPP,美元/分钟)	44	3.72
2030301	4.3.1	家庭邮寄百分比(%)	11	100.00
2030302	4.3.2	邮政可靠性指数(0~100)	38	79.00
2030401	4.4.1	国际物流竞争力(0~7)	31	3.20
2030402	4.4.2	海关程序负担(0~7)	22	5.00
3010000		**支柱 5: 法律环境**	22	0.94
3010100	5.1	电子签名立法	27	1.00
3010200	5.2	数据保护立法	24	1.00
3010300	5.3	消费者保护立法	22	1.00
3010400	5.4	网络犯罪立法	26	1.00
3010500	5.5	软件盗版率(%)	24	61.00
3020000		**支柱 6: 安全环境**	21	0.47
3020100	6.1	GCI 网络安全指数(0~1)	29	0.81
3020200	6.2	每百万居民的安全互联网服务器数量(个)	20	26 243.74
4010000		**支柱 7: 数字技术能力**	43	0.23
4010100	7.1	ICT 国际专利申请(件)	26	8.20
4010200	7.2	企业对 ICT 技术的吸收能力(0~7)	43	4.69
4020000		**支柱 8: 数字技术应用**	40	0.53
4020100	8.1	ICT 对商业模式的影响(0~7)	44	4.61
4020200	8.2	数字技术在 B2B 中的应用(0~7)	34	5.07
4020300	8.3	数字技术在 B2C 中的应用(0~7)	43	4.76

印度

总指标	数字贸易促进指数	排名	值
总指标	数字贸易促进指数	54	0.35
子指数 A	市场准入	22	0.52
子指数 B	基础设施	63	0.25
子指数 C	法律政策环境	58	0.49
子指数 D	商业环境	65	0.16
支柱 1	数字贸易有关的部门开放(RTA)	22	0.52
支柱 2	ICT 基础设施和服务	69	0.11
支柱 3	支付基础设施和服务	64	0.12
支柱 4	交付基础设施和服务	46	0.48
支柱 5	法律环境	57	0.68
支柱 6	安全环境	46	0.37
支柱 7	数字技术能力	63	0.10
支柱 8	数字技术应用	66	0.27

指标编码		指标名称	排名	值
1010000		**支柱 1: 数字贸易有关的部门开放**	22	0.52
1010100	1.1	数字贸易相关的市场准入(RTA)	22	0.75
1010200	1.2	数据流动相关的前沿性条款(RTA)	48	0.29
1010101	1.1.1	电子商务国民待遇和/或最惠国待遇	22	0.50
1010102	1.1.2	特定部门国民待遇和/或最惠国待遇	23	1.00
1010201	1.2.1	跨境数据流动	46	0.44
1010202	1.2.2	数据本地存储	36	0.00
2010000		**支柱 2: ICT 基础设施和服务**	69	0.11
2010100	2.1	互联网用户渗透率(每百居民)	67	34.50
2010200	2.2	因特网的国际网络带宽(比特/秒)	63	25 900.00
2010300	2.3	拥有计算机的家庭比重(%)	70	16.50
2020000		**支柱 3: 支付基础设施和服务**	64	0.12
2020100	3.1	使用借记卡人数比重(15 岁以上,%)	51	0.33
2020200	3.2	使用信用卡人数比重(15 岁以上,%)	67	0.03
2020300	3.3	使用手机或互联网访问账户比重(15 岁以上,%)	66	0.05
2020400	3.4	过去一年发送或接收数字付款比重(%)	67	0.29
2030000		**支柱 4: 交付基础设施和服务**	46	0.48
2030100	4.1	固定宽带设施和服务	63	0.07
2030200	4.2	移动宽带设施和服务	30	0.34
2030300	4.3	邮政设施服务	47	0.83
2030400	4.4	物流及清关服务	33	0.52
2030101	4.1.1	每百名居民拥有固定宽带用户(个)	70	1.30
2030102	4.1.2	固定宽带资费(PPP,美元/月)	8	0.15
2030201	4.2.1	每百名居民中活跃的移动宽带用户(个)	72	25.80
2030202	4.2.2	移动蜂窝订阅费(PPP,美元/分钟)	2	18.81
2030301	4.3.1	家庭邮寄百分比(%)	12	100.00
2030302	4.3.2	邮政可靠性指数(0~100)	49	65.00
2030401	4.4.1	国际物流竞争力(0~7)	38	3.10
2030402	4.4.2	海关程序负担(0~7)	33	4.60
3010000		**支柱 5: 法律环境**	57	0.68
3010100	5.1	电子签名立法	29	1.00
3010200	5.2	数据保护立法	26	1.00
3010300	5.3	消费者保护立法	64	0.00
3010400	5.4	网络犯罪立法	28	1.00
3010500	5.5	软件盗版率(%)	41	40.00
3020000		**支柱 6: 安全环境**	46	0.37
3020100	6.1	GCI 网络安全指数(0~1)	44	0.72
3020200	6.2	每百万居民的安全互联网服务器数量(个)	56	389.20
4010000		**支柱 7: 数字技术能力**	63	0.10
4010100	7.1	ICT 国际专利申请(件)	48	0.52
4010200	7.2	企业对 ICT 技术的吸收能力(0~7)	62	4.19
4020000		**支柱 8: 数字技术应用**	66	0.27
4020100	8.1	ICT 对商业模式的影响(0~7)	60	4.09
4020200	8.2	数字技术在 B2B 中的应用(0~7)	67	4.07
4020300	8.3	数字技术在 B2C 中的应用(0~7)	59	4.24

印度尼西亚

		排名	值
总指标	数字贸易促进指数	53	0.35
子指数 A	市场准入	55	0.27
子指数 B	基础设施	66	0.23
子指数 C	法律政策环境	39	0.60
子指数 D	商业环境	32	0.43
支柱 1	数字贸易有关的部门开放(RTA)	55	0.27
支柱 2	ICT 基础设施和服务	68	0.11
支柱 3	支付基础设施和服务	60	0.14
支柱 4	交付基础设施和服务	56	0.42
支柱 5	法律环境	53	0.82
支柱 6	安全环境	43	0.41
支柱 7	数字技术能力	34	0.28
支柱 8	数字技术应用	31	0.60

指标编码		指标名称	排名	值
1010000		支柱 1：数字贸易有关的部门开放	55	0.27
1010100	1.1	数字贸易相关的市场准入(RTA)	55	0.33
1010200	1.2	数据流动相关的前沿性条款(RTA)	53	0.21
1010101	1.1.1	电子商务国民待遇和/或最惠国待遇	44	0.00
1010102	1.1.2	特定部门国民待遇和/或最惠国待遇	53	0.67
1010201	1.2.1	跨境数据流动	53	0.33
1010202	1.2.2	数据本地存储	35	0.00
2010000		支柱 2：ICT 基础设施和服务	68	0.11
2010100	2.1	互联网用户渗透率（每百居民）	68	32.30
2010200	2.2	因特网的国际网络带宽（比特/秒）	67	21 200.00
2010300	2.3	拥有计算机的家庭比重(%)	68	19.10
2020000		支柱 3：支付基础设施和服务	60	0.14
2020100	3.1	使用借记卡人数比重（15岁以上,%）	53	0.31
2020200	3.2	使用信用卡人数比重（15岁以上,%）	70	0.02
2020300	3.3	使用手机或互联网访问账户比重（15岁以上,%）	59	0.08
2020400	3.4	过去一年发送或接收数字付款比重(%)	59	0.35
2030000		支柱 4：交付基础设施和服务	56	0.42
2030100	4.1	固定宽带设施和服务	71	0.03
2030200	4.2	移动宽带设施和服务	24	0.36
2030300	4.3	邮政设施服务	59	0.66
2030400	4.4	物流及清关服务	42	0.47
2030101	4.1.1	每百名居民拥有固定宽带用户（个）	69	2.30
2030102	4.1.2	固定宽带资费(PPP,美元/月)	42	0.04
2030201	4.2.1	每百名居民中活跃的移动宽带用户（个）	20	95.70
2030202	4.2.2	移动蜂窝订阅费(PPP,美元/分钟)	32	5.21
2030301	4.3.1	家庭邮寄百分比(%)	59	85.00
2030302	4.3.2	邮政可靠性指数(0~100)	57	48.00
2030401	4.4.1	国际物流竞争力(0~7)	37	3.10
2030402	4.4.2	海关程序负担(0~7)	45	4.20
3010000		支柱 5：法律环境	53	0.84
3010100	5.1	电子签名立法	28	1.00
3010200	5.2	数据保护立法	25	1.00
3010300	5.3	消费者保护立法	23	1.00
3010400	5.4	网络犯罪立法	27	1.00
3010500	5.5	软件盗版率(%)	68	16.00
3020000		支柱 6：安全环境	43	0.41
3020100	6.1	GCI 网络安全指数(0~1)	38	0.78
3020200	6.2	每百万居民的安全互联网服务器数量（个）	48	1 683.85
4010000		支柱 7：数字技术能力	34	0.28
4010100	7.1	ICT 国际专利申请(件)	67	0.02
4010200	7.2	企业对 ICT 技术的吸收能力(0~7)	33	5.06
4020000		支柱 8：数字技术应用	31	0.60
4020100	8.1	ICT 对商业模式的影响(0~7)	34	4.76
4020200	8.2	数字技术在 B2B 中的应用(0~7)	39	4.94
4020300	8.3	数字技术在 B2C 中的应用(0~7)	24	5.39

爱尔兰

		排名	值
总指标	数字贸易促进指数	20	0.66
子指数 A	市场准入	37	0.46
子指数 B	基础设施	19	0.69
子指数 C	法律政策环境	12	0.78
子指数 D	商业环境	20	0.63
支柱 1	数字贸易有关的部门开放(RTA)	37	0.46
支柱 2	ICT 基础设施和服务	17	0.57
支柱 3	支付基础设施和服务	20	0.72
支柱 4	交付基础设施和服务	23	0.68
支柱 5	法律环境	17	0.96
支柱 6	安全环境	8	0.58
支柱 7	数字技术能力	15	0.50
支柱 8	数字技术应用	21	0.75

指标编码		指标名称	排名	值
1010000		支柱 1：数字贸易有关的部门开放	37	0.46
1010100	1.1	数字贸易相关的市场准入(RTA)	39	0.50
1010200	1.2	数据流动相关的前沿性条款(RTA)	27	0.43
1010101	1.1.1	电子商务国民待遇和/或最惠国待遇	45	0.00
1010102	1.1.2	特定部门国民待遇和/或最惠国待遇	24	1.00
1010201	1.2.1	跨境数据流动	18	0.67
1010202	1.2.2	数据本地存储	37	0.00
2010000		支柱 2：ICT 基础设施和服务	17	0.57
2010100	2.1	互联网用户渗透率(每百居民)	17	84.50
2010200	2.2	因特网的国际网络带宽(比特/秒)	33	78 300.00
2010300	2.3	拥有计算机的家庭比重(%)	17	84.00
2020000		支柱 3：支付基础设施和服务	20	0.72
2020100	3.1	使用借记卡人数比重(15 岁以上,%)	20	0.85
2020200	3.2	使用信用卡人数比重(15 岁以上,%)	15	0.51
2020300	3.3	使用手机或互联网访问账户比重(15 岁以上,%)	28	0.42
2020400	3.4	过去一年发送或接收数字付款比重(%)	17	0.94
2030000		支柱 4：交付基础设施和服务	23	0.68
2030100	4.1	固定宽带设施和服务	29	0.32
2030200	4.2	移动宽带设施和服务	31	0.33
2030300	4.3	邮政设施服务	1	1.00
2030400	4.4	物流及清关服务	15	0.73
2030101	4.1.1	每百名居民拥有固定宽带用户(个)	24	29.40
2030102	4.1.2	固定宽带资费(PPP,美元/月)	72	0.02
2030201	4.2.1	每百名居民中活跃的移动宽带用户(个)	15	102.00
2030202	4.2.2	移动蜂窝订阅费(PPP,美元/分钟)	68	1.87
2030301	4.3.1	家庭邮寄百分比(%)	13	100.00
2030302	4.3.2	邮政可靠性指数(0~100)	1	100.00
2030401	4.4.1	国际物流竞争力(0~7)	23	3.60
2030402	4.4.2	海关程序负担(0~7)	12	5.40
3010000		支柱 5：法律环境	17	0.96
3010100	5.1	电子签名立法	30	1.00
3010200	5.2	数据保护立法	27	1.00
3010300	5.3	消费者保护立法	24	1.00
3010400	5.4	网络犯罪立法	29	1.00
3010500	5.5	软件盗版率(%)	18	67.00
3020000		支柱 6：安全环境	8	0.58
3020100	6.1	GCI 网络安全指数(0~1)	35	0.78
3020200	6.2	每百万居民的安全互联网服务器数量(个)	6	95 278.02
4010000		支柱 7：数字技术能力	15	0.50
4010100	7.1	ICT 国际专利申请(件)	14	34.08
4010200	7.2	企业对 ICT 技术的吸收能力(0~7)	19	5.56
4020000		支柱 8：数字技术应用	21	0.75
4020100	8.1	ICT 对商业模式的影响(0~7)	10	5.60
4020200	8.2	数字技术在 B2B 中的应用(0~7)	24	5.44
4020300	8.3	数字技术在 B2C 中的应用(0~7)	28	5.19

以色列

		排名	值
总指标	数字贸易促进指数	36	0.53
子指数 A	市场准入	64	0.00
子指数 B	基础设施	24	0.63
子指数 C	法律政策环境	23	0.70
子指数 D	商业环境	4	0.86
支柱 1	数字贸易有关的部门开放(RTA)	64	0.00
支柱 2	ICT 基础设施和服务	23	0.54
支柱 3	支付基础设施和服务	24	0.65
支柱 4	交付基础设施和服务	29	0.62
支柱 5	法律环境	15	0.97
支柱 6	安全环境	36	0.43
支柱 7	数字技术能力	4	0.88
支柱 8	数字技术应用	13	0.82

指标编码		指标名称	排名	值
1010000		支柱 1: 数字贸易有关的部门开放	64	0.00
1010100	1.1	数字贸易相关的市场准入(RTA)	62	0.00
1010200	1.2	数据流动相关的前沿性条款(RTA)	64	0.00
1010101	1.1.1	电子商务国民待遇和/或最惠国待遇	46	0.00
1010102	1.1.2	特定部门国民待遇和/或最惠国待遇	62	0.00
1010201	1.2.1	跨境数据流动	64	0.00
1010202	1.2.2	数据本地存储	38	0.00
2010000		支柱 2: ICT 基础设施和服务	23	0.54
2010100	2.1	互联网用户渗透率(每百居民)	22	81.60
2010200	2.2	因特网的国际网络带宽(比特/秒)	46	56 700.00
2010300	2.3	拥有计算机的家庭比重(%)	25	77.60
2020000		支柱 3: 支付基础设施和服务	24	0.65
2020100	3.1	使用借记卡人数比重(15 岁以上,%)	52	0.31
2020200	3.2	使用信用卡人数比重(15 岁以上,%)	2	0.75
2020300	3.3	使用手机或互联网访问账户比重(15 岁以上,%)	22	0.47
2020400	3.4	过去一年发送或接收数字付款比重(%)	22	0.91
2030000		支柱 4: 交付基础设施和服务	29	0.62
2030100	4.1	固定宽带设施和服务	32	0.32
2030200	4.2	移动宽带设施和服务	22	0.36
2030300	4.3	邮政设施服务	41	0.86
2030400	4.4	物流及清关服务	28	0.60
2030101	4.1.1	每百名居民拥有固定宽带用户(个)	27	28.10
2030102	4.1.2	固定宽带资费(PPP,美元/月)	50	0.04
2030201	4.2.1	每百名居民中活跃的移动宽带用户(个)	14	105.10
2030202	4.2.2	移动蜂窝订阅费(PPP,美元/分钟)	47	3.40
2030301	4.3.1	家庭邮寄百分比(%)	60	85.00
2030302	4.3.2	邮政可靠性指数(0~100)	20	88.00
2030401	4.4.1	国际物流竞争力(0~7)	26	3.40
2030402	4.4.2	海关程序负担(0~7)	31	4.70
3010000		支柱 5: 法律环境	15	0.97
3010100	5.1	电子签名立法	31	1.00
3010200	5.2	数据保护立法	28	1.00
3010300	5.3	消费者保护立法	25	1.00
3010400	5.4	网络犯罪立法	30	1.00
3010500	5.5	软件盗版率(%)	16	70.00
3020000		支柱 6: 安全环境	36	0.43
3020100	6.1	GCI 网络安全指数(0~1)	36	0.78
3020200	6.2	每百万居民的安全互联网服务器数量(个)	34	11 115.73
4010000		支柱 7: 数字技术能力	4	0.88
4010100	7.1	ICT 国际专利申请(件)	4	117.51
4010200	7.2	企业对 ICT 技术的吸收能力(0~7)	4	6.05
4020000		支柱 8: 数字技术应用	13	0.82
4020100	8.1	ICT 对商业模式的影响(0~7)	13	5.52
4020200	8.2	数字技术在 B2B 中的应用(0~7)	12	5.74
4020300	8.3	数字技术在 B2C 中的应用(0~7)	19	5.59

意大利

总指标	数字贸易促进指数	排名	值
总指标	数字贸易促进指数	39	0.52
子指数 A	市场准入	38	0.46
子指数 B	基础设施	31	0.57
子指数 C	法律政策环境	24	0.69
子指数 D	商业环境	55	0.25
支柱 1	数字贸易有关的部门开放(RTA)	38	0.46
支柱 2	ICT 基础设施和服务	46	0.40
支柱 3	支付基础设施和服务	25	0.62
支柱 4	交付基础设施和服务	30	0.61
支柱 5	法律环境	28	0.92
支柱 6	安全环境	25	0.47
支柱 7	数字技术能力	59	0.12
支柱 8	数字技术应用	55	0.42

指标编码	指标名称	排名	值
1010000	支柱 1: 数字贸易有关的部门开放	38	0.46
1010100 1.1	数字贸易相关的市场准入(RTA)	40	0.50
1010200 1.2	数据流动相关的前沿性条款(RTA)	28	0.43
1010101 1.1.1	电子商务国民待遇 和/或最惠国待遇	47	0.00
1010102 1.1.2	特定部门国民待遇 和/或最惠国待遇	25	1.00
1010201 1.2.1	跨境数据流动	19	0.67
1010202 1.2.2	数据本地存储	39	0.00
2010000	支柱 2: ICT 基础设施和服务	46	0.40
2010100 2.1	互联网用户渗透率(每百居民)	52	61.30
2010200 2.2	因特网的国际网络带宽(比特/秒)	58	35 700.00
2010300 2.3	拥有计算机的家庭比重(%)	44	64.30
2020000	支柱 3: 支付基础设施和服务	25	0.62
2020100 3.1	使用借记卡人数比重(15 岁以上,%)	22	0.85
2020200 3.2	使用信用卡人数比重(15 岁以上,%)	20	0.42
2020300 3.3	使用手机或互联网访问账户比重(15 岁以上,%)	43	0.22
2020400 3.4	过去一年发送或接收数字付款比重(%)	25	0.90
2030000	支柱 4: 交付基础设施和服务	30	0.61
2030100 4.1	固定宽带设施和服务	35	0.31
2030200 4.2	移动宽带设施和服务	33	0.31
2030300 4.3	邮政设施服务	35	0.88
2030400 4.4	物流及清关服务	27	0.62
2030101 4.1.1	每百名居民拥有固定宽带用户(个)	29	27.90
2030102 4.1.2	固定宽带资费(PPP,美元/月)	67	0.02
2030201 4.2.1	每百名居民中活跃的移动宽带用户(个)	29	87.90
2030202 4.2.2	移动蜂窝订阅费(PPP,美元/分钟)	43	3.79
2030301 4.3.1	家庭邮寄百分比(%)	36	99.67
2030302 4.3.2	邮政可靠性指数(0~100)	41	77.00
2030401 4.4.1	国际物流竞争力(0~7)	19	3.70
2030402 4.4.2	海关程序负担(0~7)	42	4.30
3010000	支柱 5: 法律环境	28	0.92
3010100 5.1	电子签名立法	32	1.00
3010200 5.2	数据保护立法	29	1.00
3010300 5.3	消费者保护立法	26	1.00
3010400 5.4	网络犯罪立法	31	1.00
3010500 5.5	软件盗版率(%)	30	53.00
3020000	支柱 6: 安全环境	25	0.47
3020100 6.1	GCI 网络安全指数(0~1)	24	0.84
3020200 6.2	每百万居民的安全互联网服务器数量(个)	32	15 168.85
4010000	支柱 7: 数字技术能力	59	0.12
4010100 7.1	ICT 国际专利申请(件)	24	9.42
4010200 7.2	企业对 ICT 技术的吸收能力(0~7)	65	4.15
4020000	支柱 8: 数字技术应用	55	0.42
4020100 8.1	ICT 对商业模式的影响(0~7)	52	4.40
4020200 8.2	数字技术在 B2B 中的应用(0~7)	58	4.53
4020300 8.3	数字技术在 B2C 中的应用(0~7)	48	4.66

日本

		排名	值
总指标	数字贸易促进指数	1	0.86
子指数 A	市场准入	1	1.00
子指数 B	基础设施	17	0.73
子指数 C	法律政策环境	35	0.63
子指数 D	商业环境	2	0.93
支柱 1	数字贸易有关的部门开放(RTA)	1	1.00
支柱 2	ICT 基础设施和服务	18	0.57
支柱 3	支付基础设施和服务	17	0.76
支柱 4	交付基础设施和服务	13	0.74
支柱 5	法律环境	54	0.80
支柱 6	安全环境	18	0.50
支柱 7	数字技术能力	2	0.95
支柱 8	数字技术应用	8	0.88

指标编码		指标名称	排名	值
1010000		支柱 1: 数字贸易有关的部门开放	1	1.00
1010100	1.1	数字贸易相关的市场准入(RTA)	7	1.00
1010200	1.2	数据流动相关的前沿性条款(RTA)	1	1.00
1010101	1.1.1	电子商务国民待遇和/或最惠国待遇	7	1.00
1010102	1.1.2	特定部门国民待遇和/或最惠国待遇	26	1.00
1010201	1.2.1	跨境数据流动	1	0.78
1010202	1.2.2	数据本地存储	4	1.00
2010000		支柱 2: ICT 基础设施和服务	18	0.57
2010100	2.1	互联网用户渗透率(每百居民)	10	90.90
2010200	2.2	因特网的国际网络带宽(比特/秒)	64	25 000.00
2010300	2.3	拥有计算机的家庭比重(%)	28	76.80
2020000		支柱 3: 支付基础设施和服务	17	0.76
2020100	3.1	使用借记卡人数比重(15 岁以上,%)	17	0.87
2020200	3.2	使用信用卡人数比重(15 岁以上,%)	5	0.68
2020300	3.3	使用手机或互联网访问账户比重(15 岁以上,%)	30	0.33
2020400	3.4	过去一年发送或接收数字付款比重(%)	16	0.95
2030000		支柱 4: 交付基础设施和服务	13	0.74
2030100	4.1	固定宽带设施和服务	22	0.35
2030200	4.2	移动宽带设施和服务	14	0.46
2030300	4.3	邮政设施服务	20	0.93
2030400	4.4	物流及清关服务	12	0.80

指标编码		指标名称	排名	值
2030101	4.1.1	每百名居民拥有固定宽带用户(个)	19	31.70
2030102	4.1.2	固定宽带资费(PPP,美元/月)	55	0.03
2030201	4.2.1	每百名居民中活跃的移动宽带用户(个)	6	133.20
2030202	4.2.2	移动蜂窝订阅费(PPP,美元/分钟)	60	2.71
2030301	4.3.1	家庭邮寄百分比(%)	14	100.00
2030302	4.3.2	邮政可靠性指数(0~100)	24	86.00
2030401	4.4.1	国际物流竞争力(0~7)	3	4.10
2030402	4.4.2	海关程序负担(0~7)	23	5.00
3010000		支柱 5: 法律环境	54	0.80
3010100	5.1	电子签名立法	34	1.00
3010200	5.2	数据保护立法	30	1.00
3010300	5.3	消费者保护立法	66	1.00
3010400	5.4	网络犯罪立法	33	1.00
3010500	5.5	软件盗版率(%)	2	81.00
3020000		支柱 6: 安全环境	18	0.50
3020100	6.1	GCI 网络安全指数(0~1)	15	0.88
3020200	6.2	每百万居民的安全互联网服务器数量(个)	30	18 701.35
4010000		支柱 7: 数字技术能力	2	0.95
4010100	7.1	ICT 国际专利申请(件)	3	137.49
4010200	7.2	企业对 ICT 技术的吸收能力(0~7)	1	6.08
4020000		支柱 8: 数字技术应用	8	0.88
4020100	8.1	ICT 对商业模式的影响(0~7)	20	5.31
4020200	8.2	数字技术在 B2B 中的应用(0~7)	1	6.06
4020300	8.3	数字技术在 B2C 中的应用(0~7)	5	5.95

约旦

		排名	值
总指标	数字贸易促进指数	64	0.24
子指数 A	市场准入	65	0.00
子指数 B	基础设施	55	0.30
子指数 C	法律政策环境	67	0.38
子指数 D	商业环境	35	0.42
支柱 1	数字贸易有关的部门开放(RTA)	65	0.00
支柱 2	ICT 基础设施和服务	47	0.39
支柱 3	支付基础设施和服务	63	0.13
支柱 4	交付基础设施和服务	59	0.39
支柱 5	法律环境	69	0.59
支柱 6	安全环境	58	0.27
支柱 7	数字技术能力	28	0.34
支柱 8	数字技术应用	41	0.52

指标编码		指标名称	排名	值
1010000		支柱 1: 数字贸易有关的部门开放	65	0.00
1010100	1.1	数字贸易相关的市场准入(RTA)	63	0.00
1010200	1.2	数据流动相关的前沿性条款(RTA)	65	0.00
1010101	1.1.1	电子商务国民待遇和/或最惠国待遇	48	0.00
1010102	1.1.2	特定部门国民待遇和/或最惠国待遇	63	0.00
1010201	1.2.1	跨境数据流动	65	0.00
1010202	1.2.2	数据本地存储	40	0.00
2010000		支柱 2: ICT 基础设施和服务	47	0.39
2010100	2.1	互联网用户渗透率(每百居民)	44	66.80
2010200	2.2	因特网的国际网络带宽(比特/秒)	51	49 900.00
2010300	2.3	拥有计算机的家庭比重(%)	51	55.80
2020000		支柱 3: 支付基础设施和服务	63	0.13
2020100	3.1	使用借记卡人数比重(15 岁以上,%)	54	0.31
2020200	3.2	使用信用卡人数比重(15 岁以上,%)	69	0.03
2020300	3.3	使用手机或互联网访问账户比重(15 岁以上,%)	70	0.04
2020400	3.4	过去一年发送或接收数字付款比重(%)	62	0.33
2030000		支柱 4: 交付基础设施和服务	59	0.39
2030100	4.1	固定宽带设施和服务	69	0.04
2030200	4.2	移动宽带设施和服务	7	0.56
2030300	4.3	邮政设施服务	70	0.32
2030400	4.4	物流及清关服务	49	0.41

指标编码		指标名称	排名	值
2030101	4.1.1	每百名居民拥有固定宽带用户(个)	63	3.40
2030102	4.1.2	固定宽带资费(PPP,美元/月)	51	0.04
2030201	4.2.1	每百名居民中活跃的移动宽带用户(个)	17	100.00
2030202	4.2.2	移动蜂窝订阅费(PPP,美元/分钟)	4	15.97
2030301	4.3.1	家庭邮寄百分比(%)	72	20.00
2030302	4.3.2	邮政可靠性指数(0~100)	61	44.00
2030401	4.4.1	国际物流竞争力(0~7)	63	2.50
2030402	4.4.2	海关程序负担(0~7)	27	4.80
3010000		支柱 5: 法律环境	69	0.59
3010100	5.1	电子签名立法	33	1.00
3010200	5.2	数据保护立法	65	0.50
3010300	5.3	消费者保护立法	65	0.00
3010400	5.4	网络犯罪立法	32	1.00
3010500	5.5	软件盗版率(%)	39	43.00
3020000		支柱 6: 安全环境	58	0.27
3020100	6.1	GCI 网络安全指数(0~1)	58	0.56
3020200	6.2	每百万居民的安全互联网服务器数量(个)	67	108.10
4010000		支柱 7: 数字技术能力	28	0.34
4010100	7.1	ICT 国际专利申请(件)	50	0.39
4010200	7.2	企业对 ICT 技术的吸收能力(0~7)	28	5.32
4020000		支柱 8: 数字技术应用	41	0.52
4020100	8.1	ICT 对商业模式的影响(0~7)	36	4.69
4020200	8.2	数字技术在 B2B 中的应用(0~7)	37	5.00
4020300	8.3	数字技术在 B2C 中的应用(0~7)	47	4.67

… 附录3 国别指数(74国) | 225

哈萨克斯坦

		排名	值
总指标	数字贸易促进指数	57	0.30
子指数 A	市场准入	57	0.04
子指数 B	基础设施	43	0.45
子指数 C	法律政策环境	59	0.48
子指数 D	商业环境	48	0.28
支柱 1	数字贸易有关的部门开放(RTA)	57	0.04
支柱 2	ICT 基础设施和服务	34	0.51
支柱 3	支付基础设施和服务	47	0.31
支柱 4	交付基础设施和服务	45	0.49
支柱 5	法律环境	62	0.65
支柱 6	安全环境	42	0.41
支柱 7	数字技术能力	58	0.13
支柱 8	数字技术应用	47	0.45

指标编码		指标名称	排名	值
1010000		**支柱1：数字贸易有关的部门开放**	57	0.04
1010100	1.1	数字贸易相关的市场准入(RTA)	64	0.00
1010200	1.2	数据流动相关的前沿性条款(RTA)	57	0.07
1010101	1.1.1	电子商务国民待遇和/或最惠国待遇	49	0.00
1010102	1.1.2	特定部门国民待遇和/或最惠国待遇	64	0.00
1010201	1.2.1	跨境数据流动	57	0.11
1010202	1.2.2	数据本地存储	41	0.00
2010000		**支柱2：ICT 基础设施和服务**	34	0.51
2010100	2.1	互联网用户渗透率(每百居民)	32	76.40
2010200	2.2	因特网的国际网络带宽(比特/秒)	39	69 800.00
2010300	2.3	拥有计算机的家庭比重(%)	30	76.20
2020000		**支柱3：支付基础设施和服务**	47	0.31
2020100	3.1	使用借记卡人数比重(15岁以上,%)	47	0.40
2020200	3.2	使用信用卡人数比重(15岁以上,%)	37	0.20
2020300	3.3	使用手机或互联网访问账户比重(15岁以上,%)	45	0.18
2020400	3.4	过去一年发送或接收数字付款比重(%)	49	0.54
2030000		**支柱4：交付基础设施和服务**	45	0.49
2030100	4.1	固定宽带设施和服务	43	0.22
2030200	4.2	移动宽带设施和服务	29	0.34
2030300	4.3	邮政设施服务	46	0.83
2030400	4.4	物流及清关服务	59	0.32
2030101	4.1.1	每百名居民拥有固定宽带用户(个)	45	14.10
2030102	4.1.2	固定宽带资费(PPP,美元/月)	7	0.17
2030201	4.2.1	每百名居民中活跃的移动宽带用户(个)	41	75.10
2030202	4.2.2	移动蜂窝订阅费(PPP,美元/分钟)	18	8.47
2030301	4.3.1	家庭邮寄百分比(%)	51	94.00
2030302	4.3.2	邮政可靠性指数(0~100)	45	72.00
2030401	4.4.1	国际物流竞争力(0~7)	59	2.60
2030402	4.4.2	海关程序负担(0~7)	58	3.90
3010000		**支柱5：法律环境**	62	0.65
3010100	5.1	电子签名立法	35	1.00
3010200	5.2	数据保护立法	31	1.00
3010300	5.3	消费者保护立法	67	0.00
3010400	5.4	网络犯罪立法	34	1.00
3010500	5.5	软件盗版率(%)	56	26.00
3020000		**支柱6：安全环境**	42	0.41
3020100	6.1	GCI 网络安全指数(0~1)	37	0.78
3020200	6.2	每百万居民的安全互联网服务器数量(个)	46	2 358.98
4010000		**支柱7：数字技术能力**	58	0.13
4010100	7.1	ICT 国际专利申请(件)	54	0.25
4010200	7.2	企业对 ICT 技术的吸收能力(0~7)	58	4.36
4020000		**支柱8：数字技术应用**	47	0.45
4020100	8.1	ICT 对商业模式的影响(0~7)	53	4.39
4020200	8.2	数字技术在 B2B 中的应用(0~7)	48	4.77
4020300	8.3	数字技术在 B2C 中的应用(0~7)	45	4.68

肯尼亚

		排名	值
总指标	数字贸易促进指数	63	0.25
子指数 A	市场准入	66	0.00
子指数 B	基础设施	64	0.24
子指数 C	法律政策环境	51	0.53
子指数 D	商业环境	39	0.39
支柱 1	数字贸易有关的部门开放(RTA)	66	0.00
支柱 2	ICT 基础设施和服务	74	0.01
支柱 3	支付基础设施和服务	33	0.50
支柱 4	交付基础设施和服务	69	0.23
支柱 5	法律环境	56	0.74
支柱 6	安全环境	44	0.39
支柱 7	数字技术能力	41	0.24
支柱 8	数字技术应用	35	0.56

指标编码		指标名称	排名	值
1010000		支柱 1: 数字贸易有关的部门开放	66	0.00
1010100	1.1	数字贸易相关的市场准入(RTA)	65	0.00
1010200	1.2	数据流动相关的前沿性条款(RTA)	66	0.00
1010101	1.1.1	电子商务国民待遇和/或最惠国待遇	50	0.00
1010102	1.1.2	特定部门国民待遇和/或最惠国待遇	65	0.00
1010201	1.2.1	跨境数据流动	66	0.00
1010202	1.2.2	数据本地存储	42	0.00
2010000		支柱 2: ICT 基础设施和服务	74	0.01
2010100	2.1	互联网用户渗透率(每百居民)	73	17.80
2010200	2.2	因特网的国际网络带宽(比特/秒)	23	103 400.00
2010300	2.3	拥有计算机的家庭比重(%)	74	7.20
2020000		支柱 3: 支付基础设施和服务	33	0.50
2020100	3.1	使用借记卡人数比重(15 岁以上,%)	48	0.38
2020200	3.2	使用信用卡人数比重(15 岁以上,%)	62	0.06
2020300	3.3	使用手机或互联网访问账户比重(15 岁以上,%)	7	0.72
2020400	3.4	过去一年发送或接收数字付款比重(%)	32	0.79
2030000		支柱 4: 交付基础设施和服务	69	0.23
2030100	4.1	固定宽带设施和服务	74	0.00
2030200	4.2	移动宽带设施和服务	56	0.23
2030300	4.3	邮政设施服务	71	0.24
2030400	4.4	物流及清关服务	51	0.39
2030101	4.1.1	每百名居民拥有固定宽带用户(个)	74	0.60
2030102	4.1.2	固定宽带资费(PPP,美元/月)	68	0.02
2030201	4.2.1	每百名居民中活跃的移动宽带用户(个)	69	35.70
2030202	4.2.2	移动蜂窝订阅费(PPP,美元/分钟)	14	10.11
2030301	4.3.1	家庭邮寄百分比(%)	74	1.00
2030302	4.3.2	邮政可靠性指数(0~100)	59	47.00
2030401	4.4.1	国际物流竞争力(0~7)	51	2.80
2030402	4.4.2	海关程序负担(0~7)	50	4.10
3010000		支柱 5: 法律环境	56	0.74
3010100	5.1	电子签名立法	36	1.00
3010200	5.2	数据保护立法	66	0.50
3010300	5.3	消费者保护立法	27	1.00
3010400	5.4	网络犯罪立法	35	1.00
3010500	5.5	软件盗版率(%)	60	22.00
3020000		支柱 6: 安全环境	44	0.39
3020100	6.1	GCI 网络安全指数(0~1)	40	0.75
3020200	6.2	每百万居民的安全互联网服务器数量(个)	62	248.16
4010000		支柱 7: 数字技术能力	41	0.24
4010100	7.1	ICT 国际专利申请(件)	60	0.09
4010200	7.2	企业对 ICT 技术的吸收能力(0~7)	41	4.84
4020000		支柱 8: 数字技术应用	35	0.56
4020100	8.1	ICT 对商业模式的影响(0~7)	30	4.89
4020200	8.2	数字技术在 B2B 中的应用(0~7)	32	5.10
4020300	8.3	数字技术在 B2C 中的应用(0~7)	44	4.74

韩国

		排名	值
总指标	数字贸易促进指数	11	0.76
子指数 A	市场准入	16	0.68
子指数 B	基础设施	14	0.76
子指数 C	法律政策环境	21	0.71
子指数 D	商业环境	10	0.75
支柱 1	数字贸易有关的部门开放(RTA)	16	0.68
支柱 2	ICT 基础设施和服务	13	0.60
支柱 3	支付基础设施和服务	14	0.80
支柱 4	交付基础设施和服务	10	0.76
支柱 5	法律环境	21	0.95
支柱 6	安全环境	22	0.47
支柱 7	数字技术能力	7	0.72
支柱 8	数字技术应用	18	0.78

指标编码		指标名称	排名	值
1010000		支柱 1:数字贸易有关的部门开放	16	0.68
1010100	1.1	数字贸易相关的市场准入(RTA)	8	1.00
1010200	1.2	数据流动相关的前沿性条款(RTA)	43	0.36
1010101	1.1.1	电子商务国民待遇和/或最惠国待遇	8	1.00
1010102	1.1.2	特定部门国民待遇和/或最惠国待遇	27	1.00
1010201	1.2.1	跨境数据流动	38	0.56
1010202	1.2.2	数据本地存储	43	0.36
2010000		支柱 2:ICT 基础设施和服务	13	0.60
2010100	2.1	互联网用户渗透率(每百居民)	5	95.10
2010200	2.2	因特网的国际网络带宽(比特/秒)	38	69 900.00
2010300	2.3	拥有计算机的家庭比重(%)	21	79.90
2020000		支柱 3:支付基础设施和服务	14	0.80
2020100	3.1	使用借记卡人数比重(15岁以上,%)	27	0.75
2020200	3.2	使用信用卡人数比重(15岁以上,%)	9	0.64
2020300	3.3	使用手机或互联网访问账户比重(15岁以上,%)	12	0.67
2020400	3.4	过去一年发送或接收数字付款比重(%)	18	0.92
2030000		支柱 4:交付基础设施和服务	10	0.76
2030100	4.1	固定宽带设施和服务	6	0.46
2030200	4.2	移动宽带设施和服务	13	0.46
2030300	4.3	邮政设施服务	3	1.00
2030400	4.4	物流及清关服务	23	0.63

指标编码		指标名称	排名	值
2030101	4.1.1	每百名居民拥有固定宽带用户(个)	5	41.60
2030102	4.1.2	固定宽带资费(PPP,美元/月)	60	0.03
2030201	4.2.1	每百名居民中活跃的移动宽带用户(个)	11	112.80
2030202	4.2.2	移动蜂窝订阅费(PPP,美元/分钟)	22	7.22
2030301	4.3.1	家庭邮寄百分比(%)	15	100.00
2030302	4.3.2	邮政可靠性指数(0~100)	3	99.00
2030401	4.4.1	国际物流竞争力(0~7)	24	3.60
2030402	4.4.2	海关程序负担(0~7)	34	4.60
3010000		支柱 5:法律环境	21	0.95
3010100	5.1	电子签名立法	37	1.00
3010200	5.2	数据保护立法	32	1.00
3010300	5.3	消费者保护立法	28	1.00
3010400	5.4	网络犯罪立法	36	1.00
3010500	5.5	软件盗版率(%)	23	62.00
3020000		支柱 6:安全环境	22	0.47
3020100	6.1	GCI 网络安全指数(0~1)	16	0.87
3020200	6.2	每百万居民的安全互联网服务器数量(个)	42	4 543.84
4010000		支柱 7:数字技术能力	7	0.72
4010100	7.1	ICT 国际专利申请(件)	5	107.78
4010200	7.2	企业对 ICT 技术的吸收能力(0~7)	21	5.45
4020000		支柱 8:数字技术应用	18	0.78
4020100	8.1	ICT 对商业模式的影响(0~7)	15	5.49
4020200	8.2	数字技术在 B2B 中的应用(0~7)	27	5.32
4020300	8.3	数字技术在 B2C 中的应用(0~7)	10	5.78

拉托维亚

		排名	值
总指标	数字贸易促进指数	27	0.57
子指数 A	市场准入	41	0.46
子指数 B	基础设施	25	0.62
子指数 C	法律政策环境	33	0.66
子指数 D	商业环境	26	0.48
支柱 1	数字贸易有关的部门开放(RTA)	41	0.46
支柱 2	ICT 基础设施和服务	22	0.54
支柱 3	支付基础设施和服务	23	0.65
支柱 4	交付基础设施和服务	34	0.58
支柱 5	法律环境	33	0.90
支柱 6	安全环境	38	0.42
支柱 7	数字技术能力	35	0.28
支柱 8	数字技术应用	26	0.69

指标编码		指标名称	排名	值
1010000		**支柱 1: 数字贸易有关的部门开放**	41	0.46
1010100	1.1	数字贸易相关的市场准入(RTA)	43	0.50
1010200	1.2	数据流动相关的前沿性条款(RTA)	31	0.43
1010101	1.1.1	电子商务国民待遇和/或最惠国待遇	53	0.00
1010102	1.1.2	特定部门国民待遇和/或最惠国待遇	30	1.00
1010201	1.2.1	跨境数据流动	22	0.67
1010202	1.2.2	数据本地存储	46	0.00
2010000		**支柱 2: ICT 基础设施和服务**	22	0.54
2010100	2.1	互联网用户渗透率(每百居民)	24	81.30
2010200	2.2	因特网的国际网络带宽(比特/秒)	12	132 500.00
2010300	2.3	拥有计算机的家庭比重(%)	27	77.40
2020000		**支柱 3: 支付基础设施和服务**	23	0.65
2020100	3.1	使用借记卡人数比重(15 岁以上,%)	18	0.86
2020200	3.2	使用信用卡人数比重(15 岁以上,%)	41	0.17
2020300	3.3	使用手机或互联网访问账户比重(15 岁以上,%)	17	0.56
2020400	3.4	过去一年发送或接收数字付款比重(%)	21	0.91
2030000		**支柱 4: 交付基础设施和服务**	34	0.58
2030100	4.1	固定宽带设施和服务	33	0.31
2030200	4.2	移动宽带设施和服务	15	0.45
2030300	4.3	邮政设施服务	45	0.84
2030400	4.4	物流及清关服务	50	0.39

指标编码		指标名称	排名	值
2030101	4.1.1	每百名居民拥有固定宽带用户(个)	31	27.00
2030102	4.1.2	固定宽带资费(PPP,美元/月)	32	0.05
2030201	4.2.1	每百名居民中活跃的移动宽带用户(个)	10	117.90
2030202	4.2.2	移动蜂窝订阅费(PPP,美元/分钟)	30	5.58
2030301	4.3.1	家庭邮寄百分比(%)	17	100.00
2030302	4.3.2	邮政可靠性指数(0~100)	48	67.00
2030401	4.4.1	国际物流竞争力(0~7)	54	2.70
2030402	4.4.2	海关程序负担(0~7)	43	4.30
3010000		**支柱 5: 法律环境**	33	0.90
3010100	5.1	电子签名立法	40	1.00
3010200	5.2	数据保护立法	35	1.00
3010300	5.3	消费者保护立法	31	1.00
3010400	5.4	网络犯罪立法	39	1.00
3010500	5.5	软件盗版率(%)	36	47.00
3020000		**支柱 6: 安全环境**	38	0.42
3020100	6.1	GCI 网络安全指数(0~1)	41	0.75
3020200	6.2	每百万居民的安全互联网服务器数量(个)	26	19 868.37
4010000		**支柱 7: 数字技术能力**	35	0.28
4010100	7.1	ICT 国际专利申请(件)	31	3.54
4010200	7.2	企业对 ICT 技术的吸收能力(0~7)	36	4.99
4020000		**支柱 8: 数字技术应用**	26	0.69
4020100	8.1	ICT 对商业模式的影响(0~7)	33	4.78
4020200	8.2	数字技术在 B2B 中的应用(0~7)	25	5.37
4020300	8.3	数字技术在 B2C 中的应用(0~7)	15	5.69

立陶宛

		排名	值
总指标	数字贸易促进指数	25	0.59
子指数 A	市场准入	39	0.46
子指数 B	基础设施	33	0.55
子指数 C	法律政策环境	19	0.72
子指数 D	商业环境	22	0.59
支柱 1	数字贸易有关的部门开放(RTA)	39	0.46
支柱 2	ICT 基础设施和服务	33	0.51
支柱 3	支付基础设施和服务	36	0.49
支柱 4	交付基础设施和服务	35	0.58
支柱 5	法律环境	32	0.90
支柱 6	安全环境	13	0.54
支柱 7	数字技术能力	26	0.36
支柱 8	数字技术应用	14	0.82

指标编码		指标名称	排名	值
1010000		**支柱 1: 数字贸易有关的部门开放**	39	0.46
1010100	1.1	数字贸易相关的市场准入(RTA)	41	0.50
1010200	1.2	数据流动相关的前沿性条款(RTA)	29	0.43
1010101	1.1.1	电子商务国民待遇和/或最惠国待遇	51	0.00
1010102	1.1.2	特定部门国民待遇和/或最惠国待遇	28	1.00
1010201	1.2.1	跨境数据流动	20	0.67
1010202	1.2.2	数据本地存储	44	0.00
2010000		**支柱 2: ICT 基础设施和服务**	33	0.51
2010100	2.1	互联网用户渗透率(每百居民)	30	77.60
2010200	2.2	因特网的国际网络带宽(比特/秒)		4 268 600.00
2010300	2.3	拥有计算机的家庭比重(%)	36	73.00
2020000		**支柱 3: 支付基础设施和服务**	36	0.49
2020100	3.1	使用借记卡人数比重(15 岁以上,%)	42	0.56
2020200	3.2	使用信用卡人数比重(15 岁以上,%)	43	0.16
2020300	3.3	使用手机或互联网访问账户比重(15 岁以上,%)	26	0.43
2020400	3.4	过去一年发送或接收数字付款比重(%)	33	0.78
2030000		**支柱 4: 交付基础设施和服务**	35	0.58
2030100	4.1	固定宽带设施和服务	26	0.33
2030200	4.2	移动宽带设施和服务	42	0.28
2030300	4.3	邮政设施服务	23	0.92
2030400	4.4	物流及清关服务	38	0.50

指标编码		指标名称	排名	值
2030101	4.1.1	每百名居民拥有固定宽带用户(个)	30	27.60
2030102	4.1.2	固定宽带资费(PPP,美元/月)	20	0.08
2030201	4.2.1	每百名居民中活跃的移动宽带用户(个)	37	79.80
2030202	4.2.2	移动蜂窝订阅费(PPP,美元/分钟)	40	3.94
2030301	4.3.1	家庭邮寄百分比(%)	45	97.00
2030302	4.3.2	邮政可靠性指数(0~100)	22	87.00
2030401	4.4.1	国际物流竞争力(0~7)	43	3.00
2030402	4.4.2	海关程序负担(0~7)	35	4.60
3010000		**支柱 5: 法律环境**	32	0.90
3010100	5.1	电子签名立法	38	1.00
3010200	5.2	数据保护立法	33	1.00
3010300	5.3	消费者保护立法	29	1.00
3010400	5.4	网络犯罪立法	37	1.00
3010500	5.5	软件盗版率(%)	35	47.00
3020000		**支柱 6: 安全环境**	13	0.54
3020100	6.1	GCI 网络安全指数(0~1)	4	0.91
3020200	6.2	每百万居民的安全互联网服务器数量(个)	18	31 537.11
4010000		**支柱 7: 数字技术能力**	26	0.36
4010100	7.1	ICT 国际专利申请(件)	29	3.77
4010200	7.2	企业对 ICT 技术的吸收能力(0~7)	26	5.36
4020000		**支柱 8: 数字技术应用**	14	0.82
4020100	8.1	ICT 对商业模式的影响(0~7)	21	5.16
4020200	8.2	数字技术在 B2B 中的应用(0~7)	8	5.83
4020300	8.3	数字技术在 B2C 中的应用(0~7)	7	5.83

卢森堡

总指标	数字贸易促进指数	排名	值
总指标	数字贸易促进指数	12	0.75
子指数 A	市场准入	40	0.46
子指数 B	基础设施	1	0.88
子指数 C	法律政策环境	9	0.78
子指数 D	商业环境	12	0.73
支柱 1	数字贸易有关的部门开放(RTA)	40	0.46
支柱 2	ICT 基础设施和服务	1	1.00
支柱 3	支付基础设施和服务	7	0.85
支柱 4	交付基础设施和服务	24	0.67
支柱 5	法律环境	2	0.99
支柱 6	安全环境	12	0.54
支柱 7	数字技术能力	12	0.57
支柱 8	数字技术应用	9	0.86

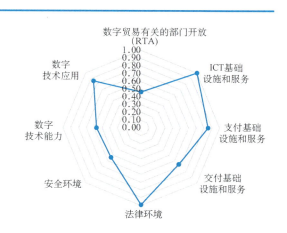

指标编码		指标名称	排名	值
1010000		**支柱 1: 数字贸易有关的部门开放**	40	0.46
1010100	1.1	数字贸易相关的市场准入(RTA)	42	0.50
1010200	1.2	数据流动相关的前沿性条款(RTA)	30	0.43
1010101	1.1.1	电子商务国民待遇和/或最惠国待遇	52	0.00
1010102	1.1.2	特定部门国民待遇和/或最惠国待遇	29	1.00
1010201	1.2.1	跨境数据流动	21	0.67
1010202	1.2.2	数据本地存储	45	0.00
2010000		**支柱 2: ICT 基础设施和服务**	1	1.00
2010100	2.1	互联网用户渗透率(每百居民)	1	97.80
2010200	2.2	因特网的国际网络带宽(比特/秒)	1	8 409 500.00
2010300	2.3	拥有计算机的家庭比重(%)	1	95.40
2020000		**支柱 3: 支付基础设施和服务**	7	0.85
2020100	3.1	使用借记卡人数比重(15 岁以上,%)	15	0.90
2020200	3.2	使用信用卡人数比重(15 岁以上,%)	4	0.70
2020300	3.3	使用手机或互联网访问账户比重(15 岁以上,%)	15	0.57
2020400	3.4	过去一年发送或接收数字付款比重(%)	4	0.98
2030000		**支柱 4: 交付基础设施和服务**	24	0.67
2030100	4.1	固定宽带设施和服务	13	0.40
2030200	4.2	移动宽带设施和服务	27	0.35
2030300	4.3	邮政设施服务	53	0.74
2030400	4.4	物流及清关服务	13	0.79

指标编码		指标名称	排名	值
2030101	4.1.1	每百名居民拥有固定宽带用户(个)	12	36.50
2030102	4.1.2	固定宽带资费(PPP,美元/月)	70	0.02
2030201	4.2.1	每百名居民中活跃的移动宽带用户(个)	28	88.10
2030202	4.2.2	移动蜂窝订阅费(PPP,美元/分钟)	28	6.00
2030301	4.3.1	家庭邮寄百分比(%)	16	100.00
2030302	4.3.2	邮政可靠性指数(0~100)	58	48.00
2030401	4.4.1	国际物流竞争力(0~7)	16	3.80
2030402	4.4.2	海关程序负担(0~7)	9	5.50
3010000		**支柱 5: 法律环境**	2	0.99
3010100	5.1	电子签名立法	39	1.00
3010200	5.2	数据保护立法	34	1.00
3010300	5.3	消费者保护立法	30	1.00
3010400	5.4	网络犯罪立法	38	1.00
3010500	5.5	软件盗版率(%)	3	80.00
3020000		**支柱 6: 安全环境**	12	0.54
3020100	6.1	GCI 网络安全指数(0~1)	12	0.89
3020200	6.2	每百万居民的安全互联网服务器数量(个)	13	39 871.20
4010000		**支柱 7: 数字技术能力**	12	0.57
4010100	7.1	ICT 国际专利申请(件)	17	29.56
4010200	7.2	企业对 ICT 技术的吸收能力(0~7)	6	5.98
4020000		**支柱 8: 数字技术应用**	9	0.86
4020100	8.1	ICT 对商业模式的影响(0~7)	4	5.78
4020200	8.2	数字技术在 B2B 中的应用(0~7)	11	5.75
4020300	8.3	数字技术在 B2C 中的应用(0~7)	17	5.65

马来西亚

		排名	值
总指标	数字贸易促进指数	14	0.72
子指数 A	市场准入	8	0.89
子指数 B	基础设施	32	0.56
子指数 C	法律政策环境	26	0.69
子指数 D	商业环境	18	0.64
支柱 1	数字贸易有关的部门开放(RTA)	8	0.89
支柱 2	ICT 基础设施和服务	31	0.52
支柱 3	支付基础设施和服务	31	0.50
支柱 4	交付基础设施和服务	33	0.59
支柱 5	法律环境	35	0.90
支柱 6	安全环境	19	0.49
支柱 7	数字技术能力	21	0.41
支柱 8	数字技术应用	11	0.85

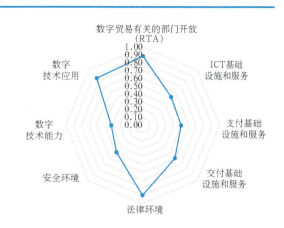

指标编码		指标名称	排名	值
1010000		**支柱 1: 数字贸易有关的部门开放**	8	0.89
1010100	1.1	数字贸易相关的市场准入(RTA)	9	1.00
1010200	1.2	数据流动相关的前沿性条款(RTA)	9	0.79
1010101	1.1.1	电子商务国民待遇和/或最惠国待遇	11	1.00
1010102	1.1.2	特定部门国民待遇和/或最惠国待遇	32	1.00
1010201	1.2.1	跨境数据流动	47	0.44
1010202	1.2.2	数据本地存储	6	1.00
2010000		**支柱 2: ICT 基础设施和服务**	31	0.52
2010100	2.1	互联网用户渗透率(每百居民)	27	80.10
2010200	2.2	因特网的国际网络带宽(比特/秒)	47	56 200.00
2010300	2.3	拥有计算机的家庭比重(%)	35	74.10
2020000		**支柱 3: 支付基础设施和服务**	31	0.50
2020100	3.1	使用借记卡人数比重(15 岁以上,%)	29	0.74
2020200	3.2	使用信用卡人数比重(15 岁以上,%)	34	0.21
2020300	3.3	使用手机或互联网访问账户比重(15 岁以上,%)	33	0.33
2020400	3.4	过去一年发送或接收数字付款比重(%)	37	0.70
2030000		**支柱 4: 交付基础设施和服务**	33	0.59
2030100	4.1	固定宽带设施和服务	55	0.13
2030200	4.2	移动宽带设施和服务	18	0.43
2030300	4.3	邮政设施服务	26	0.91
2030400	4.4	物流及清关服务	26	0.63
2030101	4.1.1	每百名居民拥有固定宽带用户(个)	55	8.50
2030102	4.1.2	固定宽带资费(PPP,美元/月)	12	0.11
2030201	4.2.1	每百名居民中活跃的移动宽带用户(个)	12	111.50
2030202	4.2.2	移动蜂窝订阅费(PPP,美元/分钟)	27	6.01
2030301	4.3.1	家庭邮寄百分比(%)	46	97.00
2030302	4.3.2	邮政可靠性指数(0~100)	25	86.00
2030401	4.4.1	国际物流竞争力(0~7)	29	3.30
2030402	4.4.2	海关程序负担(0~7)	18	5.10
3010000		**支柱 5: 法律环境**	35	0.90
3010100	5.1	电子签名立法	46	1.00
3010200	5.2	数据保护立法	41	1.00
3010300	5.3	消费者保护立法	34	1.00
3010400	5.4	网络犯罪立法	45	1.00
3010500	5.5	软件盗版率(%)	38	46.00
3020000		**支柱 6: 安全环境**	19	0.49
3020100	6.1	GCI 网络安全指数(0~1)	8	0.89
3020200	6.2	每百万居民的安全互联网服务器数量(个)	39	6 723.93
4010000		**支柱 7: 数字技术能力**	21	0.41
4010100	7.1	ICT 国际专利申请(件)	27	5.97
4010200	7.2	企业对 ICT 技术的吸收能力(0~7)	18	5.58
4020000		**支柱 8: 数字技术应用**	11	0.85
4020100	8.1	ICT 对商业模式的影响(0~7)	8	5.62
4020200	8.2	数字技术在 B2B 中的应用(0~7)	16	5.66
4020300	8.3	数字技术在 B2C 中的应用(0~7)	6	5.88

墨西哥

		排名	值
总指标	数字贸易促进指数	34	0.53
子指数 A	市场准入	10	0.88
子指数 B	基础设施	54	0.31
子指数 C	法律政策环境	38	0.60
子指数 D	商业环境	46	0.30
支柱 1	数字贸易有关的部门开放(RTA)	10	0.88
支柱 2	ICT 基础设施和服务	52	0.34
支柱 3	支付基础设施和服务	62	0.14
支柱 4	交付基础设施和服务	53	0.43
支柱 5	法律环境	34	0.90
支柱 6	安全环境	55	0.31
支柱 7	数字技术能力	45	0.19
支柱 8	数字技术应用	48	0.45

指标编码		指标名称	排名	值
1010000		支柱 1: 数字贸易有关的部门开放	10	0.88
1010100	1.1	数字贸易相关的市场准入(RTA)	21	0.83
1010200	1.2	数据流动相关的前沿性条款(RTA)	2	0.93
1010101	1.1.1	电子商务国民待遇和/或最惠国待遇	10	1.00
1010102	1.1.2	特定部门国民待遇和/或最惠国待遇	55	0.67
1010201	1.2.1	跨境数据流动	23	0.67
1010202	1.2.2	数据本地存储	5	1.00
2010000		支柱 2: ICT 基础设施和服务	52	0.34
2010100	2.1	互联网用户渗透率(每百居民)	47	63.90
2010200	2.2	因特网的国际网络带宽(比特/秒)	57	36 400.00
2010300	2.3	拥有计算机的家庭比重(%)	56	45.40
2020000		支柱 3: 支付基础设施和服务	62	0.14
2020100	3.1	使用借记卡人数比重(15 岁以上, %)	65	0.25
2020200	3.2	使用信用卡人数比重(15 岁以上, %)	53	0.10
2020300	3.3	使用手机或互联网访问账户比重(15 岁以上, %)	61	0.07
2020400	3.4	过去一年发送或接收数字付款比重(%)	63	0.32
2030000		支柱 4: 交付基础设施和服务	53	0.43
2030100	4.1	固定宽带设施和服务	51	0.16
2030200	4.2	移动宽带设施和服务	39	0.29
2030300	4.3	邮政设施服务	61	0.62
2030400	4.4	物流及清关服务	45	0.44
2030101	4.1.1	每百名居民拥有固定宽带用户(个)	46	13.30
2030102	4.1.2	固定宽带资费(PPP, 美元/月)	28	0.05
2030201	4.2.1	每百名居民中活跃的移动宽带用户(个)	54	63.60
2030202	4.2.2	移动蜂窝订阅费(PPP, 美元/分钟)	19	8.19
2030301	4.3.1	家庭邮寄百分比(%)	56	88.61
2030302	4.3.2	邮政可靠性指数(0~100)	64	36.00
2030401	4.4.1	国际物流竞争力(0~7)	44	3.00
2030402	4.4.2	海关程序负担(0~7)	51	4.10
3010000		支柱 5: 法律环境	34	0.90
3010100	5.1	电子签名立法	43	1.00
3010200	5.2	数据保护立法	38	1.00
3010300	5.3	消费者保护立法	33	1.00
3010400	5.4	网络犯罪立法	42	1.00
3010500	5.5	软件盗版率(%)	37	46.00
3020000		支柱 6: 安全环境	55	0.31
3020100	6.1	GCI 网络安全指数(0~1)	54	0.63
3020200	6.2	每百万居民的安全互联网服务器数量(个)	60	271.49
4010000		支柱 7: 数字技术能力	45	0.19
4010100	7.1	ICT 国际专利申请(件)	52	0.32
4010200	7.2	企业对 ICT 技术的吸收能力(0~7)	45	4.60
4020000		支柱 8: 数字技术应用	48	0.45
4020100	8.1	ICT 对商业模式的影响(0~7)	39	4.66
4020200	8.2	数字技术在 B2B 中的应用(0~7)	46	4.81
4020300	8.3	数字技术在 B2C 中的应用(0~7)	58	4.29

黑山

		排名	值
总指标	数字贸易促进指数	62	0.25
子指数 A	市场准入	68	0.00
子指数 B	基础设施	48	0.41
子指数 C	法律政策环境	62	0.43
子指数 D	商业环境	63	0.21
支柱 1	数字贸易有关的部门开放(RTA)	68	0.00
支柱 2	ICT 基础设施和服务	39	0.47
支柱 3	支付基础设施和服务	49	0.28
支柱 4	交付基础设施和服务	52	0.43
支柱 5	法律环境	63	0.64
支柱 6	安全环境	53	0.32
支柱 7	数字技术能力	56	0.14
支柱 8	数字技术应用	62	0.33

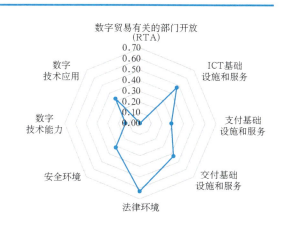

指标编码	指标名称	排名	值
1010000	支柱1：数字贸易有关的部门开放	68	0.00
1010100	1.1 数字贸易相关的市场准入(RTA)	67	0.00
1010200	1.2 数据流动相关的前沿性条款(RTA)	68	0.00
1010101	1.1.1 电子商务国民待遇和/或最惠国待遇	56	0.00
1010102	1.1.2 特定部门国民待遇和/或最惠国待遇	67	0.00
1010201	1.2.1 跨境数据流动	68	0.00
1010202	1.2.2 数据本地存储	50	0.00
2010000	支柱2：ICT 基础设施和服务	39	0.47
2010100	2.1 互联网用户渗透率(每百居民)	40	71.30
2010200	2.2 因特网的国际网络带宽(比特/秒)	5	229 800.00
2010300	2.3 拥有计算机的家庭比重(%)	41	70.10
2020000	支柱3：支付基础设施和服务	49	0.28
2020100	3.1 使用借记卡人数比重(15岁以上,%)	49	0.36
2020200	3.2 使用信用卡人数比重(15岁以上,%)	40	0.17
2020300	3.3 使用手机或互联网访问账户比重(15岁以上,%)	53	0.10
2020400	3.4 过去一年发送或接收数字付款比重(%)	48	0.60
2030000	支柱4：交付基础设施和服务	52	0.43
2030100	4.1 固定宽带设施和服务	40	0.27
2030200	4.2 移动宽带设施和服务	55	0.23
2030300	4.3 邮政设施服务	63	0.61
2030400	4.4 物流及清关服务	53	0.38

指标编码	指标名称	排名	值
2030101	4.1.1 每百名居民拥有固定宽带用户(个)	37	21.80
2030102	4.1.2 固定宽带资费(PPP,美元/月)	18	0.08
2030201	4.2.1 每百名居民中活跃的移动宽带用户(个)	51	66.50
2030202	4.2.2 移动蜂窝订阅费(PPP,美元/分钟)	41	3.88
2030301	4.3.1 家庭邮寄百分比(%)	20	100.00
2030302	4.3.2 邮政可靠性指数(0~100)	68	22.00
2030401	4.4.1 国际物流竞争力(0~7)	56	2.70
2030402	4.4.2 海关程序负担(0~7)	46	4.20
3010000	支柱5：法律环境	63	0.64
3010100	5.1 电子签名立法	45	1.00
3010200	5.2 数据保护立法	40	1.00
3010300	5.3 消费者保护立法	70	0.00
3010400	5.4 网络犯罪立法	44	1.00
3010500	5.5 软件盗版率(%)	61	22.00
3020000	支柱6：安全环境	53	0.32
3020100	6.1 GCI 网络安全指数(0~1)	52	0.64
3020200	6.2 每百万居民的安全互联网服务器数量(个)	53	691.17
4010000	支柱7：数字技术能力	56	0.14
4010100	7.1 ICT 国际专利申请(件)	46	0.80
4010200	7.2 企业对 ICT 技术的吸收能力(0~7)	56	4.36
4020000	支柱8：数字技术应用	62	0.33
4020100	8.1 ICT 对商业模式的影响(0~7)	57	4.25
4020200	8.2 数字技术在 B2B 中的应用(0~7)	62	4.42
4020300	8.3 数字技术在 B2C 中的应用(0~7)	64	4.12

摩洛哥

		排名	值
总指标	数字贸易促进指数	50	0.37
子指数 A	市场准入	21	0.52
子指数 B	基础设施	62	0.25
子指数 C	法律政策环境	53	0.51
子指数 D	商业环境	60	0.23
支柱 1	数字贸易有关的部门开放(RTA)	21	0.52
支柱 2	ICT 基础设施和服务	49	0.38
支柱 3	支付基础设施和服务	73	0.04
支柱 4	交付基础设施和服务	64	0.34
支柱 5	法律环境	42	0.87
支柱 6	安全环境	63	0.19
支柱 7	数字技术能力	48	0.17
支柱 8	数字技术应用	63	0.33

指标编码		指标名称	排名	值
1010000		**支柱 1: 数字贸易有关的部门开放**	21	0.52
1010100	1.1	数字贸易相关的市场准入(RTA)	20	0.83
1010200	1.2	数据流动相关的前沿性条款(RTA)	54	0.21
1010101	1.1.1	电子商务国民待遇和/或最惠国待遇	9	1.00
1010102	1.1.2	特定部门国民待遇和/或最惠国待遇	54	0.67
1010201	1.2.1	跨境数据流动	54	0.33
1010202	1.2.2	数据本地存储	47	0.00
2010000		**支柱 2: ICT 基础设施和服务**	49	0.38
2010100	2.1	互联网用户渗透率(每百居民)	51	61.80
2010200	2.2	因特网的国际网络带宽(比特/秒)	52	49 800.00
2010300	2.3	拥有计算机的家庭比重(%)	48	58.40
2020000		**支柱 3: 支付基础设施和服务**	73	0.04
2020100	3.1	使用借记卡人数比重(15 岁以上,%)	68	0.21
2020200	3.2	使用信用卡人数比重(15 岁以上,%)	74	0.00
2020300	3.3	使用手机或互联网访问账户比重(15 岁以上,%)	74	0.01
2020400	3.4	过去一年发送或接收数字付款比重(%)	74	0.17
2030000		**支柱 4: 交付基础设施和服务**	64	0.34
2030100	4.1	固定宽带设施和服务	62	0.07
2030200	4.2	移动宽带设施和服务	49	0.26
2030300	4.3	邮政设施服务	66	0.52
2030400	4.4	物流及清关服务	55	0.37

指标编码		指标名称	排名	值
2030101	4.1.1	每百名居民拥有固定宽带用户(个)	62	3.90
2030102	4.1.2	固定宽带资费(PPP,美元/月)	13	0.10
2030201	4.2.1	每百名居民中活跃的移动宽带用户(个)	59	58.30
2030202	4.2.2	移动蜂窝订阅费(PPP,美元/分钟)	23	7.03
2030301	4.3.1	家庭邮寄百分比(%)	63	75.42
2030302	4.3.2	邮政可靠性指数(0~100)	67	28.00
2030401	4.4.1	国际物流竞争力(0~7)	64	2.50
2030402	4.4.2	海关程序负担(0~7)	39	4.50
3010000		**支柱 5: 法律环境**	42	0.87
3010100	5.1	电子签名立法	41	1.00
3010200	5.2	数据保护立法	36	1.00
3010300	5.3	消费者保护立法	32	1.00
3010400	5.4	网络犯罪立法	40	1.00
3010500	5.5	软件盗版率(%)	50	34.00
3020000		**支柱 6: 安全环境**	63	0.19
3020100	6.1	GCI 网络安全指数(0~1)	63	0.43
3020200	6.2	每百万居民的安全互联网服务器数量(个)	58	369.57
4010000		**支柱 7: 数字技术能力**	48	0.17
4010100	7.1	ICT 国际专利申请(件)	49	0.39
4010200	7.2	企业对 ICT 技术的吸收能力(0~7)	48	4.53
4020000		**支柱 8: 数字技术应用**	63	0.33
4020100	8.1	ICT 对商业模式的影响(0~7)	48	4.52
4020200	8.2	数字技术在 B2B 中的应用(0~7)	66	4.20
4020300	8.3	数字技术在 B2C 中的应用(0~7)	65	4.08

荷 兰

		排名	值
总指标	数字贸易促进指数	13	0.74
子指数 A	市场准入	42	0.46
子指数 B	基础设施	7	0.79
子指数 C	法律政策环境	3	0.86
子指数 D	商业环境	7	0.78
支柱 1	数字贸易有关的部门开放(RTA)	42	0.46
支柱 2	ICT 基础设施和服务	6	0.64
支柱 3	支付基础设施和服务	9	0.84
支柱 4	交付基础设施和服务	8	0.77
支柱 5	法律环境	13	0.98
支柱 6	安全环境	3	0.71
支柱 7	数字技术能力	11	0.60
支柱 8	数字技术应用	2	0.93

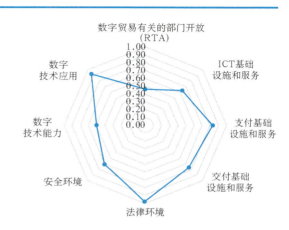

指标编码		指标名称	排名	值
1010000		支柱 1：数字贸易有关的部门开放	42	0.46
1010100	1.1	数字贸易相关的市场准入(RTA)	45	0.50
1010200	1.2	数据流动相关的前沿性条款(RTA)	33	0.43
1010101	1.1.1	电子商务国民待遇和/或最惠国待遇	57	0.00
1010102	1.1.2	特定部门国民待遇和/或最惠国待遇	34	1.00
1010201	1.2.1	跨境数据流动	25	0.67
1010202	1.2.2	数据本地存储	52	0.00
2010000		支柱 2：ICT 基础设施和服务	6	0.64
2010100	2.1	互联网用户渗透率(每百居民)	8	93.20
2010200	2.2	因特网的国际网络带宽(比特/秒)	18	119 700.00
2010300	2.3	拥有计算机的家庭比重(%)	7	91.00
2020000		支柱 3：支付基础设施和服务	9	0.84
2020100	3.1	使用借记卡人数比重(15 岁以上,%)	1	0.99
2020200	3.2	使用信用卡人数比重(15 岁以上,%)	24	0.39
2020300	3.3	使用手机或互联网访问账户比重(15 岁以上,%)	5	0.76
2020400	3.4	过去一年发送或接收数字付款比重(%)	8	0.98
2030000		支柱 4：交付基础设施和服务	8	0.77
2030100	4.1	固定宽带设施和服务	5	0.47
2030200	4.2	移动宽带设施和服务	35	0.30
2030300	4.3	邮政设施服务	11	0.97
2030400	4.4	物流及清关服务	3	0.89
2030101	4.1.1	每百名居民拥有固定宽带用户(个)	4	42.30
2030102	4.1.2	固定宽带资费(PPP,美元/月)	64	0.03
2030201	4.2.1	每百名居民中活跃的移动宽带用户(个)	24	90.80
2030202	4.2.2	移动蜂窝订阅费(PPP,美元/分钟)	59	2.75
2030301	4.3.1	家庭邮寄百分比(%)	21	100.00
2030302	4.3.2	邮政可靠性指数(0~100)	13	93.00
2030401	4.4.1	国际物流竞争力(0~7)	4	4.10
2030402	4.4.2	海关程序负担(0~7)	3	5.80
3010000		支柱 5：法律环境	13	0.98
3010100	5.1	电子签名立法	48	1.00
3010200	5.2	数据保护立法	43	1.00
3010300	5.3	消费者保护立法	36	1.00
3010400	5.4	网络犯罪立法	47	1.00
3010500	5.5	软件盗版率(%)	14	75.00
3020000		支柱 6：安全环境	3	0.71
3020100	6.1	GCI 网络安全指数(0~1)	13	0.89
3020200	6.2	每百万居民的安全互联网服务器数量(个)	2	130 369.85
4010000		支柱 7：数字技术能力	11	0.60
4010100	7.1	ICT 国际专利申请(件)	8	59.08
4010200	7.2	企业对 ICT 技术的吸收能力(0~7)	15	5.63
4020000		支柱 8：数字技术应用	2	0.93
4020100	8.1	ICT 对商业模式的影响(0~7)	3	5.81
4020200	8.2	数字技术在 B2B 中的应用(0~7)	5	5.95
4020300	8.3	数字技术在 B2C 中的应用(0~7)	3	6.04

新西兰

		排名	值
总指标	数字贸易促进指数	4	0.82
子指数 A	市场准入	9	0.89
子指数 B	基础设施	6	0.79
子指数 C	法律政策环境	18	0.73
子指数 D	商业环境	16	0.65
支柱 1	数字贸易有关的部门开放(RTA)	9	0.89
支柱 2	ICT 基础设施和服务	8	0.63
支柱 3	支付基础设施和服务	4	0.89
支柱 4	交付基础设施和服务	14	0.73
支柱 5	法律环境	3	0.99
支柱 6	安全环境	31	0.45
支柱 7	数字技术能力	17	0.49
支柱 8	数字技术应用	17	0.80

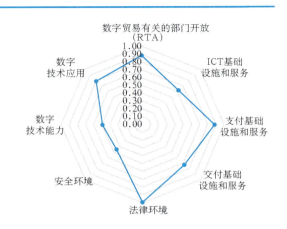

指标编码		指标名称	排名	值
1010000		**支柱 1：数字贸易有关的部门开放**	9	0.89
1010100	1.1	数字贸易相关的市场准入(RTA)	11	1.00
1010200	1.2	数据流动相关的前沿性条款(RTA)	10	0.79
1010101	1.1.1	电子商务国民待遇和/或最惠国待遇	13	1.00
1010102	1.1.2	特定部门国民待遇和/或最惠国待遇	36	1.00
1010201	1.2.1	跨境数据流动	49	0.44
1010202	1.2.2	数据本地存储	7	1.00
2010000		**支柱 2：ICT 基础设施和服务**	8	0.63
2010100	2.1	互联网用户渗透率(每百居民)	11	90.80
2010200	2.2	因特网的国际网络带宽(比特/秒)	8	166 100.00
2010300	2.3	拥有计算机的家庭比重(%)	8	90.90
2020000		**支柱 3：支付基础设施和服务**	4	0.89
2020100	3.1	使用借记卡人数比重(15 岁以上,%)	7	0.96
2020200	3.2	使用信用卡人数比重(15 岁以上,%)	11	0.61
2020300	3.3	使用手机或互联网访问账户比重(15 岁以上,%)	6	0.74
2020400	3.4	过去一年发送或接收数字付款比重(%)	9	0.97
2030000		**支柱 4：交付基础设施和服务**	14	0.73
2030100	4.1	固定宽带设施和服务	18	0.37
2030200	4.2	移动宽带设施和服务	28	0.35
2030300	4.3	邮政设施服务	18	0.94
2030400	4.4	物流及清关服务	5	0.87

指标编码		指标名称	排名	值
2030101	4.1.1	每百名居民拥有固定宽带用户(个)	17	33.60
2030102	4.1.2	固定宽带资费(PPP,美元/月)	74	0.02
2030201	4.2.1	每百名居民中活跃的移动宽带用户(个)	16	101.60
2030202	4.2.2	移动蜂窝订阅费(PPP,美元/分钟)	55	3.00
2030301	4.3.1	家庭邮寄百分比(%)	47	97.00
2030302	4.3.2	邮政可靠性指数(0~100)	14	92.00
2030401	4.4.1	国际物流竞争力(0~7)	9	4.00
2030402	4.4.2	海关程序负担(0~7)	4	5.80
3010000		**支柱 5：法律环境**	3	0.99
3010100	5.1	电子签名立法	50	1.00
3010200	5.2	数据保护立法	45	1.00
3010300	5.3	消费者保护立法	38	1.00
3010400	5.4	网络犯罪立法	49	1.00
3010500	5.5	软件盗版率(%)	4	80.00
3020000		**支柱 6：安全环境**	31	0.45
3020100	6.1	GCI 网络安全指数(0~1)	33	0.79
3020200	6.2	每百万居民的安全互联网服务器数量(个)	24	20 375.43
4010000		**支柱 7：数字技术能力**	17	0.49
4010100	7.1	ICT 国际专利申请(件)	20	16.14
4010200	7.2	企业对 ICT 技术的吸收能力(0~7)	9	5.80
4020000		**支柱 8：数字技术应用**	17	0.80
4020100	8.1	ICT 对商业模式的影响(0~7)	17	5.43
4020200	8.2	数字技术在 B2B 中的应用(0~7)	19	5.63
4020300	8.3	数字技术在 B2C 中的应用(0~7)	18	5.62

尼加拉瓜

		排名	值
总指标	数字贸易促进指数	59	0.29
子指数 A	市场准入	13	0.71
子指数 B	基础设施	74	0.07
子指数 C	法律政策环境	66	0.39
子指数 D	商业环境	72	0.03
支柱 1	数字贸易有关的部门开放(RTA)	13	0.71
支柱 2	ICT 基础设施和服务	71	0.07
支柱 3	支付基础设施和服务	72	0.07
支柱 4	交付基础设施和服务	72	0.14
支柱 5	法律环境	51	0.82
支柱 6	安全环境	73	0.00
支柱 7	数字技术能力	72	0.02
支柱 8	数字技术应用	71	0.11

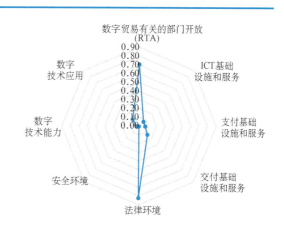

指标编码	指标名称	排名	值
1010000	**支柱 1：数字贸易有关的部门开放**	13	0.71
1010100	1.1 数字贸易相关的市场准入(RTA)	10	1.00
1010200	1.2 数据流动相关的前沿性条款(RTA)	32	0.43
1010101	1.1.1 电子商务国民待遇和/或最惠国待遇	12	1.00
1010102	1.1.2 特定部门国民待遇和/或最惠国待遇	33	1.00
1010201	1.2.1 跨境数据流动	24	0.67
1010202	1.2.2 数据本地存储	51	0.00
2010000	**支柱 2：ICT 基础设施和服务**	71	0.07
2010100	2.1 互联网用户渗透率(每百居民)	71	27.90
2010200	2.2 因特网的国际网络带宽(比特/秒)	60	28 900.00
2010300	2.3 拥有计算机的家庭比重(%)	73	13.50
2020000	**支柱 3：支付基础设施和服务**	72	0.07
2020100	3.1 使用借记卡人数比重(15 岁以上,%)	72	0.16
2020200	3.2 使用信用卡人数比重(15 岁以上,%)	64	0.05
2020300	3.3 使用手机或互联网访问账户比重(15 岁以上,%)	69	0.04
2020400	3.4 过去一年发送或接收数字付款比重(%)	69	0.25
2030000	**支柱 4：交付基础设施和服务**	72	0.14
2030100	4.1 固定宽带设施和服务	68	0.04
2030200	4.2 移动宽带设施和服务	73	0.05
2030300	4.3 邮政设施服务	67	0.36
2030400	4.4 物流及清关服务	73	0.09

指标编码	指标名称	排名	值
2030101	4.1.1 每百名居民拥有固定宽带用户(个)	64	3.40
2030102	4.1.2 固定宽带资费(PPP,美元/月)	49	0.04
2030201	4.2.1 每百名居民中活跃的移动宽带用户(个)	70	30.40
2030202	4.2.2 移动蜂窝订阅费(PPP,美元/分钟)	74	0.86
2030301	4.3.1 家庭邮寄百分比(%)	65	70.00
2030302	4.3.2 邮政可靠性指数(0～100)	73	2.00
2030401	4.4.1 国际物流竞争力(0～7)	65	2.50
2030402	4.4.2 海关程序负担(0～7)	73	2.20
3010000	**支柱 5：法律环境**	51	0.82
3010100	5.1 电子签名立法	47	1.00
3010200	5.2 数据保护立法	42	1.00
3010300	5.3 消费者保护立法	35	1.00
3010400	5.4 网络犯罪立法	46	1.00
3010500	5.5 软件盗版率(%)	66	18.00
3020000	**支柱 6：安全环境**	73	0.00
3020100	6.1 GCI 网络安全指数(0～1)	73	0.13
3020200	6.2 每百万居民的安全互联网服务器数量(个)	70	86.17
4010000	**支柱 7：数字技术能力**	72	0.02
4010100	7.1 ICT 国际专利申请(件)	62	0.08
4010200	7.2 企业对 ICT 技术的吸收能力(0～7)	72	3.85
4020000	**支柱 8：数字技术应用**	71	0.11
4020100	8.1 ICT 对商业模式的影响(0～7)	73	3.62
4020200	8.2 数字技术在 B2B 中的应用(0～7)	71	3.95
4020300	8.3 数字技术在 B2C 中的应用(0～7)	71	3.43

北马其顿

		排名	值
总指标	数字贸易促进指数	60	0.29
子指数 A	市场准入	67	0.00
子指数 B	基础设施	42	0.45
子指数 C	法律政策环境	55	0.51
子指数 D	商业环境	54	0.25
支柱 1	数字贸易有关的部门开放(RTA)	67	0.00
支柱 2	ICT 基础设施和服务	40	0.47
支柱 3	支付基础设施和服务	46	0.36
支柱 4	交付基础设施和服务	44	0.49
支柱 5	法律环境	60	0.67
支柱 6	安全环境	39	0.42
支柱 7	数字技术能力	65	0.09
支柱 8	数字技术应用	49	0.44

指标编码		指标名称	排名	值
1010000		支柱 1: 数字贸易有关的部门开放	67	0.00
1010100	1.1	数字贸易相关的市场准入(RTA)	66	0.00
1010200	1.2	数据流动相关的前沿性条款(RTA)	67	0.00
1010101	1.1.1	电子商务国民待遇和/或最惠国待遇	55	0.00
1010102	1.1.2	特定部门国民待遇和/或最惠国待遇	66	0.00
1010201	1.2.1	跨境数据流动	67	0.00
1010202	1.2.2	数据本地存储	49	0.00
2010000		支柱 2: ICT 基础设施和服务	40	0.47
2010100	2.1	互联网用户渗透率(每百居民)	38	72.16
2010200	2.2	因特网的国际网络带宽(比特/秒)	21	109 000.00
2010300	2.3	拥有计算机的家庭比重(%)	42	69.80
2020000		支柱 3: 支付基础设施和服务	46	0.36
2020100	3.1	使用借记卡人数比重（15 岁以上，%）	43	0.53
2020200	3.2	使用信用卡人数比重（15 岁以上，%）	38	0.17
2020300	3.3	使用手机或互联网访问账户比重（15 岁以上，%）	50	0.12
2020400	3.4	过去一年发送或接收数字付款比重(%)	40	0.66
2030000		支柱 4: 交付基础设施和服务	44	0.49
2030100	4.1	固定宽带设施和服务	45	0.20
2030200	4.2	移动宽带设施和服务	57	0.22
2030300	4.3	邮政设施服务	27	0.91
2030400	4.4	物流及清关服务	47	0.43

指标编码		指标名称	排名	值
2030101	4.1.1	每百名居民拥有固定宽带用户(个)	41	17.90
2030102	4.1.2	固定宽带资费(PPP,美元/月)	54	0.03
2030201	4.2.1	每百名居民中活跃的移动宽带用户(个)	58	59.00
2030202	4.2.2	移动蜂窝订阅费(PPP,美元/分钟)	33	4.94
2030301	4.3.1	家庭邮寄百分比(%)	19	100.00
2030302	4.3.2	邮政可靠性指数(0~100)	31	82.60
2030401	4.4.1	国际物流竞争力(0~7)	55	2.70
2030402	4.4.2	海关程序负担(0~7)	36	4.60
3010000		支柱 5: 法律环境	60	0.67
3010100	5.1	电子签名立法	44	1.00
3010200	5.2	数据保护立法	39	1.00
3010300	5.3	消费者保护立法	69	0.00
3010400	5.4	网络犯罪立法	43	1.00
3010500	5.5	软件盗版率(%)	48	35.00
3020000		支柱 6: 安全环境	39	0.42
3020100	6.1	GCI 网络安全指数(0~1)	31	0.80
3020200	6.2	每百万居民的安全互联网服务器数量(个)	54	690.20
4010000		支柱 7: 数字技术能力	65	0.09
4010100	7.1	ICT 国际专利申请(件)	58	0.12
4010200	7.2	企业对 ICT 技术的吸收能力(0~7)	64	4.17
4020000		支柱 8: 数字技术应用	49	0.44
4020100	8.1	ICT 对商业模式的影响(0~7)	37	4.68
4020200	8.2	数字技术在 B2B 中的应用(0~7)	49	4.73
4020300	8.3	数字技术在 B2C 中的应用(0~7)	57	4.33

挪威

		排名	值
总指标	数字贸易促进指数	16	0.72
子指数 A	市场准入	53	0.39
子指数 B	基础设施	4	0.84
子指数 C	法律政策环境	13	0.77
子指数 D	商业环境	9	0.76
支柱 1	数字贸易有关的部门开放(RTA)	53	0.39
支柱 2	ICT 基础设施和服务	2	0.66
支柱 3	支付基础设施和服务	1	0.96
支柱 4	交付基础设施和服务	11	0.75
支柱 5	法律环境	14	0.98
支柱 6	安全环境	14	0.54
支柱 7	数字技术能力	8	0.61
支柱 8	数字技术应用	7	0.88

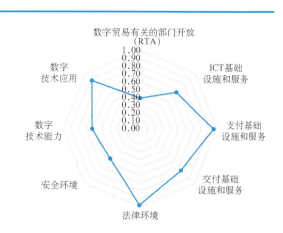

指标编码		指标名称	排名	值
1010000		**支柱 1: 数字贸易有关的部门开放**	53	0.39
1010100	1.1	数字贸易相关的市场准入(RTA)	46	0.50
1010200	1.2	数据流动相关的前沿性条款(RTA)	49	0.29
1010101	1.1.1	电子商务国民待遇和/或最惠国待遇	58	0.00
1010102	1.1.2	特定部门国民待遇和/或最惠国待遇	35	1.00
1010201	1.2.1	跨境数据流动	48	0.44
1010202	1.2.2	数据本地存储	53	0.00
2010000		**支柱 2: ICT 基础设施和服务**	2	0.66
2010100	2.1	互联网用户渗透率(每百居民)	3	96.50
2010200	2.2	因特网的国际网络带宽(比特/秒)	25	95 300.00
2010300	2.3	拥有计算机的家庭比重(%)	2	95.00
2020000		**支柱 3: 支付基础设施和服务**	1	0.96
2020100	3.1	使用借记卡人数比重(15 岁以上,%)	4	0.98
2020200	3.2	使用信用卡人数比重(15 岁以上,%)	3	0.71
2020300	3.3	使用手机或互联网访问账户比重(15 岁以上,%)	1	0.85
2020400	3.4	过去一年发送或接收数字付款比重(%)	2	0.99
2030000		**支柱 4: 交付基础设施和服务**	11	0.75
2030100	4.1	固定宽带设施和服务	8	0.44
2030200	4.2	移动宽带设施和服务	17	0.43
2030300	4.3	邮政设施服务	12	0.96
2030400	4.4	物流及清关服务	16	0.73
2030101	4.1.1	每百名居民拥有固定宽带用户(个)	7	40.20
2030102	4.1.2	固定宽带资费(PPP,美元/月)	66	0.02
2030201	4.2.1	每百名居民中活跃的移动宽带用户(个)	22	95.10
2030202	4.2.2	移动蜂窝订阅费(PPP,美元/分钟)	16	9.55
2030301	4.3.1	家庭邮寄百分比(%)	22	100.00
2030302	4.3.2	邮政可靠性指数(0~100)	18	91.00
2030401	4.4.1	国际物流竞争力(0~7)	20	3.70
2030402	4.4.2	海关程序负担(0~7)	17	5.20
3010000		**支柱 5: 法律环境**	14	0.98
3010100	5.1	电子签名立法	49	1.00
3010200	5.2	数据保护立法	44	1.00
3010300	5.3	消费者保护立法	37	1.00
3010400	5.4	网络犯罪立法	48	1.00
3010500	5.5	软件盗版率(%)	15	75.00
3020000		**支柱 6: 安全环境**	14	0.54
3020100	6.1	GCI 网络安全指数(0~1)	10	0.89
3020200	6.2	每百万居民的安全互联网服务器数量(个)	15	36 180.96
4010000		**支柱 7: 数字技术能力**	8	0.61
4010100	7.1	ICT 国际专利申请(件)	13	36.79
4010200	7.2	企业对 ICT 技术的吸收能力(0~7)	3	6.05
4020000		**支柱 8: 数字技术应用**	7	0.88
4020100	8.1	ICT 对商业模式的影响(0~7)	11	5.59
4020200	8.2	数字技术在 B2B 中的应用(0~7)	6	5.94
4020300	8.3	数字技术在 B2C 中的应用(0~7)	8	5.80

巴基斯坦

		排名	值
总指标	数字贸易促进指数	73	0.07
子指数 A	市场准入	69	0.00
子指数 B	基础设施	71	0.14
子指数 C	法律政策环境	71	0.15
子指数 D	商业环境	69	0.13
支柱 1	数字贸易有关的部门开放(RTA)	69	0.00
支柱 2	ICT 基础设施和服务	73	0.03
支柱 3	支付基础设施和服务	74	0.02
支柱 4	交付基础设施和服务	60	0.37
支柱 5	法律环境	73	0.32
支柱 6	安全环境	64	0.18
支柱 7	数字技术能力	55	0.15
支柱 8	数字技术应用	69	0.17

指标编码		指标名称	排名	值
1010000		支柱 1：数字贸易有关的部门开放	69	0.00
1010100	1.1	数字贸易相关的市场准入(RTA)	68	0.00
1010200	1.2	数据流动相关的前沿性条款(RTA)	69	0.00
1010101	1.1.1	电子商务国民待遇和/或最惠国待遇	59	0.00
1010102	1.1.2	特定部门国民待遇和/或最惠国待遇	68	0.00
1010201	1.2.1	跨境数据流动	69	0.00
1010202	1.2.2	数据本地存储	54	0.00
2010000		支柱 2：ICT 基础设施和服务	73	0.03
2010100	2.1	互联网用户渗透率(每百居民)	74	15.50
2010200	2.2	因特网的国际网络带宽(比特/秒)	66	22 000.00
2010300	2.3	拥有计算机的家庭比重(%)	71	16.20
2020000		支柱 3：支付基础设施和服务	74	0.02
2020100	3.1	使用借记卡人数比重(15 岁以上,%)	74	0.08
2020200	3.2	使用信用卡人数比重(15 岁以上,%)	73	0.01
2020300	3.3	使用手机或互联网访问账户比重(15 岁以上,%)	60	0.08
2020400	3.4	过去一年发送或接收数字付款比重(%)	73	0.18
2030000		支柱 4：交付基础设施和服务	60	0.37
2030100	4.1	固定宽带设施和服务	65	0.05
2030200	4.2	移动宽带设施和服务	46	0.28
2030300	4.3	邮政设施服务	51	0.74
2030400	4.4	物流及清关服务	61	0.30
2030101	4.1.1	每百名居民拥有固定宽带用户(个)	72	0.90
2030102	4.1.2	固定宽带资费(PPP,美元/月)	11	0.13
2030201	4.2.1	每百名居民中活跃的移动宽带用户(个)	73	24.70
2030202	4.2.2	移动蜂窝订阅费(PPP,美元/分钟)	7	15.46
2030301	4.3.1	家庭邮寄百分比(%)	50	95.00
2030302	4.3.2	邮政可靠性指数(0～100)	53	54.00
2030401	4.4.1	国际物流竞争力(0～7)	60	2.60
2030402	4.4.2	海关程序负担(0～7)	63	3.70
3010000		支柱 5：法律环境	73	0.32
3010100	5.1	电子签名立法	51	1.00
3010200	5.2	数据保护立法	67	0.50
3010300	5.3	消费者保护立法	71	0.00
3010400	5.4	网络犯罪立法	74	0.50
3010500	5.5	软件盗版率(%)	69	15.00
3020000		支柱 6：安全环境	64	0.18
3020100	6.1	GCI 网络安全指数(0～1)	64	0.41
3020200	6.2	每百万居民的安全互联网服务器数量(个)	72	62.56
4010000		支柱 7：数字技术能力	55	0.15
4010100	7.1	ICT 国际专利申请(件)	68	0.01
4010200	7.2	企业对 ICT 技术的吸收能力(0～7)	54	4.42
4020000		支柱 8：数字技术应用	69	0.17
4020100	8.1	ICT 对商业模式的影响(0～7)	61	4.08
4020200	8.2	数字技术在 B2B 中的应用(0～7)	72	3.80
4020300	8.3	数字技术在 B2C 中的应用(0～7)	70	3.67

巴拿马

		排名	值
总指标	数字贸易促进指数	44	0.47
子指数 A	市场准入	14	0.71
子指数 B	基础设施	60	0.27
子指数 C	法律政策环境	65	0.42
子指数 D	商业环境	29	0.47
支柱 1	数字贸易有关的部门开放(RTA)	14	0.71
支柱 2	ICT 基础设施和服务	55	0.32
支柱 3	支付基础设施和服务	59	0.15
支柱 4	交付基础设施和服务	61	0.35
支柱 5	法律环境	55	0.75
支柱 6	安全环境	66	0.16
支柱 7	数字技术能力	27	0.35
支柱 8	数字技术应用	29	0.60

指标编码		指标名称	排名	值
1010000		支柱 1：数字贸易有关的部门开放	14	0.71
1010100	1.1	数字贸易相关的市场准入(RTA)	12	1.00
1010200	1.2	数据流动相关的前沿性条款(RTA)	34	0.43
1010101	1.1.1	电子商务国民待遇和/或最惠国待遇	14	1.00
1010102	1.1.2	特定部门国民待遇和/或最惠国待遇	37	1.00
1010201	1.2.1	跨境数据流动	26	0.67
1010202	1.2.2	数据本地存储	55	0.00
2010000		支柱 2：ICT 基础设施和服务	55	0.32
2010100	2.1	互联网用户渗透率(每百居民)	55	57.90
2010200	2.2	因特网的国际网络带宽(比特/秒)	28	85 600.00
2010300	2.3	拥有计算机的家庭比重(%)	54	46.70
2020000		支柱 3：支付基础设施和服务	59	0.15
2020100	3.1	使用借记卡人数比重(15 岁以上,%)	55	0.29
2020200	3.2	使用信用卡人数比重(15 岁以上,%)	58	0.08
2020300	3.3	使用手机或互联网访问账户比重(15 岁以上,%)	63	0.06
2020400	3.4	过去一年发送或接收数字付款比重(%)	58	0.35
2030000		支柱 4：交付基础设施和服务	61	0.35
2030100	4.1	固定宽带设施和服务	56	0.13
2030200	4.2	移动宽带设施和服务	58	0.22
2030300	4.3	邮政设施服务	69	0.33
2030400	4.4	物流及清关服务	32	0.55

指标编码		指标名称	排名	值
2030101	4.1.1	每百名居民拥有固定宽带用户(个)	50	10.90
2030102	4.1.2	固定宽带资费(PPP,美元/月)	38	0.05
2030201	4.2.1	每百名居民中活跃的移动宽带用户(个)	56	60.70
2030202	4.2.2	移动蜂窝订阅费(PPP,美元/分钟)	36	4.43
2030301	4.3.1	家庭邮寄百分比(%)	69	37.00
2030302	4.3.2	邮政可靠性指数(0~100)	66	29.00
2030401	4.4.1	国际物流竞争力(0~7)	30	3.30
2030402	4.4.2	海关程序负担(0~7)	40	4.50
3010000		支柱 5：法律环境	55	0.75
3010100	5.1	电子签名立法	52	1.00
3010200	5.2	数据保护立法	68	0.50
3010300	5.3	消费者保护立法	39	1.00
3010400	5.4	网络犯罪立法	50	1.00
3010500	5.5	软件盗版率(%)	54	28.00
3020000		支柱 6：安全环境	66	0.16
3020100	6.1	GCI 网络安全指数(0~1)	66	0.37
3020200	6.2	每百万居民的安全互联网服务器数量(个)	47	1 893.12
4010000		支柱 7：数字技术能力	27	0.35
4010100	7.1	ICT 国际专利申请(件)	43	1.31
4010200	7.2	企业对 ICT 技术的吸收能力(0~7)	27	5.34
4020000		支柱 8：数字技术应用	29	0.60
4020100	8.1	ICT 对商业模式的影响(0~7)	27	5.04
4020200	8.2	数字技术在 B2B 中的应用(0~7)	33	5.09
4020300	8.3	数字技术在 B2C 中的应用(0~7)	36	4.92

秘鲁

		排名	值
总指标	数字贸易促进指数	41	0.50
子指数 A	市场准入	2	0.96
子指数 B	基础设施	65	0.24
子指数 C	法律政策环境	54	0.51
子指数 D	商业环境	52	0.25
支柱 1	数字贸易有关的部门开放(RTA)	2	0.96
支柱 2	ICT 基础设施和服务	61	0.23
支柱 3	支付基础设施和服务	58	0.15
支柱 4	交付基础设施和服务	63	0.34
支柱 5	法律环境	41	0.87
支柱 6	安全环境	65	0.17
支柱 7	数字技术能力	50	0.16
支柱 8	数字技术应用	57	0.38

指标编码		指标名称	排名	值
1010000		支柱 1: 数字贸易有关的部门开放	2	0.96
1010100	1.1	数字贸易相关的市场准入(RTA)	13	1.00
1010200	1.2	数据流动相关的前沿性条款(RTA)	3	0.93
1010101	1.1.1	电子商务国民待遇和/或最惠国待遇	15	1.00
1010102	1.1.2	特定部门国民待遇和/或最惠国待遇	38	1.00
1010201	1.2.1	跨境数据流动	27	0.67
1010202	1.2.2	数据本地存储	8	1.00
2010000		支柱 2: ICT 基础设施和服务	61	0.23
2010100	2.1	互联网用户渗透率(每百居民)	63	48.70
2010200	2.2	因特网的国际网络带宽(比特/秒)	59	34 500.00
2010300	2.3	拥有计算机的家庭比重(%)	60	32.90
2020000		支柱 3: 支付基础设施和服务	58	0.15
2020100	3.1	使用借记卡人数比重(15岁以上,%)	58	0.28
2020200	3.2	使用信用卡人数比重(15岁以上,%)	51	0.12
2020300	3.3	使用手机或互联网访问账户比重(15岁以上,%)	67	0.05
2020400	3.4	过去一年发送或接收数字付款比重(%)	60	0.34
2030000		支柱 4: 交付基础设施和服务	63	0.34
2030100	4.1	固定宽带设施和服务	58	0.10
2030200	4.2	移动宽带设施和服务	61	0.21
2030300	4.3	邮政设施服务	58	0.66
2030400	4.4	物流及清关服务	63	0.29
2030101	4.1.1	每百名居民拥有固定宽带用户(个)	58	7.20
2030102	4.1.2	固定宽带资费(PPP,美元/月)	22	0.07
2030201	4.2.1	每百名居民中活跃的移动宽带用户(个)	53	64.20
2030202	4.2.2	移动蜂窝订阅费(PPP,美元/分钟)	52	3.16
2030301	4.3.1	家庭邮寄百分比(%)	57	88.00
2030302	4.3.2	邮政可靠性指数(0~100)	60	45.00
2030401	4.4.1	国际物流竞争力(0~7)	66	2.40
2030402	4.4.2	海关程序负担(0~7)	53	4.00
3010000		支柱 5: 法律环境	41	0.87
3010100	5.1	电子签名立法	53	1.00
3010200	5.2	数据保护立法	46	1.00
3010300	5.3	消费者保护立法	40	1.00
3010400	5.4	网络犯罪立法	51	1.00
3010500	5.5	软件盗版率(%)	49	35.00
3020000		支柱 6: 安全环境	65	0.17
3020100	6.1	GCI 网络安全指数(0~1)	65	0.40
3020200	6.2	每百万居民的安全互联网服务器数量(个)	57	384.65
4010000		支柱 7: 数字技术能力	50	0.16
4010100	7.1	ICT 国际专利申请(件)	61	0.09
4010200	7.2	企业对 ICT 技术的吸收能力(0~7)	50	4.48
4020000		支柱 8: 数字技术应用	57	0.38
4020100	8.1	ICT 对商业模式的影响(0~7)	50	4.48
4020200	8.2	数字技术在 B2B 中的应用(0~7)	56	4.58
4020300	8.3	数字技术在 B2C 中的应用(0~7)	62	4.19

菲律宾

总指标	数字贸易促进指数	排名	值
	数字贸易促进指数	55	0.33
子指数 A	市场准入	56	0.27
子指数 B	基础设施	67	0.21
子指数 C	法律政策环境	43	0.58
子指数 D	商业环境	41	0.38
支柱 1	数字贸易有关的部门开放(RTA)	56	0.27
支柱 2	ICT 基础设施和服务	60	0.24
支柱 3	支付基础设施和服务	69	0.08
支柱 4	交付基础设施和服务	65	0.33
支柱 5	法律环境	44	0.86
支柱 6	安全环境	52	0.32
支柱 7	数字技术能力	33	0.29
支柱 8	数字技术应用	43	0.50

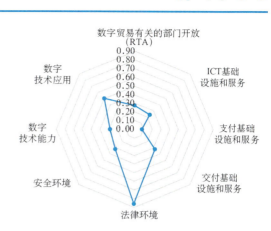

指标编码		指标名称	排名	值
1010000		支柱 1: 数字贸易有关的部门开放	56	0.27
1010100	1.1	数字贸易相关的市场准入(RTA)	56	0.33
1010200	1.2	数据流动相关的前沿性条款(RTA)	55	0.21
1010101	1.1.1	电子商务国民待遇和/或最惠国待遇	60	0.00
1010102	1.1.2	特定部门国民待遇和/或最惠国待遇	56	0.67
1010201	1.2.1	跨境数据流动	55	0.33
1010202	1.2.2	数据本地存储	56	0.00
2010000		支柱 2: ICT 基础设施和服务	60	0.24
2010100	2.1	互联网用户渗透率(每百居民)	54	60.10
2010200	2.2	因特网的国际网络带宽(比特/秒)	69	18 900.00
2010300	2.3	拥有计算机的家庭比重(%)	64	23.30
2020000		支柱 3: 支付基础设施和服务	69	0.08
2020100	3.1	使用借记卡人数比重(15 岁以上,%)	69	0.21
2020200	3.2	使用信用卡人数比重(15 岁以上,%)	71	0.02
2020300	3.3	使用手机或互联网访问账户比重(15 岁以上,%)	62	0.07
2020400	3.4	过去一年发送或接收数字付款比重(%)	68	0.25
2030000		支柱 4: 交付基础设施和服务	65	0.33
2030100	4.1	固定宽带设施和服务	66	0.04
2030200	4.2	移动宽带设施和服务	60	0.22
2030300	4.3	邮政设施服务	56	0.71
2030400	4.4	物流及清关服务	65	0.26

指标编码		指标名称	排名	值
2030101	4.1.1	每百名居民拥有固定宽带用户(个)	66	3.20
2030102	4.1.2	固定宽带资费(PPP,美元/月)	33	0.05
2030201	4.2.1	每百名居民中活跃的移动宽带用户(个)	48	68.60
2030202	4.2.2	移动蜂窝订阅费(PPP,美元/分钟)	61	2.52
2030301	4.3.1	家庭邮寄百分比(%)	61	85.00
2030302	4.3.2	邮政可靠性指数(0~100)	51	57.00
2030401	4.4.1	国际物流竞争力(0~7)	52	2.80
2030402	4.4.2	海关程序负担(0~7)	69	3.00
3010000		支柱 5: 法律环境	44	0.86
3010100	5.1	电子签名立法	54	1.00
3010200	5.2	数据保护立法	47	1.00
3010300	5.3	消费者保护立法	41	1.00
3010400	5.4	网络犯罪立法	52	1.00
3010500	5.5	软件盗版率(%)	52	31.00
3020000		支柱 6: 安全环境	52	0.32
3020100	6.1	GCI 网络安全指数(0~1)	51	0.64
3020200	6.2	每百万居民的安全互联网服务器数量(个)	66	111.31
4010000		支柱 7: 数字技术能力	33	0.29
4010100	7.1	ICT 国际专利申请(件)	59	0.11
4010200	7.2	企业对 ICT 技术的吸收能力(0~7)	32	5.07
4020000		支柱 8: 数字技术应用	43	0.50
4020100	8.1	ICT 对商业模式的影响(0~7)	43	4.62
4020200	8.2	数字技术在 B2B 中的应用(0~7)	44	4.85
4020300	8.3	数字技术在 B2C 中的应用(0~7)	42	4.77

波兰

		排名	值
总指标	数字贸易促进指数	32	0.54
子指数 A	市场准入	43	0.46
子指数 B	基础设施	22	0.64
子指数 C	法律政策环境	27	0.69
子指数 D	商业环境	57	0.25
支柱 1	数字贸易有关的部门开放(RTA)	43	0.46
支柱 2	ICT 基础设施和服务	26	0.53
支柱 3	支付基础设施和服务	28	0.59
支柱 4	交付基础设施和服务	20	0.69
支柱 5	法律环境	29	0.91
支柱 6	安全环境	26	0.47
支柱 7	数字技术能力	62	0.10
支柱 8	数字技术应用	54	0.42

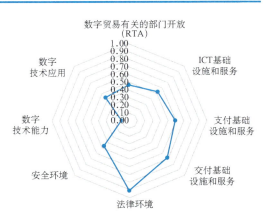

指标编码		指标名称	排名	值
1010000		支柱 1:数字贸易有关的部门开放	43	0.46
1010100	1.1	数字贸易相关的市场准入(RTA)	47	0.50
1010200	1.2	数据流动相关的前沿性条款(RTA)	35	0.43
1010101	1.1.1	电子商务国民待遇和/或最惠国待遇	61	0.00
1010102	1.1.2	特定部门国民待遇和/或最惠国待遇	39	1.00
1010201	1.2.1	跨境数据流动	28	0.67
1010202	1.2.2	数据本地存储	57	0.00
2010000		支柱 2:ICT 基础设施和服务	26	0.53
2010100	2.1	互联网用户渗透率(每百居民)	34	76.00
2010200	2.2	因特网的国际网络带宽(比特/秒)	65	22 800.00
2010300	2.3	拥有计算机的家庭比重(%)	19	81.80
2020000		支柱 3:支付基础设施和服务	28	0.59
2020100	3.1	使用借记卡人数比重(15 岁以上,%)	25	0.79
2020200	3.2	使用信用卡人数比重(15 岁以上,%)	42	0.17
2020300	3.3	使用手机或互联网访问账户比重(15 岁以上,%)	19	0.52
2020400	3.4	过去一年发送或接收数字付款比重(%)	28	0.82
2030000		支柱 4:交付基础设施和服务	20	0.69
2030100	4.1	固定宽带设施和服务	42	0.23
2030200	4.2	移动宽带设施和服务	4	0.59
2030300	4.3	邮政设施服务	25	0.92
2030400	4.4	物流及清关服务	24	0.63

指标编码		指标名称	排名	值
2030101	4.1.1	每百名居民拥有固定宽带用户(个)	39	20.00
2030102	4.1.2	固定宽带资费(PPP,美元/月)	29	0.05
2030201	4.2.1	每百名居民中活跃的移动宽带用户(个)	1	154.10
2030202	4.2.2	移动蜂窝订阅费(PPP,美元/分钟)	26	6.31
2030301	4.3.1	家庭邮寄百分比(%)	23	100.00
2030302	4.3.2	邮政可靠性指数(0~100)	30	83.00
2030401	4.4.1	国际物流竞争力(0~7)	25	3.60
2030402	4.4.2	海关程序负担(0~7)	37	4.60
3010000		支柱 5:法律环境	29	0.91
3010100	5.1	电子签名立法	55	1.00
3010200	5.2	数据保护立法	48	1.00
3010300	5.3	消费者保护立法	42	1.00
3010400	5.4	网络犯罪立法	53	1.00
3010500	5.5	软件盗版率(%)	32	49.00
3020000		支柱 6:安全环境	26	0.47
3020100	6.1	GCI 网络安全指数(0~1)	27	0.82
3020200	6.2	每百万居民的安全互联网服务器数量(个)	23	20 603.13
4010000		支柱 7:数字技术能力	62	0.10
4010100	7.1	ICT 国际专利申请(件)	38	1.81
4010200	7.2	企业对 ICT 技术的吸收能力(0~7)	61	4.20
4020000		支柱 8:数字技术应用	54	0.42
4020100	8.1	ICT 对商业模式的影响(0~7)	59	4.23
4020200	8.2	数字技术在 B2B 中的应用(0~7)	60	4.49
4020300	8.3	数字技术在 B2C 中的应用(0~7)	34	4.96

葡萄牙

总指标	数字贸易促进指数	排名	值
总指标	数字贸易促进指数	23	0.59
子指数 A	市场准入	44	0.46
子指数 B	基础设施	27	0.60
子指数 C	法律政策环境	28	0.69
子指数 D	商业环境	24	0.58
支柱 1	数字贸易有关的部门开放(RTA)	44	0.46
支柱 2	ICT 基础设施和服务	37	0.48
支柱 3	支付基础设施和服务	27	0.60
支柱 4	交付基础设施和服务	27	0.64
支柱 5	法律环境	23	0.94
支柱 6	安全环境	37	0.43
支柱 7	数字技术能力	22	0.41
支柱 8	数字技术应用	23	0.74

指标编码		指标名称	排名	值
1010000		支柱 1：数字贸易有关的部门开放	44	0.46
1010100	1.1	数字贸易相关的市场准入(RTA)	48	0.50
1010200	1.2	数据流动相关的前沿性条款(RTA)	36	0.43
1010101	1.1.1	电子商务国民待遇和/或最惠国待遇	62	0.00
1010102	1.1.2	特定部门国民待遇和/或最惠国待遇	40	1.00
1010201	1.2.1	跨境数据流动	29	0.67
1010202	1.2.2	数据本地存储	58	0.00
2010000		支柱 2：ICT 基础设施和服务	37	0.48
2010100	2.1	互联网用户渗透率(每百居民)	37	73.80
2010200	2.2	因特网的国际网络带宽(比特/秒)	50	52 900.00
2010300	2.3	拥有计算机的家庭比重(%)	39	71.50
2020000		支柱 3：支付基础设施和服务	27	0.60
2020100	3.1	使用借记卡人数比重(15岁以上,%)	23	0.83
2020200	3.2	使用信用卡人数比重(15岁以上,%)	26	0.34
2020300	3.3	使用手机或互联网访问账户比重(15岁以上,%)	41	0.28
2020400	3.4	过去一年发送或接收数字付款比重(%)	26	0.86
2030000		支柱 4：交付基础设施和服务	27	0.64
2030100	4.1	固定宽带设施和服务	15	0.39
2030200	4.2	移动宽带设施和服务	36	0.30
2030300	4.3	邮政设施服务	49	0.79
2030400	4.4	物流及清关服务	17	0.72

指标编码		指标名称	排名	值
2030101	4.1.1	每百名居民拥有固定宽带用户(个)	14	34.60
2030102	4.1.2	固定宽带资费(PPP,美元/月)	45	0.04
2030201	4.2.1	每百名居民中活跃的移动宽带用户(个)	47	68.90
2030202	4.2.2	移动蜂窝订阅费(PPP,美元/分钟)	21	7.35
2030301	4.3.1	家庭邮寄百分比(%)	24	100.00
2030302	4.3.2	邮政可靠性指数(0~100)	52	57.00
2030401	4.4.1	国际物流竞争力(0~7)	21	3.70
2030402	4.4.2	海关程序负担(0~7)	19	5.10
3010000		支柱 5：法律环境	23	0.94
3010100	5.1	电子签名立法	56	1.00
3010200	5.2	数据保护立法	49	1.00
3010300	5.3	消费者保护立法	43	1.00
3010400	5.4	网络犯罪立法	54	1.00
3010500	5.5	软件盗版率(%)	25	60.00
3020000		支柱 6：安全环境	37	0.43
3020100	6.1	GCI 网络安全指数(0~1)	39	0.76
3020200	6.2	每百万居民的安全互联网服务器数量(个)	28	19 182.00
4010000		支柱 7：数字技术能力	22	0.41
4010100	7.1	ICT 国际专利申请(件)	32	2.96
4010200	7.2	企业对 ICT 技术的吸收能力(0~7)	16	5.62
4020000		支柱 8：数字技术应用	23	0.74
4020100	8.1	ICT 对商业模式的影响(0~7)	14	5.51
4020200	8.2	数字技术在 B2B 中的应用(0~7)	23	5.47
4020300	8.3	数字技术在 B2C 中的应用(0~7)	27	5.21

摩尔多瓦

总指标		排名	值
总指标	数字贸易促进指数	52	0.36
子指数 A	市场准入	50	0.43
子指数 B	基础设施	49	0.39
子指数 C	法律政策环境	64	0.42
子指数 D	商业环境	67	0.14
支柱 1	数字贸易有关的部门开放(RTA)	50	0.43
支柱 2	ICT 基础设施和服务	35	0.51
支柱 3	支付基础设施和服务	53	0.19
支柱 4	交付基础设施和服务	51	0.46
支柱 5	法律环境	68	0.60
支柱 6	安全环境	51	0.34
支柱 7	数字技术能力	66	0.08
支柱 8	数字技术应用	67	0.25

指标编码		指标名称	排名	值
1010000		支柱 1：数字贸易有关的部门开放	50	0.43
1010100	1.1	数字贸易相关的市场准入(RTA)	44	0.50
1010200	1.2	数据流动相关的前沿性条款(RTA)	44	0.36
1010101	1.1.1	电子商务国民待遇和/或最惠国待遇	54	0.00
1010102	1.1.2	特定部门国民待遇和/或最惠国待遇	31	1.00
1010201	1.2.1	跨境数据流动	39	0.56
1010202	1.2.2	数据本地存储	48	0.00
2010000		支柱 2：ICT 基础设施和服务	35	0.51
2010100	2.1	互联网用户渗透率(每百居民)	33	76.10
2010200	2.2	因特网的国际网络带宽(比特/秒)	20	115 600.00
2010300	2.3	拥有计算机的家庭比重(%)	32	75.10
2020000		支柱 3：支付基础设施和服务	53	0.19
2020100	3.1	使用借记卡人数比重(15岁以上,%)	63	0.25
2020200	3.2	使用信用卡人数比重(15岁以上,%)	39	0.17
2020300	3.3	使用手机或互联网访问账户比重(15岁以上,%)	54	0.10
2020400	3.4	过去一年发送或接收数字付款比重(%)	54	0.40
2030000		支柱 4：交付基础设施和服务	51	0.46
2030100	4.1	固定宽带设施和服务	46	0.19
2030200	4.2	移动宽带设施和服务	59	0.22
2030300	4.3	邮政设施服务	5	0.99
2030400	4.4	物流及清关服务	67	0.25

指标编码		指标名称	排名	值
2030101	4.1.1	每百名居民拥有固定宽带用户(个)	44	14.40
2030102	4.1.2	固定宽带资费(PPP,美元/月)	16	0.09
2030201	4.2.1	每百名居民中活跃的移动宽带用户(个)	57	60.00
2030202	4.2.2	移动蜂窝订阅费(PPP,美元/分钟)	38	4.43
2030301	4.3.1	家庭邮寄百分比(%)	18	100.00
2030302	4.3.2	邮政可靠性指数(0~100)	5	97.00
2030401	4.4.1	国际物流竞争力(0~7)	68	2.30
2030402	4.4.2	海关程序负担(0~7)	59	3.90
3010000		支柱 5：法律环境	68	0.60
3010100	5.1	电子签名立法	42	1.00
3010200	5.2	数据保护立法	37	1.00
3010300	5.3	消费者保护立法	68	0.00
3010400	5.4	网络犯罪立法	41	1.00
3010500	5.5	软件盗版率(%)	73	10.00
3020000		支柱 6：安全环境	51	0.34
3020100	6.1	GCI 网络安全指数(0~1)	47	0.66
3020200	6.2	每百万居民的安全互联网服务器数量(个)	43	4 537.87
4010000		支柱 7：数字技术能力	66	0.08
4010100	7.1	ICT 国际专利申请(件)	73	0.00
4010200	7.2	企业对 ICT 技术的吸收能力(0~7)	66	4.11
4020000		支柱 8：数字技术应用	67	0.25
4020100	8.1	ICT 对商业模式的影响(0~7)	68	3.84
4020200	8.2	数字技术在 B2B 中的应用(0~7)	65	4.25
4020300	8.3	数字技术在 B2C 中的应用(0~7)	63	4.13

附录3 国别指数(74国) | 247

罗马尼亚

		排名	值
总指标	数字贸易促进指数	46	0.45
子指数 A	市场准入	45	0.46
子指数 B	基础设施	44	0.45
子指数 C	法律政策环境	41	0.58
子指数 D	商业环境	50	0.27
支柱 1	数字贸易有关的部门开放(RTA)	45	0.46
支柱 2	ICT 基础设施和服务	43	0.45
支柱 3	支付基础设施和服务	51	0.27
支柱 4	交付基础设施和服务	38	0.57
支柱 5	法律环境	39	0.88
支柱 6	安全环境	56	0.31
支柱 7	数字技术能力	51	0.15
支柱 8	数字技术应用	53	0.43

指标编码	指标名称	排名	值
1010000	支柱 1：数字贸易有关的部门开放	45	0.46
1010100 1.1	数字贸易相关的市场准入(RTA)	49	0.50
1010200 1.2	数据流动相关的前沿性条款(RTA)	37	0.43
1010101 1.1.1	电子商务国民待遇和/或最惠国待遇	63	0.00
1010102 1.1.2	特定部门国民待遇和/或最惠国待遇	41	1.00
1010201 1.2.1	跨境数据流动	30	0.67
1010202 1.2.2	数据本地存储	59	0.00
2010000	支柱 2：ICT 基础设施和服务	43	0.45
2010100 2.1	互联网用户渗透率(每百居民)	48	63.70
2010200 2.2	因特网的国际网络带宽(比特/秒)	53	49 800.00
2010300 2.3	拥有计算机的家庭比重(%)	37	73.00
2020000	支柱 3：支付基础设施和服务	51	0.27
2020100 3.1	使用借记卡人数比重(15岁以上,%)	45	0.49
2020200 3.2	使用信用卡人数比重(15岁以上,%)	50	0.12
2020300 3.3	使用手机或互联网访问账户比重(15岁以上,%)	49	0.12
2020400 3.4	过去一年发送或接收数字付款比重(%)	52	0.47
2030000	支柱 4：交付基础设施和服务	38	0.57
2030100 4.1	固定宽带设施和服务	30	0.32
2030200 4.2	移动宽带设施和服务	48	0.26
2030300 4.3	邮政设施服务	21	0.93
2030400 4.4	物流及清关服务	43	0.47

指标编码	指标名称	排名	值
2030101 4.1.1	每百名居民拥有固定宽带用户(个)	36	24.30
2030102 4.1.2	固定宽带资费(PPP,美元/月)	9	0.14
2030201 4.2.1	每百名居民中活跃的移动宽带用户(个)	32	82.90
2030202 4.2.2	移动蜂窝订阅费(PPP,美元/分钟)	69	1.74
2030301 4.3.1	家庭邮寄百分比(%)	25	100.00
2030302 4.3.2	邮政可靠性指数(0~100)	26	86.00
2030401 4.4.1	国际物流竞争力(0~7)	39	3.10
2030402 4.4.2	海关程序负担(0~7)	47	4.20
3010000	支柱 5：法律环境	39	0.88
3010100 5.1	电子签名立法	57	1.00
3010200 5.2	数据保护立法	50	1.00
3010300 5.3	消费者保护立法	44	1.00
3010400 5.4	网络犯罪立法	55	1.00
3010500 5.5	软件盗版率(%)	45	38.00
3020000	支柱 6：安全环境	56	0.31
3020100 6.1	GCI 网络安全指数(0~1)	56	0.57
3020200 6.2	每百万居民的安全互联网服务器数量(个)	29	19 179.56
4010000	支柱 7：数字技术能力	51	0.15
4010100 7.1	ICT 国际专利申请(件)	42	1.43
4010200 7.2	企业对 ICT 技术的吸收能力(0~7)	52	4.44
4020000	支柱 8：数字技术应用	53	0.43
4020100 8.1	ICT 对商业模式的影响(0~7)	58	4.25
4020200 8.2	数字技术在 B2B 中的应用(0~7)	59	4.53
4020300 8.3	数字技术在 B2C 中的应用(0~7)	35	4.92

俄罗斯

		排名	值
总指标	数字贸易促进指数	51	0.36
子指数 A	市场准入	58	0.04
子指数 B	基础设施	30	0.59
子指数 C	法律政策环境	50	0.53
子指数 D	商业环境	49	0.27
支柱 1	数字贸易有关的部门开放(RTA)	58	0.04
支柱 2	ICT 基础设施和服务	36	0.50
支柱 3	支付基础设施和服务	40	0.45
支柱 4	交付基础设施和服务	16	0.71
支柱 5	法律环境	59	0.68
支柱 6	安全环境	30	0.46
支柱 7	数字技术能力	60	0.12
支柱 8	数字技术应用	46	0.46

指标编码		指标名称	排名	值
1010000		**支柱 1：数字贸易有关的部门开放**	58	0.04
1010100	1.1	数字贸易相关的市场准入(RTA)	69	0.00
1010200	1.2	数据流动相关的前沿性条款(RTA)	58	0.07
1010101	1.1.1	电子商务国民待遇和/或最惠国待遇	64	0.00
1010102	1.1.2	特定部门国民待遇和/或最惠国待遇	69	0.00
1010201	1.2.1	跨境数据流动	58	0.11
1010202	1.2.2	数据本地存储	60	0.00
2010000		**支柱 2：ICT 基础设施和服务**	36	0.50
2010100	2.1	互联网用户渗透率(每百居民)	35	76.00
2010200	2.2	因特网的国际网络带宽(比特/秒)	40	68 800.00
2010300	2.3	拥有计算机的家庭比重(%)	33	74.40
2020000		**支柱 3：支付基础设施和服务**	40	0.45
2020100	3.1	使用借记卡人数比重(15 岁以上,%)	41	0.57
2020200	3.2	使用信用卡人数比重(15 岁以上,%)	36	0.20
2020300	3.3	使用手机或互联网访问账户比重(15 岁以上,%)	31	0.33
2020400	3.4	过去一年发送或接收数字付款比重(%)	36	0.71
2030000		**支柱 4：交付基础设施和服务**	16	0.71
2030100	4.1	固定宽带设施和服务	19	0.36
2030200	4.2	移动宽带设施和服务	1	0.73
2030300	4.3	邮政设施服务	31	0.90
2030400	4.4	物流及清关服务	57	0.36
2030101	4.1.1	每百名居民拥有固定宽带用户(个)	38	21.40
2030102	4.1.2	固定宽带资费(PPP,美元/月)	4	0.29
2030201	4.2.1	每百名居民中活跃的移动宽带用户(个)	35	80.80
2030202	4.2.2	移动蜂窝订阅费(PPP,美元/分钟)	1	30.51
2030301	4.3.1	家庭邮寄百分比(%)	26	100.00
2030302	4.3.2	邮政可靠性指数(0~100)	36	80.00
2030401	4.4.1	国际物流竞争力(0~7)	57	2.70
2030402	4.4.2	海关程序负担(0~7)	54	4.00
3010000		**支柱 5：法律环境**	59	0.68
3010100	5.1	电子签名立法	58	1.00
3010200	5.2	数据保护立法	51	1.00
3010300	5.3	消费者保护立法	72	0.00
3010400	5.4	网络犯罪立法	56	1.00
3010500	5.5	软件盗版率(%)	46	38.00
3020000		**支柱 6：安全环境**	30	0.46
3020100	6.1	GCI 网络安全指数(0~1)	25	0.84
3020200	6.2	每百万居民的安全互联网服务器数量(个)	36	9 339.02
4010000		**支柱 7：数字技术能力**	60	0.12
4010100	7.1	ICT 国际专利申请(件)	33	2.80
4010200	7.2	企业对 ICT 技术的吸收能力(0~7)	59	4.25
4020000		**支柱 8：数字技术应用**	46	0.46
4020100	8.1	ICT 对商业模式的影响(0~7)	65	4.02
4020200	8.2	数字技术在 B2B 中的应用(0~7)	45	4.82
4020300	8.3	数字技术在 B2C 中的应用(0~7)	29	5.13

沙特阿拉伯

总指标	数字贸易促进指数	排名	值
		37	0.52
子指数 A	市场准入	18	0.64
子指数 B	基础设施	40	0.47
子指数 C	法律政策环境	63	0.43
子指数 D	商业环境	28	0.47
支柱 1	数字贸易有关的部门开放(RTA)	18	0.64
支柱 2	ICT 基础设施和服务	28	0.53
支柱 3	支付基础设施和服务	42	0.42
支柱 4	交付基础设施和服务	55	0.42
支柱 5	法律环境	70	0.51
支柱 6	安全环境	24	0.47
支柱 7	数字技术能力	25	0.37
支柱 8	数字技术应用	32	0.59

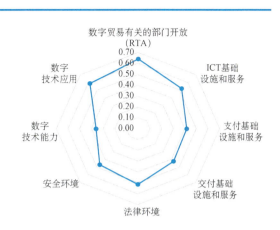

指标编码	指标名称	排名	值
1010000	**支柱 1：数字贸易有关的部门开放**	18	0.64
1010100	1.1 数字贸易相关的市场准入(RTA)	14	1.00
1010200	1.2 数据流动相关的前沿性条款(RTA)	50	0.29
1010101	1.1.1 电子商务国民待遇和/或最惠国待遇	16	1.00
1010102	1.1.2 特定部门国民待遇和/或最惠国待遇	42	1.00
1010201	1.2.1 跨境数据流动	50	0.44
1010202	1.2.2 数据本地存储	61	0.00
2010000	**支柱 2：ICT 基础设施和服务**	28	0.53
2010100	2.1 互联网用户渗透率(每百居民)	21	82.10
2010200	2.2 因特网的国际网络带宽(比特/秒)	7	187 700.00
2010300	2.3 拥有计算机的家庭比重(%)	38	73.00
2020000	**支柱 3：支付基础设施和服务**	42	0.42
2020100	3.1 使用借记卡人数比重(15 岁以上,%)	34	0.67
2020200	3.2 使用信用卡人数比重(15 岁以上,%)	44	0.16
2020300	3.3 使用手机或互联网访问账户比重(15 岁以上,%)	42	0.26
2020400	3.4 过去一年发送或接收数字付款比重(%)	45	0.61
2030000	**支柱 4：交付基础设施和服务**	55	0.42
2030100	4.1 固定宽带设施和服务	60	0.09
2030200	4.2 移动宽带设施和服务	34	0.31
2030300	4.3 邮政设施服务	60	0.63
2030400	4.4 物流及清关服务	37	0.50

指标编码	指标名称	排名	值
2030101	4.1.1 每百名居民拥有固定宽带用户(个)	57	7.60
2030102	4.1.2 固定宽带资费(PPP,美元/月)	36	0.05
2030201	4.2.1 每百名居民中活跃的移动宽带用户(个)	25	90.00
2030202	4.2.2 移动蜂窝订阅费(PPP,美元/分钟)	51	3.17
2030301	4.3.1 家庭邮寄百分比(%)	68	45.00
2030302	4.3.2 邮政可靠性指数(0~100)	35	81.00
2030401	4.4.1 国际物流竞争力(0~7)	48	2.90
2030402	4.4.2 海关程序负担(0~7)	28	4.80
3010000	**支柱 5：法律环境**	70	0.51
3010100	5.1 电子签名立法	59	1.00
3010200	5.2 数据保护立法	72	0.00
3010300	5.3 消费者保护立法	73	0.00
3010400	5.4 网络犯罪立法	57	1.00
3010500	5.5 软件盗版率(%)	31	50.00
3020000	**支柱 6：安全环境**	24	0.47
3020100	6.1 GCI 网络安全指数(0~1)	14	0.88
3020200	6.2 每百万居民的安全互联网服务器数量(个)	64	182.56
4010000	**支柱 7：数字技术能力**	25	0.37
4010100	7.1 ICT 国际专利申请(件)	41	1.55
4010200	7.2 企业对 ICT 技术的吸收能力(0~7)	24	5.43
4020000	**支柱 8：数字技术应用**	32	0.59
4020100	8.1 ICT 对商业模式的影响(0~7)	26	5.05
4020200	8.2 数字技术在 B2B 中的应用(0~7)	29	5.28
4020300	8.3 数字技术在 B2C 中的应用(0~7)	53	4.54

塞内加尔

		排名	值
总指标	数字贸易促进指数	70	0.19
子指数 A	市场准入	70	0.00
子指数 B	基础设施	69	0.17
子指数 C	法律政策环境	61	0.45
子指数 D	商业环境	44	0.35
支柱 1	数字贸易有关的部门开放(RTA)	70	0.00
支柱 2	ICT 基础设施和服务	70	0.09
支柱 3	支付基础设施和服务	57	0.16
支柱 4	交付基础设施和服务	68	0.27
支柱 5	法律环境	49	0.84
支柱 6	安全环境	69	0.11
支柱 7	数字技术能力	37	0.28
支柱 8	数字技术应用	50	0.44

指标编码		指标名称	排名	值
1010000		支柱 1: 数字贸易有关的部门开放	70	0.00
1010100	1.1	数字贸易相关的市场准入(RTA)	70	0.00
1010200	1.2	数据流动相关的前沿性条款(RTA)	70	0.00
1010101	1.1.1	电子商务国民待遇和/或最惠国待遇	65	0.00
1010102	1.1.2	特定部门国民待遇和/或最惠国待遇	70	0.00
1010201	1.2.1	跨境数据流动	70	0.00
1010202	1.2.2	数据本地存储	62	0.00
2010000		支柱 2: ICT 基础设施和服务	70	0.09
2010100	2.1	互联网用户渗透率(每百居民)	70	29.60
2010200	2.2	因特网的国际网络带宽(比特/秒)	74	6 600.00
2010300	2.3	拥有计算机的家庭比重(%)	69	16.80
2020000		支柱 3: 支付基础设施和服务	57	0.16
2020100	3.1	使用借记卡人数比重(15 岁以上,%)	73	0.10
2020200	3.2	使用信用卡人数比重(15 岁以上,%)	68	0.03
2020300	3.3	使用手机或互联网访问账户比重(15 岁以上,%)	37	0.29
2020400	3.4	过去一年发送或接收数字付款比重(%)	56	0.40
2030000		支柱 4: 交付基础设施和服务	68	0.27
2030100	4.1	固定宽带设施和服务	73	0.01
2030200	4.2	移动宽带设施和服务	72	0.06
2030300	4.3	邮政设施服务	55	0.71
2030400	4.4	物流及清关服务	62	0.29
2030101	4.1.1	每百名居民拥有固定宽带用户(个)	73	0.70
2030102	4.1.2	固定宽带资费(PPP,美元/月)	44	0.04
2030201	4.2.1	每百名居民中活跃的移动宽带用户(个)	71	26.90
2030202	4.2.2	移动蜂窝订阅费(PPP,美元/分钟)	67	2.01
2030301	4.3.1	家庭邮寄百分比(%)	55	90.00
2030302	4.3.2	邮政可靠性指数(0~100)	54	53.00
2030401	4.4.1	国际物流竞争力(0~7)	74	2.10
2030402	4.4.2	海关程序负担(0~7)	38	4.60
3010000		支柱 5: 法律环境	49	0.84
3010100	5.1	电子签名立法	60	1.00
3010200	5.2	数据保护立法	52	1.00
3010300	5.3	消费者保护立法	45	1.00
3010400	5.4	网络犯罪立法	58	1.00
3010500	5.5	软件盗版率(%)	59	23.00
3020000		支柱 6: 安全环境	69	0.11
3020100	6.1	GCI 网络安全指数(0~1)	69	0.31
3020200	6.2	每百万居民的安全互联网服务器数量(个)	74	19.39
4010000		支柱 7: 数字技术能力	37	0.28
4010100	7.1	ICT 国际专利申请(件)	74	0.00
4010200	7.2	企业对 ICT 技术的吸收能力(0~7)	34	5.04
4020000		支柱 8: 数字技术应用	50	0.44
4020100	8.1	ICT 对商业模式的影响(0~7)	40	4.65
4020200	8.2	数字技术在 B2B 中的应用(0~7)	55	4.59
4020300	8.3	数字技术在 B2C 中的应用(0~7)	54	4.54

新加坡

总指标	数字贸易促进指数	排名	值
总指标	数字贸易促进指数	2	0.86
子指数 A	市场准入	5	0.93
子指数 B	基础设施	13	0.77
子指数 C	法律政策环境	4	0.84
子指数 D	商业环境	11	0.74
支柱 1	数字贸易有关的部门开放(RTA)	5	0.93
支柱 2	ICT 基础设施和服务	10	0.62
支柱 3	支付基础设施和服务	18	0.74
支柱 4	交付基础设施和服务	4	0.80
支柱 5	法律环境	16	0.96
支柱 6	安全环境	4	0.70
支柱 7	数字技术能力	9	0.60
支柱 8	数字技术应用	10	0.86

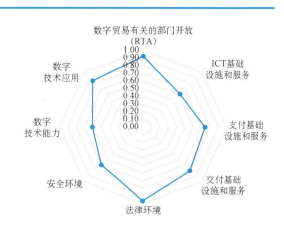

指标编码		指标名称	排名	值
1010000		**支柱 1：数字贸易有关的部门开放**	5	0.93
1010100	1.1	数字贸易相关的市场准入(RTA)	15	1.00
1010200	1.2	数据流动相关的前沿性条款(RTA)	6	0.86
1010101	1.1.1	电子商务国民待遇和/或最惠国待遇	17	1.00
1010102	1.1.2	特定部门国民待遇和/或最惠国待遇	43	1.00
1010201	1.2.1	跨境数据流动	40	0.56
1010202	1.2.2	数据本地存储	9	1.00
2010000		**支柱 2：ICT 基础设施和服务**	10	0.62
2010100	2.1	互联网用户渗透率(每百居民)	19	84.40
2010200	2.2	因特网的国际网络带宽(比特/秒)	2	954 100.00
2010300	2.3	拥有计算机的家庭比重(%)	14	86.50
2020000		**支柱 3：支付基础设施和服务**	18	0.74
2020100	3.1	使用借记卡人数比重(15 岁以上,%)	11	0.92
2020200	3.2	使用信用卡人数比重(15 岁以上,%)	16	0.49
2020300	3.3	使用手机或互联网访问账户比重(15 岁以上,%)	21	0.49
2020400	3.4	过去一年发送或接收数字付款比重(%)	24	0.90
2030000		**支柱 4：交付基础设施和服务**	4	0.80
2030100	4.1	固定宽带设施和服务	38	0.29
2030200	4.2	移动宽带设施和服务	8	0.55
2030300	4.3	邮政设施服务	6	0.99
2030400	4.4	物流及清关服务	1	0.95
2030101	4.1.1	每百名居民拥有固定宽带用户(个)	33	25.80
2030102	4.1.2	固定宽带资费(PPP,美元/月)	61	0.03
2030201	4.2.1	每百名居民中活跃的移动宽带用户(个)	3	148.20
2030202	4.2.2	移动蜂窝订阅费(PPP,美元/分钟)	31	5.39
2030301	4.3.1	家庭邮寄百分比(%)	27	100.00
2030302	4.3.2	邮政可靠性指数(0~100)	6	97.00
2030401	4.4.1	国际物流竞争力(0~7)	5	4.10
2030402	4.4.2	海关程序负担(0~7)	2	6.30
3010000		**支柱 5：法律环境**	16	0.96
3010100	5.1	电子签名立法	61	1.00
3010200	5.2	数据保护立法	53	1.00
3010300	5.3	消费者保护立法	46	1.00
3010400	5.4	网络犯罪立法	59	1.00
3010500	5.5	软件盗版率(%)	17	68.00
3020000		**支柱 6：安全环境**	4	0.70
3020100	6.1	GCI 网络安全指数(0~1)	6	0.90
3020200	6.2	每百万居民的安全互联网服务器数量(个)	4	122 481.38
4010000		**支柱 7：数字技术能力**	9	0.60
4010100	7.1	ICT 国际专利申请(件)	9	55.85
4010200	7.2	企业对 ICT 技术的吸收能力(0~7)	13	5.71
4020000		**支柱 8：数字技术应用**	10	0.86
4020100	8.1	ICT 对商业模式的影响(0~7)	5	5.77
4020200	8.2	数字技术在 B2B 中的应用(0~7)	10	5.82
4020300	8.3	数字技术在 B2C 中的应用(0~7)	22	5.52

斯洛伐克

总指标	数字贸易促进指数	排名	值
总指标	数字贸易促进指数	30	0.57
子指数 A	市场准入	46	0.46
子指数 B	基础设施	28	0.60
子指数 C	法律政策环境	29	0.68
子指数 D	商业环境	30	0.46
支柱 1	数字贸易有关的部门开放(RTA)	46	0.46
支柱 2	ICT 基础设施和服务	20	0.55
支柱 3	支付基础设施和服务	29	0.57
支柱 4	交付基础设施和服务	31	0.59
支柱 5	法律环境	20	0.95
支柱 6	安全环境	41	0.41
支柱 7	数字技术能力	42	0.24
支柱 8	数字技术应用	27	0.68

指标编码	指标名称		排名	值
1010000	支柱 1: 数字贸易有关的部门开放		46	0.46
1010100	1.1	数字贸易相关的市场准入(RTA)	50	0.50
1010200	1.2	数据流动相关的前沿性条款(RTA)	39	0.43
1010101	1.1.1	电子商务国民待遇和/或最惠国待遇	66	0.00
1010102	1.1.2	特定部门国民待遇和/或最惠国待遇	45	1.00
1010201	1.2.1	跨境数据流动	32	0.67
1010202	1.2.2	数据本地存储	64	0.00
2010000	支柱 2: ICT 基础设施和服务		20	0.55
2010100	2.1	互联网用户渗透率(每百居民)	23	81.60
2010200	2.2	因特网的国际网络带宽(比特/秒)	34	77 700.00
2010300	2.3	拥有计算机的家庭比重(%)	20	81.80
2020000	支柱 3: 支付基础设施和服务		29	0.57
2020100	3.1	使用借记卡人数比重(15 岁以上,%)	26	0.76
2020200	3.2	使用信用卡人数比重(15 岁以上,%)	33	0.22
2020300	3.3	使用手机或互联网访问账户比重(15 岁以上,%)	27	0.43
2020400	3.4	过去一年发送或接收数字付款比重(%)	29	0.82
2030000	支柱 4: 交付基础设施和服务		31	0.59
2030100	4.1	固定宽带设施和服务	37	0.30
2030200	4.2	移动宽带设施和服务	38	0.30
2030300	4.3	邮政设施服务	9	0.97
2030400	4.4	物流及清关服务	36	0.51

指标编码	指标名称		排名	值
2030101	4.1.1	每百名居民拥有固定宽带用户(个)	34	25.80
2030102	4.1.2	固定宽带资费(PPP,美元/月)	25	0.06
2030201	4.2.1	每百名居民中活跃的移动宽带用户(个)	33	82.60
2030202	4.2.2	移动蜂窝订阅费(PPP,美元/分钟)	39	4.19
2030301	4.3.1	家庭邮寄百分比(%)	40	99.00
2030302	4.3.2	邮政可靠性指数(0~100)	8	95.00
2030401	4.4.1	国际物流竞争力(0~7)	40	3.10
2030402	4.4.2	海关程序负担(0~7)	41	4.50
3010000	支柱 5: 法律环境		20	0.95
3010100	5.1	电子签名立法	62	1.00
3010200	5.2	数据保护立法	54	1.00
3010300	5.3	消费者保护立法	48	1.00
3010400	5.4	网络犯罪立法	61	1.00
3010500	5.5	软件盗版率(%)	22	63.00
3020000	支柱 6: 安全环境		41	0.41
3020100	6.1	GCI 网络安全指数(0~1)	42	0.73
3020200	6.2	每百万居民的安全互联网服务器数量(个)	25	20 091.59
4010000	支柱 7: 数字技术能力		42	0.24
4010100	7.1	ICT 国际专利申请(件)	36	2.22
4010200	7.2	企业对 ICT 技术的吸收能力(0~7)	42	4.81
4020000	支柱 8: 数字技术应用		27	0.68
4020100	8.1	ICT 对商业模式的影响(0~7)	42	4.63
4020200	8.2	数字技术在 B2B 中的应用(0~7)	21	5.47
4020300	8.3	数字技术在 B2C 中的应用(0~7)	16	5.67

斯洛文尼亚

		排名	值
总指标	数字贸易促进指数	28	0.57
子指数 A	市场准入	47	0.46
子指数 B	基础设施	23	0.64
子指数 C	法律政策环境	30	0.68
子指数 D	商业环境	36	0.41
支柱 1	数字贸易有关的部门开放(RTA)	47	0.46
支柱 2	ICT 基础设施和服务	24	0.53
支柱 3	支付基础设施和服务	19	0.73
支柱 4	交付基础设施和服务	39	0.56
支柱 5	法律环境	25	0.93
支柱 6	安全环境	35	0.43
支柱 7	数字技术能力	32	0.30
支柱 8	数字技术应用	36	0.54

指标编码	指标名称	排名	值
1010000	**支柱 1: 数字贸易有关的部门开放**	47	0.46
1010100 1.1	数字贸易相关的市场准入(RTA)	51	0.50
1010200 1.2	数据流动相关的前沿性条款(RTA)	40	0.43
1010101 1.1.1	电子商务国民待遇和/或最惠国待遇	67	0.00
1010102 1.1.2	特定部门国民待遇和/或最惠国待遇	46	1.00
1010201 1.2.1	跨境数据流动	33	0.67
1010202 1.2.2	数据本地存储	65	0.00
2010000	**支柱 2: ICT 基础设施和服务**	24	0.53
2010100 2.1	互联网用户渗透率(每百居民)	28	78.90
2010200 2.2	因特网的国际网络带宽(比特/秒)	17	121 900.00
2010300 2.3	拥有计算机的家庭比重(%)	22	79.50
2020000	**支柱 3: 支付基础设施和服务**	19	0.73
2020100 3.1	使用借记卡人数比重(15 岁以上,%)	9	0.94
2020200 3.2	使用信用卡人数比重(15 岁以上,%)	21	0.42
2020300 3.3	使用手机或互联网访问账户比重(15 岁以上,%)	25	0.44
2020400 3.4	过去一年发送或接收数字付款比重(%)	14	0.96
2030000	**支柱 4: 交付基础设施和服务**	39	0.56
2030100 4.1	固定宽带设施和服务	31	0.32
2030200 4.2	移动宽带设施和服务	54	0.24
2030300 4.3	邮政设施服务	48	0.82
2030400 4.4	物流及清关服务	31	0.57
2030101 4.1.1	每百名居民拥有固定宽带用户(个)	25	28.90
2030102 4.1.2	固定宽带资费(PPP,美元/月)	59	0.03
2030201 4.2.1	每百名居民中活跃的移动宽带用户(个)	44	70.00
2030202 4.2.2	移动蜂窝订阅费(PPP,美元/分钟)	49	3.36
2030301 4.3.1	家庭邮寄百分比(%)	33	99.96
2030302 4.3.2	邮政可靠性指数(0~100)	50	64.00
2030401 4.4.1	国际物流竞争力(0~7)	41	3.10
2030402 4.4.2	海关程序负担(0~7)	24	5.00
3010000	**支柱 5: 法律环境**	25	0.93
3010100 5.1	电子签名立法	63	1.00
3010200 5.2	数据保护立法	55	1.00
3010300 5.3	消费者保护立法	49	1.00
3010400 5.4	网络犯罪立法	62	1.00
3010500 5.5	软件盗版率(%)	27	55.00
3020000	**支柱 6: 安全环境**	35	0.43
3020100 6.1	GCI 网络安全指数(0~1)	45	0.70
3020200 6.2	每百万居民的安全互联网服务器数量(个)	11	42 538.94
4010000	**支柱 7: 数字技术能力**	32	0.30
4010100 7.1	ICT 国际专利申请(件)	21	13.05
4010200 7.2	企业对 ICT 技术的吸收能力(0~7)	38	4.94
4020000	**支柱 8: 数字技术应用**	36	0.54
4020100 8.1	ICT 对商业模式的影响(0~7)	46	4.54
4020200 8.2	数字技术在 B2B 中的应用(0~7)	31	5.17
4020300 8.3	数字技术在 B2C 中的应用(0~7)	39	4.84

南非

		排名	值
总指标	数字贸易促进指数	61	0.28
子指数 A	市场准入	73	0.00
子指数 B	基础设施	59	0.27
子指数 C	法律政策环境	40	0.59
子指数 D	商业环境	31	0.44
支柱 1	数字贸易有关的部门开放（RTA）	73	0.00
支柱 2	ICT 基础设施和服务	64	0.22
支柱 3	支付基础设施和服务	48	0.29
支柱 4	交付基础设施和服务	66	0.32
支柱 5	法律环境	45	0.86
支柱 6	安全环境	48	0.35
支柱 7	数字技术能力	24	0.37
支柱 8	数字技术应用	39	0.53

指标编码		指标名称	排名	值
1010000		支柱 1: 数字贸易有关的部门开放	73	0.00
1010100	1.1	数字贸易相关的市场准入（RTA）	73	0.00
1010200	1.2	数据流动相关的前沿性条款（RTA）	73	0.00
1010101	1.1.1	电子商务国民待遇和/或最惠国待遇	73	0.00
1010102	1.1.2	特定部门国民待遇和/或最惠国待遇	73	0.00
1010201	1.2.1	跨境数据流动	73	0.00
1010202	1.2.2	数据本地存储	73	0.00
2010000		支柱 2: ICT 基础设施和服务	64	0.22
2010100	2.1	互联网用户渗透率（每百居民）	58	56.20
2010200	2.2	因特网的国际网络带宽（比特/秒）	71	17 400.00
2010300	2.3	拥有计算机的家庭比重（%）	65	21.90
2020000		支柱 3: 支付基础设施和服务	48	0.29
2020100	3.1	使用借记卡人数比重（15 岁以上,%）	50	0.34
2020200	3.2	使用信用卡人数比重（15 岁以上,%）	54	0.09
2020300	3.3	使用手机或互联网访问账户比重（15 岁以上,%）	44	0.21
2020400	3.4	过去一年发送或接收数字付款比重（%）	47	0.60
2030000		支柱 4: 交付基础设施和服务	66	0.32
2030100	4.1	固定宽带设施和服务	64	0.06
2030200	4.2	移动宽带设施和服务	50	0.26
2030300	4.3	邮政设施服务	68	0.34
2030400	4.4	物流及清关服务	39	0.49
2030101	4.1.1	每百名居民拥有固定宽带用户（个）	68	3.00
2030102	4.1.2	固定宽带资费（PPP,美元/月）	19	0.08
2030201	4.2.1	每百名居民中活跃的移动宽带用户（个）	45	70.00
2030202	4.2.2	移动蜂窝订阅费（PPP,美元/分钟）	35	4.49
2030301	4.3.1	家庭邮寄百分比（%）	67	57.20
2030302	4.3.2	邮政可靠性指数（0~100）	72	11.00
2030401	4.4.1	国际物流竞争力（0~7）	32	3.20
2030402	4.4.2	海关程序负担（0~7）	48	4.20
3010000		支柱 5: 法律环境	45	0.86
3010100	5.1	电子签名立法	72	1.00
3010200	5.2	数据保护立法	69	0.50
3010300	5.3	消费者保护立法	58	1.00
3010400	5.4	网络犯罪立法	71	1.00
3010500	5.5	软件盗版率（%）	20	66.00
3020000		支柱 6: 安全环境	48	0.35
3020100	6.1	GCI 网络安全指数（0~1）	50	0.65
3020200	6.2	每百万居民的安全互联网服务器数量（个）	33	14 353.11
4010000		支柱 7: 数字技术能力	24	0.37
4010100	7.1	ICT 国际专利申请（件）	40	1.68
4010200	7.2	企业对 ICT 技术的吸收能力（0~7）	22	5.43
4020000		支柱 8: 数字技术应用	39	0.53
4020100	8.1	ICT 对商业模式的影响（0~7）	45	4.55
4020200	8.2	数字技术在 B2B 中的应用（0~7）	28	5.29
4020300	8.3	数字技术在 B2C 中的应用（0~7）	51	4.57

西班牙

总指标	数字贸易促进指数	排名	值
总指标	数字贸易促进指数	24	0.59
子指数 A	市场准入	29	0.46
子指数 B	基础设施	21	0.67
子指数 C	法律政策环境	20	0.72
子指数 D	商业环境	33	0.43
支柱 1	数字贸易有关的部门开放(RTA)	29	0.46
支柱 2	ICT 基础设施和服务	21	0.55
支柱 3	支付基础设施和服务	22	0.68
支柱 4	交付基础设施和服务	25	0.66
支柱 5	法律环境	24	0.93
支柱 6	安全环境	17	0.51
支柱 7	数字技术能力	36	0.28
支柱 8	数字技术应用	30	0.60

指标编码		指标名称	排名	值
1010000		支柱 1：数字贸易有关的部门开放	29	0.46
1010100	1.1	数字贸易相关的市场准入(RTA)	30	0.50
1010200	1.2	数据流动相关的前沿性条款(RTA)	18	0.43
1010101	1.1.1	电子商务国民待遇和/或最惠国待遇	35	0.00
1010102	1.1.2	特定部门国民待遇和/或最惠国待遇	13	1.00
1010201	1.2.1	跨境数据流动	9	0.67
1010202	1.2.2	数据本地存储	25	0.00
2010000		支柱 2：ICT 基础设施和服务	21	0.55
2010100	2.1	互联网用户渗透率(每百居民)	16	84.60
2010200	2.2	因特网的国际网络带宽(比特/秒)	62	27 000.00
2010300	2.3	拥有计算机的家庭比重(%)	23	78.40
2020000		支柱 3：支付基础设施和服务	22	0.68
2020100	3.1	使用借记卡人数比重（15 岁以上,%）	19	0.85
2020200	3.2	使用信用卡人数比重（15 岁以上,%）	13	0.54
2020300	3.3	使用手机或互联网访问账户比重（15 岁以上,%）	35	0.30
2020400	3.4	过去一年发送或接收数字付款比重(%)	23	0.90
2030000		支柱 4：交付基础设施和服务	25	0.66
2030100	4.1	固定宽带设施和服务	23	0.35
2030200	4.2	移动宽带设施和服务	20	0.39
2030300	4.3	邮政设施服务	43	0.85
2030400	4.4	物流及清关服务	21	0.69
2030101	4.1.1	每百名居民拥有固定宽带用户(个)	20	31.20
2030102	4.1.2	固定宽带资费(PPP,美元/月)	47	0.04
2030201	4.2.1	每百名居民中活跃的移动宽带用户(个)	21	95.50
2030202	4.2.2	移动蜂窝订阅费(PPP,美元/分钟)	24	6.76
2030301	4.3.1	家庭邮寄百分比(%)	7	100.00
2030302	4.3.2	邮政可靠性指数(0~100)	47	69.00
2030401	4.4.1	国际物流竞争力(0~7)	14	3.80
2030402	4.4.2	海关程序负担(0~7)	30	4.70
3010000		支柱 5：法律环境	24	0.93
3010100	5.1	电子签名立法	18	1.00
3010200	5.2	数据保护立法	16	1.00
3010300	5.3	消费者保护立法	15	1.00
3010400	5.4	网络犯罪立法	18	1.00
3010500	5.5	软件盗版率(%)	26	55.00
3020000		支柱 6：安全环境	17	0.51
3020100	6.1	GCI 网络安全指数(0~1)	7	0.90
3020200	6.2	每百万居民的安全互联网服务器数量(个)	31	17 716.31
4010000		支柱 7：数字技术能力	36	0.28
4010100	7.1	ICT 国际专利申请(件)	25	9.36
4010200	7.2	企业对 ICT 技术的吸收能力(0~7)	39	4.90
4020000		支柱 8：数字技术应用	30	0.60
4020100	8.1	ICT 对商业模式的影响(0~7)	24	5.14
4020200	8.2	数字技术在 B2B 中的应用(0~7)	36	5.00
4020300	8.3	数字技术在 B2C 中的应用(0~7)	37	4.91

瑞典

总指标	数字贸易促进指数	排名	值
总指标	数字贸易促进指数	9	0.77
子指数 A	市场准入	48	0.46
子指数 B	基础设施	5	0.83
子指数 C	法律政策环境	16	0.74
子指数 D	商业环境	1	0.95
支柱 1	数字贸易有关的部门开放（RTA）	48	0.46
支柱 2	ICT 基础设施和服务	5	0.65
支柱 3	支付基础设施和服务	6	0.86
支柱 4	交付基础设施和服务	3	0.82
支柱 5	法律环境	6	0.99
支柱 6	安全环境	23	0.47
支柱 7	数字技术能力	1	0.97
支柱 8	数字技术应用	5	0.89

指标编码	指标名称	排名	值
1010000	**支柱 1：数字贸易有关的部门开放**	48	0.46
1010100 1.1	数字贸易相关的市场准入（RTA）	52	0.50
1010200 1.2	数据流动相关的前沿性条款（RTA）	41	0.43
1010101 1.1.1	电子商务国民待遇和/或最惠国待遇	68	0.00
1010102 1.1.2	特定部门国民待遇和/或最惠国待遇	47	1.00
1010201 1.2.1	跨境数据流动	34	0.67
1010202 1.2.2	数据本地存储	66	0.00
2010000	**支柱 2：ICT 基础设施和服务**	5	0.65
2010100 2.1	互联网用户渗透率（每百居民）	4	96.40
2010200 2.2	因特网的国际网络带宽（比特/秒）	42	67 000.00
2010300 2.3	拥有计算机的家庭比重（%）	5	92.80
2020000	**支柱 3：支付基础设施和服务**	6	0.86
2020100 3.1	使用借记卡人数比重（15 岁以上,%）	3	0.98
2020200 3.2	使用信用卡人数比重（15 岁以上,%）	18	0.45
2020300 3.3	使用手机或互联网访问账户比重（15 岁以上,%）	4	0.79
2020400 3.4	过去一年发送或接收数字付款比重（%）	3	0.98
2030000	**支柱 4：交付基础设施和服务**	3	0.82
2030100 4.1	固定宽带设施和服务	12	0.42
2030200 4.2	移动宽带设施和服务	6	0.59
2030300 4.3	邮政设施服务	29	0.91
2030400 4.4	物流及清关服务	6	0.85
2030101 4.1.1	每百名居民拥有固定宽带用户（个）	11	37.70
2030102 4.1.2	固定宽带资费（PPP,美元/月）	65	0.02
2030201 4.2.1	每百名居民中活跃的移动宽带用户（个）	9	122.60
2030202 4.2.2	移动蜂窝订阅费（PPP,美元/分钟）	10	12.97
2030301 4.3.1	家庭邮寄百分比（%）	28	100.00
2030302 4.3.2	邮政可靠性指数（0～100）	33	82.00
2030401 4.4.1	国际物流竞争力（0～7）	10	4.00
2030402 4.4.2	海关程序负担（0～7）	5	5.60
3010000	**支柱 5：法律环境**	6	0.99
3010100 5.1	电子签名立法	64	1.00
3010200 5.2	数据保护立法	56	1.00
3010300 5.3	消费者保护立法	50	1.00
3010400 5.4	网络犯罪立法	63	1.00
3010500 5.5	软件盗版率（%）	7	77.00
3020000	**支柱 6：安全环境**	23	0.47
3020100 6.1	GCI 网络安全指数（0～1）	30	0.81
3020200 6.2	每百万居民的安全互联网服务器数量（个）	21	25 671.89
4010000	**支柱 7：数字技术能力**	1	0.97
4010100 7.1	ICT 国际专利申请（件）	1	153.10
4010200 7.2	企业对 ICT 技术的吸收能力（0～7）	7	5.96
4020000	**支柱 8：数字技术应用**	5	0.89
4020100 8.1	ICT 对商业模式的影响（0～7）	7	5.64
4020200 8.2	数字技术在 B2B 中的应用（0～7）	9	5.82
4020300 8.3	数字技术在 B2C 中的应用（0～7）	4	6.00

瑞士

		排名	值
总指标	数字贸易促进指数	7	0.79
子指数 A	市场准入	17	0.64
子指数 B	基础设施	9	0.79
子指数 C	法律政策环境	6	0.80
子指数 D	商业环境	5	0.83
支柱 1	数字贸易有关的部门开放(RTA)	17	0.64
支柱 2	ICT 基础设施和服务	7	0.63
支柱 3	支付基础设施和服务	10	0.82
支柱 4	交付基础设施和服务	5	0.77
支柱 5	法律环境	8	0.98
支柱 6	安全环境	7	0.58
支柱 7	数字技术能力	5	0.74
支柱 8	数字技术应用	4	0.89

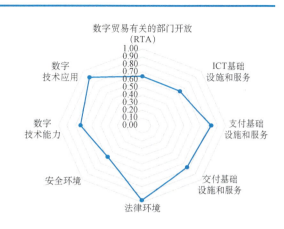

指标编码		指标名称	排名	值
1010000		支柱 1：数字贸易有关的部门开放	17	0.64
1010100	1.1	数字贸易相关的市场准入(RTA)	3	1.00
1010200	1.2	数据流动相关的前沿性条款(RTA)	46	0.29
1010101	1.1.1	电子商务国民待遇和/或最惠国待遇	3	1.00
1010102	1.1.2	特定部门国民待遇和/或最惠国待遇	5	1.00
1010201	1.2.1	跨境数据流动	44	0.44
1010202	1.2.2	数据本地存储	17	0.00
2010000		支柱 2：ICT 基础设施和服务	7	0.63
2010100	2.1	互联网用户渗透率(每百居民)	7	93.70
2010200	2.2	因特网的国际网络带宽(比特/秒)	32	80 600.00
2010300	2.3	拥有计算机的家庭比重(%)	9	90.50
2020000		支柱 3：支付基础设施和服务	10	0.82
2020100	3.1	使用借记卡人数比重(15 岁以上,%)	16	0.88
2020200	3.2	使用信用卡人数比重(15 岁以上,%)	7	0.65
2020300	3.3	使用手机或互联网访问账户比重(15 岁以上,%)	16	0.56
2020400	3.4	过去一年发送或接收数字付款比重(%)	12	0.96
2030000		支柱 4：交付基础设施和服务	5	0.77
2030100	4.1	固定宽带设施和服务	2	0.50
2030200	4.2	移动宽带设施和服务	32	0.33
2030300	4.3	邮政设施服务	8	0.97
2030400	4.4	物流及清关服务	9	0.82

指标编码		指标名称	排名	值
2030101	4.1.1	每百名居民拥有固定宽带用户(个)	1	45.40
2030102	4.1.2	固定宽带资费(PPP,美元/月)	69	0.02
2030201	4.2.1	每百名居民中活跃的移动宽带用户(个)	18	99.70
2030202	4.2.2	移动蜂窝订阅费(PPP,美元/分钟)	64	2.28
2030301	4.3.1	家庭邮寄百分比(%)	39	99.00
2030302	4.3.2	邮政可靠性指数(0~100)	7	95.00
2030401	4.4.1	国际物流竞争力(0~7)	6	4.00
2030402	4.4.2	海关程序负担(0~7)	10	5.40
3010000		支柱 5：法律环境	8	0.98
3010100	5.1	电子签名立法	8	1.00
3010200	5.2	数据保护立法	8	1.00
3010300	5.3	消费者保护立法	6	1.00
3010400	5.4	网络犯罪立法	8	1.00
3010500	5.5	软件盗版率(%)	9	76.00
3020000		支柱 6：安全环境	7	0.58
3020100	6.1	GCI 网络安全指数(0~1)	34	0.79
3020200	6.2	每百万居民的安全互联网服务器数量(个)	5	95 788.23
4010000		支柱 7：数字技术能力	5	0.74
4010100	7.1	ICT 国际专利申请(件)	6	74.56
4010200	7.2	企业对 ICT 技术的吸收能力(0~7)	5	6.05
4020000		支柱 8：数字技术应用	4	0.89
4020100	8.1	ICT 对商业模式的影响(0~7)	6	5.70
4020200	8.2	数字技术在 B2B 中的应用(0~7)	3	6.01
4020300	8.3	数字技术在 B2C 中的应用(0~7)	14	5.72

泰国

		排名	值
总指标	数字贸易促进指数	47	0.44
子指数 A	市场准入	54	0.36
子指数 B	基础设施	47	0.41
子指数 C	法律政策环境	37	0.63
子指数 D	商业环境	37	0.40
支柱 1	数字贸易有关的部门开放(RTA)	54	0.36
支柱 2	ICT 基础设施和服务	63	0.22
支柱 3	支付基础设施和服务	45	0.36
支柱 4	交付基础设施和服务	32	0.59
支柱 5	法律环境	46	0.85
支柱 6	安全环境	40	0.42
支柱 7	数字技术能力	40	0.24
支柱 8	数字技术应用	33	0.57

指标编码		指标名称	排名	值
1010000		支柱 1: 数字贸易有关的部门开放	54	0.36
1010100	1.1	数字贸易相关的市场准入(RTA)	53	0.50
1010200	1.2	数据流动相关的前沿性条款(RTA)	56	0.21
1010101	1.1.1	电子商务国民待遇和/或最惠国待遇	69	0.00
1010102	1.1.2	特定部门国民待遇和/或最惠国待遇	48	1.00
1010201	1.2.1	跨境数据流动	56	0.33
1010202	1.2.2	数据本地存储	67	0.00
2010000		支柱 2: ICT 基础设施和服务	63	0.22
2010100	2.1	互联网用户渗透率(每百居民)	61	52.90
2010200	2.2	因特网的国际网络带宽(比特/秒)	19	119 500.00
2010300	2.3	拥有计算机的家庭比重(%)	63	24.80
2020000		支柱 3: 支付基础设施和服务	45	0.36
2020100	3.1	使用借记卡人数比重(15 岁以上,%)	38	0.60
2020200	3.2	使用信用卡人数比重(15 岁以上,%)	52	0.10
2020300	3.3	使用手机或互联网访问账户比重(15 岁以上,%)	48	0.17
2020400	3.4	过去一年发送或接收数字付款比重(%)	44	0.62
2030000		支柱 4: 交付基础设施和服务	32	0.59
2030100	4.1	固定宽带设施和服务	54	0.14
2030200	4.2	移动宽带设施和服务	10	0.48
2030300	4.3	邮政设施服务	17	0.95
2030400	4.4	物流及清关服务	34	0.51
2030101	4.1.1	每百名居民拥有固定宽带用户(个)	49	11.90
2030102	4.1.2	固定宽带资费(PPP,美元/月)	30	0.05
2030201	4.2.1	每百名居民中活跃的移动宽带用户(个)	19	99.00
2030202	4.2.2	移动蜂窝订阅费(PPP,美元/分钟)	11	11.53
2030301	4.3.1	家庭邮寄百分比(%)	48	96.00
2030302	4.3.2	邮政可靠性指数(0~100)	11	94.00
2030401	4.4.1	国际物流竞争力(0~7)	27	3.40
2030402	4.4.2	海关程序负担(0~7)	55	4.00
3010000		支柱 5: 法律环境	46	0.85
3010100	5.1	电子签名立法	65	1.00
3010200	5.2	数据保护立法	57	1.00
3010300	5.3	消费者保护立法	51	1.00
3010400	5.4	网络犯罪立法	64	1.00
3010500	5.5	软件盗版率(%)	53	29.00
3020000		支柱 6: 安全环境	40	0.42
3020100	6.1	GCI 网络安全指数(0~1)	32	0.80
3020200	6.2	每百万居民的安全互联网服务器数量(个)	49	1 403.81
4010000		支柱 7: 数字技术能力	40	0.24
4010100	7.1	ICT 国际专利申请(件)	57	0.19
4010200	7.2	企业对 ICT 技术的吸收能力(0~7)	40	4.86
4020000		支柱 8: 数字技术应用	33	0.57
4020100	8.1	ICT 对商业模式的影响(0~7)	32	4.82
4020200	8.2	数字技术在 B2B 中的应用(0~7)	38	4.98
4020300	8.3	数字技术在 B2C 中的应用(0~7)	33	5.05

突尼斯

		排名	值
总指标	数字贸易促进指数	67	0.22
子指数 A	市场准入	71	0.00
子指数 B	基础设施	56	0.30
子指数 C	法律政策环境	49	0.53
子指数 D	商业环境	68	0.13
支柱 1	数字贸易有关的部门开放(RTA)	71	0.00
支柱 2	ICT 基础设施和服务	56	0.31
支柱 3	支付基础设施和服务	66	0.11
支柱 4	交付基础设施和服务	50	0.46
支柱 5	法律环境	48	0.84
支柱 6	安全环境	60	0.26
支柱 7	数字技术能力	52	0.15
支柱 8	数字技术应用	70	0.17

指标编码		指标名称	排名	值
1010000		**支柱 1: 数字贸易有关的部门开放**	71	0.00
1010100	1.1	数字贸易相关的市场准入(RTA)	71	0.00
1010200	1.2	数据流动相关的前沿性条款(RTA)	71	0.00
1010101	1.1.1	电子商务国民待遇和/或最惠国待遇	70	0.00
1010102	1.1.2	特定部门国民待遇和/或最惠国待遇	71	0.00
1010201	1.2.1	跨境数据流动	71	0.00
1010202	1.2.2	数据本地存储	68	0.00
2010000		**支柱 2: ICT 基础设施和服务**	56	0.31
2010100	2.1	互联网用户渗透率(每百居民)	59	55.50
2010200	2.2	因特网的国际网络带宽(比特/秒)	56	36 700.00
2010300	2.3	拥有计算机的家庭比重(%)	53	47.10
2020000		**支柱 3: 支付基础设施和服务**	66	0.11
2020100	3.1	使用借记卡人数比重(15 岁以上,%)	66	0.23
2020200	3.2	使用信用卡人数比重(15 岁以上,%)	60	0.07
2020300	3.3	使用手机或互联网访问账户比重(15 岁以上,%)	72	0.04
2020400	3.4	过去一年发送或接收数字付款比重(%)	65	0.29
2030000		**支柱 4: 交付基础设施和服务**	50	0.46
2030100	4.1	固定宽带设施和服务	50	0.17
2030200	4.2	移动宽带设施和服务	19	0.43
2030300	4.3	邮政设施服务	40	0.86
2030400	4.4	物流及清关服务	70	0.16

指标编码		指标名称	排名	值
2030101	4.1.1	每百名居民拥有固定宽带用户(个)	59	7.00
2030102	4.1.2	固定宽带资费(PPP,美元/月)	5	0.23
2030201	4.2.1	每百名居民中活跃的移动宽带用户(个)	52	65.00
2030202	4.2.2	移动蜂窝订阅费(PPP,美元/分钟)	5	15.63
2030301	4.3.1	家庭邮寄百分比(%)	52	94.00
2030302	4.3.2	邮政可靠性指数(0~100)	39	79.00
2030401	4.4.1	国际物流竞争力(0~7)	69	2.30
2030402	4.4.2	海关程序负担(0~7)	68	3.10
3010000		**支柱 5: 法律环境**	48	0.84
3010100	5.1	电子签名立法	66	1.00
3010200	5.2	数据保护立法	58	1.00
3010300	5.3	消费者保护立法	52	1.00
3010400	5.4	网络犯罪立法	65	1.00
3010500	5.5	软件盗版率(%)	58	25.00
3020000		**支柱 6: 安全环境**	60	0.26
3020100	6.1	GCI 网络安全指数(0~1)	59	0.54
3020200	6.2	每百万居民的安全互联网服务器数量(个)	61	270.98
4010000		**支柱 7: 数字技术能力**	52	0.15
4010100	7.1	ICT 国际专利申请(件)	56	0.21
4010200	7.2	企业对 ICT 技术的吸收能力(0~7)	51	4.45
4020000		**支柱 8: 数字技术应用**	70	0.17
4020100	8.1	ICT 对商业模式的影响(0~7)	62	4.07
4020200	8.2	数字技术在 B2B 中的应用(0~7)	70	3.96
4020300	8.3	数字技术在 B2C 中的应用(0~7)	72	3.42

土耳其

总指标		排名	值
总指标	数字贸易促进指数	29	0.57
子指数 A	市场准入	19	0.64
子指数 B	基础设施	38	0.49
子指数 C	法律政策环境	32	0.67
子指数 D	商业环境	34	0.42
支柱 1	数字贸易有关的部门开放(RTA)	19	0.64
支柱 2	ICT 基础设施和服务	48	0.39
支柱 3	支付基础设施和服务	32	0.50
支柱 4	交付基础设施和服务	43	0.52
支柱 5	法律环境	37	0.88
支柱 6	安全环境	28	0.46
支柱 7	数字技术能力	29	0.32
支柱 8	数字技术应用	38	0.53

指标编码		指标名称	排名	值
1010000		支柱1：数字贸易有关的部门开放	19	0.64
1010100	1.1	数字贸易相关的市场准入(RTA)	17	1.00
1010200	1.2	数据流动相关的前沿性条款(RTA)	51	0.29
1010101	1.1.1	电子商务国民待遇和/或最惠国待遇	19	1.00
1010102	1.1.2	特定部门国民待遇和/或最惠国待遇	49	1.00
1010201	1.2.1	跨境数据流动	51	0.44
1010202	1.2.2	数据本地存储	69	0.00
2010000		支柱2：ICT 基础设施和服务	48	0.39
2010100	2.1	互联网用户渗透率（每百居民）	45	64.70
2010200	2.2	因特网的国际网络带宽（比特/秒）	30	84 400.00
2010300	2.3	拥有计算机的家庭比重(%)	50	57.30
2020000		支柱3：支付基础设施和服务	32	0.50
2020100	3.1	使用借记卡人数比重（15岁以上,%）	37	0.63
2020200	3.2	使用信用卡人数比重（15岁以上,%）	22	0.42
2020300	3.3	使用手机或互联网访问账户比重（15岁以上,%）	39	0.28
2020400	3.4	过去一年发送或接收数字付款比重(%)	43	0.64
2030000		支柱4：交付基础设施和服务	43	0.52
2030100	4.1	固定宽带设施和服务	44	0.21
2030200	4.2	移动宽带设施和服务	26	0.35
2030300	4.3	邮政设施服务	38	0.87
2030400	4.4	物流及清关服务	48	0.41
2030101	4.1.1	每百名居民拥有固定宽带用户（个）	43	14.80
2030102	4.1.2	固定宽带资费(PPP,美元/月)	10	0.13
2030201	4.2.1	每百名居民中活跃的移动宽带用户（个）	43	70.50
2030202	4.2.2	移动蜂窝订阅费(PPP,美元/分钟)	15	9.99
2030301	4.3.1	家庭邮寄百分比(%)	35	99.80
2030302	4.3.2	邮政可靠性指数(0～100)	44	74.00
2030401	4.4.1	国际物流竞争力(0～7)	45	3.00
2030402	4.4.2	海关程序负担(0～7)	60	3.90
3010000		支柱5：法律环境	37	0.88
3010100	5.1	电子签名立法	67	1.00
3010200	5.2	数据保护立法	59	1.00
3010300	5.3	消费者保护立法	53	1.00
3010400	5.4	网络犯罪立法	66	1.00
3010500	5.5	软件盗版率(%)	42	40.00
3020000		支柱6：安全环境	28	0.46
3020100	6.1	GCI 网络安全指数(0～1)	19	0.85
3020200	6.2	每百万居民的安全互联网服务器数量（个）	41	5 438.19
4010000		支柱7：数字技术能力	29	0.32
4010100	7.1	ICT 国际专利申请（件）	39	1.68
4010200	7.2	企业对ICT技术的吸收能力(0～7)	29	5.23
4020000		支柱8：数字技术应用	38	0.53
4020100	8.1	ICT 对商业模式的影响(0～7)	38	4.67
4020200	8.2	数字技术在B2B中的应用(0～7)	35	5.03
4020300	8.3	数字技术在B2C中的应用(0～7)	40	4.79

附录 3　国别指数(74 国)｜261

乌克兰

		排名	值
总指标	数字贸易促进指数	48	0.42
子指数 A	市场准入	51	0.43
子指数 B	基础设施	46	0.42
子指数 C	法律政策环境	45	0.57
子指数 D	商业环境	59	0.23
支柱 1	数字贸易有关的部门开放(RTA)	51	0.43
支柱 2	ICT 基础设施和服务	50	0.38
支柱 3	支付基础设施和服务	44	0.38
支柱 4	交付基础设施和服务	48	0.47
支柱 5	法律环境	52	0.82
支柱 6	安全环境	49	0.35
支柱 7	数字技术能力	61	0.11
支柱 8	数字技术应用	58	0.38

指标编码		指标名称	排名	值
1010000		**支柱 1: 数字贸易有关的部门开放**	51	0.43
1010100	1.1	数字贸易相关的市场准入(RTA)	54	0.50
1010200	1.2	数据流动相关的前沿性条款(RTA)	45	0.36
1010101	1.1.1	电子商务国民待遇和/或最惠国待遇	71	0.00
1010102	1.1.2	特定部门国民待遇和/或最惠国待遇	50	1.00
1010201	1.2.1	跨境数据流动	41	0.56
1010202	1.2.2	数据本地存储	70	0.00
2010000		**支柱 2: ICT 基础设施和服务**	50	0.38
2010100	2.1	互联网用户渗透率(每百居民)	57	57.10
2010200	2.2	因特网的国际网络带宽(比特/秒)	35	77 100.00
2010300	2.3	拥有计算机的家庭比重(%)	46	62.00
2020000		**支柱 3: 支付基础设施和服务**	44	0.38
2020100	3.1	使用借记卡人数比重(15 岁以上,%)	44	0.49
2020200	3.2	使用信用卡人数比重(15 岁以上,%)	30	0.27
2020300	3.3	使用手机或互联网访问账户比重(15 岁以上,%)	46	0.18
2020400	3.4	过去一年发送或接收数字付款比重(%)	46	0.61
2030000		**支柱 4: 交付基础设施和服务**	48	0.47
2030100	4.1	固定宽带设施和服务	39	0.28
2030200	4.2	移动宽带设施和服务	66	0.18
2030300	4.3	邮政设施服务	13	0.95
2030400	4.4	物流及清关服务	66	0.26

指标编码		指标名称	排名	值
2030101	4.1.1	每百名居民拥有固定宽带用户(个)	48	12.60
2030102	4.1.2	固定宽带资费(PPP,美元/月)	2	0.33
2030201	4.2.1	每百名居民中活跃的移动宽带用户(个)	67	41.70
2030202	4.2.2	移动蜂窝订阅费(PPP,美元/分钟)	29	5.93
2030301	4.3.1	家庭邮寄百分比(%)	41	99.00
2030302	4.3.2	邮政可靠性指数(0~100)	15	92.00
2030401	4.4.1	国际物流竞争力(0~7)	53	2.80
2030402	4.4.2	海关程序负担(0~7)	70	3.00
3010000		**支柱 5: 法律环境**	52	0.82
3010100	5.1	电子签名立法	68	1.00
3010200	5.2	数据保护立法	60	1.00
3010300	5.3	消费者保护立法	54	1.00
3010400	5.4	网络犯罪立法	67	1.00
3010500	5.5	软件盗版率(%)	67	17.00
3020000		**支柱 6: 安全环境**	49	0.35
3020100	6.1	GCI 网络安全指数(0~1)	48	0.66
3020200	6.2	每百万居民的安全互联网服务器数量(个)	38	7 867.20
4010000		**支柱 7: 数字技术能力**	61	0.11
4010100	7.1	ICT 国际专利申请(件)	44	1.09
4010200	7.2	企业对 ICT 技术的吸收能力(0~7)	60	4.23
4020000		**支柱 8: 数字技术应用**	58	0.38
4020100	8.1	ICT 对商业模式的影响(0~7)	69	3.82
4020200	8.2	数字技术在 B2B 中的应用(0~7)	61	4.43
4020300	8.3	数字技术在 B2C 中的应用(0~7)	30	5.13

英国

		排名	值
总指标	数字贸易促进指数	15	0.72
子指数 A	市场准入	33	0.46
子指数 B	基础设施	10	0.78
子指数 C	法律政策环境	7	0.79
子指数 D	商业环境	8	0.77
支柱 1	数字贸易有关的部门开放（RTA）	33	0.46
支柱 2	ICT 基础设施和服务	4	0.66
支柱 3	支付基础设施和服务	15	0.80
支柱 4	交付基础设施和服务	12	0.74
支柱 5	法律环境	11	0.98
支柱 6	安全环境	9	0.56
支柱 7	数字技术能力	14	0.52
支柱 8	数字技术应用	1	0.99

指标编码		指标名称	排名	值
1010000		支柱 1: 数字贸易有关的部门开放	33	0.46
1010100	1.1	数字贸易相关的市场准入（RTA）	34	0.50
1010200	1.2	数据流动相关的前沿性条款（RTA）	22	0.43
1010101	1.1.1	电子商务国民待遇和/或最惠国待遇	39	0.00
1010102	1.1.2	特定部门国民待遇和/或最惠国待遇	17	1.00
1010201	1.2.1	跨境数据流动	13	0.67
1010202	1.2.2	数据本地存储	29	0.00
2010000		支柱 2: ICT 基础设施和服务	4	0.66
2010100	2.1	互联网用户渗透率（每百居民）	6	94.60
2010200	2.2	因特网的国际网络带宽（比特/秒）	3	421 600.00
2010300	2.3	拥有计算机的家庭比重（%）	6	91.70
2020000		支柱 3: 支付基础设施和服务	15	0.80
2020100	3.1	使用借记卡人数比重（15 岁以上，%）	12	0.91
2020200	3.2	使用信用卡人数比重（15 岁以上，%）	8	0.65
2020300	3.3	使用手机或互联网访问账户比重（15 岁以上，%）	23	0.47
2020400	3.4	过去一年发送或接收数字付款比重（%）	15	0.96
2030000		支柱 4: 交付基础设施和服务	12	0.74
2030100	4.1	固定宽带设施和服务	9	0.44
2030200	4.2	移动宽带设施和服务	41	0.28
2030300	4.3	邮政设施服务	4	0.99
2030400	4.4	物流及清关服务	7	0.83
2030101	4.1.1	每百名居民拥有固定宽带用户（个）	8	39.30
2030102	4.1.2	固定宽带资费（PPP，美元/月）	58	0.03
2030201	4.2.1	每百名居民中活跃的移动宽带用户（个）	27	88.10
2030202	4.2.2	移动蜂窝订阅费（PPP，美元/分钟）	62	2.33
2030301	4.3.1	家庭邮寄百分比（%）	31	99.99
2030302	4.3.2	邮政可靠性指数（0～100）	4	98.00
2030401	4.4.1	国际物流竞争力（0～7）	8	4.00
2030402	4.4.2	海关程序负担（0～7）	8	5.50
3010000		支柱 5: 法律环境	11	0.98
3010100	5.1	电子签名立法	22	1.00
3010200	5.2	数据保护立法	20	1.00
3010300	5.3	消费者保护立法	19	1.00
3010400	5.4	网络犯罪立法	22	1.00
3010500	5.5	软件盗版率（%）	12	76.00
3020000		支柱 6: 安全环境	9	0.56
3020100	6.1	GCI 网络安全指数（0～1）	1	0.93
3020200	6.2	每百万居民的安全互联网服务器数量（个）	16	35 989.50
4010000		支柱 7: 数字技术能力	14	0.52
4010100	7.1	ICT 国际专利申请（件）	16	31.10
4010200	7.2	企业对 ICT 技术的吸收能力（0～7）	11	5.72
4020000		支柱 8: 数字技术应用	1	0.99
4020100	8.1	ICT 对商业模式的影响（0～7）	2	5.85
4020200	8.2	数字技术在 B2B 中的应用（0～7）	2	6.04
4020300	8.3	数字技术在 B2C 中的应用（0～7）	1	6.37

美国

		排名	值
总指标	数字贸易促进指数	6	0.80
子指数 A	市场准入	20	0.64
子指数 B	基础设施	15	0.76
子指数 C	法律政策环境	2	0.88
子指数 D	商业环境	6	0.82
支柱 1	数字贸易有关的部门开放(RTA)	20	0.64
支柱 2	ICT 基础设施和服务	19	0.55
支柱 3	支付基础设施和服务	11	0.82
支柱 4	交付基础设施和服务	9	0.76
支柱 5	法律环境	1	1.00
支柱 6	安全环境	2	0.72
支柱 7	数字技术能力	6	0.72
支柱 8	数字技术应用	3	0.90

指标编码		指标名称	排名	值
1010000		**支柱 1: 数字贸易有关的部门开放**	20	0.64
1010100	1.1	数字贸易相关的市场准入(RTA)	18	1.00
1010200	1.2	数据流动相关的前沿性条款(RTA)	52	0.29
1010101	1.1.1	电子商务国民待遇和/或最惠国待遇	20	1.00
1010102	1.1.2	特定部门国民待遇和/或最惠国待遇	51	1.00
1010201	1.2.1	跨境数据流动	52	0.44
1010202	1.2.2	数据本地存储	71	0.00
2010000		**支柱 2: ICT 基础设施和服务**	19	0.55
2010100	2.1	互联网用户渗透率(每百居民)	36	75.20
2010200	2.2	因特网的国际网络带宽(比特/秒)	15	125 400.00
2010300	2.3	拥有计算机的家庭比重(%)	10	88.80
2020000		**支柱 3: 支付基础设施和服务**	11	0.82
2020100	3.1	使用借记卡人数比重(15 岁以上,%)	24	0.80
2020200	3.2	使用信用卡人数比重(15 岁以上,%)	6	0.66
2020300	3.3	使用手机或互联网访问账户比重(15 岁以上,%)	11	0.67
2020400	3.4	过去一年发送或接收数字付款比重(%)	20	0.91
2030000		**支柱 4: 交付基础设施和服务**	9	0.76
2030100	4.1	固定宽带设施和服务	17	0.37
2030200	4.2	移动宽带设施和服务	11	0.47
2030300	4.3	邮政设施服务	16	0.95
2030400	4.4	物流及清关服务	8	0.82
2030101	4.1.1	每百名居民拥有固定宽带用户(个)	16	33.90
2030102	4.1.2	固定宽带资费(PPP,美元/月)	71	0.02
2030201	4.2.1	每百名居民中活跃的移动宽带用户(个)	7	132.90
2030202	4.2.2	移动蜂窝订阅费(PPP,美元/分钟)	46	3.67
2030301	4.3.1	家庭邮寄百分比(%)	29	100.00
2030302	4.3.2	邮政可靠性指数(0~100)	19	90.00
2030401	4.4.1	国际物流竞争力(0~7)	13	3.90
2030402	4.4.2	海关程序负担(0~7)	6	5.60
3010000		**支柱 5: 法律环境**	1	1.00
3010100	5.1	电子签名立法	69	1.00
3010200	5.2	数据保护立法	61	1.00
3010300	5.3	消费者保护立法	55	1.00
3010400	5.4	网络犯罪立法	68	1.00
3010500	5.5	软件盗版率(%)	1	82.00
3020000		**支柱 6: 安全环境**	2	0.72
3020100	6.1	GCI 网络安全指数(0~1)	2	0.93
3020200	6.2	每百万居民的安全互联网服务器数量(个)	3	124 014.18
4010000		**支柱 7: 数字技术能力**	6	0.72
4010100	7.1	ICT 国际专利申请(件)	7	69.78
4010200	7.2	企业对 ICT 技术的吸收能力(0~7)	2	6.07
4020000		**支柱 8: 数字技术应用**	3	0.90
4020100	8.1	ICT 对商业模式的影响(0~7)	12	5.52
4020200	8.2	数字技术在 B2B 中的应用(0~7)	13	5.71
4020300	8.3	数字技术在 B2C 中的应用(0~7)	2	6.32

委内瑞拉

		排名	值
总指标	数字贸易促进指数	71	0.16
子指数 A	市场准入	72	0.00
子指数 B	基础设施	51	0.35
子指数 C	法律政策环境	69	0.32
子指数 D	商业环境	73	0.02
支柱 1	数字贸易有关的部门开放(RTA)	72	0.00
支柱 2	ICT 基础设施和服务	51	0.34
支柱 3	支付基础设施和服务	37	0.49
支柱 4	交付基础设施和服务	70	0.23
支柱 5	法律环境	66	0.61
支柱 6	安全环境	68	0.14
支柱 7	数字技术能力	71	0.03
支柱 8	数字技术应用	74	0.07

指标编码		指标名称	排名	值
1010000		支柱 1：数字贸易有关的部门开放	72	0.00
1010100	1.1	数字贸易相关的市场准入(RTA)	72	0.00
1010200	1.2	数据流动相关的前沿性条款(RTA)	72	0.00
1010101	1.1.1	电子商务国民待遇和/或最惠国待遇	72	0.00
1010102	1.1.2	特定部门国民待遇和/或最惠国待遇	72	0.00
1010201	1.2.1	跨境数据流动	72	0.00
1010202	1.2.2	数据本地存储	72	0.00
2010000		支柱 2：ICT 基础设施和服务	51	0.34
2010100	2.1	互联网用户渗透率(每百居民)	46	64.30
2010200	2.2	因特网的国际网络带宽(比特/秒)	68	19 300.00
2010300	2.3	拥有计算机的家庭比重(%)	55	45.70
2020000		支柱 3：支付基础设施和服务	37	0.49
2020100	3.1	使用借记卡人数比重(15 岁以上,%)	36	0.66
2020200	3.2	使用信用卡人数比重(15 岁以上,%)	29	0.29
2020300	3.3	使用手机或互联网访问账户比重(15 岁以上,%)	36	0.30
2020400	3.4	过去一年发送或接收数字付款比重(%)	38	0.69
2030000		支柱 4：交付基础设施和服务	70	0.23
2030100	4.1	固定宽带设施和服务	59	0.09
2030200	4.2	移动宽带设施和服务	70	0.15
2030300	4.3	邮政设施服务	65	0.56
2030400	4.4	物流及清关服务	74	0.02
2030101	4.1.1	每百名居民拥有固定宽带用户(个)	56	8.20
2030102	4.1.2	固定宽带资费(PPP,美元/月)	48	0.04
2030201	4.2.1	每百名居民中活跃的移动宽带用户(个)	63	50.10
2030202	4.2.2	移动蜂窝订阅费(PPP,美元/分钟)	57	2.79
2030301	4.3.1	家庭邮寄百分比(%)	32	99.99
2030302	4.3.2	邮政可靠性指数(0~100)	69	13.00
2030401	4.4.1	国际物流竞争力(0~7)	72	2.20
2030402	4.4.2	海关程序负担(0~7)	74	2.20
3010000		支柱 5：法律环境	66	0.61
3010100	5.1	电子签名立法	70	1.00
3010200	5.2	数据保护立法	74	0.00
3010300	5.3	消费者保护立法	56	1.00
3010400	5.4	网络犯罪立法	69	1.00
3010500	5.5	软件盗版率(%)	71	12.00
3020000		支柱 6：安全环境	68	0.14
3020100	6.1	GCI 网络安全指数(0~1)	68	0.35
3020200	6.2	每百万居民的安全互联网服务器数量(个)	63	217.11
4010000		支柱 7：数字技术能力	71	0.03
4010100	7.1	ICT 国际专利申请(件)	66	0.04
4010200	7.2	企业对ICT 技术的吸收能力(0~7)	71	3.87
4020000		支柱 8：数字技术应用	74	0.07
4020100	8.1	ICT 对商业模式的影响(0~7)	74	3.20
4020200	8.2	数字技术在 B2B 中的应用(0~7)	73	3.71
4020300	8.3	数字技术在 B2C 中的应用(0~7)	69	3.85

越南

		排名	值
总指标	数字贸易促进指数	31	0.54
子指数 A	市场准入	6	0.93
子指数 B	基础设施	52	0.34
子指数 C	法律政策环境	44	0.58
子指数 D	商业环境	53	0.25
支柱 1	数字贸易有关的部门开放(RTA)	6	0.93
支柱 2	ICT 基础设施和服务	65	0.20
支柱 3	支付基础设施和服务	67	0.10
支柱 4	交付基础设施和服务	26	0.66
支柱 5	法律环境	50	0.83
支柱 6	安全环境	47	0.36
支柱 7	数字技术能力	70	0.03
支柱 8	数字技术应用	42	0.50

指标编码		指标名称	排名	值
1010000		**支柱 1: 数字贸易有关的部门开放**	6	0.93
1010100	1.1	数字贸易相关的市场准入(RTA)	19	1.00
1010200	1.2	数据流动相关的前沿性条款(RTA)	7	0.86
1010101	1.1.1	电子商务国民待遇和/或最惠国待遇	21	1.00
1010102	1.1.2	特定部门国民待遇和/或最惠国待遇	52	1.00
1010201	1.2.1	跨境数据流动	42	0.56
1010202	1.2.2	数据本地存储	10	1.00
2010000		**支柱 2: ICT 基础设施和服务**	65	0.20
2010100	2.1	互联网用户渗透率(每百居民)	62	49.60
2010200	2.2	因特网的国际网络带宽(比特/秒)	10	137 300.00
2010300	2.3	拥有计算机的家庭比重(%)	66	21.60
2020000		**支柱 3: 支付基础设施和服务**	67	0.10
2020100	3.1	使用借记卡人数比重(15 岁以上,%)	60	0.27
2020200	3.2	使用信用卡人数比重(15 岁以上,%)	65	0.04
2020300	3.3	使用手机或互联网访问账户比重(15 岁以上,%)	57	0.09
2020400	3.4	过去一年发送或接收数字付款比重(%)	72	0.23
2030000		**支柱 4: 交付基础设施和服务**	26	0.66
2030100	4.1	固定宽带设施和服务	1	0.61
2030200	4.2	移动宽带设施和服务	62	0.21
2030300	4.3	邮政设施服务	39	0.86
2030400	4.4	物流及清关服务	40	0.48
2030101	4.1.1	每百名居民拥有固定宽带用户(个)	52	10.80
2030102	4.1.2	固定宽带资费(PPP,美元/月)	1	1.12
2030201	4.2.1	每百名居民中活跃的移动宽带用户(个)	66	46.90
2030202	4.2.2	移动蜂窝订阅费(PPP,美元/分钟)	25	6.48
2030301	4.3.1	家庭邮寄百分比(%)	49	96.00
2030302	4.3.2	邮政可靠性指数(0~100)	42	77.00
2030401	4.4.1	国际物流竞争力(0~7)	28	3.40
2030402	4.4.2	海关程序负担(0~7)	64	3.70
3010000		**支柱 5: 法律环境**	50	0.83
3010100	5.1	电子签名立法	71	1.00
3010200	5.2	数据保护立法	62	1.00
3010300	5.3	消费者保护立法	57	1.00
3010400	5.4	网络犯罪立法	70	1.00
3010500	5.5	软件盗版率(%)	65	19.00
3020000		**支柱 6: 安全环境**	47	0.36
3020100	6.1	GCI 网络安全指数(0~1)	46	0.69
3020200	6.2	每百万居民的安全互联网服务器数量(个)	45	2 596.99
4010000		**支柱 7: 数字技术能力**	70	0.03
4010100	7.1	ICT 国际专利申请(件)	65	0.05
4010200	7.2	企业对 ICT 技术的吸收能力(0~7)	70	3.89
4020000		**支柱 8: 数字技术应用**	42	0.50
4020100	8.1	ICT 对商业模式的影响(0~7)	51	4.46
4020200	8.2	数字技术在 B2B 中的应用(0~7)	41	4.93
4020300	8.3	数字技术在 B2C 中的应用(0~7)	38	4.85

津巴布韦

总指标		排名	值
总指标	数字贸易促进指数	74	0.05
子指数 A	市场准入	74	0.00
子指数 B	基础设施	72	0.14
子指数 C	法律政策环境	72	0.13
子指数 D	商业环境	71	0.06
支柱 1	数字贸易有关的部门开放(RTA)	74	0.00
支柱 2	ICT 基础设施和服务	72	0.07
支柱 3	支付基础设施和服务	50	0.28
支柱 4	交付基础设施和服务	73	0.11
支柱 5	法律环境	72	0.40
支柱 6	安全环境	71	0.04
支柱 7	数字技术能力	67	0.07
支柱 8	数字技术应用	72	0.11

指标编码		指标名称	排名	值
1010000		支柱 1: 数字贸易有关的部门开放	74	0.00
1010100	1.1	数字贸易相关的市场准入(RTA)	74	0.00
1010200	1.2	数据流动相关的前沿性条款(RTA)	74	0.00
1010101	1.1.1	电子商务国民待遇和/或最惠国待遇	74	0.00
1010102	1.1.2	特定部门国民待遇和/或最惠国待遇	74	0.00
1010201	1.2.1	跨境数据流动	74	0.00
1010202	1.2.2	数据本地存储	74	0.00
2010000		支柱 2: ICT 基础设施和服务	72	0.07
2010100	2.1	互联网用户渗透率(每百居民)	72	27.10
2010200	2.2	因特网的国际网络带宽(比特/秒)	73	10 700.00
2010300	2.3	拥有计算机的家庭比重(%)	72	13.90
2020000		支柱 3: 支付基础设施和服务	50	0.28
2020100	3.1	使用借记卡人数比重(15 岁以上,%)	67	0.22
2020200	3.2	使用信用卡人数比重(15 岁以上,%)	72	0.01
2020300	3.3	使用手机或互联网访问账户比重(15 岁以上,%)	24	0.46
2020400	3.4	过去一年发送或接收数字付款比重(%)	51	0.53
2030000		支柱 4: 交付基础设施和服务	73	0.11
2030100	4.1	固定宽带设施和服务	72	0.03
2030200	4.2	移动宽带设施和服务	71	0.11
2030300	4.3	邮政设施服务	73	0.18
2030400	4.4	物流及清关服务	72	0.11

指标编码		指标名称	排名	值
2030101	4.1.1	每百名居民拥有固定宽带用户(个)	71	1.10
2030102	4.1.2	固定宽带资费(PPP,美元/月)	21	0.07
2030201	4.2.1	每百名居民中活跃的移动宽带用户(个)	68	41.30
2030202	4.2.2	移动蜂窝订阅费(PPP,美元/分钟)	63	2.31
2030301	4.3.1	家庭邮寄百分比(%)	71	23.00
2030302	4.3.2	邮政可靠性指数(0~100)	70	13.00
2030401	4.4.1	国际物流竞争力(0~7)	73	2.20
2030402	4.4.2	海关程序负担(0~7)	71	2.90
3010000		支柱 5: 法律环境	72	0.40
3010100	5.1	电子签名立法	74	0.50
3010200	5.2	数据保护立法	63	1.00
3010300	5.3	消费者保护立法	74	0.00
3010400	5.4	网络犯罪立法	72	1.00
3010500	5.5	软件盗版率(%)	74	9.00
3020000		支柱 6: 安全环境	71	0.04
3020100	6.1	GCI 网络安全指数(0~1)	71	0.19
3020200	6.2	每百万居民的安全互联网服务器数量(个)	71	67.67
4010000		支柱 7: 数字技术能力	67	0.07
4010100	7.1	ICT 国际专利申请(件)	69	0.01
4010200	7.2	企业对 ICT 技术的吸收能力(0~7)	67	4.09
4020000		支柱 8: 数字技术应用	72	0.11
4020100	8.1	ICT 对商业模式的影响(0~7)	72	3.67
4020200	8.2	数字技术在 B2B 中的应用(0~7)	68	4.07
4020300	8.3	数字技术在 B2C 中的应用(0~7)	74	3.21

参 考 文 献

［1］阿里巴巴数据安全研究院.全球数据跨境流动政策与中国战略研究报告［EB/OL］,http://www.chinabigdata.com/cn/contents/3/253.html,2019.

［2］陈寰琦,周念利.从 USMCA 看美国数字贸易规则核心诉求及与中国的分歧［J］.国际经贸探索,2019(6).

［3］对外经济贸易大学金融科技实验室编译.欧洲数据保护委员会评估 GDPR:面临挑战,但修改尚早［EB/OL］. https://www.ccvalue.cn/article/315199.html,2020.

［4］G20,二十国集团数字经济发展与合作倡议,2016.

［5］G20,数字经济大阪宣言,2019.

［6］国际贸易投资新规则与自贸试验区建设团队.全球数字贸易促进指数报告(2019)［M］.立信会计出版社,2019.

［7］韩剑,蔡继伟,许亚云.数字贸易谈判与规则竞争——基于区域贸易协定文本量化的研究［J］.中国工业经济,2019(11).

［8］洪延青,朱玲凤,张朝,谢晨曦.技术主权视野下的欧盟数字化转型战略探析［EB/OL］,https://www.secrss.com/articles/17523,2020.

［9］胡苗苗等译.欧盟非个人数据自由流动框架条例指南［J］.北外法学,2020(1).

［10］沈玉良等.全球数字贸易规则研究［M］.复旦大学出版社,2018.

［11］王融,余春芳.2018 年数据保护政策年度观察:政策全景［J］.信息安全与通信保密,2019(4).

［12］徐阳华.巴西众议院通过《数据保护法案》出台公共数据访问的通用规则［J］.互联网天地,2018(5).

［13］许可.欧盟《一般数据保护条例》的周年回顾与反思［J］.电子知识产权,2019(6).

［14］亚马逊.AWS 云计算［EB/OL］. https://aws.amazon.com/cn/what-is-aws/?nc2=h_ql_le_int,2020.

［15］亚马逊,财新智库.从新业态到新常态 2020,中国出口跨境电商趋势报告［EB/OL］. https://m.media-amazon.com/images/G/28/AS/AGS/pdf/home/China-export-cross-border-e-commerce-trend-report._CB1198675319_.pdf?ld=AZCNAGSTopnav_ASCNAGSHPTB,2020.

［16］尹丽波.数字经济发展报告(2019—2020)［M］.电子工业出版社,2020.

［17］中国信息通信研究院.中国数字经济发展与就业白皮书(2019)［R］,2019.

［18］周念利,陈寰琦.基于《美墨加协定》分析数字贸易规则"美式模板"的深化及扩展［J］.国际贸易问题,2019(9).

［19］周念利,李玉昊.多边数字贸易治理现状、进展和中国的角色定位［J］.国家治理,2018(29).

［20］周念利,李玉昊,刘东.多边数字贸易规制的发展趋向探究——基于 WTO 主要成员的最新提案［J］.亚太经济,2018(2).

［21］周念利,吴希贤.美式数字贸易规则的发展演进研究——基于《美日数字贸易协定》的视角［J］.亚太经济,2020(2).

［22］朱杰进.二十国集团的定位与机制建设［J］.阿拉伯世界研究,2012(3).

［23］ACT, Asia Internet Coalition, Australian Information Industry Association, etc., 2020 G20

Recommendations for Promoting Innovation, Digital Technologies, and Trade[R], 2020.

[24] Alexis N. Grimm. Trends in U. S. Trade in Information and Communications Technology (ICT) Services and in ICT-Enabled Services[EB/OL]. https://apps.bea.gov/scb/pdf/2016/05%20May/0516_trends%20in_us_trade_in_ict_serivces2.pdf, 2016.

[25] Amir Schlachet. COVID-19: The Impact on Cross-Border Ecommerce[EB/OL]. https://www.global-e.com/en/resource/covid-19-cross-border-ecommerce, 2020.

[26] Andrada Coos. Data Protection Legislation around the World in 2020[EB/OL]. https://www.endpointprotector.com/blog/data-protection-legislation-around-the-world-in-2020, 2020.

[27] Andrew D. Mitchell. Regulating Cross-Border Data Flows in a Data-Driven World[J]. *Journal of International Economic Law*, 2019.

[28] APP Annie. State of Mobile 2020[EB/OL]. https://www.appannie.com/cn/go/state-of-mobile-2020/, 2020.

[29] Bauer, M., F. Erixon, H. Lee-Makiyama, and M. Krol. *The Economic Importance of Getting Data Protection Right: Protecting Privacy, Transmitting Data, Moving Commerce*[R], European Centre for International Political Economy/US Chamber of Commerce, 2013.

[30] Bukht, Rumana and Heeks, Richard. *Defining, Conceptualising and Measuring the Digital Economy*[R]. Development Informatics Working Paper no. 68, 2017.

[31] Burri M, and R. Polanco. Digital Trade Provisions in Preferential Trade Agreements: Introducing a New Dataset[J]. *Journal of International Economic Law*, 2020, 23(1).

[32] Cisco. Cisco Global Cloud Index: Forecast and Methodology2016－2021[EB/OL]. https://newsroom.cisco.com/press-release-content?type=webcontent&articleId=1908858, 2018.

[33] Cisco. The Zettabyte Era: Trends and Analysis[EB/OL]. https://webobjects.cdw.com/webobjects/media/pdf/Solutions/Networking/White-Paper-Cisco-The-Zettabyte-Era-Trends-and-Analysis.pdf, 2016.

[34] Colin Ting Si Xue, Felicia Tiong Wee Xin. Benefits and Challenges of the Adoption of Cloud Computing in Business[J]. *International Journal on Cloud Computing: Services and Architecture*, 2016(6).

[35] Congressional Research Service. Data Protection Law: An Overview[EB/OL], https://crsreports.congress.gov/product/pdf/R/R45631, 2020.

[36] Congressional Research Service. Digital Trade and U.S. Trade Policy May 21, 2019[EB/OL]. https://fas.org/sgp/crs/misc/R44565.pdf, 2019.

[37] Congressional Research Service. Watching the Watchers: A Comparison of Privacy Bills in the 116th Congress[EB/OL],https://crsreports.congress.gov/product/pdf/LSB/LSB10441, 2020.

[38] Daniel Keyes. The Social Commerce Report, Inside the Fast-developing Opportunity to Reach Billions of Consumers' Wallets Using Social Platforms[EB/OL]. https://www.businessinsider.in/the-social-commerce-report-inside-the-fast-developing-opportunity-to-reach-billions-of-consumers-wallets-using-social-platforms/articleshow/70805806.cms, 2020.

[39] David Reinsel, John Gantz, John Rydning. 世界的数字化:从边缘到核心[EB/OL]. https://www.seagate.com/files/www-content/our-story/trends/files/idc-seagate-dataage-chine-whitepaper.pdf, 2020.

[40] EDPB, Frequently Asked Questions on the judgment of the Court of Justice of the European Union in Case C-311/18 — Data Protection Commissioner v Facebook Ireland Ltd and Maximillian Schrems[EB/OL]. https://edpb.europa.eu/our-work-tools/our-documents/ovrigt/frequently-asked-questions-judgment-

court-justice-european-union_en, 2020.

[41] European Commission. European Commission Adopts Adequacy Decision on Japan, Creating the World's Largest Area of Safe Data Flows[EB/OL]. https://ec.europa.eu/commission/presscorner/detail/en/IP_19_421, 2019.

[42] European Union. WTO Modernisation: Future EU Proposals on Rulemaking[EB/OL]. https://trade.ec.europa.eu/doclib/docs/2018/september/tradoc_157331.pdf, 2018.

[43] Ferencz, J. The OECD Digital Services Trade Restrictiveness Index[EB/OL]. http://dx.doi.org/10.1787/16ed2d78-en, 2019.

[44] Ferracane, M., and E. Marel. *Do Data Policy Restrictions Inhibit Trade in Services?* [R]. Robert Schuman Centre for Advanced Studies Research Paper No. RSCAS, 2019.

[45] Ferracane, M. F., J. Kren, and E. Marel. Do Data Policy Restrictions Impact the Productivity Performance of Firms and Industries? [J] *Review of International Economics*, 2020, 28(3).

[46] Francesca Casalini, Javier López González. Trade and Cross-Border Data Flows[EB/OL]. https://www.oecd-ilibrary.org/trade/trade-and-cross-border-data-flows_b2023a47-en, 2019.

[47] Frischmann, B. M. *Infrastructure: The Social Value of Shared Resources*[M]. Oxford University Press, 2012.

[48] FTC. Privacy & Data Security Update for 2019[EB/OL]. https://www.ftc.gov/reports/privacy-data-security-update-2019, 2020.

[49] Gao, H. Digital or Trade? The Contrasting Approaches of China and US to Digital Trade[J]. *Journal of International Economic Law*, 2018, 21(2).

[50] Gavin Llewellyn. Social Commerce Trends for 2020 you Need to Look out for[EB/OL]. https://www.smartinsights.com/ecommerce/social-commerce/social-commerce-trends-for-2020-you-need-to-look-out-for, 2020.

[51] GDPR. Guidelines, Recommendations, Best Practices[EB/OL]. https://edpb.europa.eu/our-work-tools/general-guidance/gdpr-guidelines-recommendations-best-practices_en, 2020.

[52] G20, G20 Digital Economy Ministerial Conference, 2017.

[53] G20, G20 Digital Economy Ministerial Declaration, 2020.

[54] G20, G20 Digital Economy Ministerial Declaration, 2018.

[55] G20, G20 Ministerial Statement on Trade and Digital Economy, 2019.

[56] G20, G20 Tookit for Measuring the Digital Economy, 2018.

[57] G20, Toolkit for Measuring the Digital Economy, 2018.

[58] González, J. L., and J. Ferencz. *Digital Trade and Market Openness*[R]. OECD Publishing, 2018.

[59] González, J. L., and M. A. Jouanjean. *Digital Trade: Developing a Framework for Analysis*[R]. OECD Publishing, 2017.

[60] Graham Greenleaf, Global Data Privacy Laws 2019: 132 National Laws & Many Bills, (2019) 157 Privacy Laws Business International Report, 14-18[EB/OL]. https://papers.ssrn.com/sol3/papers.cfm?abstract_id=3381593, 2019.

[61] Hoekman, B. *Supply Chains, Mega-Regionals and Multilateralism-a Road Map for the WTO*[M]. CEPR Press, 2014.

[62] Hufbauer, G., and J. Schott. *Payoff from The World Trade Agenda 2013: Report to the ICC Research Foundation*[R], 2013.

[63] Hufbauer, G. C., and Z. Lu. *Global E-Commerce Talks Stumble on Data Issues, Privacy and More* [R]. PIIE Policy Brief 19-14, 2019.

[64] IFIF. Surveying the Damage: Why We Must Accurately Measure Cross-Border Data Flows and Digital Trade Barriers[EB/OL]. https://itif.org/publications/2020/01/27/surveying-damage-why-we-must-accurately-measure-cross-border-data-flows-and, 2020.

[65] International Trade Centre. *Bringing SMEs onto the E-Commerce Highway*[M]. ITC, 2016.

[66] ITIF. Cross-Border Data Flows: Where are the Barriers, and What do they Cost? [EB/OL]. https://itif.org/publications/2017/05/01/cross-border-data-flows-where-are-barriers-and-what-do-they-cost, 2017.

[67] Jessica R. Nicholson. New Digital Economy Estimates[J]. *U.S. Bureau of Economic Analysis*, 2020.

[68] Leviathan Security Group. Analysis of Cloud vs. Local Storage: Capabilities, Opportunities Challenges [EB/OL]. https://static1.squarespace.com/static/556340ece4b0869396f21099/t/559dada7e4b069728afca39b/1436396967533/Value＋of＋Cloud＋Security＋-＋Scarcity.pdf, 2015.

[69] Leviathan Security Group. Value of Cloud Security: Vulnerability [EB/OL]. https://static1.squarespace.com/static/556340ece4b0869396f21099/t/559dadb2e4b069728afca3ca/1436396978909/Value＋of＋Cloud＋Security＋-＋Vulnerability.pdf, 2015.

[70] Lighthizer, R. E. How to Set World Trade Straight[J]. *WSJ Opinion*, 2020.

[71] MarketLine. *Global Cloud Computing*[R]. MarketLine No. OHME8236a016.

[72] Martina Francesca Ferracane, Hosuk Lee-Makiyama and Erik van der Marel. Digital Trade Restrictiveness Index[EB/OL]. European Center for International Political Economy (ECIPE), https://ecipe.org/wp-content/uploads/2018/05/DTRI_FINAL.pdf, 2018.

[73] Microsoft. The Economics of the Cloud[EB/OL]. https://news.microsoft.com/download/archived/presskits/cloud/docs/The-Economics-of-the-Cloud.pdf, 2010.

[74] Monteiro, J., and R. Teh. *Provisions on Electronic Commerce Commerce in Regional Trade Agreements*[R]. WTO Staff Working Paper, 2017.

[75] Nakatomi, M. *Plurilateral Agreements: A Viable Alternative to The World Trade Organization?* [R]. ADBI Working Paper Series, No. 439, 2013.

[76] New Juniper. New Juniper Research Report Forecasts Smart Audio Hardware Revenues to Grow by Over 300％ in the Next 5 Years[EB/OL]. https://audioxpress.com/news/new-juniper-research-report-forecasts-smart-audio-hardware-revenues-to-grow-by-over-300-in-the-next-5-years, 2017.

[77] OC&C. The Talking Shop - the Rise of Voice Commerce[EB/OL]. https://www.occstrategy.com/media/1285/the-talking-shop_uk.pdf, 2018.

[78] OECD, A Roadmap toward a Common Framework for Measuring the Digital Economy[R], Report for the G20 DETF Saudi Arabia, 2020G20, G20 Digital Economy Task Force Tackles Critical Common Challenges, 2020.

[79] OECD. Data-driven Innovation for Growth and Well-being[EB/OL]. https://www.oecd.org/sti/ieconomy/data-driven-innovation.html, 2015.

[80] OECD, Mapping Approaches to Data and Data Flows, 2020.

[81] OECD. *Measuring the Digital Economy: A New Perspective*[M], OECD Publishing, 2014

[82] OECD. OECD Guidelines on the Protection of Privacy and Transborder Flows of Personal Data[EB/OL]. https://www.oecd.org/internet/ieconomy/oecdguidelinesontheprotectionofprivacyandtransborderflowsofpersonaldata.html, 1980.

[83] OECD. Trade in the Digital Era[EB/OL]. https://www.oecd.org/going-digital/trade-in-the-digital-era.pdf, 2019.

[84] OECD. WTO and IMF, Handbook on Measuring Digital Trade[EB/OL]. https://millenniumindicators.un.org/unsd/statcom/51st-session/documents/BG-Item3e-Handbook-on-Measuring-Digital-Trade-E.pdf, 2020.

[85] Organisation for Economic Cooperation and Development. *OECD Guide to Measuring the Information Society* 2011[M]. OECD, 2011.

[86] Polantras. Incomplete Contracts and the Product Cycle[J]. *American Economic Review*, 2005(4).

[87] PWC. Making Sense of a Complex World: Cloud Computing — the Impact on Revenue Recognition [EB/OL]. https://www.pwc.com/gx/en/communications/publications/assets/pwc-cloud-computing-and-revenue-recognition-whitepaper.pdf, 2015.

[88] SensorTower. 2020 Store Intelligence Data Digest[EB/OL]. https://go.sensortower.com/rs/351-RWH-315/images/Sensor-Tower-Q2-2020-Data-Digest.pdf, 2020.

[89] Steinmueller, W.E. *The International Software Industry*[M], Oxford University Press, 1996.

[90] UCL European Institute, EU-U.S. Privacy Shield, Brexit and the Future of Transatlantic Data Flows [EB/OL], https://www.ucl.ac.uk/european-institute/news/2020/jun/eu-us-privacy-shield-brexit-and-future-transatlantic-data-flows, 2020.

[91] UNCTAD, Digital Economy Report 2019, 2019.

[92] UNCTAD. Digital Economy Report 2019, Value Creation and Capture: Implications for Developing Countries[EB/OL]. https://unctad.org/en/PublicationsLibrary/der2019_en.pdf, 2019.

[93] UNCTAD. Growing Trade in Electronic Transmissions: Implications for the South[EB/OL]. https://unctad.org/en/pages/PublicationWebflyer.aspx? publicationid=2356, 2019.

[94] UNCTAD. Measuring the Economic Value of Cross-Border Data Flows[EB/OL]. https://unctad.org/meetings/en/Presentation/dtl_eweek2016_JNicholson_en.pdf, 2016.

[95] UNCTAD. Rising Product Digitalization And Losing Trade Competitiveness[EB/OL]. https://unctad.org/en/pages/PublicationWebflyer.aspx? publicationid=1926, 2017.

[96] UNCTAD. The New Digital Economy and Development [EB/OL]. https://unctad.org/en/PublicationsLibrary/tn_unctad_ict4d08_en.pdf, 2017.

[97] UNCTAD. Value Creation And Capture: Implications For Developing Countries [EB/OL]. Digital Economy Report, 2019.

[98] UNCTC. Transnational Corporations and Transborder Data Flows[EB/OL]. https://digitallibrary.un.org/record/250595?ln=zh_CN, 1982.

[99] UNECLAC. The new digital revolution, From the consumer Internet to the industrial Internet[EB/OL]. http://documents.caribseek.com/sites/default/files/files/2015/pdfs/caribseek-documents/chile/2015-0804-csd-cl-eclac-new-digital-revolution-consumer-internet-industrial-internet.pdf, 2015.

[100] United Nations Economic and Social Commission for Asia and Pacific. *Asia-Pacific Trade and Investment Report* 2016: *Recent Trends and Developments*[M]. UNESCAP, 2016.

[101] United States Congressional Research Service. *Digital Trade and US Trade Policy*[R]. CRS Report R44565, 2019.

[102] United States Internatonal Trade Commission. *Digital Trade in the U.S. and Global Economies*[R]. Part 1, 2013.

[103] United States Internatonal Trade Commission. *Global Digital Trade 1: Market Opportunities and Key Foreign Trade Testrictions*[R]. USITC Publication Number:4716,2017.

[104] Universal Postal Union. Postal Development Report 2019 Perspectives on the Performance of Postal Operators[EB/OL]. https://www.upu.int/UPU/media/upu/publications/postalDevelopmentReport2019En.pdf,2019.

[105] UPU. 5 Things to Know about "Option V"[EB/OL]. https://www.upu.int/UPU/media/upu/publications/Option_V_factsheet.pdf,2020.

[106] U.S. Congress. Data Flows, Online Privacy, and Trade Policy[EB/OL]. https://fas.org/sgp/crs/row/R45584.pdf,2020.

[107] U.S. Department of Commerce, Economics and Statistics Administration, Office of the Chief Economist. *Digital Trade in North America*[M]. Grimm,2018.

[108] U.S. Department of Commerce. Measuring the Value of Cross-Border Data Flows[EB/OL]. https://www.commerce.gov/sites/default/files/migrated/reports/measuring-cross-border-data-flows.pdf,2016.

[109] USITC. Digital Trade in the U.S. and Global Economies[EB/OL]. https://www.usitc.gov/publications/332/pub4485.pdf,2014.

[110] USITC. Global Digital Trade 1: Market Opportunities and Key Foreign Trade Restrictions[EB/OL]. https://www.usitc.gov/publications/industry_econ_analysis_332/2017/global_digital_trade_1_market_opportunities_and.html,2017.

[111] USITC. Global Digital Trade 1: Market Opportunities and Key Foreign Trade Restrictions[EB/OL]. https://www.usitc.gov/publications/332/pub4716_0.pdf,2017.

[112] USITC. Global Digital Trade 1: Market Opportunities and Key Foreign Trade Restrictions[EB/OL]. https://www.usitc.gov/publications/332/pub4415.pdf,2013.

[113] WCO, UPU. WCO – UPU Guidelines on the Exchange of Electronic Advance Data (EAD) between Designated Operators and Customs Administration[EB/OL]. http://www.wcoomd.org/-/media/wco/public/global/pdf/topics/facilitation/instruments-and-tools/tools/upu/joint-wco-upu-guidelines.pdf?db=web,2019.

[114] World Economic Forum. Data Free Flow with Trust (DFFT): Paths towards Free and Trusted Data Flows[EB/OL]. https://www.weforum.org/whitepapers/data-free-flow-with-trust-dfft-paths-towards-free-and-trusted-data-flows,2020.

[115] World Trade Organization. *Draft General Council Decision Procedures to Strengthen the Negotiating Function of the WTO*,WT/GC/W/764,2019.

[116] World Trade Organization, Electronic Commerce and the Role of WTO. WTO Special Studies, No.2. Geneva[EB/OL]. https://www.wto.org/english/res_e/publications_e/special_studies2_e.html,1998.

[117] World Trade Organization. *Joint Statement on Electronic Commerce — Establishing an enabling environment for Electronic Commerce*,INF/ECOM/10,2019.

[118] World Trade Organization. *Joint Statement on Electronic Commerce*,INF/ECOM/13,2019.

[119] World Trade Organization. *Joint Statement on Electronic Commerce Initiative*,INF/ECOM/19,2019.

[120] World Trade Organization. *Joint Statement on Electronic Commerce Initiative*,INF/ECOM/12,2019.

[121] World Trade Organization. *Joint Statement on Electronic Commerce Initiative*, INF/ECOM/8, 2019.

[122] World Trade Organization. *Joint Statement on Electronic Commerce Initiative-List of the Key Elements and Ideas on Electronic Commerce*, INF/ECOM/7, 2019.

[123] World Trade Organization. *Joint Statement on Electronic Commerce*, WT/L/1056, 2019.

[124] World Trade Organization. *Joint Statement on Electronic Commerce*, WT/MIN(17)/60, 2017.

[125] World Trade Organization. *Work Programme on Electronic Commerce*, WT/L/274, 1998.

[126] World Trade Organization. *Work Program on Electronic Commerce*, WT/L/843, 2011.

[127] World Trade Organization. *Work Program on Electronic Commerce*, WT/L/977, 2015.

[128] World Trade Organization. *Work Program on Electronic Commerce*, WT/L/907, 2013.

[129] World Trade Organization. *Work Program on Electronic Commerce*, WT/L/782, 2009.

[130] World Trade Organization. *World Trade Report* 2018[M], 2018.

[131] World Trade Organization. World Trade Report 2018: The future of world trade—How digital technologies are transforming global commerce[M], 2018.

[132] World Trade Organization. World Trade Report 2011: The WTO and Preferential Trade Agreements: From Co-existence to Coherence[J]. *Michele Ruta*, 2011(7).

[133] WTO, OECD. Aid for Trade at a Glance 2017 — Promoting Trade, Inclusiveness and Connectivity for Sustainable Development[R], 2017.

[134] Yasmin, I. *E-commerce in the World Trade Organization: History and Latest Developments in the Negotiations under the Joint Statement*[R]. IISD and CUTS International, 2020.

后　　记

《全球数字贸易促进指数报告 2020》是上海社会科学院"国际贸易投资新规则与自贸试验区建设"（项目编号：2016TZK001）团队研究成果，参与该成果的主要成员是沈玉良、彭羽、陈历幸和高疆。

本书的具体分工为：

第一章第一节、第三章和第四章由彭羽副研究员撰写；

第一章第二节和第三节、第二章由沈玉良研究员撰写；

第五章和第六章由陈历幸副研究员撰写；

第七章由高疆助理研究员撰写；

附录中各国数字贸易促进指数由彭羽副研究员整理。

另外，上海对外经贸大学国际经贸研究所、上海 WTO 事务咨询中心博士后徐美娜副研究员和国家工业信息安全发展研究中心牛玮璐工程师也参与了本书的写作，分别是第二章第二节中的互联网平台小节和第八章二十国集团数字经济合作和促进，在此表示感谢。

"国际贸易投资新规则与自贸试验区建设"成立之初就将数字贸易及其规则研究作为国际贸易投资新规则研究的重点研究方向，《全球数字贸易促进指数报告 2020》是创新团队的重要成果之一。本书得到上海社会科学院领导的大力支持，在此表示感谢。